Andreas M. Heinecke
Mensch-Computer-Interaktion

D1688430

Andreas M. Heinecke

Mensch-Computer-Interaktion

mit 65 Bildern und 18 Tabellen

Fachbuchverlag Leipzig
im Carl Hanser Verlag

Prof. Dr. Andreas M. Heinecke
Fachhochschule Gelsenkirchen
Fachbereich Informatik
Professur für Interaktive Systeme

Bibliografische Information Der Deutschen Bibliothek
Die Deutsche Bibliothek verzeichnet diese Publikation in der Deutschen Nationalbibliografie; detaillierte bibliografische Daten sind im Internet über <http://dnb.ddb.de> abrufbar.

ISBN 3-446-22591-9

Fachbuchverlag Leipzig
im Carl Hanser Verlag

Internet: http://www.fachbuch-leipzig.hanser.de

Lektorat: Dipl.-Ing. Erika Hotho
Herstellung: Dipl.-Ing. Franziska Kaufmann
Druck und Bindung: Druckhaus „Thomas Müntzer“ GmbH, Bad Langensalza
Printed in Germany

Motivation

Unverständliche Meldungen, schwer erkennbare Bedienelemente, unauffindbare Funktionen, umständliche Dialoge – jede Benutzerin und jeder Benutzer von Rechneranwendungen kann hierfür Beispiele nennen. Derartige Mängel in der Gestaltung von Anwendungssystemen können schwerwiegende Folgen haben. Diese reichen von wirtschaftlichen Nachteilen durch langsamere und fehleranfällige Bearbeitung über gesundheitliche Beeinträchtigungen der arbeitenden Menschen bis hin zu Verlusten an Menschenleben und Sachwerten bei sicherheitskritischen technischen Anwendungen.

Ein großer Teil solcher Probleme bei der Benutzung von Anwendungssystemen rührt daher, dass die Entwickler die Programmierung einer Anwendung vornehmlich unter technischen Gesichtspunkten vornehmen. Oft kennen Sie weder die Bedürfnisse der Benutzer noch sind sie dazu ausgebildet, diese zu ermitteln und bei der Programmierung zu berücksichtigen. Dies ist auch in der fachlichen Tradition begründet, denn in der Frühzeit der Rechneranwendungen war Benutzen identisch mit Programmieren. Mit dem Aufkommen der so genannten Dialogsysteme ergab sich dann aber die heute vorherrschende Trennung zwischen denjenigen, die mit einer Rechneranwendung fachliche Aufgaben, beispielsweise in Wirtschaft, Verwaltung oder Ausbildung bearbeiten, und denjenigen, welche die hierfür nötigen Anwendungsprogramme entwickeln.

Bei der Ausbildung im Bereich der Informatik ist die Frage der benutzergerechten Gestaltung von Anwendungssystemen in der Vergangenheit häufig vernachlässigt worden. Zwar gibt es seit 1993 eine Empfehlung der Gesellschaft für Informatik e.V. für eine *Software-Ergonomie-Ausbildung in Informatik-Studiengängen an bundesdeutschen Universitäten* [GI93]. Dieser recht umfangreiche Katalog für eine vertiefte Behandlung des Themas zielte jedoch hauptsächlich auf den Wahl- und Wahlpflichtbereich. Außerhalb dieses Bereiches sowie an anderen Hochschulen und Bildungseinrichtungen ist es aber zum Teil bis heute möglich, ohne Grundkenntnisse im Bereich der Mensch-Computer-Interaktion einen Abschluss zu erwerben, mit dem man in der Entwicklung von Anwendungssystemen tätig werden kann.

Wichtig ist die Festlegung, was alle Entwickler und Entwicklerinnen von Anwendungssystemen mindestens über deren menschengerechte und gebrauchstaugliche Gestaltung wissen sollten. Mittlerweile gelten in vielen Anwendungsbereichen rechtliche Vorschriften, die eine solche ergonomische Gestaltung sicherstellen sollen. Dieses Buch stellt das nach Ansicht des Autors nötige Minimalwissen im Bereich der Mensch-Computer-Interaktion dar. Es baut auf dem Inhalt eines Lehrmoduls auf, das in unterschiedlichen Studiengängen sowohl im Präsenzstudium als auch im Verbundstudium (Fernstudium mit Präsenzphasen) an verschiedenen Fachhochschulen in Deutschland und der Schweiz für Studierende der Informatik, der Medieninformatik und der Wirtschaftsinformatik eingesetzt wird.

Im ersten Kapitel des Buches wird eine kurze Einführung in die Geschichte der Computer-Benutzung gegeben und es werden *Begriffe und Modelle* der Mensch-Computer-Interaktion definiert, die für die weitere Darstellung grundlegend sind. Anschließend wird die *Software-Ergonomie* vorgestellt als ein Wissenschaftsgebiet, das sich mit der Gestaltung von Mensch-Maschine-Systemen beschäftigt. Hierbei geht es insbesondere um die Ziele der Gestaltung sowie um die rechtlichen Anforderungen an die Benutzungsschnittstellen von Anwendungssystemen.

Die Kapitel über die *Physiologie der menschlichen Informationsverarbeitung*, über die *Psychologie der menschlichen Informationsverarbeitung* und über *menschliche Handlungsprozesse* enthalten das Grundwissen über die Informationsverarbeitung beim Menschen. Es ist nötig um zu verstehen, wie sich viele Anforderungen an die Mensch-Computer-Interaktion unmittelbar aus den Eigenschaften des Menschen ableiten lassen. Wer lediglich an Regeln für die Gestaltung interessiert ist, die diese Anforderungen berücksichtigen, kann diese drei Kapitel über den Menschen zunächst überspringen.

Die nächsten sechs Kapitel stellen die einzelnen Bestandteile der Benutzungsschnittstelle in Hinblick auf die Interaktion mit dem Benutzer oder der Benutzerin dar. Zunächst werden die ergonomischen Anforderungen an die *Hardware für die Interaktion* mit dem Rechner beschrieben. Im Kapitel über die *Ein-/Ausgabe-Ebene* wird untersucht, welche Prinzipien für eine ergonomische Gestaltung der Interaktionen gelten und wie diese mit welchen Interaktionselementen umgesetzt werden können. Bei der *Dialog-Ebene* werden die unterschiedlichen Dialogarten und Interaktionsstile vorgestellt. Darauf aufbauend sind auch hier die Prinzipien für eine ergonomische Gestaltung erörtert und die Frage, wie aus diesen Prinzipien konkrete Gestaltungsempfehlungen abgeleitet werden können. Die *Gestaltung von multimedialen Dialogen* wird in einem gesonderten Kapitel behandelt, das auch die Auswahl geeigneter Medien zur Ausgabe multimedialer Information behandelt und somit sowohl Aspekte des Dialogs als auch der Ein-/Ausgabe beinhaltet. Das Kapitel über die *Werkzeug-/Anwendungsebene* enthält Überlegungen zu den Grundfunktionen, die in nahezu jeder Anwendung vorhanden sind, und zu den Navigationsfunktionen in multimedialen Anwendungen. Auch bei der Werkzeug-/Anwendungsebene sind die Gestaltungsprinzipien vorgestellt. Das Kapitel über die *Benutzerunterstützung* befasst sich mit Möglichkeiten zur Erleichterung der Interaktion und der Arbeit mit Anwendungen bezogen auf alle drei vorher vorgestellten Ebenen der Benutzungsschnittstelle für alle Benutzerinnen und Benutzer, also auch solche mit besonderen Bedürfnissen.

Das Kapitel zur *Organisationsschnittstelle* behandelt zum einen die organisatorische Einbindung der Anwendung in das technische System des Anwenders, zum anderen die arbeitsorganisatorischen Fragen der Anwendungsgestaltung. Damit leitet es über zum Schlusskapitel, das untersucht wie durch *benutzerorientierte Software-Entwicklung* bewirkt werden kann, dass das Software-Produkt auch wirklich gebrauchstauglich ist. Da es zu diesen eher software-technischen Fragen spezielle Lehrveranstaltungen und Lehrbücher im Bereich der Software-Technik gibt, gibt das Kapitel nur einen Überblick.

Die *Implementation von Benutzungsschnittstellen* wird in diesem Buch bewusst ausgeklammert. Die Nutzung der in diesem Buch vorgestellten Elemente, Strukturen und Konzepte zur Programmierung einer gebrauchtauglichen Anwendung bietet genügend Stoff für eine eigene Veröffentlichung. Dabei geht es um die Programmierung in einer objektorientierten Programmiersprache unter Nutzung einer grafischen Entwicklungsumgebung.

Damit dieses Buch nicht zu lang wird, sind einige für das Verständnis zwar hilfreiche, aber nicht unbedingt erforderliche Teile auf die zugehörige Website im Internet ausgelagert worden (http://www.drheinecke.de/mci). Dort finden sich beispielsweise zu jedem Kapitel eine Angabe der Lernziele, eine kurze Vorausschau sowie einleitende und abschließende Fragen an die Leserinnen und Leser. Auch die Lösungen der Übungsaufgaben sowie zusätzliche Aufgaben mit Lösungen sind dort vorhanden. Fotografien von Ein- und Ausgabegeräten sowie Beispiele von Anwendungssystemen finden sich ebenfalls entweder direkt oder über Verweise auf der Website. Auf solche *Ergänzungen zum Buchtext im Netz* wird durch dieses Zeichen verwiesen:

Aus Platzgründen und zum Zweck der leichteren Lesbarkeit wird außerhalb dieses einleitenden Kapitels bei Personenbezeichnungen immer nur ein grammatisches Geschlecht benutzt. So wie „die Person“ durchaus ein Mann sein kann, ist „der Benutzer“ häufig eine Frau.

Inhaltsverzeichnis

1 Begriffe und Modelle

Zusammenfassung, Lernziele und Vorüberlegungen

1.1 Geschichtliche Entwicklung der Rechnerbenutzung

1.1.1 Erste Rechneranwendungen

Als Konrad Zuse Anfang der vierziger Jahre des zwanzigsten Jahrhunderts die erste funktionsfähige programmgesteuerte Rechenmaschine entwickelte (vgl. [Zus93]), war die Suche nach geeigneten technischen Lösungen für die Geräte, also die Entwicklung der Hardware, Hauptgegenstand des Interesses. Die Programmierung der Geräte erfolgte zuerst durch die Entwickler der Hardware selbst, die meist aus technischen Fachrichtungen stammten.

Sobald reifere funktionsfähige Geräte zur Verfügung standen, wandte sich das Interesse mehr der Programmierung zu. Hierbei stand die Entwicklung effizienter Algorithmen für praktische Probleme im Vordergrund, beispielsweise Sortierverfahren für Daten im Hauptspeicher oder auf Lochkarten oder Magnetbändern. Die ursprünglich maschinennahe Programmierung wurde verdrängt durch höhere Programmiersprachen auf mathematischer beziehungsweise algorithmischer Basis (zum Beispiel FORTRAN und ALGOL). Die Programmierung der Maschinen nahmen Spezialisten vor, häufig aus dem mathematisch-naturwissenschaftlichen Bereich.

In diesen frühen Phasen der Rechneranwendung waren also die Benutzer der Rechenanlagen Spezialisten, die entweder eigene Fragestellungen bearbeiteten oder solche, die von außen an sie herangetragen wurden. In diesem Fall dienten sie als Mittler zwischen den Anwendern und der Rechenanlage.

Ein *Anwender* ist eine Person oder eine Institution, die ein Computersystem zur Erfüllung ihrer fachlichen Aufgaben einsetzt.

Ein *Benutzer* ist eine Person, die unmittelbar mit einem Computersystem arbeitet und es bedient.

Auch die Aufbereitung der Daten für die Eingabe sowie die Auswertung und Umsetzung der Ausgabedaten in eine für die Anwender geeignete Form wurde damals durch spezielles Personal vorgenommen. Es herrschte die Stapelverarbeitung vor.

Stapelverarbeitung (batch processing) ist ein Betrieb eines Computersystems, bei dem das Programm Eingabedaten abarbeitet, die beim Start komplett beispielsweise auf einem Lochkartenstapel, einem Lochstreifen oder einem Magnetband vorliegen, und die gewünschten Ausgaben erzeugt, ohne dass während des Programmablaufes menschliche Eingriffe erfolgen.

1.1.2 Erste interaktive Systeme

Bei Problemlösungsprozessen wie beispielsweise Konstruktions- und Entwurfsaufgaben sind häufig nicht alle Daten in allen Einzelheiten am Anfang bekannt, sondern sie werden erst im Verlauf des Prozesses genauer spezifiziert, wobei meist nach dem Prinzip von Versuch und Irrtum vorgegangen wird. Dies bedeutet, dass während des Programmablaufs Daten hinzukommen können und andere verworfen werden und dass Teile des Prozesses zurückgenommen und anschließend mit veränderten Daten neu durchlaufen werden. Hierfür ist es nötig, dass die Benutzer während des Programmablaufs Eingaben tätigen können, um die genannten Veränderungen durchzuführen.

Ein Betrieb, bei dem ein Wechsel zwischen Aktionen des Benutzers und solchen des Systems erfolgt, wird *Dialogbetrieb (interactive processing)* genannt.

Er zeichnet sich dadurch aus, dass ein ständiger Wechsel der Aktivität zwischen Mensch und Rechnersystem vorhanden ist. Auf Eingaben reagiert das Rechnersystem unmittelbar durch eine Rückmeldung. Wenn die Verarbeitung damit bereits unmittelbar abgeschlossen ist, kann sofort wieder der Mensch aktiv werden. Falls die Verarbeitung der Eingabe länger dauert, erfolgt an deren Ende eine Ausgabeaktivität des Rechners, die dann die Initiative wieder dem Menschen überlässt. Diese wechselnde Aktivität wird als Dialog bezeichnet, obwohl dieser Begriff nicht ganz angemessen ist, da er eigentlich bewusste und gleichberechtigte Partner voraussetzt. Rechnersysteme im Dialogbetrieb sind ein Beispiel für *interaktive Systeme.*

Als *interaktiv* wird ein System bezeichnet, bei dem der Benutzer durch Bedienhandlungen den Arbeitsablauf des Systems beeinflussen kann.

Dabei ist es nicht unbedingt erforderlich, dass das System als Hauptkomponente einen Computer enthält. Auch ein Fahrzeug wie beispielsweise ein Auto ist ein interaktives System, das auf Bedienhandlungen des Fahrers wie etwa das Drehen am Lenkrad oder das Treten eines Pedals reagiert, indem es seinen Zustand ändert, also beispielsweise eine andere Richtung einschlägt oder beschleunigt oder abbremst. In solch einem Fall bezeichnen wir das Zusammenwirken von Mensch und System als *Mensch-Maschine-Interaktion.*

Für das Zusammenwirken von Mensch und Rechner in interaktiven Rechneranwendungen benutzen wir den Begriff *Mensch-Computer-Interaktion (human computer interaction)*, abgekürzt *MCI (HCI)*.

Beim herkömmlichen Fernsehen oder bei einer selbsttätig ablaufenden Diaschau können die Zuschauer den Programmablauf nicht beeinflussen, so dass diese Systeme nicht als interaktiv zu bezeichnen sind. Allerdings kann man beim Fernsehen immerhin jederzeit das Programm wechseln, so dass zumindest eine gewisse Interaktivität vorhanden ist. Aus diesem Beispiel lässt sich also ableiten, dass es verschiedene Grade der Interaktivität gibt, von gelegentlichen Eingriffen in das System bis zur totalen Einbindung in das Geschehen wie etwa bei der Fahrzeugführung oder einer entsprechenden Simulation. Im Folgenden soll kurz die Geschichte interaktiver System skizziert werden, wobei sich die Zeitangaben auf [Wur02] stützen.

1.1.3 Fernschreiber und Kommandos

Um einen interaktiven Betrieb zu ermöglichen, muss ein Rechner Ein- und Ausgabegeräte für den „Dialog“ mit dem Menschen aufweisen. Im einfachsten Fall können dies beispielsweise Schalter und Lämpchen sein. Bei den ersten interaktiven Systemen wurden Fernschreiber aus der Kommunikationstechnik benutzt, wie überhaupt die Technik der Ein- und Ausgabegeräte früher Rechenanlagen oft von den Geräten der Kommunikationstechnik abgeleitet war. Über die Tastatur des Fernschreibers konnten Kommandos und Daten eingegeben werden, die Ausgaben erfolgten ebenso wie ein mögliches Echo der Eingaben auf dem Papierstreifen des Fernschreibers.

Bei interaktiven Programmen geschieht es häufig, dass der Benutzer nach einer Ausgabe des Programms erst darüber nachdenken muss, welche Eingaben als nächste getätigt werden sollen. In dieser Zeit wartet der Rechner auf die Eingabe. Um bei den damals extrem teuren Rechnern diese Zeit nicht nutzlos zu verschwenden, wurden in den sechziger Jahren so genannte Time-Sharing-Systeme entwickelt, welche die Rechenzeit auf verschiedene Programme so verteilen, dass die Zentraleinheit möglichst gleichmäßig ausgelastet ist. Während ein Benutzer nachdenkt und deshalb sein Programm nicht weiterarbeitet, kann das Programm eines anderen Benutzers weitergeführt werden, für das gerade Daten zur Verfügung stehen.

An einem einzigen Computer ließen sich so mehrere Fernschreiber für die Interaktion mit mehreren Benutzern anschließen. Für größere Datenmengen wurden zur Eingabe und Ausgabe Lochkartenstapel, Lochstreifen und Magnetbänder benutzt. Wenn größere Datenmengen als Tabellen oder Texte ausgegeben werden sollten, nutzte man hierzu in der Regel nicht den Fernschreiber, sondern spezielle Drucker.

Die Ein- und Ausgaben im interaktiven Betrieb mussten bei dieser Technik möglichst knapp gehalten werden, um nicht große Mengen von Papier zu verschwenden. Daher konnte die Programmsteuerung eigentlich nur über Kommandos erfolgen, die über die Tastatur eingegeben wurden. Der Einsatz von Fernschreibern hatte den Vorteil, dass man durch Zurückblättern im Papierstapel immer alle bisher erfolgten Ein- und Ausgaben des Programmablaufs nachschauen konnte. Nachteile waren neben dem recht hohen Papierverbrauch die relativ langsame Verarbeitung, die weitgehend fehlende Korrekturmöglichkeit bei Eingaben und der hohe Geräuschpegel. Aus technischer Sicht waren diese mechanischen Geräte außerdem wartungsintensiv und verschleißgefährdet. Nichtsdestotrotz waren sie noch über die Mitte der siebziger Jahre hinaus im Einsatz.

1.1.4 Alphanumerische Bildschirme, Masken und Menüs

Statt der Fernschreiber wurden bei Time-Sharing-Systemen ab Mitte der sechziger Jahre zunehmend Bildschirmgeräte eingesetzt. Diese Bildschirmgeräte erlaubten lediglich die Ausgabe von alphanumerischen Zeichen. Die Ausgaben erschienen in Negativdarstellung, also mit heller Schrift (meist grün, blaugrau oder bräunlich) auf dunklem Grund. Eingaben erfolgten weiterhin über eine Tastatur.

Die alphanumerischen Bildschirme konnten wie Fernschreiber eingesetzt werden, indem Ausgabe- und Eingabezeilen fortlaufend untereinander auf den Bildschirm geschrieben wurden und die älteren Zeilen nach oben verdrängten. Gegenüber dem Papier des Fernschreibers hatte dies allerdings den Nachteil, dass nicht mehr alle Ein- und Ausgaben des Programmlaufs verfügbar waren, sondern nur noch jeweils die letzten Zeilen, die auf den Bildschirm passten (meist zwischen 20 und 25). Vorteilhaft war dagegen die leichtere Korrekturmöglichkeit in der Eingabezeile durch Löschen der jeweils letzten Zeichen.

Bildschirme dienten aber nicht nur als Ersatz für die Fernschreiber, sondern sie ermöglichten auch neue Formen der Interaktion. Dadurch, dass mittels Software jede Zeichenposition auf dem Bildschirm einzeln angesteuert werden konnte, wurde es möglich, Eingaben und Ausgaben eines Programms immer an den gleichen ganz bestimmten Stellen des Bildschirms darzustellen. So wurden Eingabemasken möglich, feste Bildschirmaufteilungen mit getrennten Bereichen für Ein- und Ausgaben, Funktionsauswahl und Meldungen.

Die Funktionsauswahl konnte am Bildschirm leichter als bei Fernschreibern mit Hilfe eines Menüs als Auflistung der möglichen Aktionen durchgeführt werden, da die jeweils passende Auswahl immer wieder neu auf den Schirm geschrieben werden konnte, ohne Ressourcen zu verbrauchen, wie es beim Ausdruck auf den Fernschreiber der Fall gewesen wäre.

Bei der Eingabe wurde es möglich, ein bestimmtes Eingabefeld durch Springen mit der Tabulatortaste oder durch spezielle Tasten zur Positionierung der Schreibmarke (cursor) auszuwählen und so beispielsweise Felder zu übergehen, in die keine neuen Werte eingetragen werden mussten.

Insbesondere in betrieblichen Anwendungen (zum Beispiel Warenwirtschaft) wurden alphanumerische Terminals mit Masken- und Menütechnik noch bis in die neunziger Jahre eingesetzt. Auch die ersten Personalcomputer (PC) waren mit alphanumerischen Bildschirmen ausgerüstet. Allerdings war bei diesen der zur Verfügung stehende Zeichensatz meist um grafische Sonderzeichen erweitert, die es erlaubten, einfache Grafiken aus Zeichen zusammenzusetzen.

1.1.5 Semigrafik und Positioniergeräte

Bei alphanumerischen Terminals mit Maskentechnik ist es möglich, bestimmte Felder auszuwählen, indem man in der Reihenfolge der Felder weiter springt oder mit Hilfe der Pfeiltasten in das Feld gelangt. Bei Anwendungen, die eine kurze Reaktionszeit des Benutzers erfordern, ist es vorteilhaft, wenn zum Erreichen eines Feldes nicht so viele Schritte ausgeführt werden müssen, sondern das Feld direkt an der entsprechenden Stelle des Bildschirms ausgewählt werden kann.

Eines der ersten Hilfsmittel für solch ein direktes Zeigen auf dem Bildschirm war der Lichtgriffel, der bereits 1949 erfunden wurde, um Ziele auf Radarschirmen zu markieren. Er wurde häufig in Anwendungen zur Steuerung technischer Prozesse eingesetzt. Dabei wurde zum Beispiele die technische Anlage in Form eines Schemas dargestellt, wobei einzelne Stelleinrichtungen wie etwa Ventile durch bestimmte Symbole repräsentiert wurden. Mit dem Lichtgriffel konnte ein solches Symbol ausgewählt werden. Das Öffnen oder Schließen wurde dann meist ebenfalls mit dem Lichtgriffel durch Auswählen einer bestimmten Fläche vorgenommen, die als Schalter (button) diente.

Um eine angemessene Darstellung des Prozessschemas zu ermöglichen, mussten natürlich die passenden Symbole zur Verfügung stehen. Dazu reichte ein einfacher alphanumerischer Zeichensatz mit einigen grafischen Sonderzeichen nicht aus. Um für jedes Anwendungsgebiet die jeweils erforderlichen Darstellungen erzeugen zu können, war deshalb der Zeichensatz nicht fest vorgegeben. Stattdessen konnte der Techniker vor der Erstellung der Schemabilder den nötigen Zeichensatz ebenfalls mit Hilfe des Lichtgriffels erzeugen. Auch die Schemabilder wurden mit Hilfe des Lichtgriffels konstruiert, indem man ein Symbol auswählte und an der gewünschten Stelle des Bildschirms platzierte. Dabei konnte jedem Symbol an jeder Stelle eine Zeichenfarbe und eine Hintergrundfarbe zugewiesen werden. Meist standen hierfür allerdings nur acht Farben zur Verfügung.

Solche semigrafischen Systeme waren in der Prozessleitung noch bis Mitte der achtziger Jahre gebräuchlich. Gegenüber den vollgrafischen Systemen, bei denen jeder Punkt auf dem Bildschirm einzeln gesetzt werden kann, benötigten sie deutlich weniger Speicherplatz für ein Bild und waren daher billiger und schneller.

1.1.6 Vollgrafik und direkte Manipulation

Semigrafik erlaubt nur sehr einfache grafische Darstellungen. Geraden beliebiger Steigung, Bögen und unregelmäßige Kurvenverläufe, wie sie beispielsweise beim Aufnehmen von

Messwerten auftreten, lassen sich damit praktisch nicht realisieren. Hierfür benötigt man vollgrafische Anzeigen. Da in der Anfangszeit grafischer Systeme Speicher knapp, teuer und relativ langsam war, konnten vollgrafische Darstellungen mit hoher Detailgüte zunächst nur durch eine spezielle Technik realisiert werden, nämlich durch Vektorbildschirme.

Als Alternative zu den hochauflösenden, aber sehr teuren Vektorbildschirmen bot sich die Weiterentwicklung der für alphanumerische und semigrafische Ausgaben genutzten Rasterbildschirme an. Diese bis heute übliche Technik arbeitet mit dem auch beim Fernsehen üblichen Verfahren des zeilenweisen Bildaufbaus. Der Kathodenstrahl läuft immer zeilenweise über den Bildschirm und aktiviert dabei die einzelnen Punkte des Bildes oder lässt sie dunkel. Das verwendete Punktraster ist dabei durch die Technik der Bildröhre und durch den Speicher und die Steuerungseinheit der Grafik vorgegeben. Vollgrafische Systeme in Rastertechnik zu vertretbaren Preisen gab es zunächst nur mit geringen Auflösungen und wenigen Farben. Erst Mitte der achtziger Jahre standen grafische Systeme mit höherer Auflösung auch im PC-Bereich zur Verfügung.

Vollgrafische Systeme mit der Möglichkeit, eine Auswahl auf den Bildpunkt genau zu treffen, boten im Zusammenspiel mit Positioniergeräten neue Formen der Interaktion. Bereits 1964 war von Douglas Engelbart in den Stanford Research Labs die Maus als Positioniergerät entwickelt worden, um den teureren, in der Arbeit belastenden und nicht so genau arbeitenden Lichtgriffel zu ersetzen. Durch Einsatz von Maus und Vollgrafik wurden grafische Benutzungsschnittstellen mit Bildschirmfenstern möglich, wie sie heute Standard sind.

Als neue Art der Interaktion wurde die direkte Manipulation eingeführt, die dadurch gekennzeichnet ist, dass grafische Objekte als Repräsentanten von Arbeitsobjekten mit der Maus selektiert und durch Mausbewegungen verändert werden können. So lassen sich beispielsweise Dokumente löschen, indem die sie symbolisierenden Piktogramme auf das Piktogramm eines Papierkorbs gezogen und dort losgelassen werden (drag and drop).

Eines der ersten kommerziellen Systeme, das direkte Manipulation bei einer Vollgrafik mit 612 x 756 monochromen Punkten anbot, war der 1981 vorgestellte Xerox Star (ausführlich dargestellt in [Pre99]), der aber aufgrund des hohen Preises, der fehlenden Offenheit für Fremdentwickler, fehlender Anwendungen und langsamen Arbeitens kaum Verbreitung gefunden hat. Erst der Apple Macintosh führte 1984 aufgrund seines besseren Preis-Leistungsverhältnisses diese Konzepte zu einem ersten Erfolg.

1.1.7 Audioverarbeitung und Spracheingabe

Ein einfaches Tonsignal konnte meist schon von den als Terminals verwendeten Fernschreibern oder alphanumerischen Bildschirmen ausgegeben werden. Auch die ersten PCs verfügten über einen Lautsprecher, mit dem Töne ausgegeben werden konnten, wobei Tonhöhe und Dauer programmiert werden konnten. In der zweiten Hälfte der achtziger

Jahre wurden Steckkarten für die Audioverarbeitung (Soundkarten) bei PCs üblich. Sie wurden zunächst hauptsächlich in Spielen zur Klangausgabe benutzt. Ein weiterer Anwendungsbereich war die Bearbeitung elektronisch erzeugter Musik, oft mit Nutzung zusätzlicher Hardware wie Keyboard oder Synthesizer.

Soundkarten erlauben auch eine Sprachausgabe. Die synthetische Erzeugung von Sprache, insbesondere von vollständigen Sätzen, aus einzelnen Lauten ist recht schwierig, wenn eine natürliche Sprechweise mit menschlich klingender Intonation erreicht werden soll. Daher wurden bisher meist von menschlichen Sprechern gelesene Texte aufgenommen und digitalisiert. Diese vorliegenden Texte wurden dann von der Anwendung, beispielsweise als Dialog in einem Computerspiel oder als Alarmmeldung bei der Prozessüberwachung, je nach Systemzustand wieder abgespielt.

Bereits Anfang der achtziger Jahre wurde die Spracheingabe für die Steuerung von technischen Prozessen benutzt. Voraussetzung hierfür war, dass es nur wenige, deutlich voneinander unterschiedene Kommandos gab, um eine sichere Erkennung zu gewährleisten. Meist mussten die Systeme außerdem auf den Sprecher trainiert werden. In der zweiten Hälfte der neunziger Jahre wurde die Hard- und Software so leistungsfähig, dass die Steuerung eines PC mit Hilfe sprachlicher Kommandos möglich ist. Ebenso können Texte mit einer vertretbaren Fehlerrate zur Eingabe in ein Textverarbeitungsprogramm diktiert werden.

1.1.8 Videoverarbeitung und Gestik

Bei der digitalen Verarbeitung von Filmen müssen sehr große Datenströme bewältigt werden können. Erst in den neunziger Jahren wurde es möglich, digitalisierte Videos mit geringer Auflösung am PC darzustellen und später dann auch von analogen Quellen wie dem Videorecorder aufzunehmen. Die Interaktion mit Videos beschränkt sich dabei üblicherweise auf das Starten, Vor- und Zurückspulen sowie das Beenden einer gespeicherten Videosequenz.

Seit Mitte der neunziger Jahre wird Video auch im Bereich der computerunterstützten Zusammenarbeit (computer supported co-operative work, CSCW) für Telekonferenzen benutzt. Dabei dient der PC nur der Darstellung des meist kleinen und nicht kontinuierlichen Videobildes sowie der Digitalisierung und Weiterleitung des von der Kamera aufgenommenen Bildes.

Die Interaktion mit dem Rechner über das von einer Kamera aufgenommene Bild ist zur Zeit nur in einigen Spezialanwendungen realisiert. So gibt es beispielsweise Systeme, bei denen per Kamera die Blickrichtung des Menschen verfolgt und zur Steuerung des Zeigers auf dem Bildschirm benutzt wird, wenn der Mensch aufgrund von Behinderung oder in einer speziellen Anwendungssituation keine andere Möglichkeit zur Positionierung hat.

Ein interessantes Feld ist die Interaktion mit dem Rechner durch Gesten, die von einer Videokamera aufgenommen und vom Rechner ausgewertet werden. Diese Technik ist aber noch weitgehend Forschungsgegenstand.

1.1.9 Virtuelle Umgebungen und Augmented Reality

Virtuelle Umgebungen (virtual reality) zeichnen sich durch eine realitätsnahe dreidimensionale Darstellung aus und dadurch, dass der Benutzer möglichst weitgehend einbezogen wird (Immersion), beispielsweise indem er sich in Echtzeit in der Szene bewegen kann. Da hierfür eine hohe Rechenleistung erforderlich ist, beginnen virtuelle Umgebungen erst jetzt in den Massenmarkt vorzudringen. So gibt es etwa Grafikkarten für PCs, die es erlauben, mit Hilfe einer rechnergesteuerten Spezialbrille farbige dreidimensionale Darstellungen anzusehen.

Virtuelle Umgebungen erlauben durch den Einsatz entsprechender Eingabegeräte eine direkte Form der Interaktion, bei der mit den Händen beispielsweise nach in der dreidimensionalen Szene dargestellten Gegenständen gegriffen werden kann. Hierbei ist auch eine taktile Rückmeldung möglich, so dass der gegriffene Gegenstand in der Hand gefühlt werden kann.

Mit dem auch im Deutschen meist unübersetzt benutzten Begriff *Augmented Reality* werden Anwendungen bezeichnet, bei denen Techniken der virtuellen Umgebungen in realer Umwelt benutzt werden. Ein Beispiel hierfür ist eine Datenbrille zur Anzeige von Informationen, die aber durchlässig ist, so dass man gleichzeitig in die reale Welt schauen kann. Auf diese Weise können beispielsweise bei Wartungsarbeiten Hinweise zur Bearbeitung direkt an dem zu bearbeitenden Teil eines Geräts angezeigt werden oder bei Stadtführungen Informationen zu den betrachteten Plätzen und Gebäuden.

1.2 Medien bei der Rechnerbenutzung

1.2.1 Einteilung der Medien zur Interaktion

1.2.1.1 Diskrete und kontinuierliche Medien

Betrachtet man den im vorigen Abschnitt dargestellten historischen Ablauf so, wie er sich für die große Masse der Benutzer darstellt, so kann man feststellen, dass im Laufe der Zeit immer mehr Möglichkeiten der Interaktion hinzugekommen sind. Neue technische Möglichkeiten erlaubten neue Darstellungen der Information und neue Arten der Interaktion. Für die Ein- und Ausgabe wurden so immer mehr verschiedene Medien benutzt. In der Informatik versteht man unter Medien allgemein Mittel zur Informationsdarstellung und Informationsübermittlung. Im Bereich der Mensch-Computer-Interaktion schränkt man den Begriff in der Regel weiter ein:

> *Medien* sind verschiedene spezifische Darstellungsformen von Informationen für den Benutzer [ISO14915-1].

Medien lassen sich danach unterscheiden, ob sich die dargestellte oder übermittelte Information im Lauf der Zeit ändert oder nicht. Eine solche Unterscheidung betrifft vor allem die technischen Mittel zur Darstellung der Information.

> Medien, bei denen sich die Darstellung für den Benutzer mit der Zeit ändert, heißen *dynamische Medien* [ISO14915-1].

Oft werden dynamische Medien auch als *kontinuierliche* oder *zeitabhängige* Medien bezeichnet. Bei kontinuierlichen Medien ist der Zeitpunkt der Darstellung einer bestimmten Teilinformation entscheidend für die Richtigkeit der gesamten Information. Die Darstellung kontinuierlicher Medien stellt also Echtzeitforderungen an das Betriebssystem, weil die Medien mit genau dem zeitlichen Ablauf wiedergegeben werden müssen, der auch zum Zeitpunkt der Entstehung herrschte.

So kommt es bei Videos auf die korrekte Reihenfolge der Einzelbilder an, und bei Musik müssen die Töne in der richtigen Reihenfolge und mit der richtigen Dauer abgespielt werden.

> Medien, bei denen sich die Darstellung für den Benutzer nicht mit der Zeit ändert, heißen *statische Medien* [ISO14915-1].

Statische Medien werden auch als *diskrete* oder *zeitunabhängige Medien* bezeichnet.

Statische Informationen wie Texte oder Fotos stellen keine solchen zeitlichen Anforderungen wie gesprochene Sprache oder Videos. Sie werden meist längere Zeit unverändert angezeigt und bleiben häufig so lange erhalten, bis der Benutzer eine andere Information anfordert.

Da die gesamte Interaktion zwischen Mensch und Rechner über Medien erfolgt, ist es sinnvoll, Medien in Bezug auf die Benutzung von Rechnern nach bestimmten Kriterien zu ordnen. Je nachdem, welche Aspekte der Informationsdarstellung oder -übermittlung betrachtet werden sollen, bieten sich jeweils unterschiedliche Einteilungen an. Für die Mensch-Computer-Interaktion sind die Einteilungen nach Perzeption und nach Präsentation am wichtigsten.

1.2.1.2 Gliederung der Medien nach Perzeption

> Die Einteilung der Medien nach der *Perzeption* unterscheidet danach, welcher menschliche Sinn für die Wahrnehmung der Information benutzt wird.

Wichtigster Sinn des Menschen bei der Interaktion mit Rechneranwendungen ist der *Sehsinn*. Als Medien, die visuell wahrgenommen werden, sind beispielsweise Texte, Fotos und Grafiken als diskrete Medien zu nennen sowie Videos und Animationen als kontinuierliche.

Mehr und mehr wird auch der *Hörsinn* bei der Interaktion benutzt. Die verwendeten Medien sind dabei Geräusche, Musik oder Sprache. Die über den Hörsinn aufgenommenen Medien sind im Prinzip immer zeitabhängig. Lediglich Warntöne, die als einzelne Ereignisse auftreten, können als diskrete akustische Medien betrachtet werden.

Auch für den *Tastsinn* gibt es Medien, die in speziellen Anwendungen eingesetzt werden. Zu nennen sind hier Höhenunterschiede in veränderlichen Oberflächen, auf denen die dargestellte Information ertastet werden kann. Diese werden als Ausgabemedien für Sehbehinderte genutzt. Kräfte werden als Ausgabemedien innerhalb von virtuellen Umgebungen fühlbar gemacht, zum Beispiel in der Simulation von Fahrzeugen die am Lenkrad wirkenden Kräfte. Für das meist dem Tastsinn zugeordnete Wärmeempfinden sind bisher keine Medien in der Mensch-Computer-Interaktion gebräuchlich.

Der *Gleichgewichtssinn* wird ebenfalls in Simulationsanwendungen angesprochen. Als Medium dient hier die räumliche Lage und die Beschleunigung eines Sitzes oder einer speziellen Plattform, beispielsweise eines Cockpits bei einem Simulator zur Ausbildung von Flugzeugpiloten.

Mittlerweile gibt es auch Prototypen, die das Medium Duft für den *Geruchssinn* anbieten. Dabei werden verschiedene Geruchsstoffe rechnergesteuert freigesetzt. So können etwa in einem Informationssystem über Parfüms auf einem Bildschirm die einzelnen Produkte beschrieben werden und passend dazu über einen Zerstäuber oder eine andere technische Vorrichtung die Düfte ausgebracht werden.

Für den *Geschmackssinn* gibt es bisher keine in der Mensch-Computer-Interaktion genutzten Medien.

1.2.1.3 Gliederung nach Präsentation

> Bezüglich der *Präsentation* unterscheidet man die Medien nach der Art der benutzten Geräte.

Hier geht es also darum, welche Technik zur Darstellung der Information benutzt wird.

Als *Ausgabemedien* dienen beispielsweise Bildschirme, Lautsprecher, Drucker oder Plotter. Diese Ausgabemedien können weiter danach unterschieden werden, ob die ausgegebene Information nach der Ausgabe erhalten bleibt wie beim Drucker oder flüchtig ist wie beim Bildschirm. Ein weiteres Unterscheidungsmerkmal ist die Fähigkeit, nur diskrete oder auch kontinuierliche Informationen ausgeben zu können.

Eingabemedien sind Tastaturen, Zeige- und Positioniergeräte wie Maus oder Lichtgriffel, Kameras oder Mikrofone. Sie können in gleicher Art wie die Ausgabemedien weiter unterschieden werden.

1.2.1.4 Gliederung nach Speicherung

Bei der Einteilung der *Speichermedien* wird zunächst nach dem Material unterschieden, auf dem die Information aufbewahrt wird. In zweiter Linie spielt auch das Verfahren der Aufzeichnung eine Rolle.

Im Folgenden sollen lediglich einige Beispiele genannt werden.

Papier kann als Speichermedium für die meisten Arten diskreter Informationen, also beispielsweise für Texte, Bilder und Grafiken, benutzt werden. Häufig werden Informationen, die auf Papier gespeichert sind, zur Platzersparnis auch auf Mikrofilmen aufbewahrt.

Magnetische Speichermedien können digitale Daten jeder Art aufnehmen, also auch solche, die kontinuierliche Informationen enthalten. Typische Vertreter magnetischer Speichermedien sind Magnetplatten als Fest- und Wechselplatten, Magnetbänder und Disketten.

Als *optische Speichermedien* werden digitale Datenspeicher bezeichnet, die mit Hilfe von Licht (in der Regel Laserstrahlen) beschrieben und gelesen werden. Hier ist vor allem die Compact Disk (CD) zu nennen, sowohl als Medium, das nur gelesen werden kann (CD-ROM), als auch in einmal beschreibbarer (CD-R) oder mehrfach beschreibbarer (CD-RW) Form. Die Digital Versatile Disk (DVD) ist eine Weiterentwicklung der Compact Disk, bei der es die gleichen unterschiedlichen Formen gibt.

1.2.1.5 Gliederung nach Übertragung

Übertragungsmedien werden ähnlich wie Speichermedien nach der verwendeten Technologie unterschieden. Dabei kann erst einmal nach dem physikalischen Verfahren der Informationsweitergabe unterschieden werden, dann nach dem dafür verwendeten technischen Medium.

Informationen können beispielsweise als elektromagnetische Wellen drahtlos (Datenfunk) oder in einem Kabel übermittelt werden. Als Übertragungsmedium kommen im zweiten Fall Koaxialkabel oder verdrillte Zweidrahtkabel (Twisted Pair) in Frage. Ein anderes Verfahren ist die optische Übermittlung, für die meist Glasfaserkabel benutzt werden.

Ebenso wie die nachfolgende Gliederung nach Repräsentation ist die Gliederung der Übertragungsmedien mehr für die technische Realisierung eines Systems als für die Mensch-Rechner-Interaktion von Belang. Beide werden hier nur der Vollständigkeit halber erwähnt.

1.2.1.6 Gliederung nach Repräsentation

Die Einteilung nach *Repräsentation* unterscheidet, in welcher technischen Form oder Kodierung ein Medium vorliegt.

Das Medium Text kann beispielsweise in Form einer Folge von ASCII-Zeichen vorliegen, im Rich-Text-Format oder als HTML-File. Das Medium Audio kann in Form eines WAV-Files aus einer Aufnahme digitalisiert worden sein oder aus einem MIDI-File synthetisiert werden. Entsprechend gibt es unterschiedliche Formate für Grafiken, Videos, Animationen und so fort.

1.2.2 Multimedia

Unter *Multimedia* versteht man Kombinationen von statischen und/oder dynamischen Medien, die in einer Anwendung interaktiv gesteuert und gleichzeitig dargestellt werden können [ISO14915-1].

Nach dieser weit gefassten Definition ist auch eine Anwendung, die nur statische Medien kombiniert, bereits eine Multimedia-Anwendung. Von *Multimedia im engeren Sinn* spricht man, wenn mindestens ein statisches und mindestens ein dynamisches Medium in der Anwendung kombiniert sind.

1.2.3 Hypertext

Hypertext ist die nichtlineare Organisation von textlicher Information. „Nichtlinear" bedeutet, dass man die Information in beliebiger Reihenfolge betrachten kann, indem man den Punkt auswählt, den man als nächsten sehen möchte. Anstatt bestimmte Schlüsselworte oder Suchfolgen anzugeben, kann man die Bestände einer Datenbasis durchstöbern, indem man von Verbindung zu Verbindung „springt".

Die einzelnen, voneinander unabhängigen Informationsblöcke werden *Knoten* genannt. Der Inhalt eines Knotens muss dabei aus sich selbst heraus verständlich sein. Er kann nicht voraussetzen, dass bestimmte andere Knoten vorher gelesen wurden. In den Knoten können *Anker* existieren, von denen aus *Kanten* zu *Zielpunkten* in anderen Knoten führen. Je nach zugrundeliegendem Hypertext-System können in einem Knoten auch mehrere Zielpunkte existieren (siehe **Bild 1.1**).

Hypertext setzt bereits durch die Art der Informationsorganisation Interaktivität voraus. Der Benutzer muss in der Regel auswählen, welche Information als nächste erscheinen soll. Bedingt durch die nichtlineare Anordnung der Daten können dabei Orientierungsprobleme für den Benutzer auftreten, auf die wir in 10.1.4 noch eingehen werden. Eine vertiefte Darstellung der Konzepte von Hypertext gibt beispielsweise [Kuh91].

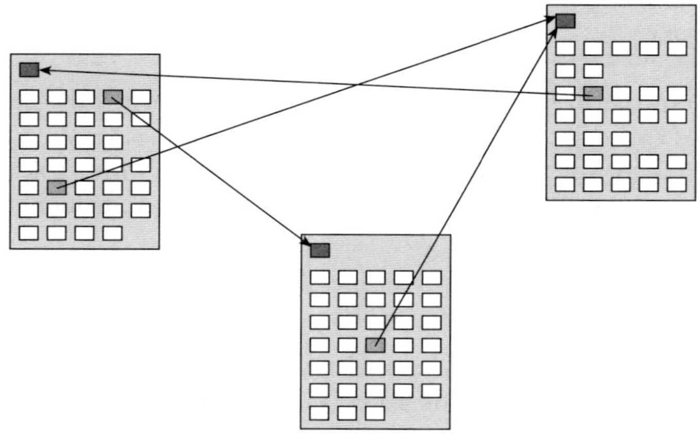

Knoten (nodes), auch: Karten, Seiten, Themen
Anker (anchors), auch: Verknüpfungsanzeiger (references)
Zielpunkte (destination points)
Kanten (links), auch: Verweise, Verbindungen, Sprünge

Bild 1.1 Struktur von Hypertext

Im Folgenden soll lediglich ein kurzer Überblick über die geschichtliche Entwicklung von Hypertext gegeben werden. Eine ausführliche Darstellung findet sich zum Beispiel in [Shn89]. Die grundlegenden Konzepte für Hypertext sind schon zu einer Zeit entwickelt worden, als noch keine technische Unterstützung durch Rechner zur Verfügung stand. Im Prinzip bieten bereits herkömmliche gedruckte Lexika eine durch Verweise vernetzte Struktur, allerdings ohne eine Unterstützung der Interaktion. Bereits 1945 hat jedoch Vannevar Bush in einem Artikel mit dem Titel *As we may think* [Bus45] das Konzept der interaktiven Verweise vorgestellt und eine technische Realisierung dafür vorgeschlagen. Das von ihm konzipierte System MEMEX sollte mit Mikrofilmen und Fotozellen realisiert werden.

Mitte der sechziger Jahre prägte Ted Nelson den Begriff „Hypertext" für eine vernetzte Informationsmenge. Bei seinen Überlegungen stand im Vordergrund, Redundanz in der Literatur durch Vernetzung zu vermeiden. Etwa zur gleichen Zeit entwickelte Douglas Engelbart das System NLS (oN Line System), das als Ideenprozessor zur Unterstützung geistiger Arbeit dienen sollte und den ersten Ansatz zu rechnerunterstützter Zusammenarbeit bildete. Hierfür setzte er auch erstmalig ein Fenstersystem ein, um die Information zu strukturieren, das mit der von ihm erfundenen Maus gesteuert wurde.

Ebenfalls ab Mitte der sechziger Jahre beschäftigte sich Andries van Dam mit Hypertext, insbesondere unter dem Aspekt der Erzeugung und Bearbeitung von Hypertexten. Van

Dam realisierte als erster multimediale Ergänzungen zu Hypertext und schuf Grundlagen für Autorensysteme, mit denen sich Lehrmaterial zu Anwendungen des *rechnerunterstützten Lernens (computer based training, CBT)* aufbereiten lässt.

Die ersten am Markt verfügbaren Systeme zur Erstellung und Präsentation von Hypertexten kamen Mitte der achtziger Jahre auf. Das für die XEROX Star Workstation entwickelte NoteCards wurde unter dem Namen HyperCard 1987 für den Apple Macintosh nachgebildet. Bei HyperCard werden die Knoten als Karten bezeichnet, die Text und Grafiken enthalten können und zwischen denen Verweise bestehen. Ein gesamter Hypertext entspricht dann einem Kartenstapel. Von HyperCard wurden die wesentlichen Konzepte 1989 in das Programm ToolBook übernommen, das unter dem Betriebssystem Windows läuft. Bei ToolBook wird die gesamte Anwendung als Buch bezeichnet, die Seiten des Buches entsprechen den Karten von HyperCard und können wie diese miteinander verknüpft werden.

1.2.4 Hypermedia

Hypermedia-Systeme bilden die Kombination aus Hypertext und Multimedia-Systemen. Dabei wird vom Hypertext das Konzept der Knoten und Kanten übernommen und aus den Multimedia-Systemen das Prinzip der Medienintegration.

Bei Hypermedia-Systemen lassen sich verschiedene Abstufungen der Vernetzung der Information unterscheiden, die im Folgenden dargestellt werden. Dabei sind die angegebenen Stufen als Beispiele für den Zuwachs an Informationsvernetzung und Interaktionsmöglichkeiten zu verstehen und müssen nicht immer genau so ausgeprägt sein. Zwischenstufen und Mischungen über mehrere Stufen hinweg sind möglich.

Stufe 1

- Ein Hypertext enthält in den Knoten zusätzliche Medien. Dies können automatisch angezeigte diskrete Medien sein wie Fotos oder Grafiken.
- Auch kontinuierliche Medien sind möglich, die durch ein Abspielprogramm innerhalb des Knotens oder in einem speziellen Fenster dargestellt werden.
- Anker kommen nur im Text des Knotens vor oder als spezielle Bedienelemente wie Schaltflächen oder Menüeinträge.
- Verweise aus diesen Ankern können das Abspielen eines Mediums bewirken. Das heißt, dass auch ein kontinuierliches Medium als Ganzes ein Zielpunkt sein kann.

Stufe 2

- Ein Hypertext enthält in den Knoten zusätzliche Medien. Dies können automatisch angezeigte diskrete Medien sein wie Fotos oder Grafiken.
- Auch kontinuierliche Medien sind möglich, die durch ein Abspielprogramm innerhalb des Knotens oder in einem speziellen Fenster dargestellt werden.

- Anker können auch in anderen diskreten Medien als dem Text vorkommen. So sind beispielsweise Auswahlgrafiken oder -bilder möglich, bei denen je nach angeklicktem Teil des Bildes unterschiedliche Zielpunkte angesprungen werden.
- Zielpunkte können innerhalb von kontinuierlichen Medien liegen, so dass ein Verweis das Abspielen ab einer bestimmten Stelle ermöglicht.

Stufe 3

- Die Knoten können in Form von beliebigen Medien vorliegen. Ein Knoten muss nicht unbedingt Text enthalten. Auch kontinuierliche Medien können als separate Knoten existieren.
- Anker können in allen Medien vorkommen. Dabei sind Anker in kontinuierlichen Medien zeitgesteuert realisiert, so dass der Verweis nur vom augenblicklichen Abspielzustand und nicht vom Informationsinhalt abhängt. Beispielsweise führt ein Klick in einer Videoszene immer zum gleichen Zielpunkt, unabhängig davon, an welchem Ort auf das Bild geklickt wurde.
- Zielpunkte können beliebig in allen Medien liegen.

Stufe 4

- Die Knoten können in Form von beliebigen Medien vorliegen. Ein Knoten muss nicht unbedingt Text enthalten. Auch kontinuierliche Medien können als separate Knoten existieren.
- Anker können in allen Medien vorkommen. Dabei sind Anker in kontinuierlichen Medien objektgesteuert realisiert, so dass der Verweis davon abhängt, welches Objekt angeklickt wurde. In einer Videoszene können also zum gleichen Zeitpunkt verschiedene Anker räumlich getrennt auf dem Bildschirm aktiv sein und angeklickt werden.
- Zielpunkte können beliebig in allen Medien liegen.

Die ersten beiden Stufen lassen sich eher als multimedial angereicherter Hypertext beschreiben denn als Hypermedia. Erst bei Verweisen aus kontinuierlichen Medien heraus erscheint der Begriff Hypermedia gerechtfertigt. Bei heutigen Anwendungen ist dabei meist nur die Stufe 3 realisiert, da diese programmtechnisch mit vertretbarem Aufwand zu implementieren ist. Die Festlegung und Verfolgung von Objekten in kontinuierlichen Medien, mit denen der Benutzer interagieren kann, ist mit den gängigen Programmen zur Erstellung multimedialer Anwendungen praktisch nicht realisierbar.

1.3 Modelle der Mensch-Computer-Interaktion

1.3.1 Benutzungsschnittstelle

Sieht man einmal von reinen Unterhaltungsanwendungen ab, die hier nicht im Mittelpunkt stehen sollen, werden Rechneranwendungen überwiegend im Rahmen von Arbeitsaufgaben genutzt, die einer Person gestellt wurden oder die diese sich selbst stellt. Diese Person bearbeitet in aufeinander folgenden Schritten eine Aufgabe. Eine solche Aufgabe kann beispielsweise die Erstellung eines Textes über Mensch-Computer-Interaktion sein.

Die einzelnen Schritte bei der Lösung der Aufgabe werden als *Arbeitsschritte* bezeichnet. Arbeitsschritte, bei denen die Rechneranwendung benutzt wird, wollen wir als Anwendungsschritte oder *Benutzungsschritte* bezeichnen.

Ein Benutzungsschritt beinhaltet einen in sich abgeschlossenen Teil der Aufgabenbearbeitung, der durch den Gebrauch einer Funktion der Anwendung als eines bestimmten Werkzeugs zur Aufgabenbearbeitung gekennzeichnet ist. Ein solcher Benutzungsschritt kann beispielsweise die Durchführung der Silbentrennung in einem längeren Text sein, der mit einem Textverarbeitungsprogramm erstellt wird. Um die gewünschten Benutzungsschritte ausführen zu können, den Rechner also zur Ausführung bestimmter Verarbeitungsfunktionen zu bringen, muss die arbeitende Person einen so genannten Dialog mit dem Rechner führen.

Ein *Mensch-Rechner-Dialog* besteht (in Anlehnung an [ISO9241-10]) aus Interaktionen zwischen dem Benutzer und einem Dialogsystem, um ein bestimmtes Ziel zu erreichen.

Das Ziel ist in unserem Beispiel die Ausführung des Benutzungsschrittes „Silbentrennung“. Für die Ausführung eines solchen Benutzungsschrittes sind dabei häufig mehrere Dialogschritte nötig.

Dialogschritte sorgen dafür, dass alle für diese Teilaufgabe nötigen Daten zu Verfügung stehen, alle nötigen Einstellungen getätigt werden und die Funktion oder Funktionen für die Verarbeitung aufgerufen werden.

Im genannten Beispiel ist dies die Festlegung des Bereiches, in dem die Silbentrennung durchgeführt werden soll, die Angabe, ab welcher Länge des Wortes getrennt werden soll und ob die Trennung automatisch oder manuell geschehen soll sowie die Auslösung des Vorgangs über das Menü oder über eine Schaltfläche. Jeder dieser Dialogschritte erfordert meist wieder mehrere einzelne Interaktionsschritte.

Ein *Interaktionsschritt* oder *Bedienschritt* umfasst eine einzelne Eingabe für den Dialog.

Die Interaktionsschritte bestehen hier beispielsweise im Auswählen eines Menüpunktes (Extras > Sprache > Silbentrennung), im Betätigen einer Schaltfläche (OK oder Manuell...) oder in der Eingabe eines Wertes (0,5 cm für die Silbentrennzone). Wie detailliert dabei die einzelnen Bedienschritte unterschieden werden, hängt vom jeweiligen Zweck der Betrachtung ab. So kann für Effizienzbetrachtungen die Ermittlung des Interaktionsaufwands bis hinunter auf die Ebene einzelner Mausbewegungen und Klicks sinnvoll sein.

In vielen Fällen kann ein Benutzungsschritt auf verschiedene Weise mit unterschiedlichen Dialogschritten durchgeführt werden, oder die zu einem Benutzungsschritt gehörenden Dialogschritte können in unterschiedlicher Reihenfolge durchgeführt werden. Je nach Systemzustand können für den Benutzungsschritt manchmal mehr und manchmal weniger Dialogschritte erforderlich sein.

Auch die einzelnen Dialogschritte können häufig alternativ durch verschiedene Bedienschritte ausgeführt werden. So kann beispielsweise der Aufruf einer Funktion über die Auswahl im Menü oder über eine Tastenkombination erfolgen, so dass nicht nur unterschiedliche Bedienschritte möglich sind, sondern sogar unterschiedliche Geräte dafür benutzt werden können. Es ist daher sinnvoll, bei der Mensch-Computer-Interaktion drei verschiedene Ebenen zu unterscheiden.

Die *Anwendungs- oder Werkzeugschnittstelle* umfasst alle Funktionen, die dem Benutzer des Programms zur Verfügung stehen. Sie bestimmt somit die möglichen Benutzungsschritte.

Die *Dialog- oder Steuerungsschnittstelle* umfasst alle Dialoge, die zum Aufruf der Funktionen geführt werden können. Sie bestimmt somit die möglichen Dialogschritte.

Die *Ein- und Ausgabeschnittstelle* umfasst alle Informationsdarstellungen und Eingaben. Sie bestimmt somit die möglichen Interaktionsschritte.

Bei der Implementation einer Anwendung sollte darauf geachtet werden, dass diese drei Schnittstellen möglichst unabhängig voneinander sind. Dies erlaubt es beispielsweise, die Ein- und Ausgabeschnittstelle auszutauschen, ohne irgend etwas an den anderen beiden Schnittstellen oder gar der Anwendung selbst zu ändern. Nötig ist dies etwa, wenn eine übliche bildschirm- und tastaturorientierte Anwendung für blinde Personen auf ausschließliche Verwendung von Spracheingabe und Sprachausgabe umgestellt werden soll (vgl. 11.4).

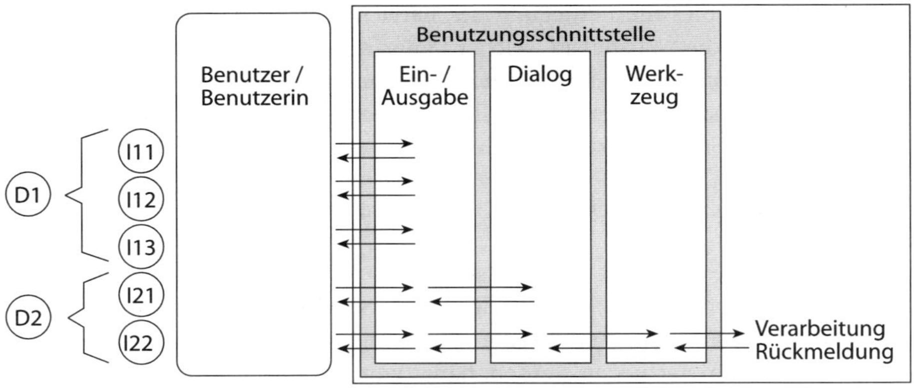

Bild 1.2 Benutzungsschritt

In **Bild 1.2** wird ein Benutzungsschritt mit Hilfe von zwei Dialogschritten D1 und D2 durchgeführt. Der Dialogschritt D1 setzt sich aus drei Interaktionsschritten I11 bis I13 zusammen, der Dialogschritt D2 aus den zwei Interaktionsschritten I21 und I22.

Wenn in bestimmten Zusammenhängen eine Differenzierung zwischen den einzelnen Schnittstellen nicht erforderlich ist, werden diese oft zusammengefasst als Benutzungsschnittstelle bezeichnet.

Die *Benutzungsschnittstelle* einer Anwendung umfasst alle Funktionen, die dem Benutzer zur Verfügung stehen zusammen mit den zu deren Nutzung erforderlichen Dialogen mit den jeweils zugehörigen Ein- und Ausgaben.

1.3.2 Benutzung im Kontext

Die im vorigen Absatz vorgenommene Unterteilung der Benutzungsschnittstelle in Ein-/Ausgabe, Dialog (Steuerung) und Werkzeug (Anwendung) findet sich in allen gängigen Modellen der Mensch-Rechner-Interaktion wieder. Daneben finden sich weitere Elemente, die modellieren, unter welchen Bedingungen die Benutzung des Computers erfolgt. Dabei setzen unterschiedliche Modelle unterschiedliche Schwerpunkte. So betont etwa das so genannte ABC-Modell [Fre89] den Zusammenhang zwischen Aufgabe, Benutzer und Computer, während die als IFIP-Modell [Dzi83] bekannte Darstellung die organisatorische Einbindung sowohl des Rechners als auch des Benutzers hervorhebt. Fasst man die gängigsten Modelle zusammen, so erhält man eine Darstellung, deren Hauptkomponenten der Benutzer, der Rechner mit der Benutzungsschnittstelle, die Aufgabe und die organisatorische Einbindung sind sowie die Vorstellungen des Benutzers von allen diesen Komponenten.

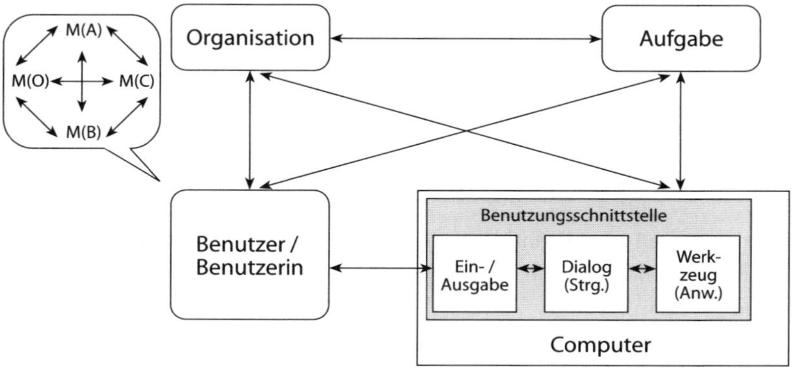

Bild 1.3 Zusammenfassendes Modell der Mensch-Computer-Interaktion (nach [Obe94])

Die Benutzungsschnittstelle der Rechneranwendung wird hierbei unterteilt in Ein-/Ausgabe, Dialog und Werkzeug. Dieses Modell ist weithin akzeptiert als Gliederungsmodell für

Gestaltungsempfehlungen. Auch die Normen für Bürotätigkeiten mit Bildschirmgeräten unterscheiden zwischen Gestaltung der Ein-/Ausgaben und Gestaltung des Dialogs.

Ein Benutzer bearbeitet eine Aufgabe mit Hilfe einer Rechneranwendung. Aufgabe, Benutzer und Computer sind also wesentliche Bestimmungsfaktoren des Mensch-Rechner-Systems. Die Gestaltung des Mensch-Rechner-Systems muss daher sowohl aufgabenorientiert sein als auch sich an den Stärken und Schwächen der Menschen orientieren, die das System benutzen.

Insbesondere bei vernetzten Systemen ist der Faktor Organisation verstärkt zu berücksichtigen ist. Der Benutzer ist organisatorisch eingebunden durch die *Arbeitsorganisation*, das Rechnersystem mit der Anwendung durch die *Systemorganisation*. Zwischen Organisation, Aufgabe, Benutzer und Technik (Computer und Anwendungssoftware) bestehen Wechselwirkungsbeziehungen, was die Doppelpfeile andeuten.

Die Benutzer haben von den maßgeblichen Faktoren ihres Mensch-Rechner-Systems bestimmte Vorstellungen, die als *mentale Modelle* bezeichnet werden (vgl. [Dut94]). Bei jedem Benutzer existiert also ein mentales Modell M(B) von sich selbst , M(O) von der Organisation, M(A) von der Aufgabe und M(C) von der Computeranwendung. Die Vorstellungen des Benutzers können dabei durchaus von den tatsächlichen Gegebenheiten abweichen. Es kann auch nicht vorausgesetzt werden, dass er von allen im Modell dargestellten Bestandteilen und Beziehungen eine Vorstellung hat.

Das hier gezeigte zusammenfassende Modell der Mensch-Computer-Interaktion dient im Folgenden zur Beschreibung der einzelnen Aspekte der Mensch-Maschine-Interaktion. Dabei hängt es von dem jeweils betrachteten Aspekt ab, welche Anteile des Modells stärker betont werden.

Nachbereitung

1.4 Übungsaufgaben

Aufgabe 1.1 Abhängigkeit der MCI von technischen Möglichkeiten

In einer Anwendung muss eine Information dargestellt werden, die in der realen Welt einen Winkel darstellt (zum Beispiel die Ruderlage eines Schiffes) und Werte zwischen -30° und +30° annehmen kann.

- Wie stellen Sie die Information auf einem heutigen System dar?
- Wie hätten Sie die Information auf einem semigrafischen Bildschirm dargestellt?
- Wie können Sie die Information auf einem alphanumerischen Bildschirm darstellen?

Aufgabe 1.2 Medien für die Interaktion

Die Interaktion zwischen Rechner und Mensch geschieht über Medien.

- Welche kontinuierlichen und welche diskreten Medien lassen sich bei heutigen PC-Systemen für die Ausgabe von Informationen benutzen?
- Welche Sinne werden davon angesprochen?
- Welche Medien kommen hinzu, wenn alle möglichen Computeranwendungen betrachtet werden?

Aufgabe 1.3 Hypermedia

Eine Stadt möchte von Ihnen ein Stadtinformationssystem erstellen lassen. Die Vorstellung der Auftraggeber ist ein Terminal mit einem ständig ablaufenden Videofilm, der die Stadt aus der Vogelschau zeigt. Durch Berühren eines im Video gezeigten Objektes (Gebäude, Platz und so weiter) soll dann in eine Szene verzweigt werden, die dieses Objekt detaillierter zeigt. Aus dieser Szene sollen dann ebenfalls weitere Informationen abgerufen werden können.

- Was schlagen Sie den Auftraggebern vor?

Aufgabe 1.4 Interaktionsschritte

Sie wollen von einem Text die Seiten 32 bis 50 ausdrucken, um sie Ihrem Partner zum Korrekturlesen zu geben. Im Rahmen der Aufgabe „ein Lehrbuch erstellen" ist dies ein Arbeitsschritt.

- Welcher Anteil des Arbeitsschrittes wird als Benutzungsschritt am Rechner durchgeführt und welche Anteile sind manuell ohne Rechnerunterstützung auszuführen?
- Welche Dialogschritte sind im Textverarbeitungsprogramm erforderlich, um den Benutzungsschritt auszuführen?
- Welche Interaktionsschritte sind für die einzelnen Dialogschritte erforderlich?
- Welche Schritte kommen hinzu, wenn kein Papier im Drucker ist?

Lösungen

2 Software-Ergonomie

Zusammenfassung, Lernziele und Vorüberlegungen

2.1 Gestaltung von Mensch-Rechner-Systemen

2.1.1 Gestaltungsziele

2.1.1.1 Ergonomische Gestaltung

Für Rechneranwendungen zur Bearbeitung beruflicher Aufgaben gilt die gleiche Grundforderung wie für andere Arbeitssysteme, nämlich die möglichst gute Berücksichtigung ergonomischer Anforderungen.

Ergonomie (Human Factors) ist die wissenschaftliche Disziplin und das systematische Studium, die/das sich mit der Aufklärung der Wechselwirkungen zwischen menschlichen und anderen Elementen eines Systems befasst, und der Berufszweig, der die Theorie, Prinzipien, Daten und Methoden auf die (System-)Gestaltung anwendet mit dem Ziel, das Wohlbefinden des Menschen und die Leistung des Gesamtsystems zu optimieren [ISO6385].

Ein für die Arbeit verwendetes System kann also nur dann als *ergonomisch gut* (häufig auch einfach verkürzt zu *ergonomisch*) bezeichnet werden, wenn es optimal auf die Fähigkeiten und Bedürfnisse des damit arbeitenden Menschen abgestimmt ist. Dies gilt unabhängig davon, ob in dem System ein Computer genutzt wird oder nicht.

Auch einfache Handwerkzeuge wie Schraubendreher oder Hammer können ergonomisch gut oder schlecht geformt sein. Dies betrifft beispielsweise die Formgebung des Griffes oder Stiels. Ist er zu dick, kann das Werkzeug nicht sicher umfasst werden und rutscht im Griff. Ist er zu dünn, kann beim Greifen keine Kraft ausgeübt werden, ohne dass sich die Fingerkuppen in die Handfläche bohren.

Häufig wird der Begriff der Ergonomie auch auf Systeme angewendet, die nicht oder nicht unmittelbar der Arbeit dienen. So bezeichnet man beispielsweise einen Ruhesessel als ergonomisch, wenn er so an die körperlichen Merkmale des Menschen angepasst ist, dass ein bequemes und erholsames Sitzen ermöglicht wird, unter anderem indem keine Zwangshaltungen erzeugt werden und keine Druckstellen vorhanden sind.

2.1.1.2 Belastung und Beanspruchung

Gestaltungsdefizite in ergonomischer Hinsicht können die mit einem System arbeitenden Menschen ungünstig belasten. Die daraus entstehende negative Beanspruchung kann sogar zu gesundheitlichen Schädigungen führen.

Unter *Arbeitsbelastung* versteht man die Gesamtheit der äußeren Bedingungen und Anforderungen im Arbeitssystem, die auf den Arbeitenden einwirken [ISO6385].

Die Belastung ist somit völlig unabhängig von der jeweiligen arbeitenden Person. Die Auswirkungen einer vorgegebenen Belastung auf eine konkrete Person können daher sehr unterschiedlich sein.

Die in Abhängigkeit von ihren individuellen Merkmalen wie Größe, Alter, Fähigkeiten, Fertigkeiten und dergleichen hervorgerufene interne Reaktion der arbeitenden Person auf die auf sie einwirkende Arbeitsbelastung wird nach [ISO6385] als *Arbeitsbeanspruchung* bezeichnet.

Bei gleicher Belastung werden also verschiedene Personen in der Regel unterschiedlich beansprucht. Die Beanspruchung kann beeinträchtigende Wirkungen wie Ermüdung haben, neutral sein oder unterstützend wirken etwa durch die Entwicklung von Fertigkeiten. Bei einer ergonomisch schlechten Gestaltung überwiegen die negativen Wirkungen.

Negative *physische Beanspruchungen* werden beispielsweise durch Belastungen wie Zwangshaltungen bei der Arbeit hervorgerufen. So kann ein zu hoch aufgestellter Bildschirm zu Verkrampfungen im Nackenbereich führen, da der Kopf ständig nach hinten geneigt wird. Zwangshaltungen des Kopfes entstehen auch durch das Abschreiben von Vorlagen auf Papier, wenn diese ungünstig neben der Tastatur liegen. Konventionelle Tastaturen erzwingen eine unnatürliche Haltung der Hände beim Schreiben, weil diese im Handgelenk jeweils nach außen abgewinkelt werden. Auch eine falsche Tisch- oder Stuhlhöhe kann zu Verspannungen im Nacken- und Schulterbereich führen, weil häufig durch unbewusstes Hochziehen der Schulter versucht wird, die Höhe der Arbeitsfläche in Bezug auf die Hand und den Unterarm auszugleichen.

Erschwerte Wahrnehmung, zum Beispiel durch zu kleine Zeichen oder zu geringe Kontraste, kann zum einen direkt die Augen überanstrengen. Zum anderen führt sie meist auch zu Zwangshaltungen wie dem „Hineinkriechen" in den Bildschirm. Auch Reflexion auf dem Bildschirm oder Blendung durch Lichtquellen wird häufig unbewusst durch Veränderung der Körperhaltung ausgeglichen.

Ungünstige *direkte psychische Beanspruchungen* bei der Arbeit mit Computersystemen können unter anderem durch erzwungene Daueraufmerksamkeit erzeugt werden. Diese tritt bei Anwendungen auf, in denen ständig viele Daten schnell vom Menschen erfasst werden müssen und Fehler schwerwiegende Folgen haben können, wie etwa bei der Fahrzeugführung oder in der Intensivmedizin. Bei solchen Systemen lässt sich die Belastung des Benutzers oft dadurch reduzieren, dass im Normalzustand nur wenige Daten angezeigt werden und im Fall einer Störung der Fahrzeugtechnik oder einer Krise des Patienten die Aufmerksamkeit gezielt hergestellt wird, etwa durch Warntöne, Sprachausgabe oder spezielle Alarmanzeigen. Eine solche Lösung kann aber dazu führen, dass im Normalbetrieb eine Unterforderung und im Störfall eine plötzliche Überforderung gegeben ist.

Ständig wiederkehrende einfache Tätigkeiten stellen eine direkte psychische Belastung dar. Ein Beispiel ist die routinemäßige Eingabe großer Mengen gleichartiger Datensätze im Rechnungswesen. Die resultierende Beanspruchung kann zu einem Monotoniezustand führen, der unter anderem durch Müdigkeit, Leistungsabnahme und Leistungsschwankungen geprägt ist. Weitere negative Beanspruchungen entstehen durch fehlenden Einfluss auf den Ablauf der Arbeit und durch Abhängigkeit vom System. Dies gilt insbesondere dann, wenn der Benutzer warten muss, bis Eingaben verarbeitet sind, um dann, wenn die Anwendung wieder verfügbar ist, sofort wieder neue Eingaben zu tätigen, wenn also eher das Programm den Menschen steuert als der Mensch das Programm. Einflusslosigkeit macht sich auch dadurch bemerkbar, dass gewohnte Arbeitsabläufe nicht am Rechner durchgeführt werden können und die Benutzer sich an die von der Anwendung oder, genauer gesagt, von den Programmierern vorgegebenen Abläufe anpassen müssen.

Einen wesentlichen Faktor direkter psychischer Beanspruchungen bilden Verständnisschwierigkeiten. Diese können sowohl in Bezug auf die Arbeitsabläufe als auch in Bezug auf einzelne Aspekte der Interaktion auftreten. Bei den Arbeitsabläufen ist den Benutzern oft nicht klar, mit welchen Funktionen sie bestimmte Arbeitsschritte durchführen können. Bei der Interaktion kann beispielsweise unklar sein, was bestimmte Anzeigen bedeuten, welches Format eine bestimmte Eingabe haben muss oder wie ein bestimmter Programmzustand verlassen werden kann.

Außer den genannten physischen und direkten psychischen Beanspruchungen können auch noch ungünstige *indirekte psychische Beanspruchungen* auftreten. Diese entstehen in der Regel im organisatorischen Bereich. So kann etwa die zeitliche und räumliche Organisation der Rechnernutzung die Kontakte zwischen den Mitarbeitern verringern. Dies gilt dann, wenn sich Rechner nicht am üblichen Arbeitsplatz befinden und die Benutzer aus einer Abteilung jeweils abwechselnd für eine bestimmte Zeit an einen Rechnerarbeitsplatz gehen. Die fehlende Möglichkeit der Kommunikation mit anderen, insbesondere auch über die Probleme bei der Arbeit am Rechner, kann dann ungünstig wirken.

Weitere indirekte Beanspruchungen können sich aus fehlender Einsicht in den Gesamtablauf und fehlender Rückkopplung zur eigenen Arbeit ergeben. Dies tritt insbesondere dann auf, wenn Arbeitsabläufe durch Rechnereinsatz zerstückelt werden, so dass die Benutzer immer nur noch einzelne Teilaufgaben bearbeiten und nicht erkennen können, wie diese mit dem gesamten Arbeitsprozess zusammenhängen. Negativ beanspruchend wirkt es auch, wenn die Arbeitenden nicht mehr selbst entscheiden können, wann sie welche Aufgaben wie erledigen, sondern dies durch die Arbeitsorganisation oder durch die Abläufe der Anwendung vorgegeben wird.

Neben möglichen gesundheitlichen Schäden durch die genannten ungünstigen Beanspruchungen führt eine ergonomisch schlechte Gestaltung in der Regel dazu, dass die Betroffenen das Anwendungssystem ablehnen. Bei einem System, das nicht ergonomisch gestaltet ist, treten meist viele Fehler in der Arbeit auf. Dies verstärkt sich noch, wenn die Betroffenen das System nur in geringem Maße akzeptieren. Eine hohe Fehlerquote wirkt sich negativ auf die Effizienz der Anwendung aus. Nutzungsprobleme und daraus resultierende Ablehnung können dazu führen, dass teure Hard- und Software nur sehr ineffizient oder sogar überhaupt nicht genutzt wird, wie zahlreiche Beispiele aus Unternehmen belegen.

2.1.1.3 Ziele menschengerechter Gestaltung

Die ergonomische Gestaltung eines Anwendungssystems soll die genannten Benutzungsprobleme vermeiden oder zumindest verringern. Um dies zu erreichen, ist es sinnvoll, Zielvorstellungen zu definieren, die angeben, was ein menschengerecht gestaltetes System auszeichnet. Für Anwendungen im Bürobereich sind diese zuerst in einer Richtlinie des Vereins Deutscher Ingenieure [VDI5005] formuliert worden. Als Ziele werden genannt die drei Begriffe Kompetenzförderlichkeit, Handlungsflexibilität und Aufgabenangemessenheit. Sie lassen sich in Bezug auf die unterschiedlichen Handlungsebenen (vgl. 5.1.4) in Hinblick auf die Anwendung im Büro weiter spezifizieren (**Bild 2.1**).

Modellrahmen				
Handlungsmodell	Gestaltungs- und Bewertungskriterien			Anwendungsmodell
	Kompetenzförderlichkeit	Handlungsflexibilität	Aufgabenangemessenheit	
Handlungsplanung und -kontrolle	Abbildung vertrauter Aufgabenbereiche	Anpassungsfähigkeit an neue Aufgaben	Unterstützung grundlegender Büroaufgaben	Basisanwendungen der Bürokommunikation
Bilden von Teilzielen	Verständlichkeit der Systemfunktionalität	Zulässigkeit individueller Arbeitsobjekte	Aufgabenangepasste Büroobjekte und -funktionen	Objekte und Funktionen der Büroanwendungen
Operationsplanung und -durchführung	Konsistente handlungsunterstützende Benutzeroperationen	Alternative Benutzeroperationen	Effizienz der Benutzeroperationen	Benutzeroperationen des Bürosystems
Eingabeaktionen und Wahrnehmung	Verständliche Ein- und Ausgaben	Freizügige Informationsein- und ausgaben	Aufgabengerechte Informationsein- und ausgaben	Informationsaustausch mit dem Bürosystem

Bild 2.1 Modellrahmen für die Software-Ergonomie nach VDI 5005

Das Ziel der *Kompetenzförderlichkeit* beinhaltet, dass der Rechnereinsatz die Fähigkeiten des Menschen nutzt und erweitert. Das Wissen über die Aufgabe soll dazu genutzt werden, dass der Benutzer kompetent handeln kann. Er muss wissen, welchem Zweck das Gesamtsystem dient und welche Aufgaben darin ausgeführt werden können. Die Software soll die Aufgabenbereiche verdeutlichen, in denen mit dem System gearbeitet werden kann. Die Qualifikation der Benutzer soll für die Arbeit mit der Anwendung genutzt werden. Lernprozesse, insbesondere solche, die für die Interaktion mit dem System wichtig sind, sollen durch die Software unterstützt werden.

Zur *Handlungsflexibilität* gehört, dass sich das System an geänderte Aufgabenstellungen anpassen lässt. Die Benutzer sollen selbst eigene Arbeitsobjekte und Arbeitsabläufe erstellen können, die zu ihren Aufgaben passen. Bei der Interaktion mit dem System sollen ihnen verschiedene Wege zum gleichen Ziel zur Verfügung stehen, beispielsweise Wahlmöglichkeiten zwischen Tastatur und Maus.

Die *Aufgabenangemessenheit* erfordert, dass die auszuführenden Aufgaben auch tatsächlich mit dem System durchgeführt werden können. Die genaue und vollständige Durchführbarkeit wird auch als *Effektivität (effectiveness)* bezeichnet. Die Ausführung soll effizient erfolgen. *Effizienz (efficiency)* ist gegeben, wenn der Aufwand für die Ausführung (gemessen z.B. in für die Ausführung benötigter Zeit oder in psychischer Beanspruchung) möglichst gering ist. Darüber hinaus soll das System qualitativ so beschaffen sein, dass es bei den Benutzern eine hohe Akzeptanz erhält. Diese Eigenschaft eines Systems wird auch als *Zufriedenstellung (satisfaction)* bezeichnet.

2.1.1.4 Gebrauchstauglichkeit

Die in [VDI5005] an eine aufgabenangemessene Anwendung gestellten Forderungen nach Effektivität, Effizienz und Akzeptanz bei den Benutzern werden als Qualitätsmerkmale eines Software-Produktes unter dem Qualitätskonzept der Gebrauchstauglichkeit zusammengefasst.

> Die *Gebrauchstauglichkeit (usability)* ist das Ausmaß, in dem ein Produkt durch bestimmte Benutzer in einem Nutzungskontext genutzt werden kann, um bestimmte Ziele *effektiv*, *effizient* und *zufriedenstellend* zu erreichen [ISO9241-11].

Dieser Definition macht deutlich, dass die Gebrauchstauglichkeit einer Software immer nur in Bezug auf bestimmte Benutzer und bestimmte Aufgaben sowie eine bestimmte organisatorische Umgebung (vgl. **Bild 1.3**) bewertet werden kann. Diese Bedingungen bilden zusammen den Nutzungskontext.

> Der *Nutzungskontext* besteht aus den Benutzern, Arbeitsaufgaben, Arbeitsmitteln (Hardware, Software und Materialien) sowie der physischen und sozialen Umgebung, in der das Produkt eingesetzt wird [ISO9241-11].

Will man die Gebrauchstauglichkeit eines Software-Produktes beurteilen, muss man zunächst den Nutzungskontext spezifizieren. Bei den Benutzern sind wesentliche Merkmale hierfür die vorliegenden Fertigkeiten und das Wissen sowie die persönlichen Eigenschaften wie Alter, Geschlecht, physische Fähigkeiten und Grenzen und dergleichen. Bei der Aufgabe spielen Merkmale wie die Häufigkeit und die Dauer eine Rolle. Bezüglich der Arbeitsmittel muss genau ermittelt werden, welche Hardware und Software mit welcher Funktionalität zur Verfügung steht. Für die Umgebung bietet sich eine Einteilung nach organisatorischer Umgebung, technischer Umgebung und physischer Umgebung an. Die organisatorische Umgebung beinhaltet die Struktur der Arbeit (z.B. einzeln oder in Gruppen, Zeit und Unterbrechungen), die Einstellungen und die Kultur des Unternehmens (z.B. organisatorische Ziele und Geschäftsbeziehungen) sowie die Arbeitsgestaltung (z.B. Entscheidungsfreiheit der Benutzer, Leistungsmessung und Arbeitstempo). Die technische Umgebung besteht im Wesentlichen aus der Konfiguration der Hardware und Software. Die physische Umgebung betrifft die Arbeitsplatzbedingungen (z.B. Wärme, Licht), die Gestaltung des Arbeitsplatzes (z.B. Platz, Körperhaltung) und die Sicherheit am Arbeitsplatz (z.B. Schutzvorrichtungen).

Anschließend an die Spezifizierung des Nutzungskontextes lassen sich dann *Maße* für die Gebrauchstauglichkeit bestimmen. So kann die Effektivität beispielsweise gemessen werden durch den Prozentsatz der Benutzer, welche die Aufgabe erfolgreich abschließen, oder durch den Prozentsatz, zu dem das Ziel der Aufgabe erreicht werden konnte. Ein mögliches Maß für die Effizienz ist die Zeit für die Erledigung der Aufgabe oder die Anzahl abgeschlossener Aufgaben pro Zeiteinheit. Maße für die Zufriedenstellung können die Anzahl der Beschwerden der Benutzer, die Anzahl der freiwilligen Benutzungen oder die Einstufung durch die Benutzer auf einer Bewertungsskala sein. Neben den bisher genannten Maßen, die für die allgemeine Gebrauchstauglichkeit angewendet werden können, lassen sich auch Maße für einzelne Kriterien der Gebrauchstauglichkeit finden. Solche Kriterien können beispielsweise die Lesbarkeit der Ausgaben oder die Fehlertoleranz im Dialog sein. Für das Kriterium der Lesbarkeit ließe sich die Effektivität durch den Prozentsatz richtig gelesener Worte bei bestimmtem Sehabstand messen, wobei der Sehabstand ein Merkmal des Nutzungskontextes ist. Die Effizienz könnte durch die Zeit gemessen werden, die gebraucht wird, um eine Information richtig zu lesen. Die Zufriedenstellung ließe sich durch eine Einstufungsskala messen.

Wir werden Kriterien der Gebrauchstauglichkeit wie die Lesbarkeit und die Fehlertoleranz als Prinzipien der Informationsdarstellung in 7.1.1 und als Prinzipien der Dialoggestaltung in 8.3.1 besprechen.

2.1.2 Gestaltungsebenen

Beim Einsatz von Software-Systemen in Arbeitsumgebungen lassen sich verschiedene Ebenen der Gestaltung und Bewertung bezüglich der Ergonomie unterscheiden (**Bild 2.2**).

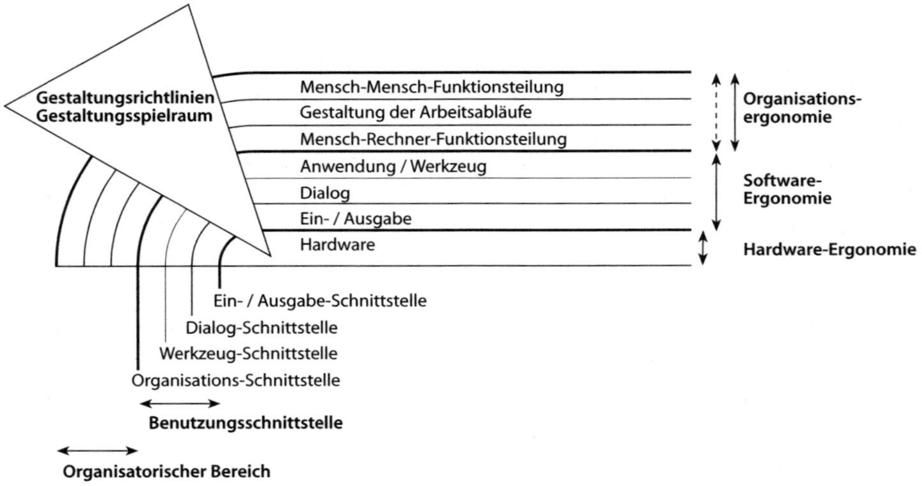

Bild 2.2 Gestaltungsebenen bei Mensch-Computer-Systemen (nach [Sta96] und [Opp92])

Zum *organisatorischen Bereich* gehören Fragen der Mensch-Mensch-Funktionsteilung, der Gestaltung der Arbeitsabläufe und der Mensch-Rechner-Funktionsteilung. Hier ist zu klären, ob für den Arbeitsablauf überhaupt Rechner eingesetzt werden sollen und wie sich beim Einsatz von Rechnern die Arbeit sinnvoll aufteilen lässt. Dieser Teil des Mensch-Rechner-Systems ist Gegenstand der *Organisationsergonomie*, wird aber bisweilen auch zur Software-Ergonomie im weiteren Sinne gezählt.

Die *Software-Ergonomie* strebt die Anpassung der Eigenschaften eines Software-Systems an die physischen und psychischen Eigenschaften der damit arbeitenden Menschen an.

Die *Benutzungsschnittstelle* ist der eigentliche Gestaltungsbereich der Software-Ergonomie im engeren Sinne. Hier ist festzulegen, welche Funktionen der Anwendung dem Benutzer bei der Ausführung der Arbeitsaufgabe zur Verfügung stehen, wie und in welcher Reihenfolge die einzelnen Schritte des Mensch-Rechner-Dialogs ablaufen und wie Ausgaben dargestellt und Eingaben getätigt werden.

Die Gestaltung der Hardware ist Gegenstand der *Hardware-Ergonomie*. Hier geht es beispielsweise um die Formgebung bei Tastatur und Maus, um die Bildwiederholrate oder die Strahlung von Monitoren. In Zusammenhang mit der Hardware-Ergonomie steht auch die Gestaltung des Arbeitsumfeldes, beispielsweise die Aufstellung der Arbeitsmittel am Arbeitsplatz, so dass Blendung oder unnatürliche Körperhaltungen vermieden werden.

Bei der Gestaltung von Anwendungssystemen soll in der Regel von außen nach innen vorgegangen werden, also von der Gestaltung des organisatorischen Bereiches zur Gestaltung der Benutzungsschnittstelle. Dabei ist der Gestaltungsspielraum für die Arbeitsorganisation relativ groß. Für die Benutzungsschnittstelle wird durch die Entscheidungen zur Organisation der Gestaltungsspielraum eingeschränkt, da aus den Entscheidungen zur Organisation bereits zahlreiche Vorgaben für die Gestaltung der Benutzungsschnittstelle abgeleitet werden können.

Wenn beispielsweise für die Arbeitsorganisation festgelegt wird, dass Benutzer von verschiedenen Standorten gemeinsam auf Dokumente zugreifen und gleichzeitig an diesen arbeiten können müssen, dann müssen in der Benutzungsschnittstelle Werkzeuge für diese computerunterstützte Zusammenarbeit vorhanden sein. Diese Werkzeuge stellen wiederum bestimmte Anforderungen an den Dialog und so fort. Der geringste Spielraum für die Gestaltung ergibt sich dann bei der Hardware, zum einen, weil für die Aufgabe bestimmte Geräte zwingend erforderlich sind, zum anderen, weil in der Regel nur zwischen am Markt vorhandenen Geräten gewählt und nicht selbst gestaltet werden kann.

Für eine ergonomisch gute Gestaltung des Mensch-Computer-Systems müssen alle Ebenen der Gestaltung zusammen betrachtet werden. Eine häufige Ursache für Benutzungsprobleme ist eine falsche Aufgabenverteilung zwischen Mensch und Rechner. So werden oft einfach die Aufgaben dem Rechner zugewiesen, für die es einfach zu programmierende Algorithmen gibt. Dem Menschen verbleiben dann nur Resttätigkeiten beispielsweise in der Datenvorbereitung und Dateneingabe, die aus dem Arbeitszusammenhang gerissen sind und auf den Menschen als sinnentleerte Routinetätigkeiten wirken. Andererseits kann es aber auch geschehen, dass der Rechner die einfachen Routinetätigkeiten erledigt und die komplexen und nicht einfach algorithmisch zu fassenden Tätigkeiten beim Menschen verbleiben, so dass ständig hohe Anforderungen an diesen gestellt werden. Beispielsweise wechseln sich in der herkömmlichen Arbeit zur Konstruktion von Bauteilen im Maschinenbau bei Nutzung eines Zeichenbrettes einfache Routinetätigkeiten mit anspruchsvollen kreativen Tätigkeiten ab. Während der Konstrukteur ein Bauteil durch Ziehen von parallelen Linien schraffiert, kann er schon über die weiteren Schritte der Konstruktion nachdenken oder sich einfach geistig eine Weile entspannen. Bei der *computerunterstützten Konstruktion (CAD)* erfolgt eine Schraffur durch einen einfachen Befehl und wird sofort ausgeführt, so dass der Mensch unter dem Druck steht, gleich wieder mit der weiteren Konstruktion fortzufahren. Eine schlechte Aufgabenverteilung zwischen Mensch und Rechner wie in den genannten Beispielen kann auch durch die bestmögliche Gestaltung der Benutzungsschnittstelle nicht ausgeglichen werden.

2.1.3 Rechtliche Anforderungen

2.1.3.1 Bildschirmrichtlinie und Bildschirmarbeitsverordnung

Seit 1990 gibt es die so genannte *Bildschirmrichtlinie* der Europäischen Union, die *Richtlinie des Rates vom 29. Mai 1990 über die Mindestvorschriften bezüglich der Sicherheit und des Gesundheitsschutzes bei der Arbeit an Bildschirmgeräten (90/270/EWG)*. Die in der Richtlinie festgelegten Anforderungen an Bildschirmarbeitsplätze sind bindend. Damit diese Anforderungen in den Mitgliedstaaten der EU eingefordert werden können, sind sie in nationales Recht umgesetzt worden. In Deutschland ist dies 1996 durch die *Verordnung über Sicherheit und Gesundheitsschutz bei der Arbeit an Bildschirmgeräten* geschehen, kurz als *Bildschirmarbeitsverordnung – BildscharbV* [BildscharbV96] bezeichnet. Der Geltungsbereich der Bildschirmarbeitsverordnung erstreckt sich auf alle Arbeitsplätze, an denen regelmäßig Bildschirmgeräte eingesetzt werden. Ausgenommen sind lediglich Bedienplätze von Fahrzeugen, Bildschirmgeräte in Verkehrsmitteln, Bildschirmgeräte für den Gebrauch an wechselnden Orten und Bildschirmgeräte, die dem öffentlichen Gebrauch dienen.

Die *Bildschirmarbeitsverordnung* schreibt vor:

> Die Grundsätze der Ergonomie sind insbesondere auf die Verarbeitung von Informationen durch den Menschen anzuwenden.

In Hinblick auf die so genannte Benutzerfreundlichkeit wird verlangt, dass die Software der auszuführenden Aufgabe angepasst ist, dass sie den Arbeitnehmern Angaben über die jeweiligen Abläufe bietet, dass sie den Benutzern die Beeinflussung der Dialogabläufe und die Behebung von Fehlern mit begrenztem Arbeitsaufwand erlaubt und dass sie entsprechend dem Kenntnis- und Erfahrungsstand der Benutzer in Hinblick auf die Aufgabe angepasst werden kann. Außerdem darf die Software ohne Wissen der Benutzer keine qualitative oder quantitative Kontrolle enthalten.

Durch die Bildschirmrichtlinie und die sie umsetzende Bildschirmarbeitsverordnung werden ergonomische Mindestforderungen rechtlich verbindlich festgeschrieben. Software, die diesen Anforderungen nicht gerecht wird, darf im Prinzip nicht am Arbeitsplatz eingesetzt werden. Arbeitnehmer können verlangen, dass die in der Richtlinie genannten Punkte erfüllt werden. Durch die Forderung, dass die Grundsätze der Ergonomie anzuwenden sind, bezieht sich die Richtlinie auf den anerkannten Wissensstand der Software-Ergonomie (siehe 2.2.3).

2.1.3.2 Barrierefreie Informationstechnik-Verordnung (BITV)

Am 27. April 2002 wurde in Deutschland das *Behindertengleichstellungsgesetz* [BGG02] verabschiedet, das in § 11 alle Behörden der Bundesverwaltung verpflichtet „ihre Internetauftritte und -angebote sowie die von ihnen zur Verfügung gestellten grafischen Programmoberflächen, die mit Mitteln der Informationstechnik dargestellt werden, nach Maßgabe der nach Satz 2 zu erlassenden Verordnung schrittweise technisch so, dass sie von behinderten Menschen grundsätzlich uneingeschränkt genutzt werden können“ zu gestalten.

Die hier angesprochene Verordnung wurde am 17. Juli 2002 als *Verordnung zur Schaffung barrierefreier Informationstechnik nach dem Behindertengleichstellungsgesetz* verabschiedet. Abgekürzt wird sie als *Barrierefreie Informationstechnik-Verordnung – BITV* [BITV02] bezeichnet. Die Anlage der BITV listet Anforderungen erster Priorität und Anforderungen zweiter Priorität auf, die bei Neugestaltungen oder größeren Veränderungen der genannten

Anwendungen zumindest teilweise berücksichtigt werden müssen (vgl. 11.4.3). Bis zum 31. Dezember 2003 mussten bereits alle diejenigen vorhandenen Anwendungen die Anforderungen erfüllen, die sich speziell an behinderte Menschen richten. Bis zum 31. Dezember 2005 müssen alle in § 11 angesprochenen Anwendungen unabhängig vom Zeitpunkt ihrer Veröffentlichung die Anforderungen erfüllen. Anforderungen der Priorität I müssen dabei vollständig erfüllt werden, Anforderungen der Priorität II müssen in den zentralen Navigations- und Einstiegsangeboten zusätzlich berücksichtigt werden.

Während die Bildschirmarbeitsverordnung die „Grundsätze der Ergonomie" als maßgebliches Kriterium festlegt und damit zwar einerseits auch der Weiterentwicklung auf dem Gebiet der Software-Ergonomie gerecht wird, andererseits aber die Entwickler vor die Aufgabe stellt, diesen jeweils aktuellen Stand aus den verschiedensten Quellen selbst zu ermitteln, gibt die Barrierefreie Informationstechnik-Verordnung konkrete Kriterien vor, bei denen dann allerdings die Gefahr besteht, von technischen Entwicklungen überholt zu werden. In Anbetracht dieser Tatsache bestimmt die BITV, dass sie unter Berücksichtigung der technischen Entwicklung regelmäßig, spätestens aber nach Ablauf von drei Jahren zu überprüfen ist.

Die in der BITV genannten Anforderungen an eine barrierefreie Gestaltung gewinnen noch dadurch an Gewicht, dass der Bund im Behindertengleichstellungsgesetz verpflichtet wird, darauf hinzuwirken, „dass auch gewerbsmäßige Anbieter von Internetseiten sowie von grafischen Programmoberflächen, die mit Mitteln der Informationstechnik dargestellt werden, durch Zielvereinbarungen..." dazu gebracht werden, ihre Produkte nach den genannten Anforderungen zu gestalten.

2.2 Software-Ergonomie als interdisziplinäres Gebiet

2.2.1 Beteiligte Wissenschaftsgebiete

Für die ergonomische Gestaltung von Mensch-Rechner-Systemen werden Kenntnisse, Erfahrungen und Methoden aus verschiedenen Wissenschaftsgebieten benötigt. Zu nennen sind hier die Arbeitswissenschaft, die Psychologie, das Ingenieurwesen, die Informatik und das Design.

Die *Arbeitswissenschaft* liefert unter anderem Erkenntnisse darüber, wie Menschen körperlich und geistig arbeiten, welche Belastungen dabei auftreten und wie man Beanspruchungen und Belastungen messen kann. Sie überschneidet sich in Teilen mit der Psychologie, nämlich im Bereich der Arbeits- und Organisationspsychologie. Auch medizinische Aspekte (Arbeitsmedizin) spielen eine Rolle, etwa wenn es um gesundheitliche Folgen bestimmter Körperhaltungen geht.

In der *Psychologie* wird beispielsweise erforscht, wie Menschen Informationen aufnehmen und verarbeiten und wie sie daraufhin handeln. Die Wahrnehmungspsychologie hat dabei insbesondere untersucht, wie beim menschlichen Sehen Formen und Zusammenhänge erkannt werden. Die Frage, wie Informationen im Gedächtnis gespeichert werden und wie leistungsfähig das Gedächtnis ist, gehört ebenso in den Bereich der Psychologie. Aus der Handlungspsychologie sind viele Erkenntnisse darüber bekannt, warum Menschen bei Handlungen Fehler machen.

Das *Ingenieurwesen* ist besonders bei der Entwicklung der Hardware beteiligt. Dies betrifft sowohl die Formgebung, die meist durch den Maschinenbau erfolgt, als auch die technische Funktion, die bei Mensch-Rechner-Systemen meist eine Frage der Elektrotechnik und Elektronik ist.

Die Erstellung der Software für die Interaktion ist eine Aufgabe der *Informatik*. Insbesondere bei der Gestaltung der Ausgaben, also beispielsweise der Farbgebung und Anordnung am Bildschirm (Bildschirmlayout) sind aber auch Kenntnisse aus dem Bereich des *Design* erforderlich.

Letztlich ist für die Entwicklung eines ergonomischen Mensch-Rechner-Systems auch immer Kompetenz auf dem jeweiligen *Anwendungsgebiet* erforderlich. So lassen sich etwa betriebswirtschaftliche Anwendungen nur dann aufgabengerecht gestalten, wenn Kenntnisse aus der Betriebswirtschaft in die Entwicklung eingebracht werden.

> Software-Ergonomie ist also, wie Ergonomie insgesamt, ein interdisziplinäres Wissenschaftsgebiet.

Dies bedeutet, dass für eine ergonomische Gestaltung und Bewertung von Rechneranwendungen Fachkenntnisse erforderlich sind, die in der Regel nicht von einer Disziplin allein erbracht werden können. Zwar lassen sich beispielsweise im Informatikstudium Grundkenntnisse der Software-Ergonomie vermitteln, wie sie in diesem Buch dargestellt sind. Bei der Entwicklung komplexer Anwendungen ist aber in der Regel Teamarbeit erforderlich, um alle benötigten Gebiete ausreichend abdecken zu können. Dabei muss nicht immer aus jedem der genannten Gebiete eine Person hinzugezogen werden. Erfahrene Entwickler können durchaus über ausreichende Kompetenz in mehreren Gebieten verfügen, aber kaum jemand wird alle gefragten Kenntnisse und Fähigkeiten allein erbringen können.

2.2.2 Arbeitsweisen der Software-Ergonomie

In der Software-Ergonomie gibt es verschiedene theoretische und praktische Verfahren zur *Bewertung* von Benutzungsschnittstellen. So lassen sich unterschiedliche Benutzungsschnittstellen für eine bestimmte Arbeitsaufgabe praktisch in einem *Experiment* vergleichen. Dazu lässt man Testpersonen die Aufgabe mit beiden Systemen bearbeiten und misst die Zeit, die sie zur Fertigstellung benötigen. Damit erhält man eine Aussage darüber, mit welcher Benutzungsschnittstelle die Aufgabe effizienter bearbeitet werden kann. Dies muss dann aber noch nicht unbedingt die bessere ergonomische Lösung sein, denn die schnellere Lösung kann auch die belastendere sein. Bei Experimenten ist also genau darauf zu achten, welche Größen gemessen werden und wie aussagekräftig sie insgesamt in Bezug auf die Ergonomie sind. Außerdem müssen viele weitere Punkte bei der Versuchsdurchführung beachtet werden, etwa die Vorkenntnisse der Testpersonen, ein möglicher Lerneffekt, wenn mit zwei Benutzungsschnittstellen nacheinander gearbeitet wird und so fort.

Theoretische Untersuchungen von Benutzungsschnittstellen erfolgen meist analytisch mit Hilfe von *Modellen*. So lassen sich die einzelnen Interaktionsschritte bei der Aufgabenbearbeitung mit geeigneten Verfahren beschreiben und vor allem zählen und bewerten, so dass sich Aussagen darüber treffen lassen, wie viel Interaktionsaufwand für eine bestimmte Aufgabe erforderlich ist.

Um beispielsweise für diesen Absatz des Textes eine Silbentrennung durchzuführen, muss man

- den Mauszeiger an den Anfang des Absatzes bewegen,
- die Maustaste drücken,
- bei gedrückter Maustaste bis an das Ende des Absatzes fahren,
- die Taste loslassen,
- den Zeiger auf das Menü Extras bewegen,
- dort klicken,
- den Zeiger abwärts auf den Eintrag Sprache ▸ bewegen,
- dort klicken,
- den Zeiger nach rechts in das Untermenü bewegen,
- den Zeiger im Untermenü abwärts bewegen auf den Eintrag Silbentrennung ...,
- den Zeiger auf die Schaltfläche Manuell ... des erscheinenden Dialogfensters bewegen und
- dort klicken.

Man erkennt schon an der Zahl der genannten Interaktionsschritte, dass die Durchführung der Silbentrennung auf diese Weise sehr aufwendig ist.

Für genauere Vergleiche muss man zusätzlich noch den Aufwand jedes einzelnen Schrittes durch eine Zeitangabe quantifizieren. Solche theoretischen Analysen erlauben es auch, bereits zur Zeit der Entwicklung einer Anwendung Aussagen zur Ergonomie zu treffen.

Sowohl Experimente als auch theoretische Analysen sind in der Regel sehr aufwendig, so dass sie meist allenfalls für Einzelaspekte der Benutzungsschnittstelle einer Anwendung eingesetzt werden. Als ein Weg, der praktische und theoretische Ansätze aufgreift, ist das *Expertenurteil* für die Bewertung von Benutzungsschnittstellen verbreitet. Hierbei wird die Anwendung von Sachverständigen aus dem Bereich der Software-Ergonomie begutachtet, wobei meist nach einem bestimmten Verfahren vorgegangen wird. In der Praxis gibt es mehrere solcher Verfahren, die sich meist teils auf Messungen und teils auf Analysen stützen. Diese Verfahren werden durch *Leitfäden* unterstützt, in denen Fragen zu der Benutzungsschnittstelle vorgegeben sind.

Ein Hauptproblem der Software-Ergonomie ist es, dass ihr Schwerpunkt bisher auf der Bewertung von Benutzungsschnittstellen lag und weniger auf der Frage, wie sich bereits bei der Entwicklung einer Anwendung ergonomische Fehler vermeiden lassen. Die Software-Ergonomie wurde meist eher reagierend im Nachhinein tätig, wenn eine bestimmte Benutzungsschnittstelle oder ein bestimmtes Interaktionsverfahren bereits entwickelt oder gar bereits marktgängig war. Wir werden im Kapitel 13 über benutzerorientierte Software-Entwicklung untersuchen, wie sich die Berücksichtigung ergonomischer Anforderungen bereits in den Entwicklungsprozess der Software integrieren lässt.

2.2.3 Stand des Wissens

Aus der Bewertung von Benutzungsschnittstellen sowie aus den theoretischen Überlegungen der an der Software-Ergonomie beteiligten Wissensgebiete haben sich zahlreiche Erkenntnisse ergeben, die zumindest für bestimmte Anwendungsbereiche verallgemeinerbar sind. Um ergonomische Fehler bei der Entwicklung neuer Anwendungen möglichst von vornherein zu verhindern, ist es daher wichtig, dass diese Erkenntnisse den Entwicklern möglichst in solch einer Form zur Verfügung stehen, dass sie bei der Entwicklung direkt genutzt werden können. Gefragt sind konkrete Vorschläge und Entscheidungshilfen für die *Gestaltung* der Benutzungsschnittstelle. Diese sollten allgemein anerkannt sein und einen hohen Grad an Verbindlichkeit besitzen.

> Als allgemein anerkannter Stand der Technik gelten die für den jeweiligen Bereich festgelegten *Normen.*

Es ist daher auch in der Software-Ergonomie schon frühzeitig versucht worden, Normen für Benutzungsschnittstellen aufzustellen. Bereits in der ersten Hälfte der achtziger Jahre wurde in Deutschland damit begonnen, eine Norm für die software-ergonomische Gestaltung von Bildschirmarbeitsplätzen aufzustellen, nämlich die *DIN 66234 Bildschirmarbeitsplätze, Teil 8: Grundsätze der Dialoggestaltung.* Diese Norm ist 1988 verabschiedet worden und hat den Anstoß gegeben für die internationale Normungsarbeit. Die internationale Norm *ISO 9241 Ergonomic Requirements for Office Work with Visual Display Terminals* beruht zum großen Teil auf der DIN 66234. *ISO 9241 Part 10: Dialogue Principles* wurde 1993 verabschiedet und ist eine erweiterte Wiedergabe des Teil 8 der DIN 66234. Auf dem Wege über die europäische Normung ist diese ISO-Norm dann wieder nach Deutschland zurückgekehrt und als *DIN EN ISO 9241 Ergonomische Anforderungen für Bürotätigkeiten an Bildschirmgeräten, Teil 10: Grundsätze der Dialoggestaltung* [ISO9241-10] seit 1996 auch in Deutschland gültig. Ähnlich ist es mit anderen Teilen der ISO 9241 abgelaufen, auf die wir in den verschiedenen Kapiteln zur Benutzungsschnittstelle noch eingehen werden.

Normen zur Software-Ergonomie weisen zwei grundsätzliche Probleme auf. Da der Prozess der Normierung langwierig ist und den Konsens aller Beteiligten voraussetzt, ist der in ihnen festgelegte Stand der Technik in der Regel bereits mehrere Jahre alt. Bei der raschen Entwicklung im Bereich der angewandten Informatik bedeutet dies, dass sie bei zahlreichen aktuellen Problemen keine Hilfestellung bieten. Der zweite Schwachpunkt liegt darin, dass die Normen, da sie anwendungs- und herstellerneutral sein sollen, meist relativ abstrakt formuliert sind und trotz zahlreicher Beispiele oft keine direkte Entscheidungshilfe im Entwicklungsprozess anbieten. Hierauf werden wir in 8.4 noch eingehen.

Richtlinien (guidelines) und *Gestaltungsempfehlungen* versuchen meist konkreter als Normen Vorschläge zur Gestaltung von Benutzungsschnittstellen zu machen. Als ein Beispiel seien hier die *Gestaltungsempfehlungen für Benutzungsoberflächen von CAD-Systemen* genannt, die ein Arbeitskreis der Gesellschaft für Informatik entwickelt hat und die 1996 den Status einer offiziellen Empfehlung der Gesellschaft für Informatik erhalten haben [GI96]. Die Möglichkeit, konkretere Empfehlungen für die Gestaltung beziehungsweise die Auswahl von Benutzungsschnittstellen geben zu können, wird dabei durch eine Einschränkung des Anwendungsbereiches auf CAD-Systeme erkauft. Einen anderen Weg gingen Smith und Mosier mit den bereits 1986 veröffentlichten *Guidelines for Designing User Interface Software* [Smi86]. Dabei versuchten sie, möglichst viele möglichst konkrete Tipps für Entwickler zu geben, ohne den Anwendungsbereich einzuschränken. Dies führte zu einem sehr umfangreichen Werk mit Hunderten von Empfehlungen.

Auch so genannte *Style-Guides* sind dazu gedacht, Entwicklern Gestaltungsentscheidungen zu erleichtern. Sie werden in der Regel von Firmen erstellt, um ein einheitliches Aussehen der Anwendungen und eine einheitliche Interaktion sicherzustellen. So geben etwa die *Windows Interface Guidelines for Software Design* [Mic95] vor, dass im Menü von Windows-Anwendungen immer von links nach rechts die Menütitel Datei, Bearbeiten und gegebenenfalls Ansicht stehen sowie ganz rechts der Menütitel ? und links daneben der Titel Fenster, wenn die Anwendung mehrere Fenster enthält. Style-Guides entsprechen allerdings nicht immer in allen Punkten dem Erkenntnisstand der Software-Ergonomie, da Firmen sich bisweilen aus ökonomischen oder gestalterischen Gründen über ergonomische Forderungen hinwegsetzen.

Auch die als Software vorliegenden Entwicklungswerkzeuge zur Definition und Erstellung von Benutzungsschnittstellen (Tools wie User Interface Management Systems oder Graphical User Interface Builder) können als Ergebnisse der Software-Ergonomie angesehen werden. Sie erzwingen durch ihre Nutzung die Einhaltung bestimmter Gestaltungsvorgaben, meist auf der Basis von Style-Guides.

> Normen, Empfehlungen, Style-Guides und Tools dokumentieren den Stand der Ergonomie mit dem Ziel, ihn für die Entwicklung von Benutzungsschnittstellen verfügbar zu machen.

Sie sind insofern als eine Zusammenfassung zahlreicher Einzelergebnisse zu verstehen, die meist gesondert in Zeitschriften, Konferenzbänden und Büchern veröffentlicht sind. Bezüglich der Bewertung von Benutzungsschnittstellen gibt es neben solchen Einzelergebnissen hauptsächlich die im vorigen Abschnitt schon genannten Leitfäden, auf die wir später noch zurückkommen.

Nachbereitung

2.3 Übungsaufgaben

Aufgabe 2.1 Gestaltungsebenen und Gestaltungsfreiräume

Sie erhalten die Aufgabe, ein Programm zur Verwaltung von Sammelkonten für Mietkautionen zu entwickeln. Das Programm wird in einem zentralen Service-Center der Bank für alle beteiligten Filialen eingesetzt. Dort erledigen zwei Mitarbeiterinnen alle Buchungsvorgänge und die Verwaltung der Stammdaten. Es soll das Datenbanksystem Microsoft Access 2000 unter dem Betriebssystem Windows 2000 eingesetzt werden. Ein neuer PC mit diesem Betriebssystem wird ebenso wie ein bestimmter Drucker vom Service-Center beschafft.

- Welche Gestaltungsebenen für dieses Mensch-Rechner-System liegen außerhalb Ihres Einflusses?
- Welche Gestaltungsebenen können Sie bei der Entwicklung noch beeinflussen?
- An welche Vorgaben sind Sie bei der Gestaltung auf den Ihnen zugänglichen Ebenen gebunden?

Lösungen

3 Physiologie der menschlichen Informationsverarbeitung

Zusammenfassung, Lernziele und Vorüberlegungen

3.1 Modelle menschlicher Informationsverarbeitung

3.1.1 Der Mensch als informationsverarbeitendes System

Heutzutage wird weitgehend davon ausgegangen, dass die menschliche Informationsverarbeitung vergleichbar so abläuft wie die Datenverarbeitung bei einem Computer. Betrachtet man den Menschen als ein informationsverarbeitendes System, dann entsprechen die Sinnesorgane, die Nerven, das Gehirn und die Muskeln der Hardware beim Computer. Sie bestimmen die physischen Abläufe und lassen sich mit biologischen und physiologischen Mitteln untersuchen. Die geistigen oder seelischen Abläufe bei der Wahrnehmung und Verarbeitung, die mit den Mitteln der Psychologie betrachtet werden können, entsprechen der Software beim Computer.

Ähnlich wie beim Computer Fehler in der Hardware zu falschen Ergebnissen des Programms führen, können auch beim Menschen körperliche Störungen die Informationsverarbeitung verändern. Solche Störungen können durch krankhafte Veränderungen auftreten, die nicht oder nur sehr schwer behebbar sind, wie beispielsweise durch einen Schlaganfall. Dies entspricht einem Ausfall der Hardware beim Computer. Prozesse, die auf die betroffene Hardware angewiesen sind, können nicht mehr durchgeführt werden, was beim Menschen im genannten Beispiel zu Sprachstörungen und Lähmungserscheinungen führen kann. Daneben gibt es beim Menschen auch vorübergehende Beeinträchtigungen im physischen Bereich, etwa durch bewusstseinsverändernde Substanzen wie Alkohol oder auch bloß durch natürliche körperliche Zustände wie Müdigkeit.

Ein relativ einfaches Modell der menschlichen Kognition zeigt den Menschen als ein informationsverarbeitendes System, das mit seiner Umwelt in Wechselwirkung steht (**Bild 3.1**). Der Großteil dieser Wechselwirkung ist informationell (zum Beispiel durch Hören und Sprechen), nur ein kleiner Teil ist materiell (zum Beispiel durch Nahrungsaufnahme und Ausscheidungen). Die Aufnahme von Informationen aus der Umwelt wird als *Wahrnehmung* bezeichnet. Die *Motorik* erlaubt physikalische Einwirkungen auf die Umwelt, wozu auch die eigene Bewegung im Raum gehört. Auch die informationellen Einwirkungen auf die Umwelt werden über die Motorik (zum Beispiel des Sprechapparates) erzeugt.

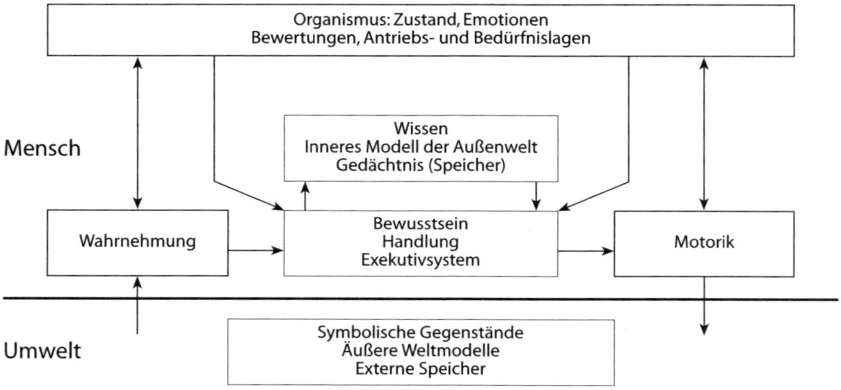

Bild 3.1 Architektur der menschlichen Kognition (nach [Gla94])

Der bekannte Ablauf von Eingabe – Verarbeitung – Ausgabe beim Computer spiegelt sich hier entsprechend wider in der Folge von Wahrnehmung – Bewusstsein – Motorik. Wie beim Rechner ist außer der als *Bewusstsein* oder *Exekutivsystem* bezeichneten Verarbeitungseinheit ein Speicher vorhanden, nämlich das *Gedächtnis* mit dem Wissen über die Außenwelt und über die eigene Person. Die Schnittstellen zwischen Exekutivsystem und Gedächtnis sind denen zwischen Exekutivsystem und Wahrnehmung sowie zwischen Exekutivsystem und Motorik ähnlich. Das Suchen im Gedächtnis oder das Einprägen sind aktive Handlungen, vergleichbar der Motorik. Das Gewahrwerden einer Erinnerung, also der Erhalt der gesuchten Information aus dem Gedächtnis, wirkt wie eine Wahrnehmung.

Anders als beim Rechner gibt es aber beim Menschen noch körperliche und geistige Faktoren, welche auf die Informationsverarbeitung einwirken. Diese beeinflussen die Wahrnehmung und Motorik, aber auch den Austausch zwischen Exekutivsystem und Gedächtnis. Sie werden durch biologische Gegebenheiten (zum Beispiel Hunger und Durst), aber auch durch das kognitive System selbst hervorgerufen (zum Beispiel Unlust oder Spannung). Daher führt auch bei derselben Person die Verarbeitung derselben Information nicht immer zu gleichen Ergebnissen.

3.1.2 Das Rasmussen-Modell

Eine differenziertere Version der Architektur der menschlichen Kognition beschreibt Rasmussen in seinem Modell (**Bild 3.2**). Es betont insbesondere, dass ein großer Teil der menschlichen Informationsverarbeitung unterhalb der Bewusstseinsschwelle abläuft, die durch die dicke waagerechte Linie bezeichnet wird. Der größte Teil der wahrgenommenen Information wird unbewusst mit einem dynamischen Modell der Welt abgeglichen und im Regelfall weiter unbewusst zur motorischen Koordination benutzt. Hiermit werden automatisiert unterhalb der Bewusstseinsschwelle ablaufende Handlungen charakterisiert, wie sie im alltäglichen Verhalten dominieren. Dazu gehören beispielsweise die Orientierung und Koordination beim Gehen, das Greifen und Bewegen beim Öffnen eine Tür oder auch das Kuppeln und Schalten beim geübten Autofahren.

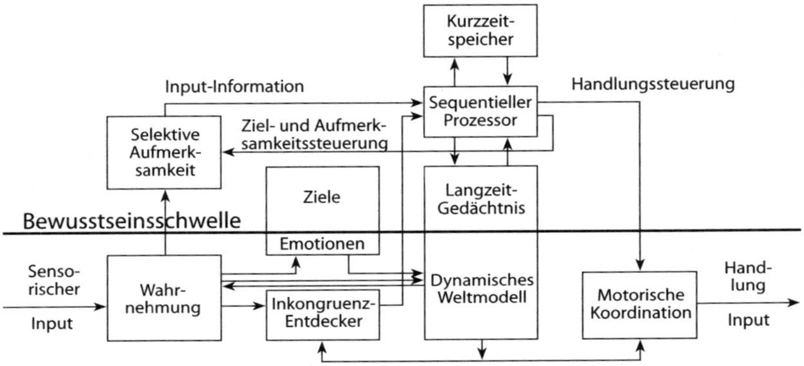

Bild 3.2 Rasmussen-Modell (nach [Ras86])

Die selektive Aufmerksamkeit bewirkt, dass aus der Fülle der wahrgenommenen Informationen diejenigen extrahiert werden, die gerade für die bewusste Handlungssteuerung benötigt werden. Die Ziel- und Aufmerksamkeitssteuerung dient also dazu, auf bestimmte Informationen zu achten. Aber auch Informationen, auf die nicht geachtet wird, können die Bewusstseinsschwelle überwinden. Hierfür sorgt der Inkongruenzentdecker. Er dient dazu, bei zunächst unbewusst bemerkten Unstimmigkeiten in gewohnten Abläufen von der automatischen Verarbeitung auf die bewusste Verarbeitung umzuschalten. Dies geschieht bei Fehlern in der motorischen Koordination wie dem Stolpern oder Danebengreifen, bei Störungen gewohnter Ablaufmuster, etwa wenn beim Schalten sich der Gang nicht einlegen lassen will, oder bei unerwarteten Wahrnehmungen, beispielsweise wenn einer der Zuhörer in der Vorlesung plötzlich die Zunge herausstreckt. Während die selektive Aufmerksamkeit für das Achten sorgt, bewirkt der Inkongruenzentdecker das Stutzen.

3.2 Reizübertragung und Speicherung

3.2.1 Verarbeitung von Sinnesreizen

Die Basis der menschlichen Hardware ist die einzelne Nervenzelle. An jeder Nervenzelle befindet sich ein Axon, ein faserförmiger Fortsatz mit einem Durchmesser von 1 bis 15 Mikrometern und einer Länge von bis zu einem Meter. Nerven sind Bündel solcher Axone. Sie können aus etwa 10 bis 100.000 Axonen bestehen und je nach Anzahl der Axone eine Dicke von bis zu einigen Millimetern erreichen. Mit Hilfe der Axone kann Information im Körper über räumliche Entfernungen hinweg transportiert werden.

Reizweiterleitung in Nerven

Im Normalzustand hält die Oberfläche der Nervenzelle, die von einer etwa 10 Nanometer dicken Membran gebildet wird, ein negatives elektrisches Potential (etwa -90 mV) zwischen dem Inneren der Zelle und ihrer Umgebung aufrecht. Durch Einwirkungen auf die Zelloberfläche, die mechanischer, chemischer oder elektrischer Art sein können, wird dieses Potential gestört. Eine solche Störung führt in einem selbstverstärkenden Effekt zu einem plötzlichen Zusammenbruch dieser Spannung auf 0 mV oder sogar bis in den positiven Bereich. Anschließend stellt die Zelle den ursprünglichen Zustand sofort wieder her. Der gesamte Vorgang dauert dabei nur 2 bis 4 Millisekunden. Das Zusammenbrechen der Spannung wird Aktionspotential genannt. Es breitet sich über die Oberfläche der gesamten Zelle aus, also auch auf dem Axon. Die Ausbreitungsgeschwindigkeit beträgt dort zwischen 1 und 100 m/s, so dass die Nerven Aktionspotentiale mit hoher Geschwindigkeit weiterleiten können.

Die einzelne Nervenzelle kann nur zwei Zustände annehmen, nämlich das Ruhe- und das Aktionspotential. Sie ist also ein digitales Übertragungselement. Der eigentliche Signalparameter bei der nervlichen Informationsübertragung ist aber nicht binär, sondern besteht aus der Frequenz der weitergeleiteten Aktionspotentiale, also der Anzahl der Impulse pro Zeiteinheit. Die Frequenz kann zwischen 0 und 100 Weiterleitungen pro Sekunde liegen, stellt also eine analoge Größe dar.

Nervennetze

Nervenzellen können Netzwerke bilden, weil die Axone sich in zahlreiche einzelne Äste aufspalten. Die verdickten Enden dieser Äste werden Synapsen genannt. Jede Nervenzelle kann bis zu 100.000 Synapsen besitzen. Diese Synapsen können auf den Oberflächen anderer Nervenzellen aufliegen, so dass eine Nervenzelle über ihr Axon mit mehreren anderen Nervenzellen verbunden sein kann. Ein auf dem Axon ankommendes Aktionspotential löst in der einzelnen Synapse chemische Vorgänge aus, die auf der Oberfläche der nachfolgenden Zelle hemmend oder aktivierend wirken können, also entweder erschweren, dass die nachfolgende Zelle ein Aktionspotential bildet oder die Bildung eines Aktionspotentials fördern. Die Art, in der die einzelne Synapse auf die nachfolgende Zelle wirkt, lässt sich durch eine analoge Variable beschreiben, deren Wertebereich von „stark hemmend" bis „stark bahnend" geht. Der Wert dieser Variablen ist durch Lernprozesse veränderbar.

Die im Nervennetz gespeicherte Information wird letztlich durch die Werte der „Leitfähigkeit" aller einzelnen Synapsen repräsentiert. Wie diese Werte festgelegt werden und wie die einzelnen Inhalte des Gedächtnisses von diesen Werten bestimmt werden, ist noch weitgehend unklar. Es lässt sich aber abschätzen, wie groß die Speicherkapazität des Menschen sein könnte, wenn alle Synapsen hierfür benutzt werden. In der Großhirnrinde gibt es mindestens 10^{10} Nervenzellen, von denen jede über mindestens 10^4 Synapsen auf andere Nervenzellen einwirkt. Nimmt man als vorsichtige Schätzung an, dass der Bahnungszustand jeder Synapse als eine Variable mit 4 Bit dargestellt werden kann, so erhält man als kleinsten Wert für die Speicherkapazität der Großhirnrinde 4 x 10^{14} Bit = 50 TeraByte. Offenbar wird diese Kapazität aber nur zu geringen Teilen genutzt, denn psychologisch orientierte Schätzungen auf funktionaler Basis kommen lediglich auf eine Größenordnung von 10^{8} gespeicherten Objekten [Nor88].

Das Verfahren der Reizweiterleitung in den Nerven und der Speicherung im Nervennetzwerk ist unabhängig davon, welcher Art der ursprünglich aufgenommene Reiz war, über welche Sinnesorgane er also aufgenommen wurde. Den einzelnen Aktionspotentialen oder Synapsenzuständen ist nicht anzusehen, wie sie hervorgerufen wurden. Wahrnehmungen wie Sehen, Hören und Riechen beruhen also nicht auf Besonderheiten der beteiligten Nervenzellen und ihrer Signale, sondern auf Interpretationsprozessen auf einem höheren Niveau der Verarbeitung. Dies zeigt eine weitere Parallele zum Computer auf, bei dem auch alle Informationen unabhängig von ihrer Quelle oder Bedeutung lediglich durch hier allerdings binäre Zustände einzelner Speicherzellen codiert sind.

3.2.2 Gedächtnis und Prozessoren

Über die bloße Tatsache hinaus, dass die Speicherung von Information im Gedächtnis wie oben beschrieben durch den Zustand des Nervennetzwerkes erfolgt, lassen sich noch einige Angaben zum Aufbau und zur Leistungsfähigkeit des Gedächtnisses machen sowie zu der Frage, welche unterschiedlichen Verarbeitungseinheiten an der Aufnahme und Speicherung der Information beteiligt sind. Für die Mensch-Rechner-Interaktion sind dabei insbesondere die Verarbeitungszeiten und Speicherkapazitäten interessant, da sie bei der Systementwicklung berücksichtigt werden müssen.

Prozessoren

Das in **Bild 3.3** gezeigte Modell nach [Car83] enthält drei Prozessoren, deren Verarbeitungsgeschwindigkeiten vorgeben, welche Zeit für eine bestimmte Operation benötigt wird.

Der *perzeptuelle Prozessor* kontrolliert die ersten Verarbeitungsschritte bei der Wahrnehmung. Hier werden Sinnesreize zu wahrgenommenen Einheiten verschmolzen.

Die Zykluszeit des perzeptuellen Prozessors gibt vor, wie weit zwei mit den Sinnen wahrgenommene Ereignissen auseinander liegen müssen, um als getrennt erkannt zu werden. Sie liegt bei 50 bis 200 Millisekunden. Für die Mensch-Rechner-Interaktion bedeutet dies unter anderem, dass bei der Bewegung von Objekten auf dem Bildschirm Positionswechsel nur etwa alle 50 Millisekunden sinnvoll sind.

Der *motorische Prozessor* bestimmt mit seiner Zykluszeit, wie schnell Steuerimpulse für die Motorik aufeinander folgen können.

Alle 30 bis 100 Millisekunden kann ein neuer Bewegungsimpuls erzeugt werden. Daher kann ein Mensch bis zu zehnmal in der Sekunde eine kurze Bewegung wie etwa einen Tastenanschlag durchführen. Eingabegeräte müssen diesen kurzzeitigen Bewegungen des Menschen folgen können.

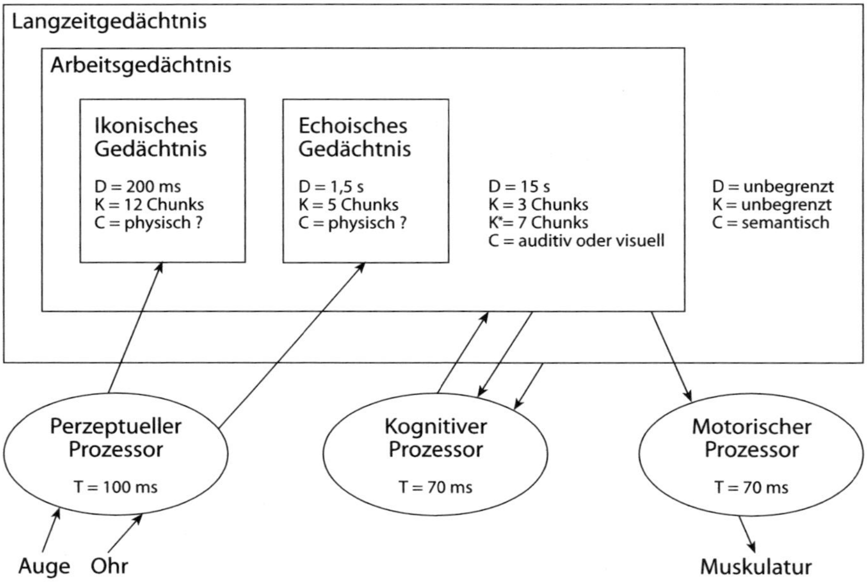

Bild 3.3 Gedächtnis und Prozessoren (D Dauer, K Anzahl, C Code, T Zykluszeit)

Der *kognitive Prozessor* dient der inhaltlichen Verarbeitung der Information.

Elementare Operationen benötigen hier zwischen 25 und 170 Millisekunden. So dauert die Suche im Kurzzeitgedächtnis etwa 40 Millisekunden pro Speicherplatz. Kognitive Transformationen wie die Zuordnung eines Wortcodes wie „Auto“ zu einem wahrgenommenen Objekt oder die Nennung eines Oberbegriffes wie „Fahrzeug“ zu „Auto“ benötigen ungefähr 100 Millisekunden.

Ein kompletter Zyklus aus Wahrnehmung über den perzeptuellen Prozessor, Beurteilung über den kognitiven Prozessor und resultierender Handlung über den motorischen Prozessor dauert also etwa 250 Millisekunden.

Bei einer kontinuierlichen Interaktion mit dem Rechner wie dem Verschieben eines Objektes mit Hilfe der Maus können daher maximal 4 Korrekturen pro Sekunde für eine solche rückgekoppelte Hand-Auge-Koordination erfolgen. Die Verarbeitungsgeschwindigkeit des Rechnersystems sollte so groß sein, dass sie diesen Rückkopplungszyklus nicht verlängert, dass also menschliche Handlungen auf der Ebene von Wahrnehmung und Ausführung (vgl. **Bild 5.1**) kontrolliert werden können. Dies erfordert eine wahrnehmbare Rückmeldung auf die motorische Aktion innerhalb der Zykluszeit des perzeptuellen Prozessors, also innerhalb 100 Millisekunden.

Kurzzeitspeicher

Nach heutigem Wissensstand gibt es eine Hierarchie der Gedächtnissysteme. Zur Charakterisierung der einzelnen Gedächtnisspeicher kann man die Kapazität, die Dauer der Speicherung und die Zeit für das Einspeichern und das Wiederfinden benutzen sowie die Art, in der die Information hinterlegt ist. Die Kapazität wird dabei in der Regel in Chunks angegeben.

Chunks sind sinntragende Einheiten, deren Größe von der jeweiligen Person und auch von der Situation abhängig ist. So können Gedächtnisinhalte in Form von Zahlen, Buchstaben, Abkürzungen, Wörtern oder noch größeren begrifflichen Einheiten vorliegen.

Eng mit den Sinnesorganen verknüpft sind zwei *sensorische Speicher* mit sehr kurzer Speicherzeit, die als ikonisches und echoisches Gedächtnis bezeichnet werden.

Der *ikonische Speicher* dient der Aufnahme visueller Information und kann etwa 12 Chunks für etwa 0,2 bis 0,5 Sekunden speichern.

Der *echoische Speicher* nimmt bis zu 5 Chunks von auditiver Information für wenige Sekunden auf.

Die Codierungsform ist weitgehend ungeklärt. Auch die Frage, ob es für andere Sinne wie beispielsweise den Tastsinn vergleichbare sensorische Speicher gibt und welche Charakteristika diese auszeichnen, ist noch kaum untersucht. Solange eine Information in einem sensorischen Speicher vorhanden ist, kann sie so wie der tatsächliche physikalische Reiz weiterverarbeitet werden. Die Information in den sensorischen Speichern zerfällt nach der angegebenen Zeit, kann aber auch schon früher durch neue Reize überschrieben werden.

Aus den sensorischen Speichern kann Information durch Erkennungsprozesse in das *Arbeitsgedächtnis* oder *Kurzzeitgedächtnis* übernommen werden.

Das *Kurzzeitgedächtnis* kann nach den Erkenntnissen von [Mil56] etwa 7 Chunks für etwa 15 bis 30 Sekunden speichern, nach neueren Untersuchungen wird diese Zahl eher noch kleiner angenommen.

Je mehr Chunks gespeichert sind, um so unzuverlässiger wird die Korrektheit der Wiedergabe. Die Speicherung erfolgt vorwiegend auditiv, häufig in Form der Klangbilder von Wörtern. Auch eine visuelle Speicherung in Form von Symbolen ist möglich. Eine gute Nutzung des Kurzzeitgedächtnisses lässt sich erreichen, indem möglichst umfassende Chunks etwa durch Gruppierung von Information gebildet werden. Vertraute Chunks wie

Fachbegriffe oder bekannte Piktogramme lassen sich am besten speichern und abrufen. Das Speichern dauert etwa 0,3 Sekunden pro Chunk, das Abrufen 0,1 bis 0,2 Sekunden. Das Arbeitsgedächtnis funktioniert um so besser, je unterschiedlicher die einzelnen Chunks sind. Man kann sich also leichter fünf unterschiedliche Dinge merken als fünf sehr ähnliche.

Die Information im Arbeitsgedächtnis zerfällt ab einer Speicherzeit von 15 bis 30 Sekunden. Bei Störungen des Kurzzeitgedächtnisses geht dies noch viel schneller. Ist man abgelenkt, kann eine Information bereits nach einer Zehntelsekunde verschwinden. Andererseits ist es aber möglich, durch Memorieren (ständiges Wiederholen) eine Information unbegrenzt lange im Kurzzeitgedächtnis zu halten, solange keine Störungen auftreten. Allerdings wird durch das Memorieren das Exekutivsystem so stark belastet, dass kaum noch Kapazität für andere kontrollierte Handlungen bleibt. Die Speicherorganisation des Arbeitsgedächtnisses ist offenbar sequentiell, denn gemerkte Dinge lassen sich am besten in der Reihenfolge abrufen, in der sie gespeichert wurden.

Für die Gestaltung der Mensch-Rechner-Interaktion kommt es hauptsächlich darauf an, dass Arbeitsgedächtnis nicht zu überlasten. Ergonomische Software sollte deshalb Möglichkeiten zur Entlastung des Kurzzeitgedächtnisses bieten, indem sie zum Beispiel nicht erzwingt, dass man sich Zwischenergebnisse merken muss, sondern für die Speicherung und Übertragung von Zwischenergebnissen geeignete Operationen zur Verfügung stellt.

Langzeitspeicher

Das *Langzeitgedächtnis* scheint nach dem Stand des Wissens eine unbegrenzte Kapazität und eine unbegrenzte Speicherdauer zu besitzen.

Vergessene Information ist nicht gelöscht, sondern aufgrund einer ungünstigen Speicherorganisation gerade nicht zugreifbar. Sie kann manchmal bewusst wieder verfügbar gemacht werden durch Nachgrübeln oder Aufdecken von Assoziationen. Manchmal erscheint sie auch von allein wieder, etwa wenn sich ältere Menschen gut an Kindheitserlebnisse erinnern, die ihnen im mittleren Alter nicht präsent waren.

Das Einfügen von Information in das Langzeitgedächtnis dauert relativ lange (minimal 8 Sekunden pro Chunk). Das Abrufen ist in der Regel deutlich schneller (2 Sekunden pro Chunk, bei häufigen Zugriffen noch geringer) – sofern die Information überhaupt zugreifbar ist. Die Frage, wie Information in das Langzeitgedächtnis gespeichert und wie Zugriffspfade angelegt werden sowie die damit zusammenhängende Frage, wie Information im Langzeitgedächtnis codiert ist, wird in 4.2 wieder aufgegriffen.

3.3 Sinne des Menschen

3.3.1 Visuelles System

Der für die Interaktion mit der Außenwelt wichtigste Sinn des Menschen ist der Sehsinn; Menschen sind Augentiere. Die Informationsaufnahme des Menschen erfolgt zum größten Teil über die Augen. Auch in der Mensch-Rechner-Interaktion waren die Augen lange Zeit der einzige und heute zumindest immer noch der wichtigste Kanal zur Informationsaufnahme. Für eine ergonomische Gestaltung der Mensch-Rechner-Interaktion ist es daher von größter Wichtigkeit zu wissen, welche Leistungen der Sehsinn physisch erbringen kann (vgl. [Ble02] und [Gla94]).

Aufbau und Funktion des Auges

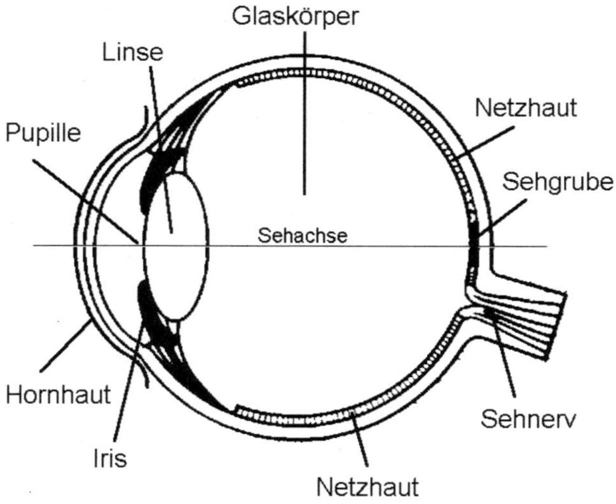

Bild 3.4 Aufbau des Auges

Das Auge ist ein optisches System, das aus einer *Blende* (Iris) und einer *Sammellinse* besteht. Es erzeugt verkleinerte reale kopfstehende Bilder auf der Netzhaut. Die Linse kann durch Muskeln in ihrer Brechkraft verändert werden. Auf diese Weise ist es möglich, scharfe Bilder auf der Netzhaut von unterschiedlich weit entfernten Objekten zu erzeugen. Dabei befindet sich der Bereich des schärfsten Sehens, die *Sehgrube* (Fovea), gegenüber der Pupillenöffnung in einem engen Bereich um die Sehachse. Auf der *Netzhaut* befinden sich etwa 120 Millionen lichtempfindliche Zellen, die entsprechend der empfangenen Lichtmenge Reize erzeugen, die über den Sehnerv zum Gehirn geleitet werden.

Es gibt zwei verschiedene Arten von Sehzellen, nämlich Zapfen und Stäbchen. Die *Stäbchen* können lediglich Helligkeitsunterschiede aufnehmen, während die nur etwa 7 Millionen

Zapfen das Farbsehen ermöglichen. Hierzu existieren drei verschiedene Typen von Zapfen, die auf unterschiedliche Farben reagieren, nämlich auf blau, auf grün und auf orange. Durch nachgeschaltete Nervenzellen werden die Informationen verschiedener Zapfen miteinander verrechnet, so dass alle Farben wahrgenommen werden können. Bei etwa 8 % der Männer liegt eine genetische Störung der Zapfen vor, so dass sie nicht zwischen rot und grün oder nicht zwischen blau und gelb unterscheiden können (*Farbfehlsichtigkeit*).

Zapfen und Stäbchen sind ungleichmäßig auf der Netzhaut verteilt. In der Sehgrube konzentrieren sich die Zapfen, außerhalb befinden sich überwiegend Stäbchen. Bei den Zapfen ist auch die Verteilung der Typen unterschiedlich. Im fovealen Bereich sind hauptsächlich grün- und orangeempfindliche Zapfen zu finden und kaum blauempfindliche. In der Netzhautperipherie ist die Blauempfindlichkeit größer. An der Stelle, wo der Sehnerv aus dem Auge austritt, befinden sich keine Sehzellen (blinder Fleck).

Das Auge nimmt elektromagnetische Wellen mit einer Wellenlänge zwischen etwa 400 und etwa 700 Nanometer wahr, was einem Frequenzbereich von 750 bis hinunter auf 430 THz entspricht. Dieser Wellenbereich wird als sichtbares Licht bezeichnet. Unterhalb der Frequenz von 430 THz (über einer Wellenlänge von 700 Nanometern) erfolgt der Übergang vom sichtbaren roten Licht zu den unsichtbaren, aber als Wärme fühlbaren Infrarotstrahlen. Oberhalb 750 THz (unterhalb 400 Nanometern) geht das sichtbare violette Licht in das Ultraviolett über. Zwischen Infrarot und Ultraviolett liegen die vom Menschen wahrgenommenen Farben in der Reihenfolge rot, orange, gelb, grün, blau und violett. Die Linse des Auges bricht diese Farben unterschiedlich stark (*chromatische Aberration*), so dass es nicht möglich ist, rote und blaue oder violette Objekte, die gleich weit vom Auge entfernt sind, gleichzeitig scharf zu sehen.

Der Sehsinn verfügt über vier Arten der Regelung:

- Die *Akkomodation* erfolgt über Muskeln, welche die Form der Linse verändern und so ihre Brechkraft steuern. Sie erlaubt es, Objekte scharf auf der Netzhaut abzubilden. Die Regelung erfolgt willentlich, indem das gewünschte Objekt angeschaut und fokussiert wird. Die Akkomodation erfolgt normalerweise sehr schnell. Wenn jedoch lange Zeit auf ein nahe vor dem Auge befindliches Objekt wie etwa den Bildschirm eines Rechnerarbeitsplatzes fokussiert wurde, kann es anschließend bis zu mehrere Minuten dauern, bis wieder eine Scharfstellung auf unendlich gelingt. Die Akkomodation ist begrenzt durch die maximal mögliche Krümmung der Linse. Diese legt den Nahpunkt fest, die kürzeste Entfernung, auf die noch ein scharfes Sehen möglich ist. Der Nahpunkt entfernt sich mit zunehmendem Lebensalter. Bei Fünfzigjährigen liegt er bei etwa 50 cm.
- Die *Pupille* ist die eingestellte Öffnung der Blende. Sie erlaubt eine Anpassung an die Gesamthelligkeit und begrenzt die Menge der in das Auge fließenden Lichtenergie. Die Anpassung der Pupille erfolgt unbewusst beim Wechsel zwischen Hell und Dunkel. Sie läuft anfänglich schnell ab und verlangsamt sich dann. So wird bei einem Wechsel von dunkel nach hell der Pupillendurchmesser innerhalb einer Sekunde von 8 mm auf 4,5 mm verringert. Es dauert dann eine weitere Sekunde, bis der Durchmesser von 4,5 mm

auf 4 mm gesunken ist. Die weitere Schließung auf unter 3 mm kann dann noch 3 bis 60 Sekunden dauern. In umgekehrter Richtung verläuft der Vorgang ähnlich, aber insgesamt langsamer.

- Die *Vergenz* ist die Regelung des Winkels beider Augen zueinander, die das räumliche Sehen ermöglicht und in der Regel unbewusst und sehr schnell erfolgt. Sie bringt die beiden von den zwei Augen aufgenommenen Bilder in Übereinstimmung. Man kann die Vergenz zum Teil auch willentlich beeinflussen, worauf beispielsweise die Technik der Autostereogramme aufbaut, die aus einem Bild ohne zusätzliche Hilfsmittel räumliche Eindrücke entstehen lassen.
- Die *Adaptation* ist eine Anpassung der Empfindlichkeit der Sehzellen an die Helligkeit. Sie verläuft meist langsamer als die anderen Regelvorgänge. Bei der Umstellung von Dunkelheit auf Helligkeit dauert die Adaptation etwa 1 Sekunde, bei extremen Unterschieden bis zu 60 Sekunden. Während der Akkomodationszeit wird die Helligkeit als Blendung empfunden. Die Anpassung von hell nach dunkel dauert deutlich länger, maximal 30 bis 45 Minuten. Während dieser Zeit ist das Sehen stark eingeschränkt.

Durch die Regelungsmechanismen für die Helligkeit ist es möglich, dass die Wahrnehmungsschwelle für das Nachtsehen mit etwa 10^{-17} W tausendmal kleiner ist als die für das Tagsehen mit etwa 10^{-14} W. Beim Nachtsehen kommen praktisch nur die Stäbchen zum Einsatz. Da sich in der Sehgrube fast nur Zapfen befinden, ist es sinnvoll, bei Nacht ein Objekt nicht direkt anzuschauen, sondern mit den Augen eng zu umkreisen, um den Bereich der Netzhaut auszunutzen, der schon viele Stäbchen enthält, aber noch verhältnismäßig scharf abbildet.

Das Auge hat eine maximale räumliche Auflösung von etwa einer Bogenminute, also dem sechzigsten Teil eines Grades. Das bedeutet, dass bei einer Entfernung von 10 Metern noch Unterschiede in der Größe von etwa 3 Millimetern wahrgenommen werden können. Diese Sehschärfe ist allerdings nur in einem sehr kleinen zentralen Blickbereich erzielbar. Sie hängt außerdem so von der Helligkeit ab, dass sie bis zu einer Leuchtdichte von etwa 100 bis 150 cd/m² ansteigt und bei noch stärkerem Licht wieder abnimmt.

Die zeitliche Auflösung des Auges liegt bei 15 bis 50 Millisekunden, das heißt, ein Reiz muss mindestens so lange vorhanden sein, um wahrgenommen werden zu können, und zwischen zwei Reizen muss mindestens eine so lange Pause liegen, damit diese unterschieden werden können.

Die Intensität eines optischen Reizes wird als Helligkeit empfunden, die Frequenz des Reizes als Farbe. Das Gemisch verschiedener Frequenzen bestimmt die wahrgenommene Farbsättigung. Mit dem Sehsinn können sehr geringe Farb- und Helligkeitsunterschiede im Vergleich miteinander wahrgenommen werden. Absolut, also ohne direkten Vergleich, lassen sich jedoch nur 3 bis 7 Intensitäten (Helligkeiten) oder 12 bis 13 Frequenzen unterscheiden, was weniger eine Eigenschaft des Auges als des Exekutivsystems ist. Die absolute Unterscheidung von Helligkeiten und Farben gelingt um so besser, je verschiedener diese sind. Sehr ähnliche Farbtöne lassen sich praktisch nicht absolut, sondern nur im direkten Vergleich unterschieden.

Gesichtsfeld und Augenbewegungen

Das Gesichtsfeld hat die Form einer liegenden Ellipse. *Horizontal* ist das Sehen bei vorgegebener Kopfhaltung in einem Bereich von etwa -100° bis +100° möglich. Farbunterschiede werden nur in einem Bereich von etwa -60° bis +60° erkannt. Symbole können in einem Bereich von -30° bis +30° erkannt werden, Wörter dagegen nur in einem Bereich von -10° bis +10° gelesen werden. Der Bereich des schärfsten Sehens liegt nur bei ±1°.

Vertikal ist eine Vorzugsrichtung nach unten zu erkennen, wenn man die Horizontale als Bezugsrichtung nimmt. Die obere Grenze des Sehfeldes liegt bei -55° bis -50°, die untere Grenze bei +70° bis +80°. Farbunterschiede werden in einem Bereich von -30° bis +40° erkannt. Die normale Sehlinie liegt bei +10° bis +15°, also unter der Horizontalen. Der Bereich des schärfsten Sehens liegt dann wieder bei ±1° um diese Sehlinie.

Die Sehschärfe, die im fovealen Bereich, also maximal ±1° um die Sehachse herum, mit der bereits genannten Auflösung von 1/60° am besten ist, sinkt in der Peripherie auf ein Vierzigstel dieses Wertes ab. Daher erfolgt fast unwillkürlich eine Augen- oder sogar Kopfbewegung, wenn ein auffälliger Reiz in der Peripherie auftaucht. *Augenbewegungen* sind dabei optimal in einem Bereich von -15° bis +15° in der Horizontalen und 0° bis 30° in der Vertikalen. Außerhalb dieses Bereiches wird die Augenbewegung so anstrengend, dass in der Regel Kopfbewegungen zur Hilfe genommen werden. Bei der Gestaltung von Rechnerarbeitsplätzen sollten daher die genannten Bereiche für die Informationsdarstellung berücksichtigt werden, um nicht ständige Kopfbewegungen zu erzwingen.

Augenbewegungen laufen nicht kontinuierlich ab, sondern in Sprüngen, die etwa 50 Millisekunden dauern und *Sakkaden* genannt werden. Zwischen den Sakkaden bleibt der Blick etwa 250 bis 1000 Millisekunden am gleichen Ort. Dies wird als *Fixation* bezeichnet. Aufgrund der genannten zeitlichen Auflösung des Sehens werden die Sprünge nicht als solche wahrgenommen, sondern es entsteht der Eindruck kontinuierlichen Gleitens. Mit Hilfe der Fixation und eventuell vorausgehender Augen-, Kopf- und Körperbewegungen wird geregelt, welche Reize zur Wahrnehmung aufgenommen werden sollen (Input-Selektion).

Flimmern

Wenn ein Bild pulsförmig auf die Netzhaut auftrifft, also immer wieder von Dunkelpausen unterbrochen wird, entsteht der Eindruck des Flimmerns. Die Frequenz, mit der sich Bild und Dunkelheit ablösen, muss eine bestimmte Grenze überschreiten, damit die unangenehme Empfindung des Flimmerns vom Eindruck zeitlich gleichmäßiger Helligkeit abgelöst wird. Diese Grenze wird als *Flimmerverschmelzungsfrequenz* bezeichnet. Ihre Größe ist von verschiedenen Faktoren abhängig. Bei einem auf Dunkelheit adaptierten Auge liegt sie bei etwa 20 Hz, bei einem auf Helligkeit adaptierten Auge bei etwa 70 Hz.

Die Flimmerverschmelzungsfrequenz liegt für Wahrnehmungen in der Peripherie höher als für solche im zentralen Sehbereich, so dass beispielsweise ein Bildschirm bei direkter Betrachtung flimmerfrei erscheinen kann, jedoch ein Flimmereindruck im Augenwinkel entsteht, wenn schräg vor dem Bildschirm auf eine Papiervorlage geschaut wird. Starke Helligkeit des Bildes, große helle Flächen und starke Kontraste verstärken den Flimmereffekt. Bei Müdigkeit wird eher ein Flimmern wahrgenommen, als wenn man ausgeruht ist.

3.3.2 Auditives System

Als zweiter wichtiger Sinn in der Interaktion mit der Außenwelt und zunehmend auch mit Rechneranwendungen ist der Hörsinn zu nennen (vgl. [Gla94]). In Mensch-Rechner-Systemen kann er ergänzend zum Sehsinn eingesetzt werden. Besonders wichtig wird er, wenn der Sehsinn nicht oder nur eingeschränkt für die Interaktion zur Verfügung steht, sei es, dass er bereits durch andere Aufgaben ausgelastet ist oder dass eine Sehschwäche des Menschen vorliegt.

Das Ohr nimmt mechanische Wellen mit einer Wellenlänge zwischen etwa 2 cm und etwa 20 m wahr, was einem Frequenzbereich von etwa 18 kHz bis hinunter zu etwa 16 Hz entspricht. Dieser Bereich umfasst die vom Menschen hörbaren Schallwellen. Frequenzen unter 16 Hz (Wellenlängen über 20 m) werden als Infraschall bezeichnet, Frequenzen über 18 kHz (Wellenlängen unter 2 cm) als Ultraschall. Der obere Grenzwert nimmt mit dem Alter stark ab, ältere Menschen können also hohe Frequenzen nicht wahrnehmen.

Anders als der Sehsinn verfügt der Hörsinn über nahezu keine Regelung. Lediglich eine geringe Adaptation als Anpassung an die Lautstärke ist festzustellen. Während man die Augen bei zu starken optischen Reizen schließen kann, besitzt das Ohr keine solchen Schutzmechanismen. Dauernde Reize mit starker Intensität können daher leicht zu Schädigungen des Gehörs führen. Bei einem gesunden Gehör liegt die Reizschwelle bei 10^{-16} W/cm^2, so dass auch schon sehr geringe Reize wahrgenommen werden können.

Die räumliche Auflösung des Gehörsinns beträgt mehrere Grad, so dass Schallquellen nur dann unterschieden werden können, wenn die Wellen aus deutlich unterschiedlichen Richtungen kommen. Für diese Unterscheidung wird der Laufzeitunterschied der Schallwellen zu beiden Ohren ausgenutzt.

Die zeitliche Auflösung des Gehörs beträgt 2 bis 3 Millisekunden, liegt also deutlich unter der des Auges. Wahrzunehmende Töne können daher sehr kurz sein und sehr schnell aufeinanderfolgen.

Die Intensität eines akustischen Reizes wird als Lautstärke empfunden, die Frequenz des Reizes als Tonhöhe. Das Gemisch verschiedener Frequenzen bestimmt die wahrgenommene Klangfarbe. Mit dem Hörsinn können sehr geringe Unterschiede in der Tonhöhe im Vergleich miteinander wahrgenommen werden. Die relative Unterscheidung von Lautstärken ist deutlich gröber. Absolut lassen sich 3 bis 7 Intensitäten (Lautstärken) oder 4 bis 9

Frequenzen unterscheiden. Wie beim Sehsinn ist das schlechtere absolute Unterscheidungsvermögen weniger eine Eigenschaft des Ohres als des Exekutivsystems.

3.3.3 Weitere Sinne und ihre Relevanz für die MCI

Umgangssprachlich spricht man von fünf Sinnen und meint damit das Sehen, Hören, Riechen, Schmecken und Fühlen. Bei genauerer Betrachtung muss aber das Fühlen noch weiter unterteilt werden in den Tastsinn und das Wärmeempfinden der Haut sowie den im Innenohr angesiedelten Gleichgewichtssinn. Ob das Schmerzempfinden als selbständiger Sinn zu betrachten ist oder besser als eine Übersteuerung der genannten Sinne interpretiert werden kann, da zu laute Töne ebenso wie zu hohe Temperaturen oder zu grelles Licht als Schmerz empfunden werden, ist bisher nicht geklärt, da noch unbekannt ist, wie Schmerz und auch wie Wärme als Reiz aufgenommen wird. Gegenüber dem Sehsinn und dem Hörsinn sind die übrigen Sinne in der MCI bisher kaum von Bedeutung. Sie werden, wenn überhaupt, nur in speziellen Anwendungen benutzt, sind dort aber manchmal unverzichtbar.

Tastsinn

Der Tastsinn nimmt als Reiz Verformungen der Haut auf. Damit lassen sich Form und Material von Objekten sowie wirkende Kräfte bestimmen. Die Reize werden als Wahrnehmungen wie Scharfkantigkeit oder Rundheit, Glätte oder Rauheit und Druck empfunden. In der MCI gibt es drei wesentliche Anwendungen für den Tastsinn:

- Für Sehbehinderte werden Ausgabegeräte angeboten, die zu ertastende Darstellungen produzieren. So lassen sich etwa Texte in der Braille-Schrift ausgeben, indem in einer Matrix angeordnete Stifte ein Stück heraus gefahren werden oder an ihrem Platz bleiben. Auch Eingabegeräte, die mechanische Rückmeldungen anbieten, wie etwa Mäuse, die beim Überfahren bestimmter Linien (zum Beispiel Kanten eines Bildschirmfensters) rucken, können für Sehbehinderte Vorteile bieten.
- In Simulationsanwendungen sind Eingabegeräte, die Kräfte wiedergeben können, zum Teil schon deswegen nötig, weil dies auch die in der tatsächlichen Arbeitsumgebung verwendeten Geräte tun. Als Beispiel lassen sich hier Lenkräder, Steuerknüppel und Pedale aus der Fahrzeugführung nennen.
- In virtuellen Umgebungen werden Eingabegeräte benutzt, die über Kraftrückmeldung (force feedback) ein reales Gefühl vermitteln sollen, also beispielsweise Widerstand leisten, wenn ein virtuelles Objekt bewegt werden soll.

Gleichgewichtssinn

Der Gleichgewichtssinn ist wie der Hörsinn im Ohr angesiedelt. Wie für das Hören werden auch für das Bewegungsempfinden so genannte Haarzellen zur Reizaufnahme benutzt. Die aufgenommenen Reize des Gleichgewichtssinns sind lineare Beschleunigungen des Körpers und Drehbeschleunigungen. Der Gleichgewichtssinn wird in der MCI in Simulationsanwendungen angesprochen, indem die gesamte Simulationsumgebung, beispielsweise ein nachgebautes Flugzeug-Cockpit oder eine nachgebaute Schiffsbrücke, durch entsprechende mechanische Vorrichtungen bewegt wird, wobei diese Bewegungen vom Simulationsprogramm gesteuert werden.

Der Gleichgewichtssinn ist in der Wahrnehmung eng mit dem Gesichtssinn gekoppelt. So lassen sich Störungen des Gleichgewichtes auch durch optische Eindrücke erzeugen, etwa indem Drehbewegungen nur gesehen und gar nicht selbst erlebt werden. Diesen Zusammenhang kann man bei Simulationen bewusst ausnutzen. So lässt sich die Auf- und Abbewegung eines Schiffes im Seegang in der Simulation auch dadurch realitätsnah vermitteln, dass lediglich der Horizont in der simulierten Außensicht auf und ab bewegt wird.

Geruchssinn

Der Geruchssinn nimmt über spezielle Riechzellen Reize durch chemische Substanzen auf. Die etwa 20 Millionen Riechzellen in der Nase befähigen uns, viele verschiedene Duftnuancen zu unterscheiden. In der Mensch-Rechner-Interaktion kann dieser Sinn nur schwer genutzt werden, da es nicht möglich ist, entsprechende chemische Substanzen in Echtzeit per Programm zu erzeugen. Lediglich eine programmgesteuerte Freisetzung von Substanzen ist möglich. Hierfür gibt es bereits Prototypen, zum Beispiel als Informationssystem über Parfüms.

Geschmackssinn

Eine Nutzung des Geschmackssinns ist in der Mensch-Rechner-Interaktion bisher nicht vorstellbar.

Wärmeempfinden

Das Wärmeempfinden ließe sich technisch leicht ansprechen über elektrische Wärme- und Kälteelemente, die von der Rechneranwendung gesteuert werden könnten. Es ist denkbar, dass solche Techniken in Zukunft in Simulationsanwendungen oder virtuellen Umgebungen genutzt werden.

Nachbereitung

3.4 Übungsaufgaben

Aufgabe 3.1 Auflösung des Auges

Die Auflösung des Auges lässt sich nur als Winkel angeben, da ein zu erkennendes Objekt natürlich um so größer sein muss, je weiter es weg ist. Mit Hilfe der Winkelfunktionen kann man leicht ausrechnen, wie groß ein Objekt bei einer gegebenen Entfernung mindestens sein muss.

- Wie groß muss ein Objekt auf dem 50 cm vom Auge entfernten Bildschirm mindestens sein, damit es noch erkannt werden kann?

Aufgabe 3.2 Augenbewegungen

Ab einem bestimmten Winkel werden Augenbewegungen durch Kopfbewegungen ergänzt.

- Wie breit darf eine Informationsdarstellung in 50 cm Augenabstand höchstens sein, um im optimalen Bereich für Augenbewegungen zu bleiben?
- Wie hoch darf eine Informationsdarstellung in 50 cm Augenabstand höchstens sein, um im optimalen Bereich für Augenbewegungen zu bleiben?

Lösungen

4 Psychologie der menschlichen Informationsverarbeitung

Zusammenfassung, Lernziele und Vorüberlegungen

4.1 Psychologie der visuellen Wahrnehmung

4.1.1 Gestaltgesetze

Die visuelle Wahrnehmung wird nicht nur von der physischen Beschaffenheit des Auges bestimmt, sondern stärker noch durch die Verarbeitung durch das Exekutivsystem, bei der Gewohnheiten und andere psychische Gegebenheiten bestimmend sind [Roc85]. Anders ausgedrückt sehen wir oft nicht das, was tatsächlich da ist, sondern was wir zu sehen gewohnt sind oder zu sehen wünschen. Dies wirkt sich insbesondere bei der Strukturierung verhältnismäßig gleichförmiger visueller Information aus. Sie läuft normalerweise nach bestimmten Regeln ab, die gerne als *Gestaltgesetze* [Wer23] bezeichnet werden. Hierbei handelt es sich um Erfahrungsregeln, die beschreiben, wie durch die Anordnung, die Formgebung oder farbliche und andere Charakteristika bei einer Menge von Objekten Bedeutungszusammenhänge hergestellt oder auch vermieden werden können. Dies kann man sich insbesondere beim Bildschirmlayout zunutze machen, um zusammengehörige Informationen auch als solche zu vermitteln und andererseits zu verhindern, dass Beziehungen vermutet werden, die nicht vorhanden sind [Mor83].

Gesetz der Nähe

Räumlich oder zeitlich benachbarte Elemente werden als zusammengehörig und damit als eine Figur empfunden.

1,0	4,1	5,2	2,3	4,1
3,3	2,4	1,4	4,5	4,3
4,5	5,3	2,3	1,2	3,2
3,1	3,4	4,2	5,1	2,2
5,2	2,3	1,5	3,2	5,1

1,0	4,1	5,2	2,3	4,1
3,3	2,4	1,4	4,5	4,3
4,5	5,3	2,3	1,2	3,2
3,1	3,4	4,2	5,1	2,2
5,2	2,3	1,5	3,2	5,1

Bild 4.1 Gesetz der Nähe

Da in **Bild 4.1** im linken Beispiel die senkrechten Abstände kleiner sind als die waagerechten, werden Spalten von Zahlen wahrgenommen. Entsprechend werden rechts Zeilen wahrgenommen.

Gesetz der Ähnlichkeit / Gesetz der Gleichheit

Ähnliche beziehungsweise gleichartige Elemente erscheinen als zusammengehörig und damit als Figur. Ähnlichkeit kann sich dabei auf Farbe, Helligkeit, Größe, Orientierung oder Form beziehen. Bei mehreren gleichzeitig auftretenden Ähnlichkeiten oder Gleichheiten wirken diese meist in der Reihenfolge der Aufzählung.

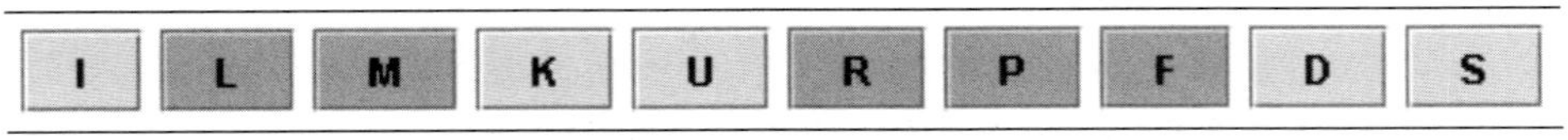

Bild 4.2 Gesetz der Gleichheit

Die Objekte in **Bild 4.2** werden als ein einzelnes helles, eine Gruppe von zwei dunklen, eine Gruppe von zwei hellen, eine Gruppe von drei dunklen und eine Gruppe von zwei hellen Rechtecken empfunden.

Gleichheit versus Nähe

Die Wirkungen der Gestaltgesetze können durch eine Kombination verstärkt oder auch abgeschwächt werden. Im folgenden Beispiel wirken das Gesetz der Gleichheit und das Gesetz der Nähe.

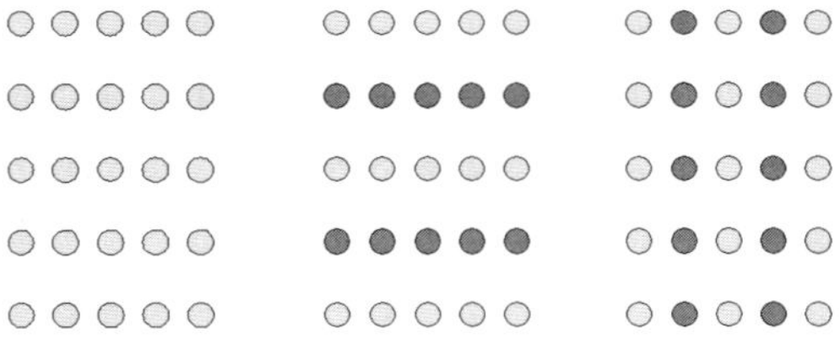

Bild 4.3 Kombination von Gestaltgesetzen

Die gleich gefärbten Kreise werden in **Bild 4.3** als Einheiten wahrgenommen. Dadurch kommt es in der Mitte zu einer Verstärkung der horizontalen Einteilung, die links bereits durch das Gesetz der Nähe vorgegeben war. Rechts hingegen hat das Gesetz der Gleichheit Übergewicht über das Gesetz der Nähe. Man nimmt nun eine vertikale Gliederung wahr.

Gesetz der guten Fortsetzung

Elemente, die räumlich oder zeitlich in einfacher (harmonischer, gesetzmäßiger) Folge angeordnet sind, erscheinen als zusammengehörig und damit als Figur.

In **Bild 4.4** werden zwei sich kreuzende parabelförmige Linien wahrgenommen. Die gute Fortsetzung siegt hier über die Gleichheit der Form, denn wenn man genau hinschaut, wird deutlich dass sich das Bild aus zwei Folgen zusammensetzt, die sich im mittleren Punkt treffen und dann wieder auseinander laufen.

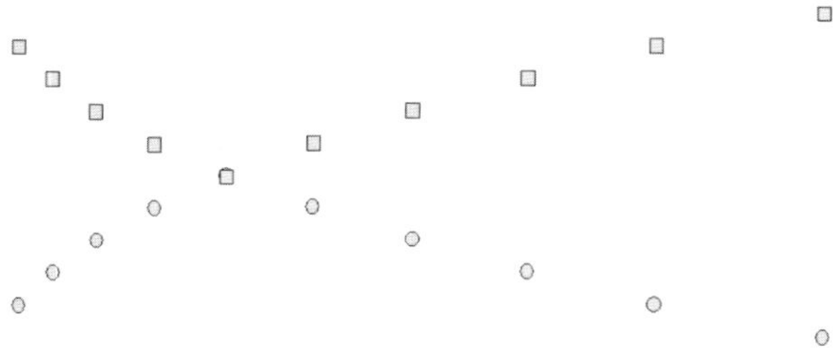

Bild 4.4 Gesetz der guten Fortsetzung

Färbt man wie in **Bild 4.5** eine der Folgen zusätzlich ein, vermindert sich der Eindruck der sich kreuzenden Parabelbögen. Gute Fortsetzung dominiert in der Regel nicht die Gleichheit der Farbe.

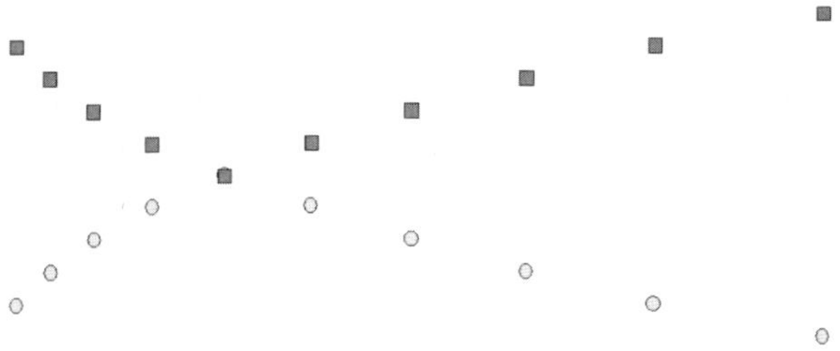

Bild 4.5 Gute Fortsetzung versus Gleichheit

Gesetz der Schließung

Nahezu geschlossene Konturen werden bei der Wahrnehmung geschlossen, wobei das Innere zur Figur und das Äußere zum Hintergrund wird.

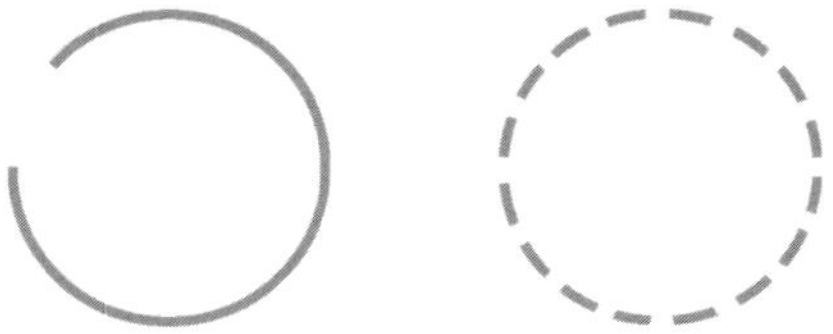

Bild 4.6 Gesetz der Schließung

In **Bild 4.6** sieht man links einen Kreis mit einer kleinen Lücke, rechts einen gestrichelten Kreis. Bei beiden ist das Innere des Kreises klar von der Hintergrundfläche zu unterscheiden. Die Wahrnehmung füllt die Lücken in beiden Figuren zunächst gedanklich auf („ein

Kreis") und vermerkt anschließend die Differenz („mit Lücke" beziehungsweise „gestrichelt", also mit vielen Lücken).

Gesetz der Symmetrie

Wenn keine anderen Gestaltgesetze greifen, wird in einem Bild eher der Zwischenraum zwischen symmetrischen Konturen zur Figur als der Raum zwischen asymmetrischen Konturen.

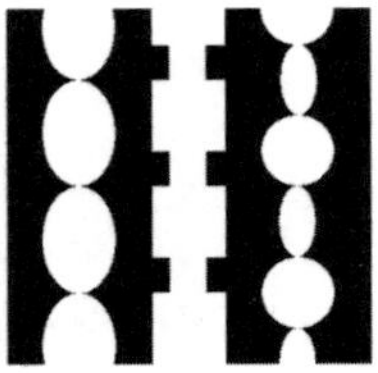

Bild 4.7 Gesetz der Symmetrie

Die weißen Teile werden in **Bild 4.7** als Figur empfunden, weil sie symmetrisch sind, die schwarzen hingegen nicht. Obwohl die weißen Teile unbegrenzt sind und die schwarzen nicht, werden die schwarzen zum Hintergrund. Dies liegt daran, dass zunächst nach dem Gesetz der Schließung das gesamte Bild auf ein Quadrat begrenzt wird, dessen Umrisse durch die schwarzen Teile vorgegeben sind.

Prinzip der guten Gestalt

Die einzelnen Gestaltgesetze wirken zusammen beim Auswerten einer Grafik immer so, dass sich eine Gliederung durchsetzt, bei der möglichst einfache, regelmäßige, symmetrische, geschlossene Figuren entstehen. Dabei wird stets ein Teil der Grafik zur Figur, ein anderer zum Hintergrund (Figur-Grund-Unterscheidung).

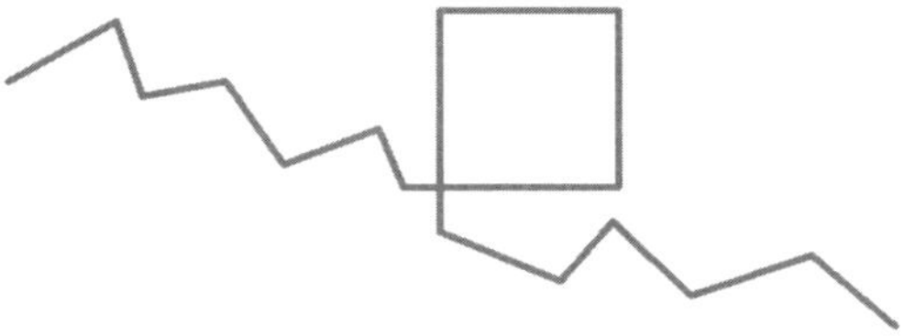

Bild 4.8 Prinzip der guten Gestalt

In **Bild 4.8** wird nicht eine sich selbst überkreuzende Linie wahrgenommen, sondern ein Quadrat, das irgendwie an einer Zickzacklinie hängt. Hier wirken die Geschlossenheit und die Symmetrie der Teilfigur.

Ist die Figur-Grund-Unterscheidung nicht eindeutig, sondern gibt es mehrere gleichberechtigte Alternativen, so entstehen so genannte Kippfiguren oder Vexierbilder.

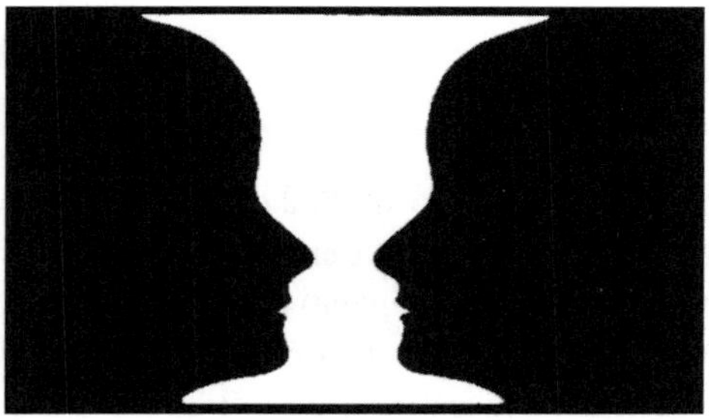

Bild 4.9 Vexierbild

Bild 4.9 zeigt ein solches Vexierbild, bei dem die Darstellung zwischen einer weißen Vase auf schwarzem Grund und zwei sich anschauenden schwarzen Gesichtern vor weißem Hintergrund kippt.

Konturen

Bei der Wahrnehmung existiert eine Art Zwang zur Kontur. Bekannte Konturen werden auch dann wahrgenommen, wenn sie in Wirklichkeit allenfalls in Bruchstücken vorhanden sind.

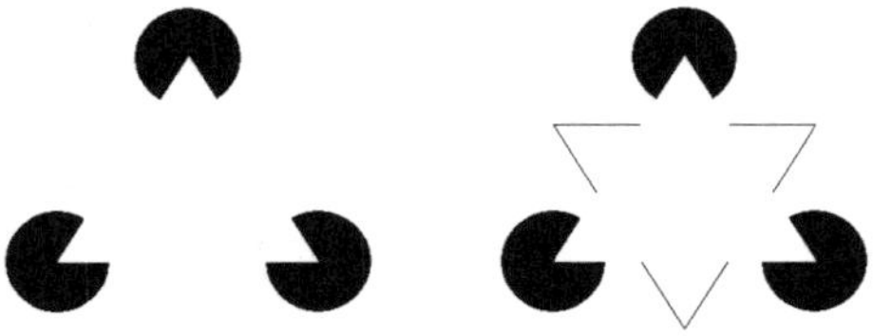

Bild 4.10 Konturerzeugung

In beiden Beispielen in **Bild 4.10** ist ein weißes Dreieck zu erkennen. Der Effekt ist so stark, dass bisweilen der Eindruck auftritt, die Fläche des Dreieckes sei „weißer" als der Rest der Seite. Im rechten Teil ist zusätzlich ein weiteres Dreieck zu sehen, das unter dem weißen Dreieck liegt (vgl. 4.1.2 Tiefenwahrnehmung). In beiden Fällen scheint das weiße Dreieck auf schwarzen Kreisen aufzuliegen. Tatsächlich sind die Konturen der Dreiecke noch nicht einmal zur Hälfte dargestellt.

Es ist anzunehmen, dass diese Darstellungen nur dann so interpretiert werden können, wenn regelmäßige Dreiecke als Form vertraut sind. Angehörige einer Kultur, die keine Dreiecke kennt, können mit dieser Darstellung vermutlich nichts anfangen. Für die Interpretation des Gesehenen spielt also die Erfahrung eine große Rolle. Man sieht, was man zu sehen gewohnt ist.

4.1.2 Tiefenwahrnehmung

Stereoskopisches Sehen

Die Wahrnehmung von räumlicher Tiefe erfolgt beim Sehen im Normalfall durch eine Verrechnung der Vergenz, also der Stellung der Augen zueinander, mit der Querdisparation, der Abweichung der beiden Bilder voneinander, welche die Augen einzeln aufnehmen. Dieses echte stereoskopische Sehen lässt sich selbstverständlich auch in der Mensch-Computer-Interaktion nutzen. Hierzu sind allerdings spezielle Ausgabegeräte nötig, die dafür sorgen, dass jedes Auge das ihm zugehörende Bild erhält. Wir werden in 6.2 bei den Ausgabegeräten noch darauf eingehen. Interessanter, weil mit einfacheren Mitteln arbeitend, sind die Verfahren, mit denen in zweidimensionalen Darstellungen, wie sie auf einem Standardbildschirm realisierbar sind, der Eindruck räumlicher Tiefe erzeugt wird.

Statische Perspektive

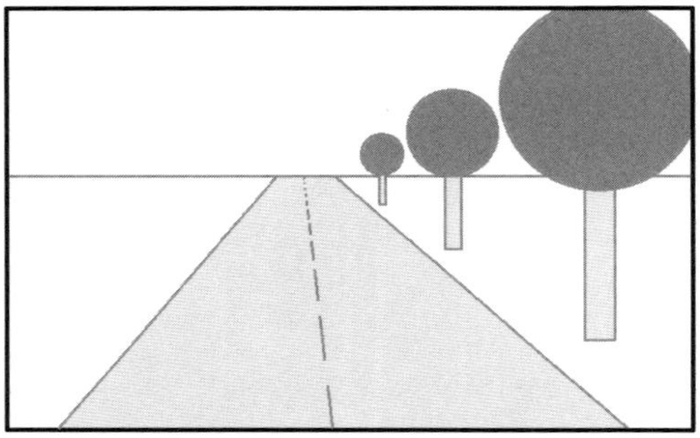

Bild 4.11 Statische Perspektive

Die statische Perspektive baut darauf auf, dass in unserer Zivilisation trapezförmige Konturen auf der Netzhaut sehr oft durch den Anblick von Parallelen entstehen, die in einer Ebene vom Betrachter wegführen. Daher werden solche trapezförmigen Konturen erst einmal als Anzeichen für räumliche Tiefe ausgewertet. Ein zweiter Anhaltspunkt für räumliche Tiefe ist die Größe, mit der ein bekanntes Objekte in einer Darstellung erscheint. Je kleiner sein Bild ist, um so weiter weg muss es sein.

Verdeckung

Vollständige Konturen erscheinen weiter oben beziehungsweise weiter vorn als unvollständige. Um festzustellen, welche Konturen vollständig sind und welche nicht, werden die Gestaltgesetze, insbesondere bezüglich der Schließung und der guten Fortsetzung angewandt.

Im linken Teil von **Bild 4.12** verdeckt offenbar ein Quadrat ein anderes. Im mittleren Teil gerät diese Deutung ins Wanken, hier gelingt keine eindeutige Zuordnung. Im rechten Teil ist wieder klar, dass ein Winkel ein Quadrat verdeckt. Erst mit dieser Information wird deutlich, dass der mittlere und der linke Teil auch anders gedeutet werden können: In der

Mitte liegt der Winkel an der unteren Kante des Quadrats an und überdeckt es am rechten Rand, links liegt der Winkel einfach Kante an Kante mit dem Quadrat.

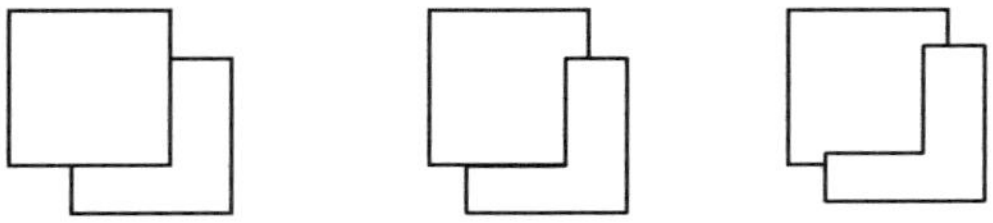

Bild 4.12 Verdeckungswahrnehmung

Schatten

Schatten erlauben eine gute räumliche Zuordnung. Sie lassen darauf schließen, wie Objekte zueinander stehen.

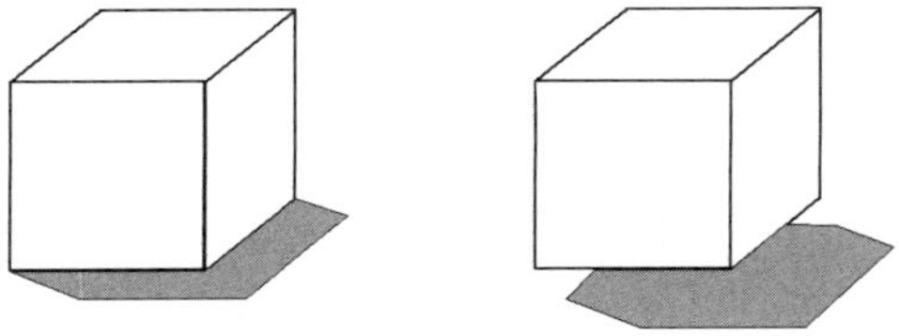

Bild 4.13 Schattenwurf

In **Bild 4.13** scheint der linke Würfel auf seiner Grundfläche zu liegen, während der rechte Würfel über einer tieferen Ebene schwebt.

Gradienten

Als weitere Hilfsmittel für die Darstellung von Tiefe können gleichmäßige Änderungen der Textur, der Helligkeit oder der Sättigung genutzt werden, so genannte *Gradienten.*

Texturgradienten geben einen Tiefeneindruck dadurch wieder, dass eine engere Struktur der Textur als weiter entfernt wahrgenommen wird. Ein Beispiel hierfür ist die Mittellinie der Straße in **Bild 4.11**, deren Lauflänge nach hinten stetig abnimmt.

In der realen Welt werden Farb- und Helligkeitskontraste geringer, je weiter die Objekte vom Auge entfernt sind. Auch die Sättigung der Farben nimmt durch die zwischen dem Auge und dem Objekt befindliche Luft ab, so dass auf den Horizont zu alle Farben in Richtung blaugrau verschoben erscheinen. Dementsprechend können Helligkeits-, Farb- und Kontrastgradienten dazu benutzt werden, Entfernung vorzutäuschen.

Generierung von Oberflächen

Flächen werden aus Konturen und Texturen abgeleitet. Texturunterschiede führen zum Erkennen von unterschiedlichen Flächen durch Entstehung von Konturen an den Grenzen zweier Texturen, auch wenn diese Konturen im Bild nicht explizit vorhanden sind. Die erkannten Flächen werden dann anhand der bereits genannten Anhaltspunkte für die räumliche Anordnung zu Körpern zusammengesetzt.

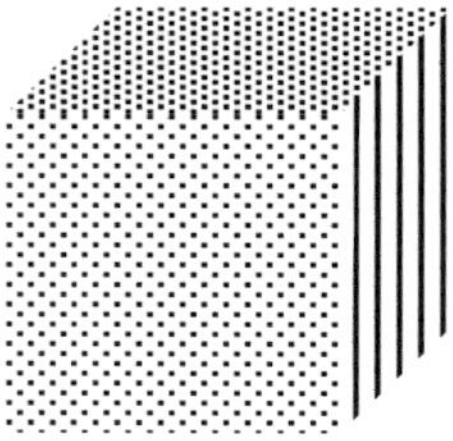

Bild 4.14 Flächenerzeugung

In **Bild 4.14** werden zunächst an den Grenzen der drei Texturen Kanten wahrgenommen. Die so abgegrenzten Flächen werden dann als Oberflächen eines Würfels eingeordnet.

4.1.3 Bewegungseindruck

Aufgrund der zeitlichen Auflösung des Auges im Bereich von 50 Millisekunden können Bewegungseindrücke nicht nur dadurch erzeugt werden, dass sich tatsächlich kontinuierlich Bilder auf der Netzhaut bewegen, sondern dass etwa 20 bis 25 einzelne stehende Bilder in der Sekunde auf die Netzhaut auftreffen. Wenn diese Bilder sich nur in Teilen unterscheiden und in anderen gleich bleiben, entsteht daraus die Wahrnehmung einer festen Szene, in der sich Teile bewegen. Diese Tatsache macht man sich bei der Filmprojektion und bei der Darstellung von Filmen auf Bildschirmen (Video) zunutze.

Bei 20 bis 25 Bildern pro Sekunde entsteht der Eindruck fließender Bewegung. Eine höhere Frequenz ist nicht sinnvoll, da sie vom Sehsinn gar nicht bemerkt werden kann. Wenn aber zwischen den einzelnen Bildern Dunkelpausen liegen, kann allerdings die Erhöhung der Bildfrequenz dem Flimmern entgegen wirken.

Wird die Bildfrequenz verringert, bleibt der Bewegungseindruck weiter erhalten, und zwar bis hinab zu 3 bis 5 Bildern pro Sekunde. Allerdings wird die Bewegung dann als ruckhaft empfunden. Solche niedrigen Bildfrequenzen werden in bestimmten Rechneranwendungen bei begrenzter Übertragungskapazität durchaus genutzt, etwa bei Bildtelefonie und bei Videokonferenzen über ISDN.

Ein Bewegungseindruck kann statt über eine Folge einzelner Bilder, die verschiedene Phasen der Bewegung wiedergeben, auch einfach dadurch erzeugt werden, dass man ein Objekt an einem Ort des Gesichtsfeldes verschwinden und nach 30 bis 60 Millisekunden an einem anderen Ort wieder auftauchen lässt. Obwohl dadurch nur der Anfangs- und der Endpunkt gegeben sind, entsteht ein guter Eindruck der Bewegung zwischen diesen beiden Punkten.

4.1.4 Optische Täuschungen

Die bei der visuellen Wahrnehmung ablaufenden psychischen Prozesse können Täuschungen bewirken in dem Sinne, dass der wahrgenommene Eindruck nicht mit der Realität übereinstimmt [Dit98]. Solche Täuschungen können durch widersprüchliche Informationen, durch Überbelastung des visuellen Systems oder durch Unterbelastung des visuellen Systems entstehen. Manche treten nur durch bestimmte Reizmuster auf, die kaum versehentlich entstehen können. Andere können dagegen ungewollt durch eine ungeeignete Anordnung oder Farbgebung entstehen. Bei der Mensch-Computer-Interaktion sollte darauf geachtet werden, dass durch das Bildschirmlayout keine solchen Täuschungen hervorgerufen werden. Deshalb werden im Folgenden einige Täuschungen kurz vorgestellt.

Farbtäuschung

Farben und Helligkeiten werden hauptsächlich im Vergleich zu ihrer Umgebung wahrgenommen. Daher wirkt sich die Farbe des Hintergrundes auf die Wahrnehmung der Objektfarbe aus.

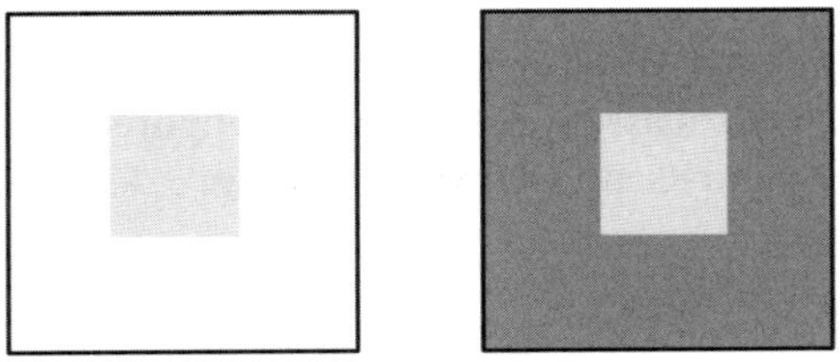

Bild 4.15 Helligkeitstäuschung

In **Bild 4.15** erscheint rechts das innere Quadrat vor dem dunklen Hintergrund heller als links vor dem hellen Hintergrund. Tatsächlich haben die inneren Quadrate die gleiche Farbe. Sie haben auch die gleiche Größe, obwohl das rechte vor dem dunklen Hintergrund manchmal etwas größer erscheint als das linke vor dem hellen Hintergrund.

Längentäuschung

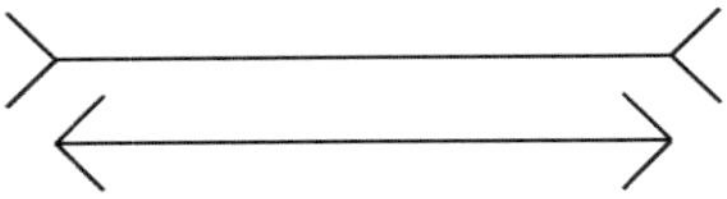

Bild 4.16 Längentäuschung

Widersprüchliche Informationen rufen geometrische Täuschungen hervor, die sich als Längen- und Größentäuschungen, Formtäuschungen, Kippfiguren und unmögliche Objekte bemerkbar machen können. Längentäuschungen entstehen meist dadurch, dass die Einschätzung einer Länge durch andere Objekte beeinflusst wird.

In **Bild 4.16** sind die Strecken zwischen den Pfeilspitzen jeweils gleich lang.

Formtäuschung

Überlagerungen verschiedener Formen können dazu führen, dass Formen verzerrt wahrgenommen werden.

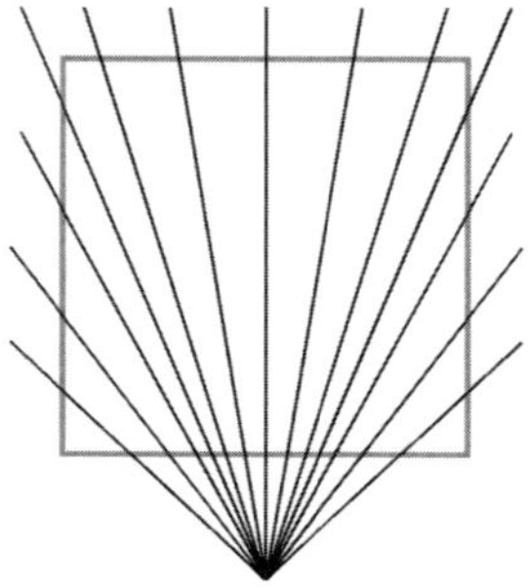

Bild 4.17 Formtäuschung

In **Bild 4.17** ist die von dem Geradenbüschel überlagerte Form ein Quadrat.

Kippfigur

Wenn die Informationen gleichwertige Alternativen zulassen, entstehen Kippfiguren ähnlich wie die Vexierbilder bei nicht entscheidbarer Figur-Grund-Unterscheidung.

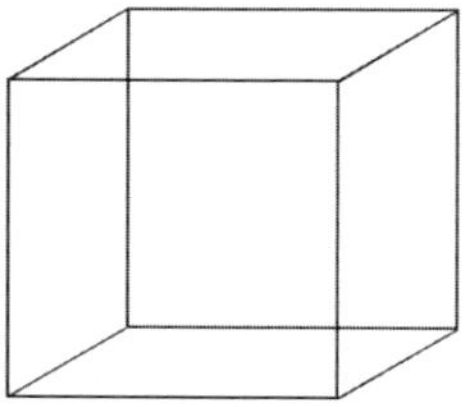

Bild 4.18 Kippfigur

Bei dem in **Bild 4.18** perspektivisch dargestellten Würfel ist nicht entscheidbar, welche Seite vorne liegt. Die Darstellung kippt bei längerer Betrachtung zwischen den beiden Möglichkeiten hin und her.

Unmögliches Objekt

Bei der Konstruktion von Oberflächen aus Kanten oder Texturen können zum Beispiel Objekte entstehen, die in der Realität räumlich nicht vorkommen.

Der unmögliche Würfel in **Bild 4.19** bietet jeweils an den vier Ecken Informationen, die eine räumliche Zuordnung ermöglichen, sich aber insgesamt gegenseitig ausschließen.

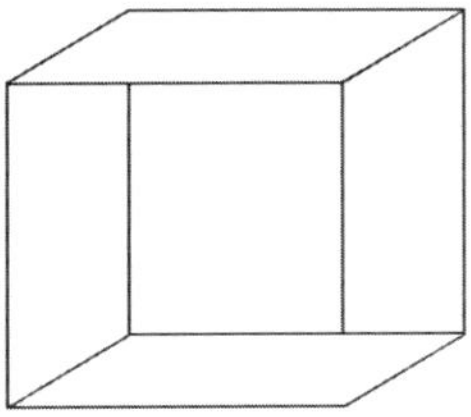

Bild 4.19 Unmöglicher Körper

Überlastung des visuellen Systems

Bei Überlastung des visuellen Systems können ebenfalls optische Täuschungen entstehen. Zu nennen sind hier Geisterbilder bei starken Kontrasten und Bewegungseindrücke bei Bildern mit vielen gleichförmigen Details. In **Bild 4.20** führen die starken Kontraste dazu, dass an den Schnittpunkten des weißen Gitters graue Punkte wahrgenommen werden, die verschwinden, wenn man versucht auf sie zu fixieren. In **Bild 4.21** fehlen wegen der engen gleichförmigen Gestaltung geeignete Fixationspunkte, so dass das Auge keinen Halt findet. Dadurch entsteht der Eindruck einer Bewegung, das Bild schwimmt.

Bild 4.20 Scharfe Kontraste

Bild 4.21 Fehlende Fixationspunkte

4.2 Gedächtnis und mentale Modelle

4.2.1 Interne Codes des Gedächtnisses

Um ihre Aufgaben ausführen zu können, müssen Menschen sich Wissen erwerben. Hierzu werden Informationen im Gedächtnis in geeigneter Form gespeichert. Dabei werden sie mit vorhandenen Informationen in Beziehung gesetzt, so dass komplexe Modelle von Teilen der Außenwelt entstehen. In welcher Form die Informationen im Gedächtnis gespeichert werden, wie die langfristige Speicherung abläuft und wie die Informationen zu mentalen Modellen zusammengestellt werden, ist von großer Bedeutung für die Gestaltung von Mensch-Rechner-Systemen, um durch geeignete Informationsdarstellungen diese Vorgänge beim Menschen zu unterstützen.

Ein bekanntes Experiment von Santa [San77] zeigte, dass Informationen im Gedächtnis in unterschiedlicher Form gespeichert werden können. Bei dem Versuch ging es darum, sich eine bestimmte Darstellung mit drei Objekten zu merken (Vorreiz) und anschließend bei verschiedenen gezeigten Darstellungen (Prüfreiz) jeweils möglichst schnell zu sagen, ob die Darstellung die gleichen drei Objekte enthält oder nicht. Im ersten Versuch handelte es sich dabei um geometrische Objekte, im zweiten Versuch um Worte. In den Vorreizen sind diese jeweils in einer räumlichen Verteilung in Form eines Dreiecks angeordnet. Als Prüfreize gab es in beiden Versuchen jeweils genau die gleiche Darstellung, eine gleich angeordnete Darstellung mit einem abweichenden Objekt, eine lineare Anordnung der ursprünglich gezeigten Objekte und eine lineare Anordnung mit einem abweichenden Objekt.

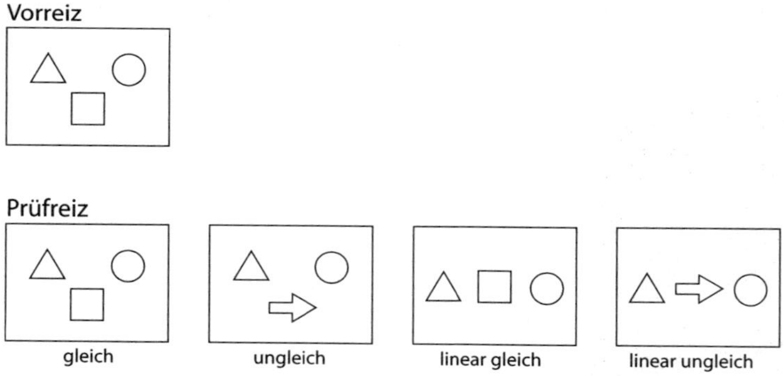

Bild 4.22 Experiment von Santa, 1. Versuch

Bei der Aufgabe mit geometrischen Objekten (**Bild 4.22**) wurde sehr schnell festgestellt, ob die Darstellung die gleichen Objekte enthielt wie im Vorreiz, wenn die Anordnung des Vorreizes beibehalten wurde. Die beiden linken Prüfreize führten also zu schnelleren Antworten als die beiden rechten. Dies deutet darauf hin, dass die drei Objekte des Vorreizes im Gedächtnis visuell mit ihrem räumlichen Bezug zueinander gespeichert wurden und bei abweichender Anordnung erst eine Umordnung für den Vergleich erfolgen musste.

Bestehen die zu erkennenden Objekte dagegen aus Wörtern (**Bild 4.23**) und nicht aus geometrischen Formen, werden die Fälle mit linearer Anordnung schneller entschieden. Offenbar wurden die Wörter des Vorreizes ohne die Anordnungsinformation als Kette im Gedächtnis gespeichert, die schnell mit anderen Ketten verglichen werden kann, so dass die beiden Prüfreize links schnell beantwortet werden können. Bei den Prüfreizen rechts muss wieder erst eine Umordnung zur linearen Kette erfolgen, die den Prozess verlangsamt.

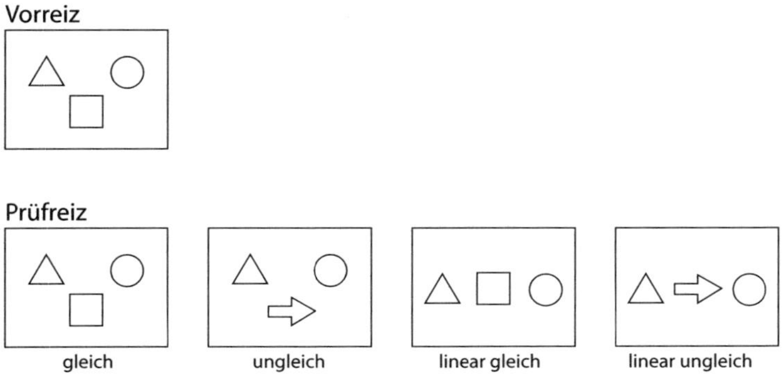

Bild 4.23 Experiment von Santa, 2. Versuch

Unterschiedliche Objekte werden also im Gedächtnis unterschiedlich codiert. Geometrische Objekte werden visuell in ihrem räumlichen Zusammenhang gespeichert, Wörter unabhängig von ihrer ursprünglichen Anordnung als Ketten. Die Erkennungsleistungen hängen dann davon ab, ob bei der Darstellung auf diese interne Speicherung Rücksicht genommen wird, geometrische Objekte also in ihrer räumlichen Anordnung präsentiert werden und Wörter in linearer Reihenfolge. Hieraus ergeben sich sofort Überlegungen für die Bildschirmgestaltung:

> Verbale Objekte sollten linear in Zeilen und Spalten angeordnet werden. Bei grafischen Elementen ist es dagegen wichtig, dass sie immer in gleicher räumlicher Anordnung präsentiert werden. Diese Anordnung braucht aber nicht aus Zeilen und Spalten zu bestehen.

4.2.2 ACT*-Modell

Neben der Frage, in welcher Codierung einzelne Informationen abgelegt sind, ist die übergreifende Organisation des Gedächtnisses von großer Bedeutung. Das ACT*-Modell (ACT* = Adaptive Control of Thought, verbesserte Version) in **Bild 4.24** unterteilt dabei das Langzeitgedächtnis in zwei Hauptbestandteile, das deklarative Gedächtnis und das Produktionen-Gedächtnis.

Das *deklarative Gedächtnis* enthält das *Wissen*. Hier sind alle Informationen abgelegt, die sprachlich formuliert werden können. Sie werden vermutlich in einem Netzwerk gespeichert, das auf einer Prädikat-Argument-Struktur aufbaut (*propositionales Netzwerk*). In solch einem Netzwerk stehen die Knoten für konkrete individuelle Objekte (zum Beispiel eine bestimmte Katze), abstrakte verallgemeinernde Objekte (zum Beispiel Katze, Tier) oder Eigenschaftskonzepte (zum Beispiel ein Farbenregister oder ein Namenregister). Die Kanten kennzeichnen dann Klassenrelationen (Katze *ist ein* Tier) oder Eigenschaftsrelationen (bestimmte Katze *hat Eigenschaft* grau) sowie Verbindungen zu sensorischen Vorstellungen. Neben dem propositionalen Netzwerk werden daher noch weitere Speicher vermutet wie ein Bildsystem für die visuellen Eindrücke, das aber mit dem Netzwerk verbunden ist (über Kanten der Art *sieht aus*).

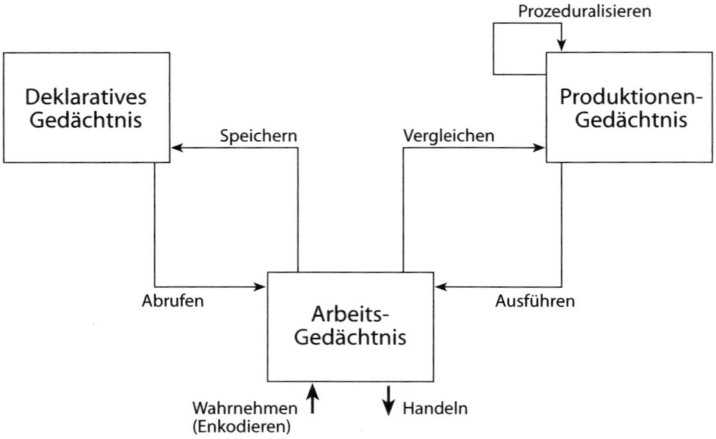

Bild 4.24 ACT*-Modell nach [And83]

Das *Produktionen-Gedächtnis* beinhaltet das *Können*, also die erlernten Fähigkeiten. Hier sind die Handlungsroutinen abgelegt, die eine Person beherrscht. Sie umfassen einfache motorische Vorgänge wie Gehen, erlernte komplexere motorische Fähigkeiten wie Blindschreiben und kognitive Routinen wie das Kopfrechnen. Diese Routinen werden nach Wenn-dann-Verknüpfungen *(Produktionen)* gesteuert. In einer wahrgenommenen Situation erfolgt ein Vergleich aller Wenn-Teile. Es wird der Dann-Teil derjenigen Produktion ausgeführt, deren Wenn-Teil am besten mit der Situation übereinstimmt.

4.2.3 Mentale Modelle

Semantische und episodische Modelle

Im Langzeitgedächtnis werden die Wissensbestände als mentale Modelle der Außenwelt gespeichert. Man kann dabei semantische und episodische Modelle unterscheiden. *Semantische Modelle* enthalten allgemeine Aussagen über die Außenwelt wie etwa: „Autos haben vier Räder." *Episodische Modelle* fassen spezielle auf den Einzelfall bezogene Sachverhalte: „Unserm Nachbarn sein Auto hat jetzt Alufelgen, boah, ey." Aus den verschiedenen mentalen Modellen wird im Einzelfall eine Antwort oder Handlung zu einer wahrgenommenen Situation abgeleitet. Denken ist also das bewusste Arbeiten mit mentalen Modellen.

Kognitive Ökonomie

Beim Denken herrscht kognitive Ökonomie. Sachverhalte werden so codiert, dass sie möglichst aus Grundmodellen abgeleitet werden können. Erinnern und Nachdenken ist ein Vorgang der Rekonstruktion von Wissen aus möglichst einfachen Grundkomponenten mit möglichst einfachen Ableitungsregeln. Daher werden neue Informationen in bereits bestehende mentale Modelle eingeordnet, solange dies irgend möglich ist. Die Bildung eines neuen zusätzlichen Modells oder gar das Verwerfen eines alten Modells zugunsten eines neuen Modells sind kognitiv sehr aufwendige Vorgänge, die meist nur dann durchgeführt werden, wenn vorhandene Modelle bei Beachtung der neuen Information keine sinnvollen Ableitungen mehr erlauben. Dies erklärt auch zum Teil, warum sich neue wissenschaftliche Erkenntnisse häufig nur schwer durchsetzen können.

Metaphern

Im Sinne der kognitiven Ökonomie können mentale Modelle auch auf andere Anwendungsbereiche übertragen werden. So aktivieren heute übliche Bürosysteme das Modell der konventionellen Schreibtischtätigkeit für die Büroarbeit am Bildschirm. Eine solche Übertragung wird auch als *Metapher* bezeichnet [ISO9241-1]. Ein Ziel der Gestaltung von Rechneranwendungen sollte es sein, beim Benutzer vorhandene mentale Modelle für die Anwendung zu nutzen und ihn nicht zu zwingen, völlig neue mentale Modelle zu bilden. Eine Darstellung verschiedener Metaphern für Computeranwendungen findet sich in [Pre99].

Nachbereitung

4.3 Übungsaufgaben

Aufgabe 4.1 Bewegungseindruck

In Filmen kann man bisweilen beobachten, dass bei einem fahrenden Wagen sich die Räder scheinbar in Gegenrichtung drehen.

- Wie kann dieser Effekt zustande kommen?
- Wieso können wir die Fahrtrichtung trotzdem eindeutig wahrnehmen?

Aufgabe 4.2 Metaphern

Bei dem Betriebssystem TOS konnten Dateien gelöscht werden, indem man sie auf das Symbol eines Mülleimers zog. Wenn man einen Doppelklick auf den Mülleimer durchführte, erschien die Meldung: „Der Papierkorb lässt sich nicht öffnen."

- Welche Bedeutung hat die Meldung Ihrer Vermutung nach?
- Welche Unstimmigkeiten enthält die Metapher?
- Inwieweit können solche Brüche der Metapher die Arbeit erschweren?

Lösungen

5 Handlungsprozesse

Zusammenfassung, Lernziele und Vorüberlegungen

5.1 Eigenschaften menschlichen Handelns

5.1.1 Lernen

Einprägen, Behalten und Abrufen

Handlungen können nach dem ACT*-Modell auf zweierlei Weise ablaufen. Entweder sie werden direkt aus dem Produktionen-Gedächtnis ausgeführt oder sie werden durch Ableitung aus dem deklarativen Gedächtnis Stück für Stück rekonstruiert. Für die Ausführung aus dem Produktionen-Gedächtnis ist das Prozeduralisieren der Handlung nötig, das vor allem durch Üben geschieht. Danach laufen die Handlungen quasi automatisch ab.

Für nicht automatisch ablaufende Handlungsprozesse muss zumindest das benötigte Wissen gelernt werden. Lernen bedeutet in erster Linie, Information in das deklarative Gedächtnis aufzunehmen. Die Frage ist, wie sich Informationen so einprägen lassen, dass sie behalten werden und leicht abgerufen werden können.

Das *Einprägen*, also das Übernehmen von Informationen aus dem Kurzzeitgedächtnis in das Langzeitgedächtnis durch ständiges Wiederholen im Kurzzeitgedächtnis ist relativ ineffizient. So kann man Vokabeln zwar durch ständiges Wiederholen der Wortpaare lernen, hat dabei aber einen recht hohen Lernaufwand für recht schlechte Ergebnisse – die einzuprägenden Informationen werden oft nicht behalten. Besser ist es, die einzuprägende Information nicht isoliert zu lernen, sondern durch kognitive Operationen Beziehungen zu vorhandenen Wissensbeständen aufzubauen. Im Fall der Vokabel könnte dies beispielsweise die Ableitung von einem anderen Wort oder die Bildung eines passenden Ausdrucks oder Satzes sein. Auch die Bildung einer visuellen Vorstellung kann bei bestimmten Informationen hilfreich sein. Beim Vokabellernen sollte dies allerdings nicht die Visualisierung der Buchseite sein – sonst erinnert man sich später noch daran, dass die Vokabel links oben stand, aber nicht daran, was sie bedeutet.

Strukturierte, sinnvolle Informationen, die sich mental in visueller Form veranschaulichen lassen, werden generell leichter gelernt als sinnarmes und abstraktes Material. Häufig besteht das Lernen gerade darin, eine Struktur der Information zu erzeugen, also beispielsweise Assoziationspaare aufzubauen, etwa zwischen Absicht (Ausführen einer Programmfunktion) und Handlung (Eingabe eines Kommandos). Das Lernen solcher Assoziationspaare wird erschwert, wenn es zu gleichen Eingangselementen verschiedene Ausgangselemente gibt, wenn also für die gleiche Funktion in dem einen Programm ein anderes Kommando benötigt wird als in einem anderen. Es muss dann zusätzlich gespeichert werden, in welchem Kontext welches Paar gilt.

Das *Abrufen* einer Information aus dem Gedächtnis ist bedeutend einfacher, wenn diese nicht frei reproduziert werden muss, sondern durch Wiedererkennen erfolgen kann. Man versuche einmal, sich das Aussehen der eigenen Mutter mental zu vergegenwärtigen, so dass ihr Bild vor dem eigenen geistigen Auge entsteht. Eine solche Reproduktion ist meist nicht einfach. Dagegen erkennt man seine Mutter in der Regel relativ schnell und einfach, wenn man sie in einer Menschenmenge oder auf einem Bild sieht. Wiedererkennen, also das Identifizieren eines eingeprägten Reizes in einem größeren Reizangebot, kann auch in der Mensch-Rechner-Interaktion die Arbeit gegenüber dem freien Erinnern erleichtern. So ist es insbesondere für gelegentliche Nutzer einfacher, in Menüs die benötigte Funktion wiederzufinden als sich an das benötigte Kommando zu erinnern.

Üben und Automatisieren

Als *Üben* wird das wiederholte Ausführen einer Handlung bezeichnet mit dem Zweck, diese Handlung schneller und sicherer ausführen zu können. Die für die Handlung benötigte Zeit wird bei jedem Durchlauf kürzer. Nach dem so genannten Potenzgesetz der Übung [Car83] gilt für die Zeit der n-ten Ausführung

$$T_n = T_1 \cdot n^{-\alpha}, \quad mit\ 0{,}2 \le \alpha \le 0{,}6$$

Das bedeutet, dass auch bei einem gut eingeübten Prozess durch weitere Übung immer noch eine Geschwindigkeitssteigerung erfolgt, auch wenn die Verbesserung immer kleiner wird.

Der Leistungszuwachs durch Üben ergibt sich allerdings nur bei Aufgaben, die konsistent sind. Blindschreiben an der Tastatur kann nur geübt werden, weil die Tastenzuordnung immer gleich ist. Wenn sich die Bedingungen für entscheidende Teile der Handlung oder Aufgabe ständig verändern, ist kein Übungseffekt möglich. Ebenso ergibt sich auch bei ständiger Wiederholung praktisch kein Übungseffekt für Handlungen, die mit dem mentalen Modell der handelnden Person in Widerspruch stehen, also unlogisch oder emotional nicht tragbar sind. Dies bedeutet auch, dass der Übungseffekt bei konsistenten Handlungen von Person zu Person verschieden sein kann, je nach deren mentalen Modellen und teilweise auch physischen Gegebenheiten.

Durch häufig wiederholtes Üben können Handlungsprozesse *automatisiert* werden. Hierzu sind meist mehrere tausend Wiederholungen der Handlung nötig. Die Handlung wird im Sinne des ACT*-Modells prozeduralisiert. Sie kann bei Vorliegen der Ausgangsbedingung aus dem Produktionen-Gedächtnis heraus ohne bewusste Kontrolle ausgeführt werden.

Vor allem sind dann keine Erinnerungs- und Ableitungsvorgänge aus dem deklarativen Gedächtnis mehr nötig. Daher läuft eine automatisierte Handlung sehr viel schneller ab als eine bewusst mit Hilfe des Arbeitsgedächtnisses gesteuerte.

5.1.2 Automatische und kontrollierte Prozesse

Automatische sind sehr viel leistungsfähiger als kontrollierte kognitive Prozesse. Daher ist es in vielen Fällen wünschenswert, Tätigkeiten zu automatisieren, so dass man sie in den entsprechenden Situationen ohne Überlegung ausführen kann. Automatisierte Handlungen dienen häufig als Bausteine oder Subroutinen in komplexeren Handlungen. Viele elementare Kulturtechniken werden so lange geübt, bis sie automatisiert ablaufen, wie beispielsweise das Lesen und Schreiben, bei dem man sich nicht mehr um die Ausführung kümmern muss, sondern auf den Sinn konzentrieren kann. Auch komplexere Techniken wie Blindschreiben oder Autofahren können automatisiert werden.

Bei allen Tätigkeiten, die automatisiert werden sollen, muss der entsprechende Übungsaufwand gewährleistet und die Aufgaben- und Handlungskonsistenz sichergestellt sein. Dies gilt insbesondere auch für die Nutzung von Software. Der hohe Lern- und Übungsaufwand bei der Handlungsautomatisierung ist ein Grund, warum einmal eingeführte Kulturtechniken nur ungern geändert werden. Neben diesem eher wirtschaftlichen und sozialen Aspekt gibt es aber auch einen psychologischen Grund für die Änderungsresistenz bei automatisierten Prozessen. Da diese, einmal eingeübt, nicht bewusst ablaufen, kann man sie nur durch gezielte, bewusste Aufmerksamkeit abfangen. Dies muss erst viele Male geschehen, ehe durch diesen sozusagen negativen Übungseffekt die Automatisierung wieder aufgehoben werden kann.

Versucht man, gleichzeitig mehrere kontrollierte Prozesse auszuführen, so behindern sich diese gegenseitig. Demgegenüber kann man durchaus mehrere automatische Prozesse nebeneinander ausführen, ohne dass diese sich gegenseitig beeinflussen. Sie benötigen keine aktive Aufmerksamkeit, sind daher auch nicht so belastend wie kontrollierte Prozesse. Eine automatisierte Handlung kann aber bewusst werden, wenn bei der Ausführung eine Inkongruenz entdeckt wird. Hat man beispielsweise in Deutschland Autofahren gelernt und den Prozess des Schaltens automatisiert, wird man in Ländern mit Linksverkehr beim Schalten oft erst mit der rechten Hand ins Leere greifen. Dann wird der Prozess ins Bewusstsein gehoben und man erinnert sich, dass der Schaltknüppel links sitzt und mit der linken Hand bedient wird. Nach dem Schalten wird dann wieder automatisch eingekuppelt.

Die folgende Tabelle nach [Shi77] stellt noch einmal die wichtigsten Merkmale kontrollierter und automatisierter kognitiver Prozesse zusammen.

Kontrollierte Prozesse	Automatische Prozesse
Willkürlich gesteuert	Keine willkürliche Steuerung
Aktiv zugewandte Aufmerksamkeit nötig	Keine aktive Aufmerksamkeit nötig
Nur eine Handlung ohne Interferenz möglich	Mehrere Handlungen gleichzeitig ohne Interferenz möglich
Kapazitätsbegrenzt	Nicht kapazitätsbegrenzt
Sequentiell ausgeführt	Parallel ausgeführt
Im Kurzzeitgedächtnis ausgeführt	Im Langzeitgedächtnis ausgeführt
Leicht zu programmieren	Ausgedehnte Übung nötig
Leicht zu ändern	Schwer zu ändern, zu unterdrücken, zu ignorieren
Bewusst	Unbewusst

5.1.3 Handlungsregulierung

Bei allen Handlungen erfolgt zunächst eine *Zielbildung* (was möchte ich machen?). Diese kann, je nach Komplexität der Handlung Grobziele oder Teilziele erzeugen. Nach der Zielbildung erfolgt die *Planung*, bei der Pläne zur Erreichung des Ziels entwickelt werden (wie kann ich es machen?). Häufig werden Zielbildung und Planung auch als eine Handlungsphase zusammengefasst. Anschließend erfolgt die *Handlungsausführung*, also die Ausführung des aufgestellten Plans. Im letzten Schritt, der *Rückmeldungsverarbeitung*, wird dann das erreichte Ergebnis mit dem angestrebten Ziel verglichen. Diese Art der Regulierung ist bei bewussten Handlungen offensichtlich. Sie läuft aber auch bei automatisierten Prozessen ähnlich ab, wenn auch unbewusst. Im Prinzip handelt es sich immer um eine Sollfestlegung mit anschließendem Soll-Ist-Vergleich.

Das kognitive System beinhaltet verschiedene Ebenen, auf denen Ziele gebildet und Handlungen durchgeführt werden. Diese Regulationsebenen können verschieden stark differenziert werden. Für die in 5.2 angestellten Überlegungen zu Fehlern im Handlungsprozess ist die Abgrenzung von drei hauptsächlichen Regulationsebenen nach [Hac86] sinnvoll:

- Die *intellektuelle Regulationsebene* umfasst die bewussten Handlungen. Sie laufen unter Nutzung des Arbeitsgedächtnisses und in der Regel auch des deklarativen Gedächtnisses. Bewusste Handlungen können Routinehandlungen als Subroutinen aufrufen. Sie können für die Informationsaufnahme und Handlungsausführung auch direkt auf sensumotorischen Operationen aufbauen.
- Die *Ebene der flexiblen Handlungsmuster* beinhaltet Routinehandlungen. Die Routinehandlungen sind in der Regel automatisiert. Sie werden also meist unbewusst aufgrund einer Situation oder auch aus einem anfänglichen Willensentscheid heraus angestoßen und laufen dann selbsttätig ab. Innerhalb einer Routinehandlung werden oft zahlreiche Operationen der sensumotorischen Ebene ausgeführt.

- Die *sensumotorische Regulationsebene* enthält die hochautomatisierten Operationen, die völlig unbewusst ablaufen und hauptsächlich aus Sinneswahrnehmungen und motorischen Vorgängen bestehen. Sie sind entweder untergeordnete Teilhandlungen von Prozessen der höheren Ebenen oder selbständige Handlungen, die direkt durch Reize ausgelöst werden.

5.1.4 Handlungsebenen bei der MCI

In der Mensch-Computer-Interaktion werden auf allen genannten Regulationsebenen jeweils Vergleiche zwischen Soll und Ist zur Kontrolle durchgeführt. In **Bild 5.1** sind die Soll-Ist-Vergleiche der drei Regulationsebenen in Form dicker Pfeile dargestellt .Die Handlungsregulierung auf sensumotorischer Ebene (S) erfolgt zwischen Wahrnehmung und Ausführung, auf der Ebene der flexiblen Handlungsmuster (F) zwischen Interpretation und Spezifikation und auf der intellektuellen Ebene (I) zwischen Bewertung und Intention. Diese grauen Blöcke in **Bild 5.1** entsprechen einer von Norman in [Nor86] vorgenommenen Einteilung. [Her94] differenziert die Ebenen noch etwas feiner in sensumotorische, lexikalische, syntaktische, semantische, pragmatische und intentionale Ebene.

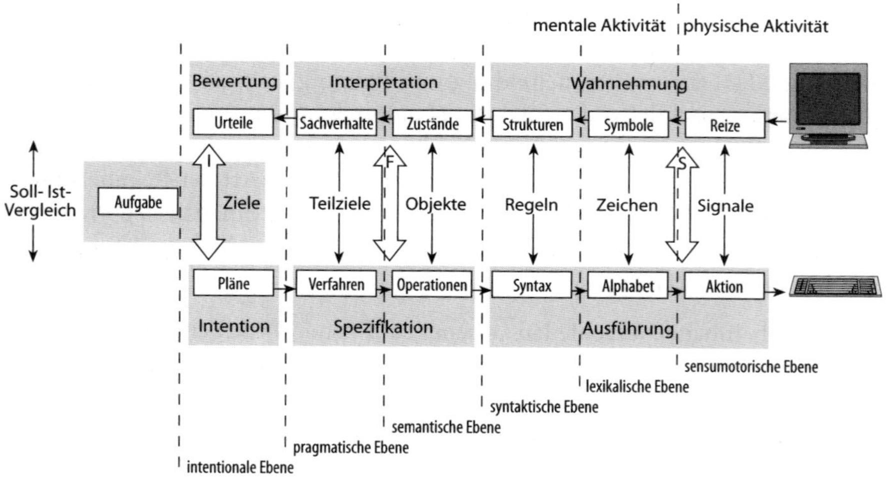

Bild 5.1 Handlungsebenen bei der Mensch-Rechner-Interaktion

Abhängig von seinen Kenntnissen und Erfahrungen muss der Mensch sich bei seinen Handlungen mehr oder weniger stark auf bestimmte Ebenen konzentrieren. Je geübter ein Vorgang ist, um so mehr läuft er automatisch ab, so dass das Exekutivsystem sich nicht mit den unteren Handlungsebenen beschäftigen muss, sondern nur auf einer hohen Ebene Ziele vorgibt. Die restlichen Handlungsebenen liegen dann unterhalb der Bewusstseinsschwelle. Im Beispiel des Autofahrens bedeutet dies, dass ein geübter Autofahrer bewusst das Ziel bildet, links abzubiegen. Die dazu gehörenden Vorgänge „Setzen des Blinkers", „In den Rückspiegel schauen" und „Einordnen" laufen dann eher unbewusst ab – es sei denn, der

Inkongruenzentdecker bemerkt beim Blick in den Rückspiegel beispielsweise ein blinkendes blaues Licht. Selbst das Ziel, nach links abzubiegen, kann unbewusst gebildet werden, wenn ein oft gefahrener Weg vorliegt. Im Gegensatz dazu muss ein Fahranfänger jeden der genannten Vorgänge ganz bewusst durchführen, ja sogar das Einordnen noch bewusst in Handlungen wie Lenken, Abbremsen, Herunterschalten unterteilen und diese bis hinunter zur sensumotorischen Ebene bewusst durchführen – die Bedienung von Kupplungspedal und Schaltknüppel ist zu Anfang alles andere als selbstverständlich.

In der Interaktion mit dem Rechner ist das nicht anders. Wer zum ersten Mal eine Maus benutzt, beschäftigt sein Exekutivsystem zunächst erheblich mit den sensumotorischen Vorgängen wie Positionieren oder Doppelklick. Später kommt es dann darauf an, ein Symbol anzufahren und dort einen Doppelklick durchzuführen. Mit noch mehr Übung wird die Aufgabe dann auf der Ebene „Öffnen der Anwendung" durchgeführt, und schließlich auf der Ebene „Einen Text erstellen".

> Für eine ergonomische Gestaltung der Software kommt es darauf an, die Benutzer zu befähigen, auf einer möglichst hohen Handlungsebene zu arbeiten, um eine unnötige Belastung des Exekutivsystems zu vermeiden.

Das Modell der hierarchischen Stufen der MCI kann auch dazu dienen, *Engpässe* in der menschlichen Informationsverarbeitung zu erkennen und durch eine andere Gestaltung des Mensch-Maschine-Systems zu beheben. So kann etwa die Wahrnehmung gestört sein durch zuviel angebotene Information oder durch falsch gestaltete Anzeigen. In diesem Fall wird der gesamte weitere Zyklus fehlerhaft sein. Es kann aber auch geschehen, dass die Information zwar korrekt erkannt wird, aber falsch bewertet. Daraus entstehen natürlich falsche Handlungen. Durch eine an der Aufgabe und den Informationsflüssen orientierte Gestaltung kann versucht werden, die Wahrnehmung zu erleichtern (zum Beispiel Weglassen überflüssiger Information, bessere Lesbarkeit und so weiter). Wenn kaum Wahrnehmungsfehler, aber häufig Bewertungsfehler auftreten, kann beispielsweise versucht werden, Entscheidungshilfen in die Software zu integrieren [Hei85]. Ähnliche Überlegungen gelten für die anderen Verarbeitungsschritte.

5.2 Fehler in Handlungsprozessen

5.2.1 Fehler auf verschiedenen Regulationsebenen

Nur wer gar nichts tut, macht keine Fehler. Und auch das kann schon ein Fehler sein. Fhler gehören also zwingend zu Handlungsprozessen. Sie können dort auf allen Ebenen der Handlungsregulation auftreten [Bro94]. Auf den meisten Ebenen gibt es verschiedene Arten von Fehlern.

Als *Fehler* bezeichnet man Abweichungen des Handlungsprozesses von dem Verlauf, den er hätte nehmen müssen, um die Aufgabe effektiv und effizient zu lösen.

Fehler können von unterschiedlichem Gewicht sein. Leichte Fehler führen lediglich dazu, dass die Aufgabe nicht optimal bearbeitet wird, schwere Fehler können dazu führen, dass die Aufgabe zunächst nicht gelöst oder sogar auf Dauer unlösbar wird.

Nehmen wir an, ein Blumenstrauß soll in eine Vase gestellt werden, die vorher mit Wasser zu befüllen ist. Im Prinzip ist dies eine Routinehandlung, die durchaus fehlerfrei ablaufen kann. Es können aber auch Fehler unterschiedlicher Schwere auftreten. Wenn die Vase beim Befüllen herunterfällt und zerbricht, ist die Aufgabe dauerhaft unlösbar geworden. Dies ist ein sehr schwerwiegender Fehler. Wenn das Befüllen vergessen wird, ist die Aufgabe nicht korrekt gelöst, obwohl der Blumenstrauß in der Vase steht. Die Auswirkungen des Fehlers werden erst am nächsten Tag sichtbar. Ein leichter Fehler wäre es etwa, wenn die Vase so stark befüllt wird, dass sie beim Einstecken des Blumenstraußes überläuft.

Im Beispiel der Vase erscheint die Suche nach der *Fehlerursache* einfach. Die handelnde Person „hat Schuld". Sie hat „nicht aufgepasst". Im Fall der zerbrochenen Vase ist so mindestens eine Entschuldigung fällig. Trotzdem kann der Fehler ganz anders zustande gekommen sein. Vielleicht war die Vase mit einem kaum sichtbaren Fettfilm überzogen, der sie rutschig machte. Oder während des Vorgangs erfolgte eine Blendung durch einen reflektierten Sonnenstrahl von einem Fenster, das im gegenüberliegenden Hause bewegt wurde. Weitere Ursachen lassen sich nach Belieben konstruieren und oft im Nachhinein nicht mehr überprüfen, ganz abgesehen davon, dass sich durch die Ermittlung der „Schuld" weder der Fehler noch seine Folgen rückgängig machen lassen.

In der Mensch-Computer-Interaktion wird ein Fehler deshalb zunächst einmal als ein „Mismatch", also eine mangelnde Übereinstimmung zwischen dem Ziel des Benutzers und der Reaktion des Systems angesehen [ISO9241-13]. Ziel einer Ursachenermittlung ist nicht, jemandem die Schuld an dem Fehler zuzuweisen, sondern zu prüfen, ob und gegebenenfalls wie ein solcher Fehler in Zukunft vermieden werden kann. Meist sind es auch mehrere Ursachen, die zusammen zu der Fehlersituation führen.

Ein typisches Beispiel ist eine versehentlich falsche Eingabe, etwa die Eingabe des 12.11.20003 statt des 12.11.2003 als Buchungstag, weil die 0 einmal zuviel gedrückt wurde. Wäre aber das Eingabefeld so gestaltet, dass nur vierstellige Jahreszahlen angenommen werden, hätte der Fehler sofort entdeckt und korrigiert werden können. Als Ursachen kommen also Benutzerfehler und schlecht gestaltetes Eingabeformular zusammen.

Um Maßnahmen gegen Fehler treffen zu können, ist es sinnvoll, zunächst zu analysieren, auf welchen Handlungsebenen und bei welchen Schritten Fehler auftreten. Auf diese Weise erhält man eine Klassifizierung nach Fehlerarten. Es zeigt sich, dass Fehler auf allen Regulationsebenen bei allen Teilschritten der Handlungsregulation vorkommen können und sogar in den Grundlagen der Regulation selbst. Die folgende Tabelle nach [Zap89] zeigt die Fehlerarten der einzelnen Regulationsebenen.

Regulationsgrundlage	Wissensfehler		
	Schritte im Handlungsprozess		
Regulationsebene	Ziele / Planung	Gedächtnis / Ausführungsüberwachung	Rückmeldung
Intellektuelle Regulationsebenen	Denkfehler	Merk- / Vergessensfehler	Urteilsfehler
Ebene der flexiblen Handlungsmuster	Gewohnheitsfehler	Unterlassensfehler	Erkennensfehler
sensumotorische Regulationsebene	Bewegungsfehler		

5.2.2 Fehlerarten

Fehler auf der sensumotorischen Ebene

Bewegungsfehler sind motorische Fehlleistungen im sensumotorischen Regelkreis. Dort kann nicht mehr genau zwischen den einzelnen Schritten im Handlungsprozess unterschieden werden, so dass hier für alle Phasen mit hauptsächlicher Betonung der Ausführung von Bewegungsfehlern gesprochen wird. Typische Bewegungsfehler sind:

- Vertippen
  Buchstaben werden ausgelassen, weil die Taste nicht tief genug gedrückt wurde. Buchstabendreher treten auf, wenn beim schnellen Schreiben die zeitliche Koordination der Finger fehlschlägt. Überzählige Buchstaben treten meist bei Doppelbuchstaben auf, wenn eine Taste zweimal schnell gedrückt werden soll und durch eine Art Prellen tatsächlich dreimal gedrückt wird (vgl. oben 12.11.20003).
- Fehlklick
  Der Mauszeiger wird nicht genau genug positioniert, bevor geklickt wird, oder beim Drücken der Maustaste wird die Maus verschoben.
- Verlieren
  Beim Ziehen mit der Maus (Drag and Drop), also dem Bewegen der Maus bei gedrückter Maustaste, wird die Taste versehentlich losgelassen.

Fehler auf der Ebene der flexiblen Handlungsmuster

Auf der Ebene der flexiblen Handlungsmuster können unterschiedliche Fehler bei der Zielbildung und Planung, bei der Ausführungsüberwachung und beim Auswerten der Rückmeldung auftreten. Als *Gewohnheitsfehler* wird die Anwendung eines Handlungsmusters in einer nicht hierzu passenden Situation bezeichnet. Gewohnheitsfehler treten leicht auf,

- wenn sehr ähnliche oder gleiche Handlungsmuster in nur wenig unterschiedlichen Situationen verschiedene Bedeutungen haben.

So wurden beim Betriebssystem Windows in der Version Windows 95 die Schaltflächen am oberen Rand von Anwendungsfenstern gegenüber der Vorversion Windows 3.1 geändert. Wenn jemand in der Übergangsphase abwechselnd mit beiden Systemen arbeitete, konnte es leicht zu zwei unterschiedlich schweren Gewohnheitsfehlern kommen. Nach einem Wechsel von Windows 3.1 zu Windows 95 wurden Fenster geschlossen, statt maximiert (kritisch). Im umgekehrten Fall wurden Fenster maximiert statt geschlossen (unkritisch). Dies lag daran, dass als Handlungsmuster jeweils vorgesehen war, den Knopf ganz rechts oben zu drücken, und sich dort bei beiden Systemen unterschiedliche Schaltflächen befanden.

- wenn zu einer gleich gebliebenen Situation ein neues Handlungsmuster erforderlich ist. Diese Fehler treten verstärkt auf, wenn das neue Handlungsmuster nur in bestimmten Teilen vom alten abweicht.

  Hier kann wieder als Beispiel die Umstellung von Rechts- auf Linksverkehr genannt werden. Die Situation ist gleich (Motorgeräusch legt Hochschalten nahe), aber das Handlungsmuster muss jetzt an die andere Lage des Schaltknüppels angepasst werden.

Bei der Ausführung von Handlungsmustern können *Unterlassensfehler* auftreten, die bewirken, dass Teile des Handlungsmusters weggelassen werden. Sie entstehen meist durch

- gedankliches Vorauseilen. Es wird dann ein Teil des Handlungsmusters ausgeführt, der noch gar nicht an der Reihe ist. Besonders gern werden Teile von Handlungsmustern übersprungen, die ein Warten beinhalten.

  Beispielsweise wird der Befehl zum Herunterfahren eines Rechners gegeben und dann sofort der Rechner ausgeschaltet, ohne auf den Abschluss der Operation zu warten.

- Weglassen am Ende des Handlungsmusters. Dies geschieht, wenn vor Abschluss des Handlungsmusters bereits zu einer anderen Handlung gewechselt wird. Auch hier können Wartezeiten eine wichtige Rolle spielen. Man beginnt schon einmal mit der nächsten Tätigkeit, kehrt dann aber nicht wieder zurück.

  Als Beispiel kann wieder das Herunterfahren eines Rechners genannt werden, nur diesmal mit dem Effekt, dass er nach dem Herunterfahren nicht ausgeschaltet wird.

  Die beiden Beispiele zeigen zugleich, dass Fehler oft durch eine Änderung der Gestaltung des Mensch-Maschine-Systems vermieden werden können. Bei Rechnern, die sich nach dem Herunterfahren selbsttätig abschalten, werden beide Fehler nicht vorkommen

Unterlassensfehler treten besonders leicht auf, wenn eine übergeordnete Handlung von außen unterbrochen wird. Danach wird das Handlungsmuster häufig an einer falschen Stelle fortgesetzt.

Bei der Rückmeldungsauswertung gibt es auf der Ebene der flexiblen Handlungsmuster *Erkennensfehler*. Situationsspezifische Reize werden nicht erkannt, obwohl sie prinzipiell beherrscht werden, ihre Bedeutung also bekannt ist. Erkennensfehler sind meist ein Übersehen von angezeigten Informationen. Sie treten besonders leicht auf, wenn die Aufmerksamkeit auf andere Vorgänge gerichtet ist.

So werden Anzeigen in der Statuszeile des Fensters einer Textverarbeitung leicht übersehen, wenn Text in der Mitte des Fensters bearbeitet wird.

Fehler auf der intellektuellen Ebene

Auf der intellektuellen Ebene geschehen die Fehler, die mit bewussten Denkprozessen zusammenhängen. Auch hier kann eine Unterscheidung nach den einzelnen Phasen der Regulation vorgenommen werden. In der Phase der Zielbildung und Planung treten *Denkfehler* auf. Sie entstehen bei Zielkonflikten und falschen Planungsstrategien. Insbesondere ist hier zu nennen

- das Außerachtlassen von Nebenwirkungen. Diese Art des Denkfehlers ist in der Programmierung insbesondere bei der so genannten Wartung, also der Überarbeitung von Programmen zur Fehlerkorrektur und Funktionserweiterung, gut bekannt und gefürchtet.
- die Auswahl ungeeigneter Werkzeuge.

  Zum Beispiel wird ein Grafikprogramm benutzt, um eine Abbildung für einen Text zu erstellen. Erst nachdem die Abbildung zur Hälfte fertig ist, wird festgestellt, dass das Programm keine Funktion für in der Abbildung benötigten Kreisbögen besitzt. Oder noch unangenehmer: erst nach Fertigstellung der Abbildung zeigt sich, dass diese Textverarbeitung dieses Grafikformat nicht importieren kann.

Wenn sich die ausführende Person an Teile ihres Handlungsplans nicht mehr erinnern kann, spricht man von *Merk- und Vergessensfehlern*. Diese treten besonders leicht bei komplexen Handlungsplänen auf, wenn hohe Anforderungen an das Gedächtnis gestellt werden. Dabei können sowohl einzelne Handlungsschritte vergessen werden (im Ergebnis mit Unterlassensfehlern vergleichbar) als auch für die weitere Arbeit benötigte Daten wie etwa Zwischenergebnisse.

Fehler im Vergleich von Ergebnis und Ziel, also in der Rückmeldungsverarbeitung, werden als *Urteilsfehler* bezeichnet. Sie treten auf, wenn

- Wissen zur Interpretation der Rückmeldungen fehlt.

  Bei der Meldung „Der Server hat keinen DNS-Eintrag." kommt man beispielsweise zu dem Schluss, dass die eingegebene Web-Adresse falsch geschrieben wurde, weil man nicht weiß, dass diese Meldung auch auftritt, wenn der Browser keine Verbindung zum Domain-Name-Server aufbauen konnte – weil man nicht online ist.

- das Wissen zur Interpretation der Rückmeldungen falsch angewandt wird.

  Man weiß beispielsweise, dass die Meldung „Ihr Dokument wurde gedruckt." lediglich bedeutet, dass die Daten an den Drucker-Spooler weitergeleitet wurden, geht aber nach Quittieren der Meldung zum Drucker, um den gedruckten Text herauszunehmen.

Fehler in den Grundlagen der Handlungsregulation

Den Regulationsebenen übergeordnet können Grundlagen für die Handlungsregulation fehlen. Diese Fehler lassen sich als *Wissensfehler* beschreiben. Sie entstehen bei fehlenden Kenntnissen über den Bereich des Handelns, also bei lückenhaften oder auch unpassenden mentalen Modellen. Wissensfehler führen in der Regel dazu, dass schon die Zielbildung und Planung der gesamten Handlung nicht vorgenommen werden kann.

5.2.3 Fehlerbewältigung

In der Mensch-Computer-Interaktion kommt es darauf an, aufgetretene Fehler zu bewältigen, damit die Arbeit möglichst auch im Fehlerfall fortgesetzt werden kann. Fehlerbewältigung läuft dabei in der Regel in drei Schritten ab:

Fehlerentdeckung

Eingeleitet wird die Fehlerbewältigung durch den Verdacht oder das Wissen, dass ein Fehler aufgetreten ist. Häufig wird solch ein Verdacht durch den Inkongruenzentdecker erzeugt und äußerst sich zunächst in dem vagen Gefühl, dass etwas nicht stimmt. Verdachtsauslöser können zum Beispiel ungewohnte Informationsdarstellungen oder ein geändertes Systemverhalten sein. Der Verdacht muss zunächst bestätigt werden, es muss also nachgewiesen werden, dass tatsächlich eine Abweichung zwischen dem vorhandenen Systemzustand und den im Handlungsablauf zulässigen Systemzuständen vorliegt.

Fehlerdiagnose

Bei der Fehlerdiagnose wird der vermutete richtige Handlungsablauf mit dem tatsächlich stattgefundenen verglichen. Auf diese Weise lassen sich Hypothesen darüber aufstellen, wie und wann der Fehler entstanden ist. Die Fehlerentstehung kann nur an Stellen liegen, an denen der tatsächliche Verlauf vom erwarteten abwich. Für die Durchführung der Fehlerdiagnose werden Informationen aus dem Gedächtnis und aus dem System herangezogen. In manchen Fällen lässt sich nur der Fehler als solcher diagnostizieren, aber nicht seine Ursache.

Fehlerkorrektur

Der dritte Schritt der Fehlerbewältigung ist die Korrektur. Sie kann auf zwei Arten erfolgen. Bei der *direkten Korrektur* wird der Fehler behoben, indem der fehlerhafte Handlungsschritt rückgängig gemacht wird oder eine inverse Aktion durchgeführt wird wie beispielsweise das Löschen eines falsch eingefügten Objektes. Direkte Korrektur ist meist nur möglich, wenn der Fehler schnell erkannt wurde und nur wenige Teilhandlungen betroffen sind.

Wenn der Fehler spät entdeckt wurde und viele Handlungsschritte betrifft, wird meist eine *kompensatorische Korrektur* ausgeführt. Dabei werden die Konsequenzen des Fehlers so in den Handlungsplan einbezogen, dass sich der tatsächliche Handlungsverlauf wieder dem ursprünglich erwarteten annähert und so das Ziel doch noch erreicht werden kann, wenn auch auf einem etwas abweichenden Weg.

Kompensatorische Fehlerkorrekturen können recht aufwendig sein. Bei der Erstellung dieses Buches ließ sich beispielsweise durch einen Fehler der Textverarbeitung das Dokument nicht mehr in der Textverarbeitung öffnen, wohl aber mit einem einfacheren Editor. Dabei waren die Texte erhalten, die Grafiken fehlten leider. Die Kompensation bestand darin, von der letzten intakten Sicherung aus alle seitdem erfolgten Änderungen durch Kopieren der Texte aus dem Editor und durch nochmaliges Erstellen der Abbildungen wiederherzustellen, was einen Umweg von etwa zwei Stunden ergab.

5.2.4 Fehlervermeidung

Ein Ziel der ergonomischen Gestaltung von Mensch-Computer-Systemen sollte es sein, nicht nur bei der Bewältigung von Fehlern zu unterstützen, sondern möglichst auch Fehler von vornherein zu vermeiden. Dabei können Fehler in der Regulationsgrundlage nur indirekt vermieden werden, etwa durch Hilfesysteme, die der Benutzer aufrufen kann, wenn er merkt, dass bestimmtes Wissen fehlt. Auch Lernhilfen wie Tutoriumsprogramme gehören zu diesen Möglichkeiten.

Auch auf der intellektuellen Regulationsebene ist eine Vermeidung von Fehlern relativ schwierig. Denkfehler können zumindest in ihren Auswirkungen gemildert werden, wenn die Anwendung momentane Strategien unterstützt, nämlich unvollständige Pläne, die unmittelbar umgesetzt werden. Dabei müssen Planungsschritte rückgängig gemacht, geändert und ergänzt werden können. Möglichkeiten hierzu bieten History-Funktionen, die den Arbeitsablauf aufzeichnen und es erlauben, linear durch mehrere Undo-Funktionen oder direkt mit Hilfe so genannter Freezing Points oder Bookmarks zu früheren Systemzuständen zurückzukehren. Solche Funktionen unterstützen ein *exploratives Handeln*, mit dem der Benutzer die Möglichkeiten einer Anwendung erkunden und Irrwege verlassen kann [Pau94]. Merk- und Vergessensfehler lassen sich verringern, indem die geforderte Gedächtnisleistung reduziert wird, beispielsweise dadurch, dass Erinnern durch Wiedererkennen ersetzt wird oder durch die Möglichkeit von Auflistungen erleichtert wird. Urteilsfehler können zum Teil durch eine sorgfältige Gestaltung der Systemmeldungen vermieden werden. Fehler auf der intellektuellen Ebene lassen sich aber nie ganz vermeiden, weil der bewusste Denkprozess des Menschen nicht völlig vorhersehbar ist.

Hauptziel der Fehlervermeidung ist daher die Minimierung von Fehlern der unteren Regulationsebenen, also von Gewohnheitsfehlern, Unterlassensfehlern, Erkennensfehlern und Bewegungsfehlern. Dies gilt besonders für die Fehler, die bei automatisierten Routinehandlungen wie Dateneingaben, Befehlseingaben und Menüeingaben auftreten können. Hierzu gibt es zwei Möglichkeiten. Entweder die Anwendung lässt solche Fehler erst gar nicht zu, indem der Handlungsspielraum des Benutzers eingeschränkt wird, oder die Anwendung muss die Fehler entdecken und abfangen.

Dieses Abfangen von Fehlern kann nur dann erfolgen, wenn die Menge der möglichen Handlungen zu einem bestimmten Zeitpunkt begrenzt ist und Handlungsziele identifiziert werden können, das System also beispielsweise erkennen kann, dass der Benutzer einen Dateinamen eingeben will oder muss. Dabei ist eine *syntaktische Prüfung*, hier also die Frage, ob die eingegebene Zeichenkette einen erlaubten Dateiname darstellt, einfach. In vielen Fällen ist auch eine *semantische Prüfung* möglich. Wenn der Dateiname eingegeben wird, weil die Datei bearbeitet werden soll, dann kann das System prüfen, ob eine Datei dieses Namens wirklich existiert. Eine *pragmatische Prüfung*, die sicherstellt, dass die angegebene Datei auch wirklich diejenige ist, die der Benutzer meint, ist dagegen so gut wie unmöglich.

Zur Fehlervermeidung gibt es verschiedene Strategien. In erster Linie ist hier die *schlüssige Gestaltung der Benutzungsschnittstelle* zu nennen, die Konsistenz in der Informationsdarstellung und bei der Eingabe und Erwartungskonformität beim Dialog zum Ziel hat. Wir werden hierauf bei der Diskussion der Gestaltung von Ein-/Ausgaben und Dialogen zurückkommen. In bestimmten Situationen kann auch die *Einschränkung von Freiheitsgraden* des Benutzers sinnvoll sein, etwa indem Buchstaben abgewiesen werden, wenn ein Datum einzugeben ist. *Sicherheitsabfragen* können eingesetzt werden, um zu verhindern, dass Funktionen mit schwerwiegenden Folgen versehentlich ausgelöst werden. Wenn diese Funktionen jedoch oft benutzt werden, wird das Bestätigen der Meldung zu einem Handlungsmuster, das als Gewohnheitsfehler auch dann ausgeführt werden kann, wenn die Handlung eigentlich nicht gewünscht wird. Eine Strategie, die Fehler nicht vermeidet, aber ihre negativen Folgen minimiert, sind *Sicherheitskopien* und *Transaktionskonzepte*. Sicherheitskopien erlauben die Rückkehr zu einem früheren Zustand (Undo-Funktion), Transaktionskonzepte sorgen dafür, dass Funktionen entweder ganz und korrekt oder gar nicht ausgeführt werden können.

Nachbereitung

5.3 Übungsaufgaben

Aufgabe 5.1 Üben

Eine schlüssige Handlung, die eingeübt werden soll, dauere bei der ersten Ausführung 10 Minuten. Der Exponent α für den Übungseffekt sei mit 0,5 anzusetzen.

- Wie lange dauern die Ausführungen 2 bis 10?
- Wie oft muss man üben, damit die Ausführungszeit auf eine Minute sinkt?
- Wie lange dauert die tausendste Ausführung der Handlung?

Aufgabe 5.2 Fehler

Das Betriebssystem eines Prozessrechners verfügt über einen Kommandointerpreter. Systemkommandos und Programmaufrufe beginnen immer mit einem Semikolon, gefolgt von dem Programm- oder Kommandonamen, gefolgt von eventuellen Parametern. So ruft das Kommando `;TF` das Transferprogramm auf, mit dem eine Platte kopiert werden kann. Das Transferprogramm führt einen eigenen Dialog mit dem Benutzer, in dem es Kommandos entgegennimmt. Beispielsweise wird das Kommando `CD` zum Kopieren einer Platte (Copy Disk) benutzt. Nach diesem Kommando fordert das Programm zur Angabe der Quelle, des Ziels und zur Bestätigung auf:

```
;TF
TF: CD
FROM: FIX
TO: D0
COPY DISK FROM FIX TO D0 (Y/N)? Y
```

Nach diesem Dialog wird die Festplatte (`FIX`) auf die Wechselplatte (`D0`) gesichert.

Das Betriebssystem bietet verschiedene Kommandos an, darunter auch ein Kommando `;CD` zum Löschen des aktuellen Verzeichnisses. Dieses Kommando hat eine Sicherheitsabfrage zur Folge:

```
;CD
CLEAR DIRECTORY (Y/N)? Y
```

Nach diesem Dialog in der Root-Ebene ist die gesamte Festplatte gelöscht.

- Welche Fehler können durch diese Kommando- und Dialogstruktur leicht auftreten? Beschreiben Sie den wahrscheinlichen Fehlerablauf.
- Wie ließen sich diese Fehler vermeiden?

Aufgabe 5.3 Fehlervermeidung

Zur Vermeidung von Fehlern mit weitreichenden Folgen werden, wie auch im obigen Beispiel, häufig Sicherheitsabfragen eingesetzt. Bei einem Betriebssystem können Sie für jede der drei Operationen „Datei löschen“ (unwiderruflich), „Datei kopieren“ und „Datei verschieben“ einstellen, ob eine Sicherheitsabfrage („Wollen Sie wirklich...?“) erfolgen soll.

- Welche Einstellung halten Sie für sinnvoll?
- Welche Probleme erwarten Sie bei anderen Einstellungen?

Lösungen

6 Hardware für die Interaktion

Zusammenfassung, Lernziele und Vorüberlegungen

6.1 Eingabegeräte

6.1.1 Übersicht

Gab es bei den ersten interaktiven Systemen lediglich Tastaturen als Eingabegeräte, so sind im Laufe der Zeit viele verschiedene Geräte hinzugekommen (vgl. 1.1), die sich in der Art der Bedienung und in der technischen Realisierung beträchtlich unterscheiden. Es gibt verschiedene Ansätze, die Eingabegeräte zu klassifizieren, beispielsweise nach der Art der übermittelten Information, nach dem Funktionsprinzip oder danach, wie Menschen diese benutzen können. Solche Klassifizierungen sind oft nicht eindeutig, da Geräte in unterschiedlichen Anwendungen oft nach verschiedenen Bedienprinzipien benutzt werden, da es für bestimmte Geräte verschiedene technische Lösungen gibt und da heute oft verschiedene Geräte in einer Eingabeeinheit zusammengefasst werden. Insofern ist die folgende Einteilung nur ein möglicher Versuch, die große Menge heutiger Eingabegeräte nach gewissen Gemeinsamkeiten zu gliedern. Dabei kann auch nicht auf alle heute erhältlichen Eingabegeräte eingegangen werden, sondern es werden nur die gebräuchlichsten vorgestellt und solche, die für die Mensch-Computer-Interaktion besonders interessant sind, weil sie neue Benutzungsmöglichkeiten eröffnen.

Tastaturen sind Eingabegeräte, die es erlauben, diskrete Werte einzugeben, meist in Form von einzelnen Zeichen. Insbesondere für die Eingabe des Mediums Text, aber auch für die Auswahl von Funktionen einer Anwendung sind sie heute noch die wichtigsten Geräte.

Wertgeber dienen der Eingabe eines einzelnen quasi analogen Wertes. Sie wurden lange Zeit nur in speziellen Anwendungen genutzt, sind heute aber zunehmend häufiger zu finden als Ergänzung anderer Eingabegeräte, beispielsweise als Scroll-Rad an einer Maus.

Zeigegeräte im engeren Sinne erlauben es, unmittelbar an einem Ausgabegerät Objekte und Funktionen auszuwählen. Ihnen verwandt sind die *Positioniergeräte*, die den gleichen Zweck erfüllen, aber indirekt arbeiten, indem sie einen *Zeiger* (pointer) auf dem Ausgabegerät verschieben. Häufig wird zwischen Zeige- und Positioniergeräten nicht genau unterschieden und allgemein von Zeigegeräten (pointing devices) gesprochen.

Optische Eingabegeräte erfassen das Bild des Benutzers und leiten beispielsweise aus Gesten die Positionierung des Zeigers oder auszuführende Funktionen ab. Sie können auch die Funktion von Zeigegeräten übernehmen.

Akustische Eingabegeräte erlauben eine Steuerung der Anwendung über einfache Laute oder über Sprache. Insbesondere für die Eingabe von Text sind sie dabei mittlerweile eine funktionsfähige Alternative zur Tastatur.

6.1.2 Tastaturen

Die heute üblichen Tastaturen an Rechnern sind aus den Tastaturen von Schreibmaschinen und Fernschreibern entstanden. Dabei hat der alphanumerische Tastaturblock im Wesentlichen die ursprüngliche Anordnung behalten. Hinzugekommen sind Funktionstasten, von denen einige fest belegt sind, wie etwa die Tasten zur Steuerung der Schreibmarke, und andere vom Programm frei verwendet werden können. Standardtastaturen für Computer verfügen außerdem über einen numerischen Block und häufig auch über vom Betriebssystem abhängige Spezialtasten.

Für die Gestaltung der Mensch-Computer-Interaktion sind zum einen Eigenschaften der gesamten Tastatur wie die Anordnung und Beschriftung der Tasten oder die Form und Farbe der Tastatur wichtig, zum anderen Eigenschaften der einzelnen Tasten wie das verwendete Material, die technische Realisierung oder die Form. Die Anforderungen an Tastaturen für Bildschirmarbeitsplätze sind in [ISO9241-4] dargestellt.

Technische Realisierung

Tasten sind im Prinzip Momentschalter, die einen Kontakt herstellen, solange sie gedrückt werden. Die Auswertung dieses Kontaktes erfolgt durch Software. Bei alphanumerischen Tastaturen wird meist beim Schließen des Kontaktes ein Zeichen gesendet. Danach folgt eine Pause, nach der das Zeichen in einer bestimmten Frequenz solange wiederholt wird, bis die Taste wieder losgelassen wird.

Neben Tasten mit mechanischen Kontakten werden häufig auch induktive benutzt, bei denen ein bewegliches Metallteil das Feld einer kleinen Spule verändert. So genannte Sensortasten arbeiten meist kapazitiv. Dabei wird eine Ladung auf der Taste bei der Berührung mit dem Finger über die Haut abgeleitet. Im Gegensatz zu den anderen Tasten bewegen sich Sensortasten normalerweise nicht. Sie werden also nicht im eigentlichen Sinne gedrückt, sondern bloß berührt.

Bei Standardtastaturen sind die Tastenkappen in der Regel aus Kunststoff. Zwischen den Tasten sind Spalten, durch die Flüssigkeiten oder Schmutz in die Tastatur eindringen und diese unbrauchbar machen können. Wenn mit Feuchtigkeit oder Schmutz zu rechnen ist, werden daher stattdessen häufig so genannte *Folientastaturen* benutzt. Bei diesen sind alle Tasten als einzelne Druckschalter zusammen in einer flexiblen Kunststoffhülle untergebracht. Solche Tastaturen können sogar zusammengerollt werden. Ihre Tasten haben gegenüber Tasten von Standardtastaturen einen kürzeren Hub. Folientastaturen kosten im Allgemeinen mehr als Standardtastaturen.

Sowohl Standardtastaturen als auch Folientastaturen sind empfindlich gegenüber böswilliger Beschädigung (Vandalismus). Bei Standardtastaturen lassen sich leicht Tastenkappen abziehen oder Tasten blockieren, indem kleine Gegenstände durch die Zwischenräume unter die Tasten geschoben werden. Bei Gewalteinwirkung etwa durch Faustschläge besteht die Gefahr der Zerstörung der Hebelmechanik von einzelnen Tasten oder der Platine, auf der die Schalter der einzelnen Tasten befestigt sind. Auch das Ausgießen von Flüssigkeit über der Tastatur führt in der Regel zu Störungen.

Folientastaturen sind etwas unempfindlicher gegen Einwirkungen mit bloßer Hand, lassen sich dafür aber leicht mit spitzen Gegenständen aufreißen. Für den Einsatz in vandalismusgefährdeten Umgebungen gibt es daher Spezialtastaturen aus Stahl, bei denen die Tasten bündig in der Tastatur untergebracht sind. Unterhalb der Tasten befindet sich meist eine flexible Dichtung, die das Eindringen von Feuchtigkeit und Schmutz verhindert. Solche Tastaturen sind weitgehend vandalismusfest. Es gibt sie als komplette alphanumerische Tastaturen oder auch als Funktionstastaturen mit wenigen Funktionstasten. Sie kommen in öffentlichen Anwendungen wie beispielsweise Geldautomaten zum Einsatz. Verglichen mit Folientastaturen sind Stahltastaturen sehr teuer.

Tastaturen aus Sensortasten können ebenfalls sehr robust ausgeführt werden. Dies zeigen die Sensortasten an Ampeln und Aufzügen. Von den bereits genannten Stahltastaturen unterscheiden sie sich dadurch, dass beim Betätigen der Taste keine fühlbare Rückmeldung erfolgt, da sich die Tasten nicht bewegen. Aufgrund dieser Tatsache unterliegen sie aber weniger dem Verschleiß, da keinerlei mechanische Teile vorhanden sind. Sie erfordern daher praktisch keine Wartung.

Einstellbare Eigenschaften

Bei alphanumerischen Tastaturen lässt sich in der Regel über die Basis-Software des Rechners (Setup) festlegen, ob die Tasten bei längerem Drücken eine Wiederholungsfunktion auslösen, mit welcher Rate die Zeichen wiederholt werden und wie lange die Pause vor dem Einsetzen der Wiederholung dauern soll.

Die Tastaturbelegung, also die Zuordnung der an den Rechner zu sendenden Zeichen zu den einzelnen Tasten, wird meist ebenfalls durch Software vorgenommen. In der Regel wird im deutschen Sprachraum die deutsche Tastaturbelegung gewählt, so dass die übermittelten Zeichen mit der Beschriftung der Tasten übereinstimmen.

Die Zuordnung von Funktionstasten zu Programmfunktionen oder Textbausteinen wird je nach verwendeter Software durch das Anwendungsprogramm vorgenommen. Bei vielen heutigen Programmen kann diese Zuordnung durch den Benutzer geändert werden.

Viele Standardtastaturen bieten die Möglichkeit, die Neigung der Tastatur entweder in zwei Stufen oder kontinuierlich einzustellen.

Ergonomische Forderungen an die einzelnen Tasten

Tasten in einer Tastatur sollen eine Größe von etwa 13 x 13 mm haben. Die Mittelpunkte zweier nebeneinander liegender Tasten sollen etwa 19 mm voneinander entfernt sein. Durch diese Maße liegen die Tasten soweit auseinander, dass nur sehr selten versehentlich zwei Tasten gleichzeitig gedrückt werden. Die Entfernung zwischen zwei benachbarten Tasten entspricht der Entfernung der Finger voneinander bei entspannter Hand.

Die Oberfläche der Taste soll leicht konkav sein, damit kleine Abweichungen bei der Positionierung der Finger ausgeglichen werden, indem die Finger gleichsam in die Taste hinein geführt werden. Durch den leicht erhöhten Rand wird die Taste erfühlbar. Die Oberfläche der Taste soll nicht zu glatt sein, um ein Abrutschen des Fingers zu vermeiden.

Griffsicherheit und Erfühlbarkeit sind auch für Tasten wichtig, die sich nicht in Tastaturen befinden, sondern in andere Eingabegeräte integriert sind. Liegen beispielsweise zwei Maustasten direkt nebeneinander, so ist ein fühlbarer Rand zwischen beiden empfehlenswert, um den blinden Wechsel des Fingers zwischen beiden Tasten zu erleichtern.

Auch bei alphanumerischen Tastaturen sind Markierungen zur Positionierung der Finger ohne Hinsehen sinnvoll, etwa auf den Tasten F und J oder der Taste 5 in der Mitte des Ziffernblocks.

Tasten sollen einen deutliche Druckpunkt besitzen, um eine haptische Rückmeldung zu ermöglichen. Empfohlen wird ein Kraftaufwand von 0,4 bis 1,2 N zur Auslösung der Taste. Der Anschlag der Taste soll gedämpft sein, so dass nach dem Auslösen der Finger nicht abrupt gebremst wird. Ein ungewolltes mehrfaches Auslösen der Taste (Prellen) durch das natürliche leichte Zittern der Muskeln soll vermieden werden, indem der Schließpunkt für den Kontakt tiefer liegt als der Öffnungspunkt und beim Schließen eine höhere Kraft erforderlich ist (Auslösungshysterese). Der Schaltweg soll bei Tasten in Tastaturen 3 bis 5 mm betragen, wenn diese vorwiegend der Eingabe längerer Texte dienen. Bei nur kurzzeitig genutzten Tastaturen beispielsweise in Auskunftssystemen und bei Tasten in anderen Eingabegeräten kann er geringer sein. Ein beim Betätigen der Taste entstehendes Geräusch soll so leise sein, dass es möglichst keine Störung der Umgebung hervorruft.

Ergonomische Forderungen an die gesamte Tastatur

Tastaturen bei Büroarbeitsplätzen müssen sich etwa 75 cm über dem Fußboden befinden, so dass die Unterarme beim Benutzen der Tastatur möglichst waagerecht liegen. Die Tastatur soll in einem Winkel von etwa 15° geneigt sein. Es soll eine Auflagefläche für die Handballen vorhanden sein. Die mittlere Reihe des alphabetischen Teils der Tastatur soll etwa 30 mm höher als diese Auflagefläche liegen. Da die Hände bei natürlicher Haltung nicht parallel nebeneinander liegen, sondern in einem Winkel von etwa 45°, ist es vorteilhaft, wenn beim Schreiben mit zehn Fingern die Tastatur einen entsprechenden Winkel zwischen den Tasten für die linke und denen für die rechte Hand aufweist.

Die Oberfläche der Tastatur soll mattiert sein, damit keine störenden Lichtreflexe auftreten. In einem Büroumfeld soll der Kontrast zwischen Tastatur und Umgebung zwischen 1:3 und 1:10 liegen. Daraus folgt, dass Tastaturen für Büroarbeitsplätze weder weiß noch schwarz sein sollen.

Die Anordnung der Tasten in alphanumerischen Tastaturen ist genormt ([ISO9995]). Nach der Anordnung der ersten sechs alphabetischen Tasten werden die im deutschen Sprachraum verwendeten Tastaturen häufig auch als QWERTZ-Tastaturen bezeichnet. Diese Anordnung ist von der seit langem gebräuchlichen Schreibmaschinentastatur übernommen worden. Aus ergonomischer Sicht wäre zwar eine andere Verteilung der Buchstaben sinnvoller, die zum Beispiel dafür sorgen könnte, dass für die häufigsten Buchstaben die geringsten Bewegungen erforderlich sind und die kräftigsten Finger benutzt werden, sie ist aber aufgrund der weiten Verbreitung der üblichen Tastaturen heute nicht mehr durchsetzbar.

Wenn eine Computertastatur einen zusätzlichen numerischen Block enthält, so ist dieser in der Regel rechts untergebracht und entspricht in seiner Anordnung der Tastatur herkömmlicher Rechenmaschinen. Dabei ist die obere Reihe mit den Ziffern 7, 8, 9 belegt. Leider wird bei Telefonen eine Zifferntastatur verwendet, bei der die obere Reihe mit den Ziffern 1, 2, 3 belegt ist. Bei häufig wechselndem Gebrauch von numerischer Tastatur und Telefontastatur sind daher Eingabefehler aufgrund von Gewohnheitsfehlern wahrscheinlich. Es ist vorteilhaft, wenn numerische Tastaturen nicht fest in die Computertastatur integriert sind, sondern einen getrennten Block bilden, so dass Linkshänder sie auf die linke Seite des alphanumerischen Blockes legen können. Es gibt auch Linkshändertastaturen, bei denen die Tastengruppen (alphabetische Tasten, Steuerungstasten, numerische Tasten) spiegelbildlich angeordnet sind.

Die Tastaturbelegung muss im Normalfall mit der Beschriftung der Tastatur übereinstimmen. Wenn aufgrund der Aufgabenstellung verschiedene Tastaturbelegungen nebeneinander benötigt werden, beispielsweise bei der Bearbeitung von Texten in verschiedenen Sprachen und mit verschiedenen Alphabeten, muss die Belegung der einzelnen Tasten in geeigneter Weise deutlich gemacht werden, etwa durch zusätzliche fest angebrachte Beschriftung, durch eine Tastaturschablone oder durch Anzeige der momentanen Belegung an oder auf der Taste. Für derartige Anwendungen gibt es zum Beispiel Tastaturen, bei denen die Tastenkappen jeweils eine Flüssigkeitskristallanzeige beinhalten, die das gerade der Taste zugewiesene Zeichen darstellen kann.

Insbesondere bei Funktionstasten, denen unterschiedliche Bedeutung zugewiesen werden kann, ist es wichtig, dass der Benutzer die Bedeutung der Taste leicht zuordnen kann. Neben den bereits für die alphanumerische Tastatur genannten Beschriftungsarten gibt es hier noch die Möglichkeit, die Bedeutung der Tasten am Bildschirm darzustellen, beispielsweise am unteren Bildschirmrand in der Reihenfolge der Anordnung auf der Tastatur. Diese Art der Zuordnung wird außer im Bürobereich auch beispielsweise bei Geldausgabeautomaten benutzt, bei denen die Funktionstasten rechts und links des Bildschirmes angebracht sind und deren Bedeutung unmittelbar daneben auf dem Schirm angezeigt wird.

Verwendbarkeit

Alphanumerische Tastaturen sind für die Eingabe längerer Texte unentbehrlich. Geübte Personen können hiermit sehr schnell arbeiten, indem sie mit allen zehn Fingern schreiben, ohne auf die Tastatur zu sehen. Standardtastaturen stellen somit in Büroumgebungen ein effizientes und sehr billiges Eingabegerät dar. In Umgebungen, bei denen mit Feuchtigkeit und Schmutz zu rechnen ist, können stattdessen Folientastaturen verwendet werden. Vor allem aufgrund des kleineren Tastenhubes sind diese aber weniger gut zu bedienen und können bei Dauergebrauch eher zu Überbeanspruchungen der Motorik der Finger führen.

Wenn bei öffentlichen Anwendungen mit Vandalismus zu rechnen ist, weil die Geräte nicht unter Aufsicht stehen, aber auf eine Texteingabe nicht verzichtet werden kann, empfehlen sich Stahltastaturen. Sensortastaturen können auch benutzt werden, sind aber aufgrund der fehlenden haptischen Rückmeldung aus ergonomischer Sicht weniger empfehlenswert. Sind nur wenige und kurze Texte beispielsweise für Suchanfragen einzugeben, so ist auch eine virtuelle Tastatur möglich. Dabei werden die Tasten auf dem Ausgabegerät (meist einem Bildschirm) dargestellt und mit Hilfe eines Positioniergerätes oder eines Zeigegerätes (vgl. 6.1.4 und 6.1.5) bedient.

Funktionstasten und ganze Tastaturen aus Funktionstasten haben sich in öffentlichen Anwendungen wie Geldautomaten und in technischen Anwendungen wie der Prozessleitung bewährt. Dabei handelt es sich sowohl um fest zugeordnete Tasten, die dann mit einer fest aufgebrachten Beschriftung versehen sind (z.B. „Bestätigung“, „Korrektur“, „Abbruch“), als auch um Tasten mit wechselnder Bedeutung, die dann meist am Bildschirm erklärt werden.

Als Funktionstasten mit fester Zuordnung können auch die Pfeiltasten betrachtet werden, mit denen die Schreibmarke (cursor) auf dem Bildschirm verschoben werden kann. Andererseits kann eine solche *Cursortastatur* auch als Positioniergerät betrachtet werden.

Bei Positioniergeräten (vgl. 6.1.4) sind in der Regel zusätzliche Tasten nötig, um eine Auswahl vorzunehmen. In der meisten Fällen gelten die oben für die einzelnen Tasten dargestellten ergonomischen Anforderungen auch hierbei. Zusätzlich muss darauf geachtet werden, dass die Tasten so angeordnet sind, dass keine unnötigen Bewegungen der Finger oder der Hand nötig sind, um sie zu erreichen.

Für alle Anwendungen, bei denen häufig Zahlenangaben gemacht werden müssen, sind numerische Tastaturen erforderlich. In öffentlichen Anwendungen sind diese in der Regel vandalismusgeschützt als Stahltastaturen realisiert. Dies gilt auch für die numerischen Tasten in öffentlichen Telefonen. Bei der Beschaffung einer numerischen Tastatur muss daher auf die zu der Anwendung passende Anordnung der Tasten geachtet werden.

In der Mensch-Rechner-Interaktion wird noch eine weitere Art von Tastatur benutzt, nämlich die Klaviatur (Keyboard) für das Einspielen von Musik. Da solche Keyboards nur für eine sehr kleine Gruppe von Anwendungen im musikalischen Bereich benutzt werden, soll darauf hier nicht weiter eingegangen werden.

6.1.3 Wertgeber

6.1.3.1 Allgemeines zu Wertgebern

Wertgeber dienen dazu, auf einfache Weise einen einzelnen Wert einzugeben, ohne dazu eine Tastatur zu benutzen. Sie können auch als eindimensionales Positioniergerät dienen, beispielsweise zur Auswahl aus einem linearen Menü (vgl. 8.2.3). Wertgeber werden in der Regel mit einer Drehbewegung bedient. Es gibt zwei verbreitete Typen, nämlich die Drehregler und die Rändelräder.

6.1.3.2 Drehregler

Drehregler sind beispielsweise von Radiogeräten her bekannt, bei denen häufig Drehknöpfe dazu dienen, die Lautstärke zu regeln oder den Sender einzustellen. Solche Drehknöpfe werden in der Regel zwischen Daumen und andere Finger genommen und durch eine Drehung im Handgelenk oder eine Bewegung der Finger gegeneinander eingestellt.

Technische Realisierung

Es gibt im Prinzip zwei Arten von Drehreglern. Der Drehknopf kann ein Potentiometer betätigen, dessen Werte anschließend digitalisiert werden. Bei dieser Art des Wertgebers gibt es einen linken und einen rechten Anschlag, zwischen denen ein bestimmter Drehweg zurückgelegt wird. Jedem Punkt des Drehweges ist dabei im Prinzip immer der gleiche Wert zugeordnet (absolute Auswertung). Bei der zweiten Art ist der Drehknopf mit einem Impulsgeber verbunden, beispielsweise einer Schlitzscheibe mit Lichtschranke. Bei der Bewegung des Knopfes werden Impulse erzeugt, die gezählt werden. Diese können je nach Drehrichtung zu dem momentanen Wert addiert oder von diesem subtrahiert werden (relative Auswertung). Drehregler sind häufig zu mehreren nebeneinander und untereinander angeordnet.

Einstellbare Eigenschaften

Bei Drehreglern kann in der Regel die Zuordnung und die Übersetzung verändert werden. Dabei wird per Software festgelegt, welche Variable des Programms sich mit dem Drehregler einstellen lässt und nach welcher Funktion die Drehbewegung in Variablenwerte übersetzt wird.

Ergonomische Forderungen

Die ergonomischen Forderungen an Drehregler betreffen vor allem die Beschaffenheit der Hardware. Die einzelnen Drehknöpfe müssen leichtgängig sein und sollen so groß sein, dass sie mit allen Fingern der Hand umfasst werden können. Trotz der Leichtgängigkeit muss aber gewährleistet sein, dass die Drehregler in der gewählten Position verbleiben. Sind mehrere Drehregler in einer Eingabeeinheit angebracht, müssen die einzelnen Knöpfe einen ausreichenden Abstand voneinander haben, damit nicht versehentlich beim Drehen eines Knopfes der daneben liegende verstellt wird. Die Knöpfe sollen so angebracht sein, dass möglichst wenig statische Haltearbeit zu leisten ist, der Arm also möglichst nicht ohne Auflage frei gehalten werden muss.

Bezüglich der einstellbaren Eigenschaften ist zu fordern, dass die Zuordnung der Regler jederzeit erkennbar ist, beispielsweise durch eine Anzeige am Bildschirm oder durch per Software veränderbare Beschriftung über dem jeweiligen Regler. Die Übersetzungsfunktion soll einstellbar sein.

Verwendbarkeit

Drehregler können überall dort benutzt werden, wo kontinuierliche Werte einzustellen sind. Eine wichtiger Anwendungsbereich ist das computerunterstützte Konstruieren (CAD). Dabei werden Drehregler beispielsweise benutzt, um 3-D-Konstruktionen um verschiedene Achsen rotieren zu lassen. Der Drehbewegung des Knopfes entspricht eine Drehbewegung des Konstruktionsobjektes, so dass eine leicht verständliche Zuordnung vorliegt. Die am Markt üblichen Drehregler sind für eine Büroumgebung ausgelegt.

6.1.3.3 Rändelräder

Bei Rändelrädern erfolgt die Drehbewegung nicht aus dem Handgelenk, sondern es wird mit einem Finger ein Rad an seinem Umfang bewegt. Dabei wird der Finger in der Regel senkrecht bewegt (aufwärts oder abwärts). Das Rad ist meist zum größeren Teil in einem Gehäuse eingelassen. Bei größeren Versionen solcher Räder kann das Rad auch betätigt werden, indem es an seinem Rand mit der Hand umfasst wird und die ganze Hand oder gar der ganze Arm auf oder ab bewegt wird.

Technische Realisierung

Im Grunde gibt es hier die gleichen Möglichkeiten wie bei Drehreglern. Allerdings sind heute fast nur Räder üblich, die als Impulsgeber dienen und daher beliebig weit in jede Richtung gedreht werden können.

Einstellbare Eigenschaften

Hier gilt das Gleiche wie bei Drehreglern.

Ergonomische Forderungen

Rändelräder müssen leichtgängig sein, aber trotzdem gut die gewählte Stellung beibehalten. Sie dürfen keinen scharfen schmalen Rand aufweisen. Entgegen ihrem historisch begründeten Namen soll der Rand abgerundet und eben nicht gerändelt sein. Das Material muss so beschaffen sein, dass der Finger nicht abrutscht. Bei der Anbringung muss darauf geachtet werden, dass die Bedienung des Rades nicht zu einer Zwangshaltung der Hand führt.

Wie bei Drehreglern muss die Zuordnung eindeutig erkennbar sein. Die Übersetzung soll auch hier einstellbar sein.

Verwendbarkeit

Wie Drehregler können Rändelräder für das kontinuierliche Einstellen von Werten benutzt werden. In dieser Eigenschaft werden sie vorwiegend als Ergänzung in anderen Eingabegeräten eingesetzt, beispielsweise als so genanntes Scroll-Rad in einer Maus, mit dem die Position des Fensterausschnittes eingestellt werden kann. Solche Räder sind häufig nicht kontinuierlich drehbar, sondern rasten immer nach einem bestimmten Winkel in der nächsten Position ein, um ein unbeabsichtigtes Verstellen zu vermeiden.

Wenn Rändelräder als relativ arbeitendes eindimensionales Positioniergerät benutzt werden, sind sie mit mindestens einer Taste gekoppelt, mit der eine Auswahl durchgeführt werden kann. Solche Räder gibt es auch in vandalismusfester Version. Sie werden zum Beispiel in Informationsterminals der Deutschen Bahn AG in Bahnhöfen für die Fahrplanauskunft benutzt. Mit dem Rad wird jeweils in einer Liste ein Eintrag ausgewählt, mit einer zusätzlichen Metalltaste wird die Auswahl aktiviert.

6.1.4 Positioniergeräte

6.1.4.1 Allgemeines zu Positioniergeräten

Positioniergeräte dienen dazu, eine Markierung in der Darstellung auf dem Ausgabegerät an eine bestimmte Stelle zu bringen. In Textdarstellungen zeigt die *Schreibmarke* (cursor) an, wo Zeichen eingefügt oder überschrieben werden können. Bei Texten ist daher nur eine Bewegung im Zeichenraster erforderlich. Bei grafischen Darstellungen muss der *Zeiger* (pointer) dagegen meist auf den einzelnen Bildpunkt genau positioniert werden können, um grafische Elemente auswählen und manipulieren zu können.

Bei zweidimensionalen Ausgabegeräten ist eine Positionierung des Zeigers oder Cursors prinzipiell durch vier Funktionstasten für die Bewegungen nach oben, nach rechts, nach unten und nach links möglich. Hierbei kann die Wiederholfunktion der Tastatur (vgl.

6.1.2) ausgenutzt werden, so dass sich die Marke solange weiterbewegt, wie die jeweilige Taste gedrückt gehalten wird. Diese Art der Positionierung durch Richtungstasten ist aber langsam und insbesondere bei schräg verlaufenden Bewegungen schwierig, selbst wenn für die Diagonalen zusätzliche Tasten vorgesehen werden. Cursortastaturen werden hier bei den Positioniergeräten nicht gesondert aufgeführt, da sie lediglich eine spezielle Art der Funktionstastatur darstellen.

Da grafisch orientierte Benutzungsschnittstellen sich heute weitgehend durchgesetzt haben, sind für die meisten Anwendungen Positioniergeräte erforderlich. Als Standard für Positioniergeräte hat sich dabei die Maus durchgesetzt. Bei Platzproblemen und in mobilen Geräten wird sie häufig durch eine Rollkugel oder auch durch ein Berührfeld ersetzt. Steuerknüppel und Tabletts werden meist nur für bestimmte Anwendungen genutzt, häufig als zusätzliche Geräte bei vorhandener Maus. Zu zweidimensionalen Positioniergeräten finden sich ergonomische Anforderungen in [ISO9241-9].

Dreidimensionale Positioniergeräte wie 3-D-Maus oder Spaceball sind entsprechend der geringen Verbreitung dreidimensionaler Ausgabegeräte noch selten. Sie können allerdings bei bestimmten Anwendungen auch zusammen mit zweidimensionalen Ausgabegeräten sinnvoll genutzt werden.

Bei Positioniergeräten unterscheidet man zwischen relativer und absoluter Positionierung. Die *relative Positionierung* erfolgt immer vom momentanen Ort des Zeigers aus. Eine Bewegung des Eingabegerätes wird so ausgewertet, dass sie den Zeiger um eine entsprechende Strecke in der entsprechenden Richtung weiterbewegt. Dabei spielt die Ausgangslage des Eingabegerätes keine Rolle.

Bei der *absoluten Positionierung* entspricht die Arbeitsfläche des Eingabegerätes der Fläche des Ausgabegerätes. Das Ansteuern einer bestimmten Stelle der Eingabefläche wird maßstäblich übersetzt in die Position des Zeigers auf dem Ausgabegerät.

6.1.4.2 Maus

Technische Realisierung

Die Maus ist ein relativ arbeitendes zweidimensionales Positioniergerät. Ausgewertet werden die Bewegungen der gesamten Maus über eine ebenen Fläche. Die Auswertung erfolgt mechanisch oder optisch. Bei der mechanischen Aufnahme befindet sich eine Kugel an der Unterseite der Maus, deren Bewegungen auf zwei senkrecht zueinander stehende Achsen übertragen werden. Die Umdrehungen der Achsen werden durch Impulsgeber abgetastet, meist durch Schlitzscheiben mit Lichtschranken. Bei der optischen Aufnahme befinden sich Lichtquellen und Lichtsensoren im Boden der Maus, die anhand der unterschiedlichen Reflexion des Untergrundes ermitteln können, wie die Bewegung erfolgt. Die früher erforderliche spezielle Unterlage für die Maus (z.B. Mousepad mit Gitterraster) wird heute nicht mehr benötigt.

Die Übermittlung der Daten von der Maus zum Rechner erfolgt vielfach noch per Kabel. Mäuse mit Datenübertragung per Funk finden aber zunehmend weitere Verbreitung. Um an der mit der Maus bestimmten Position des Zeigers auch eine Aktion auslösen zu können, verfügen Mäuse über mindestens eine Taste. Üblich sind mittlerweile Mäuse mit drei Tasten. Dabei sind die Tasten in der Regel für eine Bedienung mit dem Zeigefinger und gegebenenfalls dem Mittelfinger angebracht. Es gibt aber auch Mäuse mit mehr als drei Tasten und solche mit Tasten für die Bedienung durch den Daumen. Heute angebotene Mäuse verfügen fast alle über mindestens einen zusätzlichen Wertgeber in Form eines Rändelrads beispielsweise für das Rollen in Fenstersystemen.

Abhängig vom Betriebssystem werden Mäuse häufig in Kombination mit Tasten der Tastatur (Umschalttaste, Steuerungstaste etc.) benutzt. Dabei wird durch das gleichzeitige Drücken einer Taste auf der Tastatur die Bedeutung eines Tastendrucks an der Maus verändert.

Einstellbare Eigenschaften

Wie die Mausbewegung in die Bewegung des Zeigers übersetzt wird, ist eine Frage der Software. Bei heutigen Betriebssystemen lässt sich in Abhängigkeit von der Treiber-Software der Maus häufig einstellen, ob diese Übersetzung linear erfolgt, also einem bestimmten Weg der Maus proportional eine bestimmte Bewegung des Zeigers zugeordnet wird, oder ob die Übersetzung in Abhängigkeit von der Geschwindigkeit der Mausbewegung so erfolgt, dass bei einer raschen Bewegung der Zeiger einen längeren Weg zurücklegt als wenn eine gleich weite Bewegung langsam ausgeführt wird. Bei beiden Verfahren lassen sich in der Regel die Parameter der Übersetzung verändern.

Die Zuordnung der Maustasten zu Betriebssystem- oder Programmfunktionen kann bei Mäusen mit mehr als einer Taste meist ebenfalls frei gewählt werden, beispielsweise um bei linkshändiger Bedienung einer Drei-Tasten-Maus die rechte mit der linken Taste zu vertauschen. Als weiterer Parameter für die Auswertung der Maustasten ist das Zeitintervall einstellbar, innerhalb dessen zwei aufeinanderfolgende Betätigungen der Maustaste als Doppelklick gewertet werden.

Ergonomische Forderungen

Die Arbeitsfläche der Maus muss wie die Tastatur (vgl. 6.1.2) in einer solchen Höhe liegen, dass der Unterarm bei der Benutzung der Maus möglichst waagerecht ausgerichtet ist. Eine Auflagefläche für die Hand beziehungsweise den Unterarm muss vorhanden sein, um unnötige statische Haltearbeit zu vermeiden. Eine kabellose Datenübertragung ist wünschenswert.

Die Maus soll keine spezielle Unterlage benötigen, um flexibel einsetzbar zu sein. Sie muss leichtgängig sein und soll ergonomisch der Form der Hand angepasst sein. Der Bewegungsaufnehmer soll sich möglichst unterhalb der Fingerspitzen befinden, um die Koordination bei der Handhabung der Maus zu erleichtern. Bezüglich der Maustasten sind die Anforderungen zu berücksichtigen, die bereits in 6.1.2 allgemein für Tasten formuliert wurden.

Darüber hinaus müssen die Tasten so beschaffen sein, dass die Maus leicht bei gedrückter Taste bewegt werden kann, um das so genannte Ziehen (dragging) zu ermöglichen.

Alle Parameter wie Übersetzungsverhältnis, Linearität oder Tastenzuordnung sollen vom Benutzer eingestellt werden können. Dies ist insbesondere wichtig, wenn verschiedene Personen an einem Arbeitsplatz arbeiten und die Maus von Rechtshändigkeit auf Linkshändigkeit umgestellt werden muss. In diesem Fall muss die Form der Maus symmetrisch sein und darf nicht nur an die rechte Hand angepasst sein. Alternativ kann man speziell optimierte Mäuse für rechtshändige und für linkshändige Personen vorsehen.

Verwendbarkeit

Da Maus und grafisch orientierte Betriebssysteme gemeinsam entwickelt wurden, ist die Maus heute wohl das beste Positioniergerät für die gängigen Benutzungsschnittstellen. Die Interaktionsverfahren sind prinzipiell auf die Maus und ihre Möglichkeiten abgestimmt, so dass die Steuerung von Anwendungen mit Hilfe der Maus nach kurzer Eingewöhnung recht einfach zu erlernen ist. Lediglich der Doppelklick bereitet Anfängern regelmäßig Schwierigkeiten. Kinder haben ebenfalls oft Probleme mit der Benutzung der Maus, da diese in ihrer Größe und in der Lage der Tasten auf die Hand Erwachsener abgestimmt ist.

Mäuse benötigen eine ausreichend große freie Lauffläche, die eben, sauber und, im Fall mechanischer Mäuse, nicht zu glatt ist. Sie können daher nicht bei beengten Platzverhältnissen oder bei mobilen Geräten benutzt werden. In öffentlichen Anwendungen besteht die Gefahr des Diebstahls und der Beschädigung, so dass ein Einsatz nur bei ständiger Beobachtung sinnvoll ist und auch nur dann, wenn bei der Zielgruppe grundlegende Computererfahrung vorausgesetzt werden kann.

6.1.4.3 Rollkugel (Trackball)

Technische Realisierung

Wie die Maus ist die Rollkugel ein relativ arbeitendes zweidimensionales Positioniergerät. Im Prinzip entspricht sie einer auf den Rücken gedrehten mechanischen Maus. Die Bewegungen der Kugel werden in der Regel wie bei mechanischen Mäusen ausgewertet. Es gibt aber auch Trackballs, bei denen die Bewegungen der Kugel optisch abgetastet werden. Die Größe der Kugel variiert sehr stark. Es gibt Rollkugeln, die für die Bedienung mit der flachen Hand ausgelegt sind. Dabei wird die Kugel mit Zeige-, Mittel-, Ring- und kleinem Finger geführt, die Bewegung erfolgt aus dem Hand- oder dem Ellbogengelenk. Kleinere Kugeln werden mit dem Zeigefinger bedient oder mit dem Daumen, wobei die Hand festliegen kann. Solche kleinen Rollkugeln können auch in eine Tastatur integriert sein.

Wie Mäuse können Rollkugeln, soweit sie nicht fest eingebaut sind, über Kabel oder drahtlos angeschlossen sein. Da die Rollkugel nicht als ganzes Gerät bewegt wird, können aber, anders als bei der Maus, keine Einschränkungen durch ein Anschlusskabel auftreten. Bezüglich Anzahl und Verwendung der Tasten gilt das bei Mäusen gesagte. Aufgrund der verschiedenen Größen und Formen der Rollkugeln und der damit einhergehenden unterschiedlichen Bedienungsarten ist aber nicht immer intuitiv klar, welche Taste im Vergleich mit der Maus welche Funktion erfüllen soll.

Einstellbare Eigenschaften

Bezüglich der einstellbaren Eigenschaften gleicht die Rollkugel der Maus.

Ergonomische Forderungen

Wie bei der Maus soll die Rollkugel in einer solchen Höhe liegen, dass der Unterarm bei der Benutzung möglichst waagerecht ausgerichtet ist. Eine Auflage für die Hand beziehungsweise den Unterarm soll vorhanden sein, um unnötige statische Haltearbeit zu vermeiden.

Bezüglich der Tasten sind wieder die allgemeinen Anforderungen an Tasten (vgl.6.1.2) zu berücksichtigen. Bei der Rollkugel ist besonders auf die Anordnung der Tasten in Abhängigkeit von der angestrebten Bedienung der Kugel zu achten, um das Ziehen zu ermöglichen. Wenn die Kugel mit dem Daumen bedient wird, sollen die Tasten unter Zeige- und Mittelfinger liegen. Bei dieser Anordnung ist ein Bewegen der Kugel bei gedrückter Taste leicht möglich, dafür ist die Positionierung mit dem Daumen nicht ganz so einfach. Bei Betätigung der Kugel durch den Zeigefinger kann die Taste eigentlich nur durch den Daumen bedient werden. Dabei ist das Festhalten der Taste während des Bewegens der Kugel ebenso wie der Doppelklick nicht einfach, dafür aber die genaue Positionierung leichter. Die Anordnung der Tasten kann in beiden Fällen eigentlich nur für die rechte oder die linke Hand erfolgen. Mit Einschränkungen ist auch eine symmetrische Anordnung denkbar, wobei dann jeweils eine Taste ungenutzt bleibt. Bei großen Rollkugeln ist eine Tastenanordnung für das Ziehen schwierig, eventuell kann auch hier eine Taste für den Daumen vorgesehen werden. Bedingt durch das Zusammenspiel der Finger scheint es bei Rollkugeln generell häufiger vorzukommen, dass ein Objekt während des Ziehens unbeabsichtigt losgelassen wird.

Daher ist es wünschenswert, dass bei der Rollkugel eine Unterstützung des Ziehens mittels Software eingestellt werden kann, beispielsweise, indem eine Taste einmal gedrückt wird, um ein Objekt zu greifen, und dieses dann solange festgehalten wird, bis die Taste erneut gedrückt wird. Daneben sollen alle bereits bei der Maus genannten Parameter einstellbar sein.

Verwendbarkeit

Die Rollkugel hat gegenüber der Maus den Vorteil, weniger Platz zu benötigen. Bei bestimmten Interaktionsverfahren ist sie, wie oben dargestellt, aber schwieriger einhändig zu benutzen.

Große Rollkugeln gibt es in sehr stabilen Ausführungen, die gegen Witterungseinflüsse und Vandalismus geschützt sind. Solche Rollkugeln haben sich auch in technischen Geräten wie Radargeräten bewährt. Sie lassen sich sehr gut in Auskunftssystemen einsetzen, bei denen es auf Robustheit ankommt. Dort sind in der Regel keine komplizierten Interaktionen wie Ziehen oder Doppelklick erforderlich, so dass die Nachteile der Rollkugel nicht ins Gewicht fallen.

6.1.4.4 Berührfeld (Touchpad)

Technische Realisierung

Das Berührfeld wertet die Bewegung eines Fingers auf einer berührungssensitiven Fläche aus. In der Regel erfolgt die Auswertung relativ. Prinzipiell ist auch eine absolute Auswertung der Berührung möglich, aber bei der meist geringen Größe der Touchpads nicht sinnvoll. Touchpads sind als einzelne Geräte erhältlich, finden sich aber häufiger integriert in die Tastatur eines Laptops.

Viele Touchpads arbeiten *kapazitiv*. Dabei ist auf der berührungssensitiven Fläche eine elektrische Ladung aufgebracht, die durch den Finger wegen der Leitfähigkeit der Haut abgeleitet wird. Aus der Änderung der Ladung kann dann der Ort der Berührung bestimmt werden. Solche Touchpads funktionieren nur mit bloßen Fingern, nicht jedoch mit Handschuhen. Bei extrem trockener Haut können Fehlfunktionen auftreten. Berührungen mit nicht leitenden Gegenständen wie Schreibstiften oder auch mit den Fingernägeln erzeugen keine Aktion, Berührungen mit fest zwischen den bloßen Fingern gefassten Metallteilen können wirken.

Demgegenüber können *resistiv* arbeitende Touchpads mit beliebigen Gegenständen berührt werden. Sie enthalten eine Matrix aus Widerstandsdrähten, bei der die senkrechten und die waagerechten Drähte durch elastische Noppen auseinander gehalten werden. Bei der Berührung werden die Noppen zusammengedrückt, so dass zwischen senkrechten und waagerechten Drähten Kontakte hergestellt werden, aus denen sich der Ort der Berührung ableiten lässt. Statt der Drähte werden auch mit leitfähigem Material beschichtete Folien benutzt.

Ebenso wie Mäuse und Rollkugeln besitzen Touchpads zusätzliche Tasten. Sinngemäß gelten hier die gleichen Bemerkungen wie bei Rollkugeln. Auch in Hinsicht auf die Möglichkeiten der Datenübertragung verhalten sich die Touchpads wie Rollkugeln.

Einstellbare Eigenschaften

Üblicherweise sind bei Touchpads die gleichen Eigenschaften einstellbar wie bei Mäusen und Rollkugeln. Häufig bieten Touchpads noch weitere Einstellungsmöglichkeiten, beispielsweise um Klicks und Doppelklicks direkt durch Tippen auf der berührungssensitiven Fläche ohne Nutzung der Tasten ausführen zu können, um das Ziehen durch eine bestimmte Folge von Berührungen durchführen zu können oder um einen bestimmten Bestimmte Folge von Berührungen durchführen zu können oder um einen bestimmten Bereich des Touchpads für das Rollen in Dokumenten ohne Veränderung der Zeigerposition nutzen zu können.

Ergonomische Forderungen

Für die Aufstellung, für die nötige Handauflage , für die Anordnung und Nutzung der Tasten und für die Einstellungsmöglichkeiten gelten sinngemäß die gleichen Forderungen wie bei Rollkugeln. Wenn die berührungssensitive Fläche auch für Klicks und Doppelklicks benutzt wird, soll eine sinnvolle Voreinstellung der Parameter die Unterscheidung zwischen Positionierung und Klicken gewährleisten, also verhindern, dass beim Auflegen des Fingers zum Steuern des Zeigers diese Berührung als Antippen im Sinne eines Klicks interpretiert wird. Entsprechendes gilt für eine Unterstützung des Ziehens auf der Fläche. Diese wird häufig so durchgeführt, dass die Fläche einmal kurz angetippt und unmittelbar danach der Finger aufgelegt werden muss, um ein Objekt für das Ziehen zu greifen. Dieses Vorgehen erfordert relativ viel Übung und kann leicht zu unbeabsichtigten Doppelklicks führen. Eine Anordnung der Tasten, die ein Ziehen wie mit der Rollkugel erlaubt, erscheint günstiger.

Verwendbarkeit

Das Berührfeld wird meist als Mausersatz bei beengten Platzverhältnissen und in mobilen Geräten benutzt. Insofern ist es mit der Rollkugel zu vergleichen. Durch die Nutzbarkeit der berührungssensitiven Fläche für das Positionieren und auch für das Klicken ist es vielseitiger als die Rollkugel. Es ist relativ robust, allerdings gegen mutwillige Beschädigung empfindlicher als die Maus, so dass es im öffentlichen Bereich nur bei Überwachung einsetzbar ist.

6.1.4.5 Steuerknüppel (Joystick)

Technische Realisierung

Wenn der Steuerknüppel als zweidimensionales Positioniergerät benutzt wird, erfolgt in der Regel eine relative Auswertung der Kippbewegung. Ausgehend von der momentanen Position wird der Zeiger in die gleiche Richtung bewegt, in die der Steuerknüppel gekippt wurde, wobei die Bewegung des Knüppels vom Benutzer weg nach vorne einer Aufwärtsbewegung auf dem Bildschirm entspricht und das Heranziehen des Knüppels eine Abwärtsbewegung erzeugt. Der Zeiger bewegt sich dann solange, wie der Knüppel aus der vertikalen Position in eine andere Lage gedrückt wird. Lässt man den Joystick los, kehrt er von allein in die vertikale Lage zurück. Die Auswertung erfolgt üblicherweise durch Schalter in den Endlagen. Bei den meisten Steuerknüppeln lassen sich nicht nur die vier Grundrichtungen, sondern auch die vier Diagonalrichtungen registrieren. Werden statt der Schalter Kraftaufnehmer benutzt, kann unterschiedlich starker Druck in unterschiedlich schnelle Bewegung übersetzt werden. Üblicherweise werden Joysticks mit der gesamten Hand umfasst und durch Dreh- und Kippbewegungen des Handgelenks bedient, wobei meist auch Bewegungen im Ellbogengelenk und in der Schulter mit ausgeführt werden. Insbesondere als Mausersatz für mobile Rechner gibt es aber auch sehr kleine Sticks, die in die Tastatur integriert sind und mit dem Zeigefinger geführt werden

Zur Aktivierung von Funktionen sind Joysticks mit mindestens einer Taste ausgerüstet. Wenn der Steuerknüppel mit der Hand umfasst werden soll, ist die Taste oft oben auf der Spitze angebracht zur Bedienung mit dem Daumen („Feuerknopf"). Wenn der Stick in die Tastatur integriert ist und mit dem Zeigefinger bedient wird, können Tasten ebenfalls für eine Bedienung mit dem Daumen angebracht werden. Bezüglich der Datenübertragung gelten die gleichen Bedingungen wie bei Rollkugeln und Berührfeldern.

Einstellbare Eigenschaften

Bei Joysticks, die mit Schaltern arbeiten, bestimmt die Software, mit welcher Geschwindigkeit sich der Zeiger bewegt, während der Schalter geschlossen ist. Oft ist auch eine kurze Pause nach der ersten Bewegung einstellbar, so dass das Verhalten des Joysticks dem einer Cursortastatur gleicht. Realisierbar ist auch ein nicht lineares Verhalten, bei dem je nach Dauer der Betätigung der Zeiger schneller wird. Bei Steuerknüppeln mit Kraftaufnehmern kann die gemessene Kraft für die Bestimmung der Geschwindigkeit genutzt werden. Neben den Parametern für die Übersetzung können auch die Parameter zur Tastenauswertung und, bei mehreren Tasten, zu deren Zuordnung einstellbar sein.

Ergonomische Forderungen

Werden Joysticks als Positioniergeräte benutzt, müssen sie rasches und genaues Positionieren unterstützen. Dies ist bei Ausgabegeräten mit hoher Auflösung meist nur schwer möglich, da der Zeiger sich von Bildpunkt zu Bildpunkt weiter bewegt. Geschieht dies schnell, kann er nicht genau genug gestoppt werden, geschieht es langsam, braucht er für weite Bewegungen viel Zeit.

Statische Haltearbeit muss bei Dauergebrauch vermieden werden. Daher soll für Steuerknüppel als Positioniergeräte die Anbringung so erfolgen, dass eine Handauflage vorhanden ist.

Für die Tasten gelten wieder die schon mehrfach genannten Forderungen. Sie sollen außerdem so angebracht werden, dass das Ziehen unterstützt wird und der Doppelklick leicht möglich ist. Die Zeitspanne für den Doppelklick muss insbesondere dann einstellbar sein, wenn dieser mit dem Daumen durchzuführen ist, da der Daumen meist nicht so schnell wie der Zeigefinger bewegt werden kann. Auch die übrigen Parameter sollen einstellbar sein.

Verwendbarkeit

Steuerknüppel sind als Positioniergeräte in Standardanwendungen der Maus entweder in Geschwindigkeit oder Genauigkeit unterlegen. Lediglich in mobilen Rechnern sind kleine, in die Tastatur integrierte Sticks als Mausersatz sinnvoll. Gegenüber der dort ebenfalls einsetzbaren Rollkugel haben sie den Vorteil, unempfindlich gegen Verschmutzung zu sein. Durch die Integration in die Tastatur kann die Handauflage der Tastatur auch für den Joystick genutzt werden. Große Joysticks, die mit der Hand umfasst werden, sind dagegen wegen der zur Bedienung erforderlichen Haltearbeit des Unterarms im Allgemeinen nicht als Positioniergeräte zu empfehlen.

Joysticks werden häufig in Spielen und in Simulationsanwendungen eingesetzt. Dies ist insbesondere dann sinnvoll, wenn auch in der realen Anwendung, zum Beispiel in der Steuerung eines Fahrzeuges, Steuerknüppel benutzt werden. Bei Spielen kommt es oft nicht auf die Genauigkeit der Positionierung, sondern auf die Schnelligkeit an. Gerade für schnelle Richtungswechsel ist der Joystick gut geeignet. Häufig wird ein Steuerknüppel bei Spielen und Simulationen auch nicht zum Bewegen des Zeigers benutzt, sondern um Werte zu inkrementieren oder zu dekrementieren, beispielsweise für Lenk- und Beschleunigungsvorgänge.

6.1.4.6 Tablett

Technische Realisierung

Tabletts ähneln Berührfeldern, die mit einem Stift bedient werden. Anders als Berührfelder werden sie aber in der Regel zur absoluten zweidimensionalen Positionierung benutzt. Damit diese genügend genau erfolgen kann, sind Tabletts im Allgemeinen deutlich größer als Berührfelder. Tabletts arbeiten heute meist *resistiv* (vgl. 6.1.4.4) oder induktiv. Bei *induktiven* Tabletts wird ein im Tablett erzeugtes elektrisches Feld durch den Stift verändert.

Wenn der Stift ohne Druck über das Tablett geführt wird, verändert sich die Position des Zeigers entsprechend. Wenn der Stift heruntergedrückt wird, entspricht das dem Klicken bei der Maus, so dass Tablettstifte keine weiteren Tasten benötigen. Häufig sind aber trotzdem ein bis zwei Tasten vorhanden. Bei manchen Tabletts ist es möglich, zusätzlich die Kraft auszuwerten, mit welcher der Stift auf das Tablett gedrückt wird. Für genauere Positionierung und insbesondere für das Abgreifen von Koordinaten bei der Digitalisierung von Zeichnungen wird statt eines Stiftes oft auch eine Lupe mit einem Fadenkreuz benutzt. Lupen benötigen mindestens eine Taste.

Soweit aufgrund des jeweiligen Funktionsprinzips eine Datenübertragung vom Stift oder von der Lupe erforderlich ist, erfolgt diese bei neueren Tabletts meist drahtlos. Es werden in der Praxis aber auch noch Tabletts eingesetzt, bei denen der Stift oder die Lupe über ein Kabel mit dem Tablett oder dem Rechner verbunden ist.

Einstellbare Eigenschaften

Tabletts lassen sich in der Regel von absoluter auf relative Positionierung umschalten. Bei relativer Positionierung können grundsätzlich die gleichen Parameter der Übersetzung wie bei der Maus eingestellt werden, bei absoluter Positionierung der Maßstab, mit dem Koordinaten auf dem Tablett in Koordinaten des Zeigers umgesetzt werden. Soweit Tasten vorhanden sind, kann die Software auch hier die gleichen Einstellmöglichkeiten wie bei der Maus bieten.

Ergonomische Forderungen

Tablettstifte sollen kabellos sein und in Form und Größe üblichen Schreibstiften entsprechen. Die normale Betätigung soll durch Niederdrücken erfolgen. Für den Mechanismus hierzu sollen die gleichen Forderungen wie für Tasten gelten (Druckpunkt, Hysterese). Der Stift muss bei einer Schrägstellung auf dem Tablett bis zu 45° funktionsfähig bleiben. Die Oberfläche des Tabletts muss so beschaffen sein, dass der Stift nicht abgleitet.

Die Höhe des Tabletts soll möglichst gering sein. Es muss rutschsicher aufgestellt werden können. Seine Neigung soll stufenlos verstellbar sein. Bei der Aufstellung ist darauf zu achten, dass eine geeignete Auflage für die Hand beziehungsweise den Unterarm vorhanden ist, damit keine unnötige statische Haltearbeit entsteht. Wenn das Tablett für absolute Positionierung benutzt wird, muss seine aktive Fläche genügend groß sein und in ihren Proportionen mit denen des Bildschirms übereinstimmen.

Lupen sollen kabellos sein. Ihr Fadenkreuz muss deutlich sichtbar sein. Für Tasten an Lupen und Stiften gelten die allgemeinen Anforderungen an Tasten. Tasten müssen so angebracht sein, dass bei ihrer Betätigung keine unbeabsichtigten Verschiebungen der Lupe oder des Stiftes auftreten.

Alle oben genannten Parameter sollen per Software eingestellt werden können.

Verwendbarkeit

Das Tablett benötigt in der Regel mehr Platz als eine Maus. Bei der Verwendung als Mausersatz ist zu beachten, dass der Stift vor der Benutzung aufgenommen und danach wieder abgelegt werden muss. Dieser Vorgang ist komplizierter als das Ergreifen der Maus, das auch ohne Hinsehen durchgeführt werden kann.

Da ein Tablettstift wie ein Zeichenstift geführt werden kann, eignet sich das Tablett sehr gut für grafische Anwendungen. Dies gilt insbesondere für drucksensitive Tabletts. Dabei kann beispielsweise eine Linie um so dicker dargestellt werden, je stärker der Stift beim Zeichnen aufgedrückt wird. Bei kabellosen Stiften kann das obere Ende des Stiftes in Grafikanwendungen oft als Radierer benutzt werden.

Tabletts mit Stift können auch zur handschriftlichen Eingabe von Text benutzt werden. Unterschriften zur Authentifizierung werden dabei meist als Grafikeingabe betrachtet. Für alphanumerische Eingaben ist eine Erkennungssoftware erforderlich, welche die mit dem Stift gezeichneten Symbole in Zeichen umwandelt. Die Erkennung von in Druckschrift geschriebenen Zeichen ist mittlerweile sehr sicher, wenn die Benutzer sich an die Vorgaben für das Aussehen der Buchstaben halten.

Große Tabletts mit Lupe eignen sich sehr gut für die genaue Eingabe von Koordinaten aus technischen Zeichnungen. Wie Tabletts mit Zeichenstift werden sie in vielen Fällen als zweites Eingabegerät nur für die grafischen Daten benutzt, während zur Programmsteuerung die Maus dient.

Andererseits kann auch die Programmsteuerung gut über ein Tablett erfolgen, indem direkt durch Antippen bestimmter Flächen Funktionen aufgerufen werden. Hierzu werden oft Tablettmenüs verwendet. Das sind Bögen mit markierten und beschrifteten Flächen für die Funktionen, die sich meist entlang der Tablettränder um die eigentliche Arbeitsfläche gruppieren.

Tabletts sind für den Einsatz in Büroumgebungen konzipiert. Sie sind anfällig gegen Vandalismus, insbesondere gegen Diebstahl des Stiftes oder der Lupe, und können daher nicht in unbeobachteten öffentlichen Anwendungen eingesetzt werden.

6.1.4.7 3-D-Mäuse

Technische Realisierung

Dreidimensionale Eingabegeräte sind noch nicht so stark standardisiert wie die zweidimensionalen. Es gibt daher sehr unterschiedlich arbeitende Geräte mit verschiedenen Formen und Bedienmöglichkeiten. Als 3-D-Mäuse werden meist Geräte bezeichnet, die etwa die Größe einer Maus haben und frei im Raum bewegt werden können. Sie werden meist zur relativen dreidimensionalen Positionierung benutzt.

Bei diesen Geräten wird der Ort beziehungsweise die Bewegung durch Funkwellen gemessen. Die Positionierung des Zeigers auf einem 3-D-Ausgabegerät oder in zweidimensionalen Ansichten eines 3-D-Raumes auf einem normalen Bildschirm erfolgt durch Bewegen der 3-D-Maus im Raum. Sie wird dabei in der Hand gehalten oder ist an der Hand oder einem Finger befestigt.

3-D-Mäuse besitzen wie zweidimensional arbeitende Mäuse mindestens eine Taste.

Einstellbare Eigenschaften

Grundsätzlich sind die gleichen Parameter wie bei zweidimensional arbeitenden Mäusen einstellbar.

Ergonomische Forderungen

Durch die freie Bewegung im Raum tritt bei 3-D-Mäusen statische Haltearbeit auf, was schon nach relativ kurzem Gebrauch zu Überanstrengung der Arm-Schulter-Muskulatur führen kann. Es ist noch unklar, wie diesem Problem begegnet werden kann.

Tasten sollen so angebracht sein, dass bei ihrer Betätigung keine ungewollte Veränderung der Position im Raum auftritt. Dabei muss sowohl rechtshändige als auch linkshändige Bedienung berücksichtigt werden. Außerdem gelten die allgemein für Tasten aufgestellten Forderungen.

Alle Parameter für Übersetzung, Tastenauswertung und gegebenenfalls Tastenzuordnung sollen per Software einstellbar sein.

Verwendbarkeit

3-D-Mäuse werden zur Zeit meist in Spielanwendungen benutzt, weil sie ein relativ preisgünstiges dreidimensionales Eingabegerät darstellen. Für Anwendungen im Grafikbereich wie Konstruktion oder Animation sind sie aufgrund der geschilderten ergonomischen Probleme kaum sinnvoll einzusetzen.

Bei 3-D-Mäusen besteht in nicht überwachten öffentlichen Anwendungen Diebstahlsgefahr.

6.1.4.8 Spaceball / Space Mouse

Technische Realisierung

Der Spaceball ist ein Eingabegerät mit sechs Freiheitsgraden. Dadurch kann im dreidimensionalen Raum ein Ort und eine Ausrichtung vorgegeben werden. Die Positionierung und Ausrichtung erfolgt relativ. Das Gerät besteht aus einer Kugel, die auf einer Unterlage so befestigt ist, dass sie in drei Achsen bewegt und außerdem in Bezug auf jede der drei Achsen gedreht werden kann.

Der Spaceball benötigt mindestens eine Taste. Die erhältlichen Versionen haben zwei bis zwölf Tasten.

Die Space Mouse unterscheidet sich vom Spaceball darin, dass statt einer Kugel eine Scheibe verwendet wird. Die Funktionalität ist bei beiden Geräten gleich. Spaceball und Space Mouse sind Warennamen, eine allgemeine Bezeichnung für derartige Geräte gibt es bisher nicht. Die folgenden Anmerkungen gelten für beide Geräte, ohne dass jedes Mal darauf hingewiesen wird.

Einstellbare Eigenschaften

Im Prinzip gibt es hier dieselben Parameter wie bei Mäusen oder Rollkugeln.

Ergonomische Forderungen

Der Spaceball soll statische Haltearbeit durch eine Auflagefläche für die Hand vermeiden. Falls Ziehen von der Aufgabe her erforderlich ist, muss es durch geeignete Verfahren wie Greifen und Loslassen (vgl. Rollkugel) unterstützt werden, da ein gleichzeitiges Bedienen der Kugel und Drücken einer Taste mit einer Hand nicht möglich ist.

Für die Tasten gelten die bekannten Forderungen. Ihre Zuordnung und auch die anderen Parameter des Spaceball sollen per Software einstellbar sein.

Verwendbarkeit

Der Spaceball dient hauptsächlich zur Manipulation von Objekten im dreidimensionalen Raum bei CAD-Anwendungen, Animationen oder in der Robotik. Meist wird er als zusätzliches Gerät mit der linken Hand benutzt, während die normale Programmsteuerung weiterhin mit der Maus in der rechten Hand erledigt wird. Er ist für den Einsatz in Büroumgebungen konzipiert und relativ teuer (Ende 2003 bei etwa 600,00 €).

6.1.5 Zeigegeräte

6.1.5.1 Allgemeines zu Zeigegeräten

Im Gegensatz zu Positioniergeräten arbeiten Zeigegeräte im engeren Sinne direkt auf dem jeweiligen Ausgabegerät. Dabei wird normalerweise nicht ein Zeiger verschoben, um dann das Objekt an der Position des Zeiger manipulieren zu können, sondern es werden direkt die Objekte manipuliert. Daraus folgt, dass Zeigegeräte als solche immer absolut ausgewertet werden.

Zu Lichtgriffeln und Berührbildschirmen finden sich ergonomische Anforderungen in [ISO9241-9].

6.1.5.2 Lichtgriffel

Technische Realisierung

Das älteste Zeigegerät ist der Lichtgriffel, der an Bildschirmen betrieben werden kann, die als Kathodenstrahlröhren nach dem Zeilenverfahren arbeiten. Er hat etwa die Form eines Schreibstiftes und wird gehalten, als wolle man mit ihm auf dem Bildschirm schreiben. Ein optischer Sensor an der Spitze des Lichtgriffels nimmt auf, wann der Kathodenstrahl beim Zeichnen des Bildschirminhaltes die Stelle passiert, auf die der Griffel zeigt. Aus der Differenz zum Beginn des Bildaufbaus lässt sich dann die Position des Griffels auf dem Bildschirm bestimmen.

Damit der Lichtgriffel arbeiten kann, muss das Bild eine ausreichende Helligkeit haben. Obwohl Zeigegeräte grundsätzlich ohne Tasten auskommen können, haben viele Lichtgriffel eine Auslösetaste. Diese dient dazu, den Bildschirm kurzzeitig sehr hell zu schalten, um die Positionsauswertung zu ermöglichen. Die Kommunikation zwischen Lichtgriffel und Rechner geschieht über ein Kabel.

Einstellbare Eigenschaften

Beim Lichtgriffel gibt es in der Regel keine Parameter, die verändert werden könnten.

Ergonomische Forderungen

Aus ergonomischer Sicht gibt es bei Lichtgriffeln drei Probleme. Erstens tritt bei üblicher Aufstellung des Bildschirms eine hohe Belastung durch statische Haltearbeit auf mit vorgestrecktem erhobenen Arm.

Zweitens belastet die Arbeit mit dem Lichtgriffel die Augen durch zu geringen Abstand vom Bildschirm und durch Blendung aufgrund hoher Grundhelligkeit oder des Aufblitzens bei der Betätigung der Auslösetaste.

Drittens lässt sich mit dem Lichtgriffel nur eine relativ grobe Positionierung durchführen, so dass kleine Objekte nicht mehr sicher unterschieden werden können.

Verwendbarkeit

Wegen der technischen Einschränkung auf Kathodenstrahlröhren und der geschilderten ergonomischen Probleme wird der Lichtgriffel heute praktisch nicht mehr eingesetzt. Zwar ließe sich die Haltearbeit durch Einlassen des Monitors in die Tischfläche mindern und mit weiterentwickelter Technik die Belastung durch Blendung verringern und die Genauigkeit erhöhen. Es gibt jedoch mittlerweile vielseitiger einsetzbare Geräte, die dem Lichtgriffel in der Handhabung sehr ähnlich sind, nämlich berührungssensitive Bildschirme, die mit einem Stift wie ein Tablett bedient werden.

6.1.5.3 Berührbildschirm (Touchscreen)

Technische Realisierung

Berührbildschirme sind im Prinzip durchsichtige Berührfelder, die sich über das Ausgabegerät erstrecken. Wie diese können sie *kapazitiv* oder *resistiv* ausgeführt sein, wobei die gleichen technischen Einschränkungen und Möglichkeiten der entsprechenden Berührfelder gelten (vgl. 6.1.4.4). Bei Berührbildschirmen gibt es aber noch weitere gebräuchliche Techniken.

So gibt es Touchscreens, bei denen *Ultraschallwellen* über den Bildschirm laufen. Durch die Berührung mit einem beliebigen Gegenstand werden diese Wellen unterbrochen, woraus sich der Berührungspunkt ermitteln lässt. Mit Ultraschallwellen arbeitende Touchscreens haben den Vorteil, dass vor der Bildfläche keine zusätzlichen Materialien angebracht werden müssen und somit der Lichtaustritt nicht beeinträchtigt wird. Andererseits ist es für öffentliche Anwendungen aber möglich, die Ultraschallwellen statt direkt über den Bildschirm über eine davor angebrachte gehärtete Glasplatte laufen zu lassen. Allerdings ist keine vollständige Vandalismusfestigkeit gegeben, weil die Schallgeber und Sensoren beispielsweise durch Flüssigkeiten oder Kaugummi funktionsunfähig gemacht werden können. Sie könnten durch Ultraschall aus der Umgebung gestört werden und möglicherweise Tiere verwirren, die Ultraschall hören können. In sicherheitsrelevanten Anwendungen ist darauf zu achten, dass Schaltvorgänge nicht zum Beispiel durch Insekten ausgelöst werden, die sich auf dem Bildschirm niederlassen.

Nach einem ähnlichen Prinzip arbeiten Berührbildschirme mit *Lichtschranken*, die meist aus Infrarotleuchtdioden und Infrarotsensoren bestehen. Sie haben eine deutlich geringere Auflösung als die mit Ultraschall arbeitenden Schirme. Störungen sind unter ungünstigen Verhältnissen möglich durch Infrarotstrahlung aus der Umgebung (zum Beispiel Fernbedienungen technischer Geräte, starke Sonneneinstrahlung) oder durch Schmutzpartikel in der Luft. Bezüglich Vandalismus und Einsatz in sicherheitsrelevanten Umgebungen gelten die gleichen Einschränkungen wie bei Ultraschallgeräten.

Gut gegen Vandalismus geschützt sind Touchscreens, die mit *Kraftsensoren* arbeiten. Dabei ist vor dem Bildschirm eine gehärtete Glasplatte angebracht, die auf Druckaufnehmern ruht. Wird auf die Glasfläche gedrückt, so kann über die Auswertung der in den einzelnen Druckaufnehmern auftretenden Kräfte der Ort bestimmt werden, an dem die Kraft auf die Scheibe wirkt. Die Bedienung dieser Geräte erfordert einen gewissen Druck auf die Scheibe, die bloße Berührung reicht nicht aus. Da die Scheibe vor dem eigentlichen Ausgabegerät angebracht ist, kann je nach Betrachtungswinkel ein genaues Treffen von Objekten schwierig sein.

Es gibt auch berührungssensitive Bildschirme, bei denen ein *elektrisches Wechselfeld* durch einen Finger oder einen anderen Gegenstand gestört wird, woraus sich der Ort des Gegenstandes ermitteln lässt. Diese Technik wird von den Herstellern als „*projiziert kapazitiv*“ bezeichnet, was zu Verwechslungen mit den klassischen kapazitiven Geräten führen kann. Das Feld kann so justiert werden, dass es durch mehrere Zentimeter dickes Panzerglas reicht. Diese Technik ist vandalismusresistent, aber sehr empfindlich gegen elektromagnetische Störungen (zum Beispiel durch Transformatoren oder Leuchtstoffröhren). Sie ist relativ ungenau, insbesondere an den Rändern der Berührungsfläche.

Touchscreens können auf der Basis von Kathodenstrahlröhren oder LCDs installiert werden. Auch eine Projektion des Bildes auf die berührungssensitive Fläche ist möglich. Wenn diese von hinten erfolgt, entspricht der Touchscreen einem sehr großen Bildschirm. Erfolgt sie dagegen von vorne, so muss beachtet werden, dass die Hand die Ausgaben abschattet.

Neben den eigentlichen Touchscreens gibt es zwei Eingabegeräte, die eng mit diesen verwandt sind. *Virtuelle Touchscreens* arbeiten mit Projektion von vorne und einer Kamera, mit der die Zeigebewegungen aufgenommen werden. Sie werden in 6.1.7.2 dargestellt. *Bildschirmtabletts* können anders als übliche Berührbildschirme nur mit einem Stift benutzt werden. Sie werden im Anschluss weiter unten behandelt.

Einstellbare Eigenschaften

Einstellbar ist lediglich, wie eine Berührung ausgewertet wird. Wichtigster Punkt ist hierbei die Frage, ob das Berühren des Schirms eine Aktion auslöst oder erst das anschließende Loslassen. Erfordern Anwendungen den Einsatz eines Zeigers, muss auch festgelegt werden, wie zwischen Positionierung und Aktivierung unterschieden werden kann. Wenn eine Anwendung das Ziehen erfordert, muss auch dieses ähnlich wie bei Berührfeldern eingestellt werden können.

Ergonomische Forderungen

Da beim Touchscreen eine haptische Rückmeldung fehlt, ist es wichtig, dass stattdessen auf jede Aktion eine unmittelbare optische oder akustische Rückmeldung erfolgt. Aktionen sollen durch das Berühren und nicht erst durch das Loslassen aktiviert werden.

Bei längerer Benutzung muss die berührungssensitive Fläche so angebracht sein, dass statische Haltearbeit vermieden wird.

Verwendbarkeit

Touchscreens erlauben auch bei hoher Auflösung nur eine relativ grobe Positionierung, bedingt durch die Form und Dicke der Finger. Sie können daher nicht als Mausersatz in Standardanwendungen dienen, zumal auch das Ziehen und insbesondere der Doppelklick nicht einfach zu realisieren sind. In Anwendungen, bei denen das einfache Auswählen größerer Objekte im Vordergrund stehen, sind sie dagegen ein intuitiv bedienbares Eingabegerät.

Durch die verschiedenen technischen Realisierungen gibt es für nahezu jede Einsatzumgebung geeignete Geräte. Touchscreens können vandalismusfest und witterungsgeschützt gebaut werden, so dass sie in öffentlichen Anwendungen ohne Überwachung eingesetzt werden können. Nachteilig wirkt sich dabei aus, dass Berührbildschirme in solchen Umgebungen schnell verschmutzen können.

Je mehr der Berührbildschirm wie ein klassischer Monitor aussieht, um so mehr haben viele Personen Scheu davor diesen zu berühren, da sie mit Fernsehgeräten und älteren Monitoren die Erfahrung gemacht haben, dass bei einer Berührung ein leichter Schlag durch elektrostatische Aufladung erfolgen kann.

Touchscreens, bei denen das Bild von hinten auf die Berührfläche projiziert wird, können sehr groß ausgeführt werden und so als elektronische Tafel bei Besprechungen dienen, weil sie dann noch aus größerer Entfernung lesbar sind. Solche Geräte sind häufig sowohl mit dem Finger als auch mit speziellen Stiften zu bedienen, so dass die Steuerungsvorgänge mit dem Finger und das Schreiben und Zeichnen mit dem Stift durchgeführt wird. Wegen der Größe der Darstellungsfläche können bei diesen Geräten die üblichen Interaktionselemente (siehe unten7.2) benutzt werden, die auf Mausbedienung abgestellt sind.

6.1.5.4 Bildschirmtablett

Technische Realisierung

Eine Art Mischung aus Tablett und berührungssensitivem Bildschirm stellen die Geräte dar, bei denen direkt auf der Anzeigefläche mit einem kabellosen Stift gearbeitet wird. Sie kombinieren die Eigenschaften eines Zeigegerätes mit denen eines absolut arbeitenden Positioniergerätes. Als Bildschirm dient in der Regel ein Flüssigkeitskristallbildschirm. Auf diesem ist ein durchsichtiges induktives Tablett aufgebracht. Eine feste Bezeichnung für derartige Geräte hat sich bisher noch nicht herausgebildet, obwohl sie bei kleinen tastaturlosen Computern (Organizer) und bei Tablett-PCs Standardeingabegerät sind.

Einstellbare Eigenschaften

Es gelten die gleichen Parameter wie bei Tabletts mit dem Unterschied, dass hier nur der absolute Modus möglich ist.

Ergonomische Forderungen

Hier gelten sinngemäß alle Forderungen für Tabletts, die mit einem Stift bedient werden.

Verwendbarkeit

Bildschirmtabletts sind sehr gut für Aufgaben der grafischen Datenverarbeitung zu verwenden, da sie nahezu wie Papier und Stift gehandhabt werden können. Sie benötigen weniger Platz als eine Kombination aus Bildschirm und Tablett. Wird neben dem Tablett eine Tastatur benötigt, ist allerdings eine ergonomische Anordnung schwierig.

Bei Organizern und Tablett-PCs werden die Geräte auch zur handschriftlichen Eingabe von alphanumerischen Zeichen benutzt.

6.1.6 Eingabegeräte für virtuelle Umgebungen

6.1.6.1 Allgemeines zu VU-Eingabegeräten

Eingabegeräte für virtuelle Umgebungen (virtual reality) können in Abhängigkeit von der Anwendung sowohl als Positioniergeräte als auch als Zeigegeräte eingesetzt werden. Wenn sie für die Navigation in einer virtuellen Umgebung verwendet werden, haben sie meist die Eigenschaft drei- bis sechsdimensionaler relativ arbeitender Positioniergeräte. Werden sie dagegen direkt zur Manipulation virtueller Objekte benutzt, wirken sie wie drei- und mehrdimensionale Zeigegeräte. Bei manchen Anwendungen kommen beide Betriebsarten abwechselnd vor.

6.1.6.2 Datenhandschuh

Technische Realisierung

Ein Datenhandschuh enthält wie eine 3-D-Maus *Positionssensoren*, mit denen sein Ort im Raum bestimmt werden kann. Hinzu kommen *Lagesensoren*, die zusätzlich die Ausrichtung der Hand aufnehmen, so dass wie bei einem Spaceball sechs Freiheitsgrade ausgewertet werden können. Weitere Sensoren dienen dazu, die *Krümmung der Finger* zu erfassen, um den Griff zu bestimmen. Diese Sensoren können so beschaffen sein, dass sie sogar die Kraft des Griffes messen. Um Gesten auswerten zu können, sind in der Regel auch Sensoren für die *Spreizung der Finger* vorhanden. Bei Datenhandschuhen ist eine haptische Rückmeldung möglich, indem eine Kraft dem Griff entgegenwirkt. Der Datenhandschuh ist meist über Kabel mit dem Rechner verbunden.

Einstellbare Eigenschaften

Bisher haben sich kaum Standards für die Verwendung und damit auch für die Software zur Auswertung und gegebenenfalls Steuerung von Datenhandschuhen herausgebildet. Wird der Datenhandschuh zur Navigation in der virtuellen Umgebung benutzt, so gibt es die gleichen Parameter wie bei einem Spaceball. Das Greifen kann dann die Rolle des Klickens übernehmen.

Ergonomische Forderungen

Da Datenhandschuhe sich bisher weitgehend im Forschungseinsatz befinden, können noch keine endgültigen ergonomischen Forderungen aufgestellt werden. Grundsätzlich bestehen durch die freie Bewegung im Raum aber ähnliche Probleme bezüglich statischer Haltearbeit wie bei der 3-D-Maus. Wenn Datenhandschuhe über Kabel mit dem Rechner verbunden sind, kann hierdurch die freie Bewegung stark behindert werden.

Verwendbarkeit

Als Anwendungsgebiete zeichnen sich vor allem Fernwirkung und Simulation ab. Mit dem Datenhandschuh kann beispielsweise ein realer Roboterarm durch entsprechende Handbewegungen gesteuert werden. Im virtuellen Raum können zum Beispiel Montage- und Wartungsarbeiten simuliert werden, bevor die Anlagen oder Geräte gebaut werden.

Zur Zeit werden Datenhandschuhe fast nur in Laborumgebungen genutzt und sind noch recht teuer. Bei einem breiten Einsatz könnten hygienische Probleme auftreten, wenn mehrere Personen den gleichen Handschuh benutzen. Dem kann begegnet werden, indem jeder Benutzer erst einen eigenen dünnen Stoffhandschuh anzieht und den Datenhandschuh darüber trägt.

6.1.6.3 Datenhelm

Technische Realisierung

Der Datenhelm dient als Eingabegerät dazu, die Bewegungen des Kopfes zu verfolgen. Meist wird durch *Lagesensoren* die Ausrichtung in drei Dimensionen relativ ausgewertet, so dass ein Drehen des Kopfes um eine der drei räumlichen Achsen eine entsprechende Rotationsbewegung der visuellen Darstellung bewirkt. Der Ort des Helmes kann durch *Positionssensoren* in weiteren drei Dimensionen relativ ausgewertet werden, um aus Veränderungen eine Translationsbewegung zu erzeugen.

Die Übermittlung der Daten zwischen Helm und Rechner erfolgt meist noch über Kabel, da der Helm auch als Ausgabegerät dient und die hierfür erforderlichen umfangreichen Videodaten ebenfalls übermittelt werden müssen.

Einstellbare Eigenschaften

Ähnlich wie beim Datenhandschuh gibt es hier noch keine Standards. Grundsätzlich ließen sich die Parameter für die Übersetzung der Richtungs- und Positionsänderungen festlegen.

Ergonomische Anforderungen

Wie beim Datenhandschuh können hier zur Zeit nur die möglichen Probleme benannt werden. Zu achten ist auf mögliche physische Belastungen durch Form und Gewicht des Helmes. Außerdem müssen Zwangshaltungen des Kopfes ausgeschlossen werden. Bei der Datenübertragung per Kabel können Behinderungen in der Bewegung auftreten.

Verwendbarkeit

Hier gelten die gleichen Anmerkungen wie beim Datenhandschuh.

6.1.7 Optische Eingabe

6.1.7.1 Allgemeines zu optischer Eingabe

Bei optischer Eingabe wird der Benutzer mit einer Videokamera beobachtet. Gesten oder andere Körperbewegungen werden dann über eine Bildverarbeitung interpretiert. Neben Anwendungen, die sich noch im Forschungsstadium befinden, gibt es zur Zeit hauptsächlich zwei Einsatzbereiche, nämlich als Ersatz für herkömmliche Touchscreens in öffentlichen Informationssystemen und als Ersatz für Maus oder Rollkugel, wenn die Hände nicht benutzt werden können. Auch für Spiele wird diese Technik mittlerweile genutzt.

6.1.7.2 Virtueller Touchscreen

Beim virtuellen Touchscreen erfolgen Ein- und Ausgaben auf einer Projektionsfläche. Die Informationsdarstellung wird senkrecht von oben auf einen flachen Tisch projiziert. Der Benutzer zeigt auf die einzelnen projizierten Objekte. Eine neben dem Projektor befindliche Infrarotkamera nimmt das Bild des Projektionstisches auf. Aus der Abbildung der Hand kann ermittelt werden, auf welche Objekte gezeigt wird. Gegenüber herkömmlichen Berührbildschirmen hat diese Technik den Vorteil, dass die Geräte absolut sicher gegen Vandalismus sind, da sich Kamera und Projektionseinrichtung unerreichbar über dem Benutzer befinden. Außerdem kann sie für mobile elektronische Tafeln benutzt werden, da Projektor und Kamera auch in leicht transportabler Version erhältlich sind.

6.1.7.3 Blickverfolgung

Bei der Blickverfolgung nimmt eine Kamera die Bewegungen des Augapfels des Benutzers auf. Hieraus kann ermittelt werden, an welche Stelle des Ausgabemediums (Bildschirm oder Projektion) die Person blickt. Auf diese Weise ist eine absolute Positionierung des Zeigers möglich. Für die Auslösung einer Aktion kann dann der Lidschlag benutzt werden, indem das Auge eine bestimmte Zeit länger als beim unwillkürlichen Lidschlag geschlossen oder ein bestimmtes Zwinkern ausgeführt wird. Die Blickverfolgung kann als Eingabegerät in Situationen benutzt werden, in denen die Hände nicht zur Steuerung zur Verfügung stehen. Dies gilt einerseits bei Behinderungen und andererseits in Umgebungen, bei denen mit den Händen andere Aufgaben erledigt werden müssen.

6.1.7.4 Gestikauswertung

Rechneranwendungen, die vom Benutzer mit Gesten gesteuert werden, die von einer Kamera aufgenommen und von einem Erkennungsprogramm interpretiert werden, befinden sich weitgehend noch im Forschungsstadium. Ein Ausnahme bilden Computerspiele. Bei der EyeToy-Technologie für die Playstation 2 der Firma Sony wird der Spieler von einer Kamera aufgenommen und innerhalb des Spiels auf dem Bildschirm dargestellt. In der Spielhandlung muss er dann beispielsweise Angreifer durch entsprechende Bewegungen abwehren. Die Auswertung erfolgt dabei im Wesentlichen durch einen Vergleich des Realbildes mit dem Bild der Spielhandlung. Dabei werden Gesten nicht interpretiert, sondern es wird nur geprüft, ob der Spieler zur richtigen Zeit den richtigen Ort abgedeckt hat.

6.1.8 Akustische Eingabe

6.1.8.1 Lauteingabe

Bei der akustischen Eingabe werden Schallwellen, die der Benutzer erzeugt, analog aufgenommen, digitalisiert und von Programmen analysiert. Im einfachsten Fall genügen irgendwelche Laute, um eine Eingabe durchzuführen. Die Lauteingabe wird für einfache Auswahlvorgänge benutzt. Dabei werden die Optionen der Reihe nach aufgezählt und der Benutzer muss nach der gewünschten Option „Ja" sagen. Da hier nur ausgewertet wird, ob ein Laut kommt, kann man natürlich auch genauso gut „Nein!" rufen oder auch irgendeinen unartikulierten Laut von sich geben, die Auswahl wird auch dann ausgeführt.

Aus ergonomischer Sicht sind beim Einsatz der Lauteingabe lange Aufzählungen zu vermeiden. Es muss jeweils eine Rücksprungmöglichkeit zur vorigen Auswahl geben. Aufzählungen müssen wiederholt werden, wenn keine Auswahl erfolgte, damit sich die Benutzer erst über alle Optionen informieren können, bevor sie eine Auswahl treffen.

6.1.8.2 Spracheingabe

Vom Verarbeitsaufwand höher ist die eigentliche Spracheingabe für Texte und Kommandos zur Steuerung des Rechners. Die Spracheingabe hat bezüglich der Erkennungssicherheit in den letzten Jahren große Fortschritte gemacht, so dass sie mittlerweile ein gebrauchstaugliches Mittel für die Eingabe längerer Texte ist. Sie kann auch interaktiv für die Steuerung des Betriebssystems und der Anwendungsprogramme eingesetzt werden.

Grundsätzlich gibt es verschiedene Stufen der Spracheingabe. Einerseits ist zu unterscheiden, ob die Erkennung *sprecherabhängig* oder *sprecherunabhängig* erfolgen soll. Bei sprecherabhängigen Systemen muss das Erkennungsprogramm erst durch das Sprechen bestimmter Phrasen trainiert werden. Sprecherabhängige ebenso wie sprecherunabhängige Systeme lassen sich andererseits danach unterscheiden, ob sie Sprache *kontinuierlich* oder nur *wortweise* erkennen können. Bei der wortweisen Erkennung muss nach jedem Wort eine deutliche Pause gemacht werden. Die Erkennung ist bei sprecherabhängiger wortweiser Verarbeitung am einfachsten, bei sprecherunabhängiger kontinuierlicher Eingabe am schwierigsten, so dass hierfür der größte Rechenaufwand benötigt wird beziehungsweise die Ergebnisse am schlechtesten ausfallen.

Wird Spracheingabe für interaktive Eingaben benutzt, ist vor allem eine sichere Erkennung zu gewährleisten. Ein Einsatz in Umgebungen mit vielen Störgeräuschen ist daher problematisch. In jedem Fall muss der Benutzer eine Rückmeldung darüber bekommen, was das System verstanden hat, um bei Erkennungsfehlern eine Korrektur durchführen zu können.

Darüber hinaus muss klar sein, welche Phrasen zulässig sind und überhaupt erkannt werden können. Bei einer Zahleneingabe muss zum Beispiel gesagt werden, ob die Zahl als Wort gesprochen werden kann („zweitausend") oder ob sie in einzelne Ziffern aufgelöst werden muss („zwei - null - null - null").

Spracheingabe eignet sich im Dialog nur für Auswahlvorgänge oder Kommandos. Eine Verwendung als Ersatz für Positioniergeräte oder Zeigegeräte ist ergonomisch bisher nicht realisierbar. Allerdings gibt es erste Prototypen, bei denen über einen natürlichsprachlichen Dialog dargestellte Objekte direkt benannt werden können.

6.2 Ausgabegeräte

6.2.1 Übersicht

Bei den Fernschreibern an den ersten interaktiven Systemen diente der Drucker als Ausgabemedium. Er wurde bald durch die *Bildschirmgeräte* ersetzt, die auch heute noch das Hauptausgabemedium für interaktive Systeme darstellen. Es gibt sie mittlerweile in unterschiedlichen technischen Lösungen, die sich aus ergonomischer Sicht aber nicht grundlegend unterscheiden. Unter dem Gesichtspunkt der Mensch-Computer-Interaktion ist es bedeutsamer, ob sie eine flächige *zweidimensionale* Darstellung bieten oder ob sie, in der Regel mit Zusatzgeräten, ein echtes *dreidimensionales* räumliches Sehen erlauben. Neben der visuellen Ausgabe hat auch die *akustische Ausgabe* eine gewisse Bedeutung. Ausgabegeräte, die andere Sinne wie den Tastsinn ansprechen, werden bisher nur in speziellen Anwendungen eingesetzt.

6.2.2 Zweidimensionale visuelle Ausgabegeräte

Technische Realisierung

Die heute verwendeten Ausgabegeräte arbeiten alle mit Rastergrafik, bei der das Bild aus einzelnen Bildpunkten aufgebaut ist. Der Bildaufbau erfolgt in der Regel so, dass jeder Bildpunkt (Pixel) unabhängig von allen anderen angesteuert werden kann. Die meisten Ausgabegeräte erlauben eine Darstellung mit zahlreichen verschiedenen Farben. Monochrome Displays, bei denen nur verschiedene Helligkeiten gewählt werden können, sind selten geworden. Monochrome Displays, bei denen die einzelnen Pixel nur ein- oder ausgeschaltet werden können, gibt es praktisch nicht mehr.

Bei *Kathodenstrahlröhren* wird eine Phosphorschicht auf der Innenseite der Bildröhre von einem Elektronenstrahl zum Leuchten gebracht. Da der Phosphor nach einer kurzen Nachleuchtdauer wieder dunkel wird, muss der Schreibvorgang ständig wiederholt werden. Diese Bildwiederholrate muss so groß sein, dass ein Flimmereffekt vermieden wird (vgl. 3.3.1). Dies ist bei heutigen Geräten weitgehend gewährleistet. Kathodenstrahlröhren stellen zur Zeit das preisgünstigste interaktive Ausgabemedium dar. Weil sie selbstleuchtend sind und einen guten Kontrast bei guter Helligkeit aufweisen, können sie bei den meisten Lichtbedingungen eingesetzt werden. Bei Kathodenstrahlröhren ist die Zahl der Pixel horizontal und vertikal meist nicht fest vorgegeben, so dass in Abhängigkeit von der Grafikkarte des Rechners verschiedene Auflösungen bildschirmfüllend dargestellt werden können. Bildschirme mit Kathodenstrahlröhren gibt es in unterschiedlichen Größen. Am meisten verbreitet sind für den Bürobereich solche mit einer Bildschirmdiagonalen von 17 Zoll (etwa 43 cm) oder 19 Zoll (etwa 48 cm). Kleinere Formate werden nur noch selten angeboten, in der Praxis sind aber insbesondere Geräte mit 15 Zoll (etwa 38 cm) noch vielfach im Einsatz. Für grafische Anwendungen wie CAD werden häufig Bildschirme mit einer Diagonalen von

21 Zoll (ca. 53 cm) oder noch größer benutzt. Aufgrund der Form der Röhre haben diese Bildschirmgeräte meist eine erhebliche Tiefe.

Flüssigkeitskristallanzeigen (Liquid Crystal Displays, LCDs) sind im Gegensatz zu Kathodenstrahlröhren nicht selbstleuchtend. Sie bestehen aus einer festen Matrix von Elementen, die beim Anlegen einer Spannung ihre optischen Eigenschaften so verändern, dass sie das Licht einer bestimmten Wellenlänge sperren. LCDs benötigen daher einen hellen Hintergrund, der meistens durch eine Beleuchtung der Hintergrundfläche gewährleistet wird. Bedingt durch die Eigenschaften der Flüssigkeitskristalle ist die Darstellung nur innerhalb eines kleineren Winkels zur Normalen der Anzeigefläche lesbar als bei Kathodenstrahlröhren. Da für den Betrieb von LCDs keine Hochspannung benötigt wird, gibt es bei Ihnen weniger Probleme mit Emissionen von Strahlung oder elektromagnetischen Feldern, und sie verbrauchen auch weniger Energie. Bei Flüssigkeitskristallanzeigen ist die Zahl der Pixel durch die einzelnen Kristalle vorgegeben. Wird eine andere Auflösung gewählt, als durch die Matrix der Kristalle vorgegeben ist, muss die Darstellung interpoliert oder ein entsprechender Ausschnitt gezeigt werden. LCDs sind sehr flach und benötigen daher deutlich weniger Platz als Kathodenstrahlröhren. Gegenüber diesen sind sie aber deutlich teurer. In den gängigen Größen bis zu einer Diagonale von etwa 19 Zoll kosten sie etwa das Doppelte eines vergleichbaren Kathodenstrahlröhrenbildschirms.

Bei *Plasmabildschirmen* liegt wie bei LCDs eine Matrix von Elementen vor. Im Gegensatz zu LCDs sind Plasma-Displays aber selbstleuchtend, da bei ihnen kleine Gasblasen durch eine Spannung angeregt und in Verbindung mit einer Phosphorschicht zum Leuchten gebracht werden. Plasmabildschirme sind sehr leuchtstark und können daher auch bei hellem Umgebungslicht aus allen Richtungen gut abgelesen werden. Bei lang dauernden statischen Ausgaben besteht allerdings die Gefahr des Einbrennens in die Phosphorschicht. Bezüglich der darstellbaren Auflösungen gelten dieselben Einschränkungen wie bei LCDs. Plasma-Displays sind unempfindlicher als LCDs, aber deutlich teurer. Plasma-Displays gibt es auch mit sehr großen Flächen, beispielsweise mit Diagonalen über 100 cm.

Projektoren sind heute vornehmlich mit LCDs ausgerüstet. Mit ihnen können noch größere Bilder als mit Plasma-Displays erreicht werden. Sie werden sowohl für die direkte Projektion auf eine reflektierende Fläche benutzt als auch für Rückwärtsprojektion auf durchscheinende Flächen. Komplettgeräte, die aus Projektor und durchscheinender Fläche bestehen, sind zwar nicht so hell wie Plasmabildschirme, aber durchaus mit Kathodenstrahlröhren vergleichbar. Bei Projektion auf eine reflektierende Fläche ist meist eine Verdunkelung des Raumes erforderlich.

Generelle ergonomische Forderungen

Allgemeine ergonomische Anforderungen an visuelle Anzeigen sind in [ISO9241-3] zu finden, Anforderungen an die Farbdarstellung in [ISO9241-8].

Die Ausgaben sollen flimmerfrei sein. Dies bedeutet, dass bei Geräten, die aus technischen Gründen Dunkelpausen aufweisen (Kathodenstrahlröhren und Projektoren auf Basis dieser Technik), eine Bildwiederholrate von mehr als 70 Hz erforderlich ist. Geräte, bei denen das Bild während der Darstellung nicht erneuert werden muss (LCDs und Projektoren auf Basis dieser Technik sowie Plasma-Displays), sind von dieser Forderung nicht betroffen. Auf der anderen Seite müssen Änderungen des Bildes so schnell erfolgen können, dass bei Bewegungen (zum Beispiel des Mauszeigers) keine Schlieren auftreten oder gar Positionen nicht dargestellt werden.

Die Leuchtdichte der Ausgabe soll der Leuchtdichte der Umgebung angepasst sein. Bei Arbeitsplätzen, an denen längere Zeit gearbeitet wird und bei denen die Umgebungsbeleuchtung frei gewählt werden kann, sollen Ausgabegeräte benutzt werden, die bei normaler Umgebungsbeleuchtung eingesetzt werden können. Es muss ein ausreichender Zeichenkontrast gewährleistet sein. Die Ausgaben müssen aus allen Positionen abgelesen werden können, die bei der Aufgabenbearbeitung auftreten.

Bildschirme aller Techniken sollen vom Material her Reflexe so weit wie möglich vermeiden, beispielsweise durch eine entsprechende Beschichtung des Glases. Solche Maßnahmen können allerdings eine falsche Aufstellung des Gerätes, die zur Spiegelung von Lichtquellen führt, nicht ausgleichen. Anforderungen an Bildschirme in Bezug auf Reflexe finden sich in [ISO9241-7].

Anwendungsabhängige Anforderungen

Die Art der Anwendung bestimmt die benötigte Größe der Ausgaben, die Anzahl der darzustellenden Farben und die Auflösung, so dass hier keine allgemeinen Forderungen aufgestellt werden können. Je größer die Leseentfernung ist und je mehr Personen gleichzeitig die Informationen sehen können sollen, um so größer muss natürlich die Ausgabe sein. Wenn die Aufgabe eine hohe Auflösung erfordert, um beispielsweise bei technischen Zeichnungen feine Details darstellen zu können, muss natürlich auch der Bildschirm entsprechend größer sein, da sonst die einzelnen Zeichen zu klein werden. Andererseits soll der Bildschirm nur so groß sein, dass er keine Kopfbewegungen für das Lesen erfordert und auch keine unnötigen Augenbewegungen (vgl. 3.3.1).

Die Anzahl der Farben hängt wesentlich von der darzustellenden Information ab. Bei Steuerungsaufgaben und Konstruktionsaufgaben reichen häufig 8 bis 16 Farben aus. Ein einzelnes Foto kann oft mit 256 Farben noch ohne allzu große Qualitätsverluste dargestellt werden. Für die Bearbeitung von Fotos müssen aber mindestens 32.768 oder 65.536 Farben (15 oder 16 Bit pro Pixel, häufig „High Color" genannt), wenn nicht 16.777.216 Farben (24 Bit pro Pixel, so genanntes „True Color") vorhanden sein. Die Darstellung von Videos erfordert ebenfalls mehr als 256 Farben, da zwar ein Einzelbild noch mit 256 Farben dargestellt werden könnte, aber bei einem Video die einzelnen Bilder dann jeweils unterschiedliche 256 Farben bräuchten.

Bei der Wahl der Technik ist außerdem noch zu berücksichtigen, unter welchen Umwelteinflüssen die Geräte arbeiten sollen und welche Gefährdungen beispielsweise durch Vandalismus zu erwarten sind. Bezüglich Vandalismus ist Projektion natürlich die sicherste

Möglichkeit, da der Projektor außerhalb der Reichweite der Benutzer angebracht werden kann. Bei Projektion ist aber zu beachten, dass die mittlere Lebensdauer der Projektionslampe deutlich geringer ist als die der anderen Geräte. Bei Anwendungen im Freien muss bedacht werden, dass LCDs nur in einem kleineren Temperatur- und Feuchtigkeitsbereich als Kathodenstrahlröhren zuverlässig arbeiten. Kathodenstrahlröhren sind dagegen leicht durch Magnetfelder zu stören.

6.2.3 Dreidimensionale visuelle Ausgabegeräte

Technische Realisierung

Damit visuelle Ausgaben dreidimensional wahrgenommen werden können, müssen den beiden Augen leicht unterschiedliche Bilder zugeordnet werden, aus deren Differenzen dann die Tiefeninformation abgeleitet werden kann (vgl. 4.1.2). Hierzu werden entweder zwei herkömmliche Ausgabegeräte benutzt und in geeigneter Weise jedem Auge jeweils das Bild von einem der Geräte zugeleitet, oder es werden die Informationen für beide Augen auf ein Gerät geschrieben und durch zusätzliche Technik eine Aufteilung der Information auf die beiden Augen vorgenommen.

Für die dreidimensionale Ausgabe gibt es zahlreiche verschiedene Techniken, von denen hier nur die am weitesten verbreiteten aufgeführt werden sollen. Der bereits bei den Eingabegeräten angesprochene *Datenhelm* enthält für jedes Auge einen separaten Flüssigkeitskristallbildschirm. Diese Technik gibt es auch als reines Ausgabegerät ohne die Positions- und Lagesensoren. Eine weitere Möglichkeit, die Information von zwei Bildschirmen den Augen getrennt zuzuleiten, ist ein *Winkelspiegel*, der vor eines der beiden Augen gehalten wird, während das andere Auge an ihm vorbei den anderen Bildschirm betrachtet. Diese Technik hat den Vorteil, dass handelsübliche Bildschirme benutzt werden können, eignet sich wegen der Haltearbeit am Spiegel aber nur für kurze Betrachtungen.

Das älteste Verfahren, mit dem aus einer einzigen Darstellung ein räumliches Bild erzeugt wird, ist die *Anaglyphentechnik*. Hierbei werden die Informationen für das eine Auge in Rot und die für das andere Auge in Grün dargestellt. Durch eine Brille mit entsprechenden Farbfiltern wird für das eine Auge die grüne Information und für das andere die rote herausgefiltert. Der Betrachter nimmt ein räumliches Schwarzweißbild wahr. Diese Technik hat den Vorteil, dass sie außer einem handelsüblichen Bildschirm lediglich eine Brille mit einem roten und einem grünen Filter benötigt, also praktisch keine zusätzlichen Kosten verursacht.

Eine zunehmende Verbreitung findende Technik erzeugt die Bilder für die einzelnen Augen abwechselnd nacheinander. Eine Brille, die mit dem Bildschirm synchronisiert ist, sorgt dafür, dass passend zu den Bildern jeweils das andere Auge kein Bild erhält (*Shutter-Brille*). Als optischer Verschluss werden hierfür in der Regel Flüssigkeitskristalle benutzt, die durchlässig oder undurchlässig sein können. Aufgrund der Trägheit des Auges wird der schnelle Wechsel nicht bemerkt.

Schließlich gibt es noch die Möglichkeit, die Bilder für das rechte und das linke Auge mit polarisiertem Licht in zueinander senkrechten Polarisationsebenen darzustellen. Eine Brille mit *Polarisationsfiltern* leitet dann jedem Auge das passende Bild zu.

Ergonomische Forderungen

Aufgrund der bisher geringen Verbreitung dreidimensionaler Ausgabegeräte gibt es noch kaum ergonomische Erkenntnisse. Einige Forderungen lassen sich aber direkt aus der Physiologie des Menschen ableiten. So muss darauf geachtet werden, dass keine übermäßigen Belastungen des Auges auftreten, beispielsweise durch Schwierigkeiten mit der Akkomodation im Nahbereich und mit der Vergenz, wenn wie im Datenhelm kleine Bildschirme direkt vor den Augen benutz werden.

Für den Datenhelm und die Brillen der verschiedenen Techniken gilt natürlich auch, dass unnötige physische Belastungen vermieden werden sollen. Die Geräte dürfen also nicht zu schwer sein und nicht drücken. Sie sollen möglichst auch ohne Kabelverbindung mit dem Rechner auskommen.

Bei der Verwendung von Shutter-Brillen muss beachtet werden, dass die Bildwiederholrate doppelt so groß sein muss wie bei zweidimensionaler Darstellung, da ja nur jedes zweite Bild das jeweilige Auge erreicht und trotzdem ein Flimmern vermieden werden muss.

Schließlich ist darauf zu achten, dass Konflikte zwischen realer und virtueller Umwelt vermieden werden. Wer einen Datenhelm trägt, sieht zwar die Objekte der dreidimensionalen Ausgabe, durch die er normalerweise ungehindert hindurchgehen kann, nicht jedoch die möglicherweise im Labor stehenden Gegenstände, die ein reales Hindernis darstellen. Shutter-Brillen und Polarisationsbrillen erlauben dagegen die gleichzeitige Sicht auf die dreidimensionale Ausgabe und die reale Umgebung.

6.2.4 Akustische Ausgabegeräte

6.2.4.1 Klangausgabe

Als Ausgabegerät für akustische Ausgaben dienen Lautsprecher oder Kopfhörer. Dabei werden die Ausgaben zunächst digital im Rechner erzeugt und dann über Digital-Analog-Wandler den Schallquellen zugeleitet.

Akustische Ausgaben haben den Vorteil, dass sie auch wahrgenommen werden können, wenn der visuelle Kanal aufgrund anderer Tätigkeiten nicht zur Verfügung steht, beispielsweise in der Fahrzeugführung, bei der häufig der Sehsinn auf die Außensicht gerichtet ist.

Sie können gut zur Aufmerksamkeitslenkung benutzt werden. Nach der Art der Information lässt sich unterscheiden zwischen Signal- oder Klangausgabe und Sprachausgabe.

Die Klangausgabe wird verwendet, um Signaltöne oder -melodien abzuspielen, die auf bestimmte Ereignisse hinweisen wie beispielsweise auf visuell angezeigte Meldungen, die nicht übersehen werden dürfen, Vorgänge, die abgeschlossen wurden und dergleichen.

6.2.4.2 Sprachausgabe

Die Sprachausgabe wird meist dazu verwendet, Meldungen im Klartext auszugeben. Dies hat gegenüber Signaltönen den Vorteil, dass keine Kodierungen erlernt werden müssen. Sprachausgabe kann *synthetisch* erfolgen, indem aus Lautbestandteilen (Phoneme) die Wörter und Sätze zusammengesetzt werden. Diese Art der Ausgabe hat den Vorteil, dass beliebige Texte gesprochen werden können. Ihr Nachteil ist, dass die Sprache insbesondere in Bezug auf die Satzmelodie meist unnatürlich wirkt. Als Alternative bietet sich bei einer begrenzten Anzahl von Texten an, diese von einem menschlichen Sprecher vortragen zu lassen und zu digitalisieren. Bei einer Mischform werden Texte aus aufgenommenen Wörtern oder Phrasen zusammengesetzt.

6.2.5 Taktile Ausgabegeräte

6.2.5.1 Braille-Display

Ausgabegeräte, die den Tastsinn ansprechen, gibt es bisher nur in speziellen Anwendungen, zum Beispiel als Braille-Display für Sehbehinderte. Das Braille-Display entspricht einem monochromen Bildschirm geringer Auflösung, bei dem die einzelnen Pixel nur ein- oder ausgeschaltet sein können. Sie werden aber nicht optisch angezeigt, sondern für jeden Bildpunkt gibt es einen kleinen Stift, der entweder bündig mit der Anzeigefläche abschließt oder ein Stück aus ihr herausschaut. Auf diese Weise lassen sich Textausgaben in der Braille-Schrift für Blinde oder stark Sehbehinderte erzeugen. Auch einfache grafische Darstellungen sind so in Form von Reliefs möglich.

6.2.5.2 Force Feedback

Zunehmend werden Eingabegeräte mit *haptischer Rückmeldung (Force Feedback)* versehen. Eingabegeräte übernehmen so auch Ausgabeaufgaben, indem sie Kräfte spürbar machen. Als Beispiele sind Steuerknüppel zu nennen, die der Betätigung unterschiedlichen Widerstand entgegensetzen können oder Vibrationen übermitteln. Datenhandschuhe können so ausgerüstet sein, dass sie dem Griff Widerstand leisten, wenn ein virtuelles Objekt ergriffen wird, das auf diese Weise nicht nur sichtbar, sondern auch fühlbar gemacht wird. Force Feedback findet seinen Einsatz in Simulationen und virtuellen Umgebungen. Die Technik ist noch so neu, dass es bisher keine gesicherten Aussagen zur Ergonomie gibt.

Nachbereitung

6.3 Übungsaufgaben

Aufgabe 6.1 Geräte für alphanumerische Eingaben

Bei einem öffentlich zugänglichen Informationssystem sind alphanumerische Eingaben erforderlich.

- Welche technischen Möglichkeiten gibt es hierfür?
- Welche Vor- und Nachteile haben diese Techniken?

Aufgabe 6.2 Wahl von Ein- und Ausgabegeräten für Kiosksysteme

Eine Stadt möchte an verschiedenen Punkten im Stadtgebiet (Bahnhof, Zentrum, Einfallstraßen) Informationsterminals aufstellen, die über Sehenswürdigkeiten, Unterkunftsmöglichkeiten und dergleichen informieren.

- Welche Anforderungen stellt diese Aufgabenstellung an die Ein- und Ausgabegeräte?
- Welche Ein- und Ausgabegeräte können diese Anforderungen grundsätzlich erfüllen?
- Welche Konfiguration schlagen Sie vor? Begründung?

Aufgabe 6.3 Weitere Aus- und Eingabegeräte

Drucker, Plotter und Scanner sind keine interaktiven Eingabegeräte im eigentlichen Sinne, werden aber bei der Arbeit mit interaktiven Systemen relativ häufig benutzt. Daher müssen auch bei diesen Geräten ergonomische Anforderungen berücksichtigt werden.

- Welche ergonomischen Anforderungen sind an Drucker, Plotter und Scanner zu stellen?

Lösungen

7 Ein-/Ausgabe-Ebene

Zusammenfassung, Lernziele und Vorüberlegungen

7.1 Gestaltung der Ein-/Ausgabe

7.1.1 Gestaltungsprinzipien

Für die Gestaltung der Ein- und Ausgaben gibt es eine Reihe von Gestaltungsprinzipien, die für eine ergonomische Gestaltung berücksichtigt werden müssen. Aus ihnen lassen sich konkrete Gestaltungskriterien für die visuelle Informationsdarstellung ableiten, wenn man die Eigenschaften der menschlichen Wahrnehmung berücksichtigt. Auf gleiche Weise erhält man auch Kriterien für die akustische Informationsdarstellung. Für die Informationsdarstellung nennt die Norm [ISO9241-12] sieben *charakteristische Eigenschaften*, die durch die Gestaltung der Ausgaben erreicht werden sollen. Es sind dies:

- Klarheit (clarity):
  Der Informationsinhalt wird schnell und zutreffend vermittelt.
- Unterscheidbarkeit (discriminability):
  Die angezeigte Information kann genau unterschieden werden.
- Kompaktheit (conciseness):
  Den Benutzern wird nur jene Information gegeben, die für das Erledigen der Aufgabe notwendig ist.
- Konsistenz (consistency):
  Gleiche Information wird innerhalb der Anwendung entsprechend den Erwartungen des Benutzers stets auf gleiche Art dargestellt.
- Erkennbarkeit (detectability):
  Die Aufmerksamkeit des Benutzers wird zur benötigten Information gelenkt.
- Lesbarkeit (legibility):
  Die Information ist leicht zu lesen.
- Verständlichkeit (comprehensibility):
  Die Bedeutung ist leicht verständlich, eindeutig, interpretierbar und erkennbar.

Mit Kenntnissen über die Physiologie (vgl. Kapitel 3) und Psychologie (vgl. Kapitel 4) der menschlichen Wahrnehmung und unter Einbeziehung von Erkenntnissen der Arbeitswissenschaft, der Typographie und des Grafik-Designs lassen sich aus den Gestaltungsprinzipien konkrete Gestaltungsregeln ableiten, deren Berücksichtigung bei einer bestimmten Anwendung nachgeprüft werden kann.

So folgt beispielsweise aus dem Prinzip der Unterscheidbarkeit, dass sich Rot-/Grün-Unterscheidungen nicht zur alleinigen Kodierung eignen, weil Rot und Grün von etwa 8 % der männlichen Bevölkerung nicht unterschieden werden können.

[ISO9241-12] enthält eine Fülle solche Gestaltungskriterien, die häufig noch mit Beispielen und zusätzlichen Hinweisen erläutert werden, wobei allerdings die zugrunde gelegten Prinzipien nicht jedes Mal erwähnt werden. Die Gestaltungsempfehlungen sind unterteilt nach Empfehlungen zur Organisation der Information, Empfehlungen zu grafischen Objekten und Empfehlungen zu Kodierungen. Bei der Organisation der Information geht es um Fragen der Anordnung, Gruppierung und Gliederung von Ausgaben und Interaktionselementen. Die Empfehlungen zu grafischen Objekten beziehen sich hauptsächlich auf die Darstellung des Zeigers. Bei den Kodierungen werden insbesondere Fragen der Farbwahl und Hervorhebungsmöglichkeiten behandelt.

7.1.2 Visuelle Informationsdarstellung

7.1.2.1 Übersicht

Es gibt eine Reihe von Gestaltungskriterien, die für praktisch alle visuell präsentierten Informationen gelten, unabhängig davon, welcher Art die einzelne Information ist. Sie betreffen sowohl die reine Ausgabe als auch die Interaktionselemente, die der Eingabe dienen. Meist gelten sie auch für die Elemente der Dialog-Ebene wie Menüs und Fenster. Diese grundlegenden Kriterien sollen im Folgenden vorgestellt werden. Es handelt sich dabei um Empfehlungen zur Verwendung von Farben, zur Verwendung von Effekten und zur Darstellung von Schrift. Ein großer Teil von ihnen findet sich in der bereits genannten Norm [ISO9241-12]

7.1.2.2 Verwendung von Farben

Farbe darf nicht als alleinige Kodierung benutzt werden. Dies gilt besonders für Kodierungen mit Rot und Grün oder mit Blau und Gelb, da diese Farbe von Personen mit Farbfehlsichtigkeit nicht unterschieden werden können. Daher muss für diese Personen eine weitere Kodierung vorhanden sein, zum Beispiel durch Anordnung oder Form. Bei Bildschirmausgaben ist eine die Farbkodierung ergänzende Kodierung auch deshalb wichtig, weil nicht auszuschließen ist, dass Bildschirme verwendet werden, die nur Graustufen darstellen können.

Im Straßenverkehr wird beispielsweise die Farbkodierung der Ampel durch die Anordnung (Rot oben, Gelb in der Mitte, Grün unten) ergänzt. In manchen Ländern wird als dritte Kodierung noch die Form hinzugenommen (Rot rund, Gelb dreieckig, Grün viereckig).

Farben sollen sinnvoll zur Erleichterung der Orientierung eingesetzt werden, indem sie Bedeutung tragen. Die willkürliche Verwendung von Farben bewirkt unruhige Darstellungen und kann dazu führen, dass in Darstellungen, bei denen die Farben eine Kodierung beinhalten, diese nicht mehr erkannt wird. Jede Farbe soll bei Farbkodierungen nur eine einzige Informationskategorie repräsentieren. Wird eine Farbe für verschiedene Kategorien benutzt, ist die jeweilige Bedeutung nur schwer zu erkennen. Bei der Zuordnung von Farben zu Informationskategorien sollen bekannte Kodierungen beibehalten werden (zum Beispiel Rot für Alarme, Gelb für Warnungen, Grün für Normalzustand). Dabei müssen kulturelle Eigenheiten beachtet werden. Gleiches gilt für spezifische Zuordnungen aus dem Aufgabenbereich. Hier können durchaus konkurrierende Bedeutungen auftreten. So ist in der See- und Luftfahrt Rot auch das Kennzeichen für Backbord (links) und Grün das Kennzeichen für Steuerbord (rechts).

Damit Farben, die zur Kodierung verwendet werden, leicht unterschieden werden können, sollen möglichst nicht mehr als sechs Farben neben Schwarz und Weiß verwendet werden. Die verwendeten Farben sollen in Farbton, Helligkeit und Sättigung möglichst unterschiedlich sein. Wenn auch monochrome Bildschirme verwendet werden, müssen sich auch die Grauwerte der Farben deutlich voneinander unterscheiden. Die Begrenzung auf sechs Farben gilt natürlich nicht für Fotos und Grafiken.

Stark gesättigte Farben von den entgegengesetzten Enden des Spektrums (zum Beispiel blau und rot) sollen nicht nebeneinander als Text- oder Hintergrundfarbe verwendet werden, um Probleme bei der Akkomodation und eine unbeabsichtigte Tiefenwirkung zu vermeiden (vgl. 3.3.1). Ohnehin sollen gesättigte Farben im Hintergrund vermieden werden. Dies gilt auch für reines Weiß. Andererseits soll der Hintergrund bei normaler Umgebungsbeleuchtung hell sein, so dass sich hierfür ein helles Grau oder Chamois empfiehlt. Gesättigtes Blau ist für die Darstellung kleiner Vordergrundobjekte zu vermeiden, besonders vor dunklem Hintergrund. Für den Vordergrund empfehlen sich bei dunklem Hintergrund Farben aus dem mittleren bis langwelligen Bereich des Spektrums (grün, gelb, rot).

7.1.2.3 Verwendung von Effekten

Effekte werden zur Aufmerksamkeitslenkung benutzt, um bestimmte Objekte auf dem Bildschirm hervorzuheben. Generell sind solche Hervorhebungen sparsam zu verwenden. Sie dürfen maximal 10 bis 20 % des Inhalts betreffen, um nicht zu verwirren. Hervorhebungen können durch Veränderungen der Helligkeit, durch Invertierung, durch andere grafische Effekte oder durch Schriftattribute erreicht werden. Eine besonders starke Lenkung der Aufmerksamkeit kann durch Blinken erreicht werden. Generell soll immer nur eine einzige Art der Hervorhebung benutzt werden, eventuell ergänzt um einen Blinkeffekt.

Gute Hervorhebung lässt sich erreichen durch 3-D-Effekte, indem beispielsweise eine Schaltfläche durch Änderung der Kantendarstellung als eingedrückt erscheint. Diese Art der Hervorhebung hat den Vorteil, dass sie bekannte Zustände der physischen Welt widerspiegelt. Eine Erhöhung der Helligkeit (aufblenden) hat sich ebenfalls als Mittel der Hervorhebung bewährt. Wird zur Hervorhebung Invertierung (Umkehrung von Zeichen- und Hintergrundfarbe) verwendet, so ist auf eine klar gestaltete Schrifttype mit ausreichender Strichstärke zu achten, um die Lesbarkeit auch im invertierten Zustand zu gewährleisten. Bei zahlreichen Farbkombinationen sind die beiden Zustände nicht gleich gut lesbar, so dass es oft besser ist, zur Hervorhebung statt einer einfachen Invertierung eine andere Änderung von Zeichenfarbe und Hintergrundfarbe zu wählen.

Blinken und andere dynamische Darstellungen wie sich drehende Objekte lenken die Aufmerksamkeit sehr stark auf sich und sollen daher nur in besonderen Fällen und auch dann nur sparsam verwendet werden (abgesehen vom Cursor nur an einer einzigen Stelle der Darstellung). Wird Blinken verwendet, so soll die Blinkfrequenz maximal 2 Hz betragen. Texte, die gelesen werden müssen, sollen nicht blinken. Sie können zur Hervorhebung mit einer blinkenden Markierung vor dem Text versehen werden. Blinkende Objekte sollen möglichst klein sein.

Das Gegenteil der Hervorhebung ist der Effekt des Abblendens. Hiermit wird deutlich gemacht, dass bestimmte Objekte nicht zur Verfügung stehen, beispielsweise Menüeinträge für Funktionen, die abhängig vom Programmzustand gerade nicht gewählt werden können. Das Abblenden verringert den normalen Kontrast des Objektes, bei einer Schwarzweißdarstellung beispielsweise dadurch, dass die Zeichenfarbe von Schwarz auf Grau gesetzt wird.

7.1.2.4 Darstellung von Schrift

Die Schrift soll so hoch sein, dass sie unter einem Sehwinkel von mindesten 0,3° erscheint. Bei einem Leseabstand von 50 cm erfordert dies eine Höhe von mindestens 2,6 mm, bei einem Abstand von 60 cm sind es 3,1 mm. Als optimal für eine effiziente Erkennung hat sich eine Schriftgröße von etwa einem halben Grad Sehwinkel erwiesen, was bei einer Leseentfernung von 50 cm eine Höhe von 4,4 mm erfordert, bei einer Entfernung von 60 cm sogar 5,2 mm. Allerdings spielt bei der nötigen Zeichengröße auch die Auflösung der Anzeige eine Rolle, da eine Mindestzahl von Pixeln nötig ist, um das Zeichen darstellen zu können.

Die Schrift soll in der Regel proportionale Zeichenabstände besitzen. Dabei soll der Zwischenraum zwischen zwei Wörtern der Breite des Buchstabens N entsprechen. Empfohlen wird eine Schrift, die serifenlos ist. Serifen können insbesondere bei kleiner Schrifthöhe und bei geringer Auflösung der Anzeige die eigentliche Zeichengestalt maskieren, so dass sie schlechter erkennbar ist. Aus dem gleichen Grunde soll Unterstreichung vermieden werden, da die Striche häufig durch die Unterlängen der Buchstaben führen. Kursivschrift ist am Bildschirm meist schlecht zu erkennen, da die schrägen Linien aufgrund der Rastermatrix einen treppenförmigen Verlauf annehmen, der auch durch Anti-Aliasing nur wenig abgemildert werden kann. Zur Hervorhebung von Wörtern soll daher weder Kursivschrift noch Unterstreichung, sondern Farbe oder Fettschrift benutzt werden.

Die Schrift soll alle Ziffern, Groß- und Kleinbuchstaben sowie Sonderzeichen enthalten, welche die jeweilige Sprache verwendet. Schrift soll im Normalfall in Groß- und Kleinschreibung erfolgen. Wörter oder gar längere Texte, die nur aus Großbuchstaben bestehen, sind schwerer lesbar. Schrift soll horizontal ausgerichtet sein. Vertikale Texte mit untereinander stehenden Buchstaben oder mit um 90° gedrehten Buchstaben sind zu vermeiden.

Der Zeichenkontrast, also das Verhältnis der mittleren Leuchtdichte des Zeichens zur mittleren Leuchtdichte des Hintergrundes, soll mindestens 1:6 betragen. Dies ist bei der Wahl der Hintergrundfarbe und der Zeichenfarbe zu berücksichtigen, wobei auch die bereits genannten Forderungen für die Verwendung von Farben berücksichtigt werden müssen.

7.1.3 Akustische Informationsdarstellung

Bei der Klangausgabe muss darauf geachtet werden, dass die einzelnen Signale deutlich voneinander zu unterscheiden sind und in ausreichender Lautstärke gespielt werden. Wie bei der Kodierung mit Farben sollen es nicht zu viele unterschiedliche Signale sein. Allerdings kann hierfür keine Zahl angegeben werden, da sich mehr Klänge unterscheiden lassen, wenn diese komplexer sind. Bei der Kodierung sollen auch hier bekannte Zuordnungen ausgenutzt werden, beispielsweise ein Sirenenton als Alarmsignal oder ein Weckerton als Erinnerungssignal.

Die Lautstärke soll nicht so groß sein, dass Dritte gestört werden. Dies macht Klangausgabe beispielsweise in Großraumbüros problematisch. In solchen Umgebungen soll die Klangausgabe sparsam verwendet werden und in der Lautstärke einstellbar sein. Die Klangausgabe soll ganz abschaltbar sein, wenn sie nur als zusätzliche Informationsquelle dient. Wenn bei bestimmten Aufgaben nur durch die Ausgabe eines Signals die Aufmerksamkeit hergestellt werden kann, darf dieses aber erst nach Erkennung abschaltbar sein.

Neben den bereits für die Klangausgabe genannten ergonomische Forderungen ist bei Sprachausgabe auf eine natürliche Sprechweise zu achten. Da diese durch Sprachsynthese noch nicht völlig befriedigend erzeugt werden kann, ist es bei einem begrenzten Vorrat von Meldungen meist sinnvoller, diese aus menschlicher Sprache zu digitalisieren.

7.2 Interaktionselemente

7.2.1 Übersicht

Für die Dateneingabe haben sich im Laufe der Entwicklung grafischer Benutzungsschnittstellen eine Reihe von Interaktionselementen herausgebildet, die heute weitgehend standardisiert sind. Es gibt sie meist in ähnlicher Form unter allen marktgängigen Betriebssystemen. Eine detaillierte Darstellung findet sich bei [Bal00]. Hier sollen lediglich die gebräuchlichsten Interaktionselemente mit ihren wichtigsten Eigenschaften vorgestellt werden, wobei sich die Darstellung an die Implementation mit Java Swing unter dem Betriebssystem Windows 2000 hält. Die Aussagen zur Verwendung der Interaktionselemente und zur Gestaltung gelten aber nahezu unverändert auch für andere Systeme.

Die Interaktionselemente (controls, widgets) werden als *Standard-Interaktionselemente* durch die Entwicklungsumgebung oder durch das Betriebssystem bereitgestellt oder als *applikationsabhängige Interaktionselemente* (custom controls) von den Entwicklern der Anwendung programmiert. Die Standard-Interaktionselemente können eingeteilt werden in *Basiselemente* für die Eingabe und *Erweiterungselemente* für die Funktion der Basiselemente. Die nachfolgende Tabelle zeigt eine Übersicht über die im Folgenden besprochenen Interaktionselemente.

Standard-Interaktionselemente				*controls, widgets*
	Basiselemente			
		Eingabefeld		*(entry / edit) field*
			Dateneingabe	
			Texteingabe	
		Schaltfläche		*button*
			Druckschalter	*push button, command button*
			Kontrollkästchen	*check box, check button*
			Optionsfeld	*radio button, option button*
		Auswahlliste		
			Listenfeld	*list box*
			Klappliste	*drop-down list box*
			Kombinationsfeld / Kombiliste	*(drop down) combo box*
		Grafik		
			Piktogramm	*icon*
			Skala	*slider, scale*
	Erweiterungselemente			
		Rollbalken		*scroll bar*
		Trennbalken		*split bar*
Applikationsabhängige Interaktionselemente				*custom controls*
	Interaktionselemente für Hypermedia			
		Ankerworte		*link point, hotword*
		Auswahlgrafik		*map*

Die Beschreibungen der Interaktionselemente und die ergonomischen Forderungen an ihre Gestaltung in den folgenden Absätzen beziehen sich primär auf Anwendungen im Bürobereich. Bei Anwendungen im so genannten Edutainment-Bereich, also beispielsweise bei multimedialen Informationssystemen mit unterhaltendem Charakter auf CD-ROM oder in Kiosksystemen in Museen, erhalten die beschriebenen Interaktionselemente oft eine völlig andere Gestaltung, die nicht so sehr an der Effizienz der Benutzung sondern an der Zufriedenstellung der Benutzer ausgerichtet ist.

7.2.2 Basiselemente

7.2.2.1 Eingabefeld für Daten

Beispiel

Das Beispiel zeigt ein Eingabefeld mit links stehendem *Führungstext*, der den Inhalt des Feldes bezeichnet. Dann folgt der *Eingabebereich*, der hier mit einer Eingabeschablone versehen ist. Rechts neben dem Eingabebereich folgt ein weiterer erläuternder Text, hier mit Angabe der Währungseinheit.

Anwendung

Das Eingabefeld für alphanumerische oder numerische Daten wird für die Eingabe oder Änderung von Daten benutzt, bei denen die möglichen Werte nicht von vornherein bekannt sind und deshalb frei über die Tastatur eingegeben werden müssen. Hierfür sind elementare Kenntnisse des Schreibens mit der Tastatur erforderlich. Das Ausfüllen von Eingabefeldern ist leicht erlernbar.

Gestaltung

Jedes Eingabefeld soll durch einen Führungstext beschrieben sein. Der Führungstext soll ohne *Trenner* (z.B. Doppelpunkt) oder *Verbinder* (z.B. Punktereihe) unmittelbar links vom Eingabebereich stehen. Er soll möglichst nur aus einem Wort bestehen, allgemein verständlich und informativ sein. Die Länge soll nicht mehr als 5° Sehwinkel betragen, damit der Text mit einer einzigen Fixation (vgl. 3.3.1) „auf einen Blick" erkannt werden kann. Bei einer Leseentfernung von 50 cm entspricht dies einer Länge von 4,4 cm, bei 60 cm sind es 5,2 cm.

Führungstext und Eingabebereich müssen sich deutlich voneinander unterscheiden. Dies kann beispielsweise durch einen 3-D-Effekt wie im obigen Beispiel, durch Farbunterschiede oder durch Unterschiede in der Schrifttype erreicht werden.

Der Eingabebereich soll angepasst an die Länge der zulässigen oder erwarteten Eingaben so kurz wie möglich sein. Der Benutzer soll anhand der Gestaltung des Eingabebereichs zwischen *Kann-Feldern* (optionale Eingaben) und *Muss-Feldern* (obligatorische Eingaben) unterscheiden können. Dies lässt sich zum Beispiel erreichen, indem Muss-Felder heller dargestellt werden als Kann-Felder. Bei Zahleneingaben soll der Bereich rechtsbündig, bei alphabetischen und alphanumerischen Eingaben linksbündig sein.

Wenn bestimmte Eingabewerte häufig vorkommen, sollen diese als *Vorgabewert* (default) im Eingabebereich stehen (zum Beispiel das aktuelle Datum als Rechnungsdatum bei der Erstellung von Rechnungen). Wenn die Eingaben ein bestimmtes Format haben müssen, kann dies durch eine *Eingabeschablone* dargestellt werden (zum Beispiel __.__.__ für eine Datumsangabe aus 6 Ziffern). Dabei können unzulässige Zeichen (zum Beispiel Buchstaben bei einer Datumsangabe) abgewiesen werden, indem ein entsprechender Tastendruck ignoriert oder lediglich mit einem Warnton beantwortet wird. Wenn in das Eingabefeld immer eine festgelegte Anzahl von Zeichen eingegeben werden muss, kann nach dem letzten Zeichen automatisch zum nächsten Feld weiter gesprungen werden. Eine Mischung von Feldern mit automatischem Weiterspringen und ohne ist nicht empfehlenswert.

7.2.2.2 Eingabefeld für Texte

Beispiel

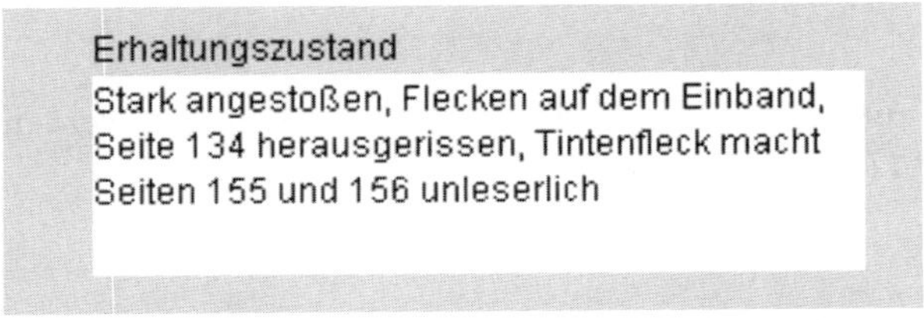
Erhaltungszustand
Stark angestoßen, Flecken auf dem Einband,
Seite 134 herausgerissen, Tintenfleck macht
Seiten 155 und 156 unleserlich

Das Beispiel zeigt ein Eingabefeld mit linksbündig darüber stehendem *Führungstext*, der den Inhalt des Feldes bezeichnet. Darunter folgt der *Eingabebereich*, der hier mehrere Zeilen umfasst.

Anwendung

Es gilt im Prinzip das Gleiche wie bei Eingabefeldern für Daten, jedoch können die Eingaben bei Textfeldern in der Regel sehr viel länger sein.

Gestaltung

Zusätzlich zu den Gestaltungsforderungen für Dateneingabefelder gilt, dass bei breiten Feldern der Führungstext statt links neben dem Feld links über den Feld angeordnet werden kann.

Der Eingabebereich soll für längere Texte so breit wie möglich sein und, wenn nötig, mehrere Zeilen umfassen, wobei ein Zeilenabstand (von Zeilenunterkante zu Zeilenunterkante) zwischen dem zweifachen und dem 2,7-fachen der Schrifthöhe empfohlen wird.

Steht nicht genügend Platz für die Texteingabe zur Verfügung, muss der Eingabebereich mit Rollbalken versehen werden. Dabei sind vertikale Rollbalken horizontalen vorzuziehen. Grundsätzlich reicht ein Rollbereich von vier Zeilen aus, um ein fortlaufendes Lesen zu gewährleisten.

Texteingaben erfolgen immer linksbündig.

7.2.2.3 Druckschalter

Beispiele

Druckschalter bestehen aus einem grafisch durch Umrandung oder durch Hervorhebung (zum Beispiel 3-D-Effekt) abgegrenzten Bildschirmbereich. Innerhalb des Bereichs befindet sich ein Symbol wie im linken Beispiel oder eine Beschriftung wie im mittleren und rechten Beispiel oder beides.

Ein Druckschalter kann als Standard zur Auslösung mit der Enter-Taste definiert werden und wird dann kräftiger hervorgehoben (rechtes Beispiel).

Anwendung

Druckschalter dienen zur Auslösung einer Aktion. Wie ein mechanischer Taster werden sie nur kurzzeitig aktiviert und kehren dann in den Ruhezustand zurück.

Die Betätigung erfolgt meist über ein Zeige- oder Positioniergerät, ist in der Regel aber auch mit der Tastatur möglich. Hierzu wird mit einer Auswahltaste (normalerweise die Tab-Taste) ein Druckschalter gewählt, der dann durch eine Umrandung der Beschriftung oder des Symbols gekennzeichnet wird. Mit einer Auslösetaste (normalerweise die Leertaste) kann er dann betätigt werden.

Außerdem gibt es die Möglichkeit der *mnemonischen Auswahl*. Dabei kann der Schalter direkt über eine Buchstabentaste ausgewählt werden. Der zugehörige Buchstabe wird in der Beschriftung des Schalters unterstrichen wie oben im mittleren Beispiel.

Gestaltung

Die Beschriftung oder das Symbol soll die Funktion des Schalters möglichst klar beschreiben. Wird eine Beschriftung verwendet, so soll diese möglichst nur aus einem Wort bestehen. Beschriftungen sollen mit Großbuchstaben beginnen und zentriert sein.

Soweit Druckschalter für generische Funktionen verwendet werden, die in bestimmten Anwendungen regelmäßig vorkommen (vgl. 10.1.2), sollte geprüft werden, ob es dafür standardisierte Bezeichnungen oder Symbole gibt. *Symbole* wie etwa eine Schere für die Funktion „Ausschneiden" können allgemein akzeptiert oder sogar genormt sein. Als Norm für Symbole gibt es die ISO/IEC 11581 „Benutzerschnittstellen und Symbole" [ISO11581], von der sich insbesondere der Teil 6 „Kontrolle" mit Symbolen für die Steuerung von Funktionen beschäftigt.

Werden Schaltflächen zur Steuerung von Medien in multimedialen Anwendungen benutzt (vgl. 10.1.4.2), sollten sie in Funktion und Gestaltung die bei physischen Geräten üblichen Schalter nachbilden, so dass Schaltflächen zur Steuerung eines Videos den am Videorecorder üblichen Schaltknöpfen entsprechen. Auch in diesem Bereich sind die Symbole weitgehend standardisiert wie etwa ein nach rechts weisendes Dreieck für „Abspielen" oder zwei Dreiecke für schnellen Vorlauf. [ISO18035] enthält Richtlinien für Symbole und Funktionen zur Steuerung multimedialer Anwendungen.

Wenn in einem Dialog ein Druckschalter als Standardvorgabe eingerichtet ist, soll er nicht auch noch über eine andere Taste ausgelöst werden können. Dies gilt auch für Druckschalter, die anderen Funktionstasten wie zum Beispiel der Escape-Taste zugeordnet sind.

Werden mehrere Druckschalter zusammen zur Steuerung eines Dialogs eingesetzt, sollen sie vorzugsweise horizontal angeordnet werden. Wird eine solche Anordnung zu lang, können sie auch untereinander angeordnet werden.

7.2.2.4 Kontrollkästchen

Beispiel

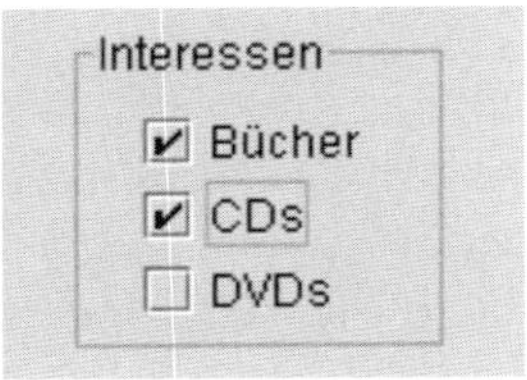

Kontrollkästchen bestehen aus zwei Teilen: einem *Markierungsbereich* (Schaltfläche), der zwei Zustände annehmen kann, und einer *Beschriftung* oder einem Symbol zur Beschreibung der Auswahl, die mit dem Kontrollkästchen getroffen wird. Der Markierungsbereich ist meist quadratisch und wird durch ein Symbol (Häkchen oder Kreuz) als gewählt markiert oder leer gelassen. Häufig sind Kontrollkästchen wie im Beispiel in Gruppen zusammengefasst und mit einem Gruppenrahmen sowie einer Gruppenüberschrift versehen.

Anwendung

Kontrollkästchen dienen zur Realisierung einer *m-aus-n-Auswahl* bei kleiner Anzahl n. Jedes Kästchen kann unabhängig von den anderen ein- oder ausgeschaltet werden. Das einzelne Kästchen entspricht einem mechanischen Dauerschalter.

Bei jeder Betätigung kehrt sich der Zustand des Kästchens um (toggle button). Die Betätigung kann wie bei Druckschaltern über Zeige- beziehungsweise Positioniergerät oder Tastatur erfolgen. Wie bei Druckschaltern ist auch eine mnemonische Auswahl möglich.

Steht eine der Möglichkeiten aufgrund der Situation nicht zur Verfügung, werden Schaltfläche und Beschriftung abgeblendet dargestellt (disabled). Hat eine Auswahl in der gegebenen Situation keine Auswirkungen, kann nur die Schaltfläche abgeblendet werden.

Gestaltung

Die Zustände „An“, „Aus“ und gegebenenfalls „Belanglos“ oder „Undefiniert“ müssen deutlich voneinander unterschieden sein und einfach zugeordnet werden können.

Die Bezeichnung des Kontrollkästchens durch Beschriftung oder Symbol soll auf gleicher Höhe mit dem Markierungsbereich rechts daneben angebracht sein, wobei ein Abstand von 3 mm empfohlen wird. Ansonsten gelten die gleichen Forderungen wie für die Bezeichnung von Druckschaltern.

Zu einer gemeinsamen Auswahl gehörende Kontrollkästchen sollen untereinander im empfohlenen Abstand von 3 mm angebracht und mit einer Gruppenumrahmung und einer Gruppenüberschrift versehen werden. Zu einer Gruppe sollen nicht mehr als n=7 Kontrollkästchen gehören. Zahl und Inhalt der Kontrollkästchen soll sich während der Bearbeitung einer Anwendung nicht verändern. Wenn bestimmte Auswahlen zeitweise nicht möglich sind, sollen sie lediglich deaktiviert (disabled), aber nicht weggelassen werden.

7.2.2.5 Optionsfelder

Beispiel

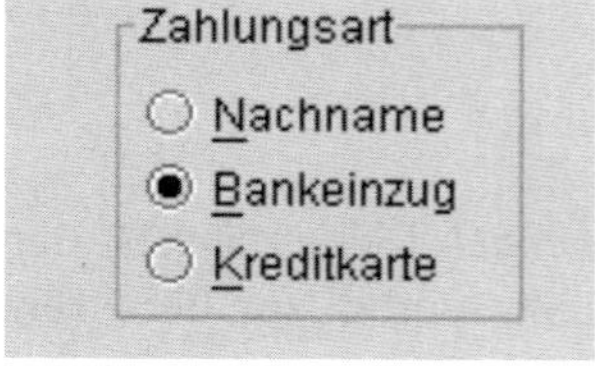

Optionsfelder bestehen wie Kontrollkästchen aus einem *Markierungsbereich* (Schaltfläche), der zwei Zustände annehmen kann, und einer *Beschriftung* oder einem Symbol zur Beschreibung der Auswahl, die mit dem Optionsfeld getroffen wird. Der Markierungsbereich ist meist rund und wird durch ein Symbol (in der Regel ein gefüllter Kreis) als gewählt markiert oder leer gelassen. Optionsfelder sind immer in Gruppen zusammengefasst und meistens mit einem Gruppenrahmen sowie einer Gruppenüberschrift versehen.

Anwendung

Optionsfelder dienen zur Realisierung einer *1-aus-n-Auswahl* bei kleiner Anzahl n. Es kann jeweils nur eine Option gewählt werden. Die Optionsfelder arbeiten wie die mechanische Tastatur zur Wahl des Wellenbereiches bei älteren Radios, woher auch ihr englischer Name (radio buttons) rührt. Es kann immer nur genau eine Option ausgewählt sein.

Wählt man eine Option, wird die vorher gewählte Option zurückgesetzt. Eine Wahl der bereits markierten Option bewirkt keine Veränderung. Die Betätigung kann wie bei Druckschaltern über Zeige- beziehungsweise Positioniergerät oder Tastatur erfolgen. Wie bei Druckschaltern ist auch eine mnemonische Auswahl möglich.

Steht eine der Möglichkeiten aufgrund der Situation nicht zur Verfügung, werden Schaltfläche und Beschriftung abgeblendet dargestellt (disabled).

Gestaltung

Es gelten die gleichen Regeln wie bei Kontrollkästchen.

Sonderformen

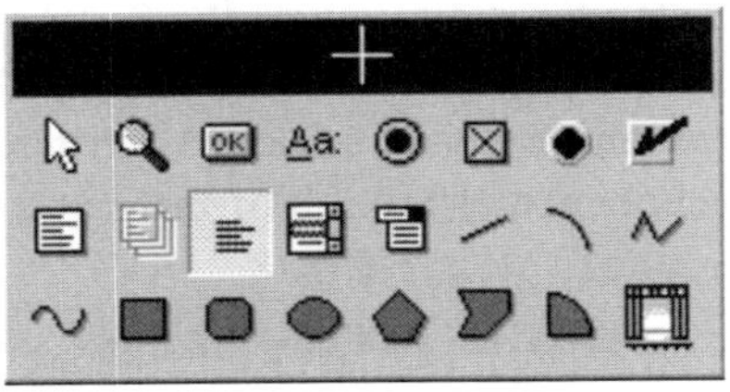

Bei einer *Auswahlmenge* sind die einzelnen Optionen rechteckig wie Druckschalter ausgeführt. Die ausgewählte Taste „rastet ein“, die getroffene Auswahl wird hervorgehoben.

Beim *Optionsmenü* erscheint die dann meist einzeilige Auswahlmenge beim Betätigen eines Druckschalters. Nach jeder Auswahl nimmt der Druckschalter das Aussehen der zuletzt gewählten Option an.

7.2.2.6 Listenfeld

Beispiele

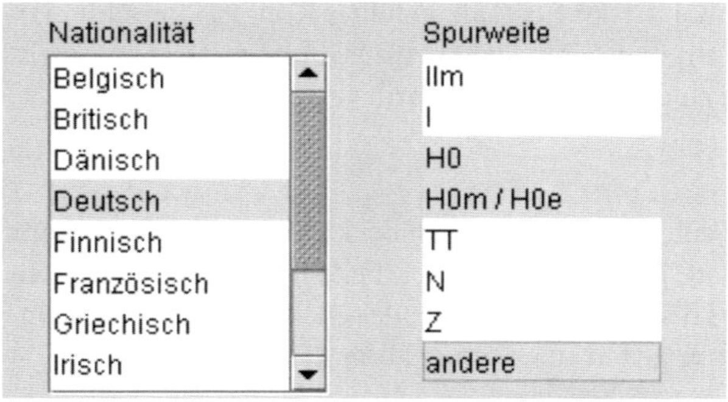

Das Listenfeld entspricht in seinem Aussehen einem Eingabefeld für Texte, kann aber in seinem Inhalt nicht verändert werden. Es besteht aus dem *Führungstext* und dem *Ausschnittsrahmen*, in dem die Elemente zeilenweise angeordnet sind. Er enthält stets mehrere Zeilen, von denen eine oder mehrere ausgewählt werden können. Die Zeilen können Text, Grafik oder beides enthalten.

Anwendung

Listenfelder dienen zur Realisierung einer *1-aus-n-Auswahl* oder einer *m-aus-n-Auswahl* bei großer oder variabler Anzahl n. *Einfachauswahllisten* für die 1-aus-n-Wahl erlauben die Selektion genau einer Zeile mit Hilfe des Zeige- oder Positioniergerätes oder der Pfeiltasten auf der Tastatur (linkes Beispiel). Bei *Mehrfachauswahllisten* für die m-aus-n-Wahl kann mit Hilfe der Umschalttaste die Auswahl auf einen Bereich ausgedehnt werden. Mit der Maus können in Verbindung mit der Strg-Taste auch getrennte Zeilen selektiert werden (rechtes Beispiel). Die selektierten Zeilen werden hervorgehoben, meist durch Invertierung. Es kann eine Selektion voreingestellt sein.

Auswahllisten werden benutzt, wenn die Zahl der Optionen so groß ist, dass Kontrollkästchen oder Optionsfelder nicht in Frage kommen, oder wenn die Zahl der Optionen sich im Laufe der Anwendung ändert, beispielsweise weil die einzelnen Zeilen Ergebnisse unterschiedlicher Anfragen an eine Datenbank enthalten oder Dateien in einem Verzeichnis repräsentieren. Wegen der meist größeren Anzahl von Elementen enthalten Auswahllisten häufig Rollbalken.

Gestaltung

Der Führungstext soll linksbündig über dem Ausschnittsrahmen stehen und den Inhalt oder Zweck der Auswahlliste genau beschreiben. Er soll möglichst kurz sein und mit einem

Großbuchstaben beginnen. Im Prinzip gelten für ihn die gleichen Anforderungen wie bei Eingabefeldern.

Im Ausschnittsrahmen sollen mindestens vier Zeilen gleichzeitig sichtbar sein. Wenn der Ausschnittsrahmen zu klein ist, um alle Elemente anzuzeigen, soll ein vertikaler Rollbalken eingesetzt werden. Auf einen horizontalen Rollbalken soll möglichst verzichtet werden. Es empfiehlt sich, die Listeneinträge nach einer dem Benutzer verständlichen Ordnung zu sortieren.

Sonderformen

Die oben dargestellte *Drehscheibe* (spin box) ist eine Einfachauswahlliste, bei welcher der Ausschnittsrahmen auf eine Zeile verkleinert ist. Vom vertikalen Rollbalken sind dabei die Pfeile nach oben und unten übriggeblieben, mit dem der Inhalt jeweils um eine Zeile nach oben oder unten gerollt werden kann. Der aktuell angezeigte Wert ist auch gleichzeitig der ausgewählte Wert. Die Drehscheibe wird hauptsächlich für kontinuierliche Wertebereiche benutzt. Meist kann der gewünschte Wert auch direkt über die Tastatur eingegeben werden.

Die *mehrspaltige Auswahlliste* wird verwendet, wenn es eine große Anzahl von relativ kurzen Elementen gibt, beispielsweise bei der Anzeige von Dateien eines Verzeichnisses. Mehrspaltige Auswahllisten enthalten häufig horizontale Rollbalken.

Bei der *tabellarischen Auswahlliste* gibt es zwar auch mehrere Spalten, es gehören aber immer die Angaben in einer Zeile zusammen zu einem Element, so dass wie bei den einfachen Auswahllisten immer nur gesamte Zeilen selektiert werden können. Tabellarische Auswahllisten werden oft zur Auswahl von Datensätzen mit mehreren Angaben benutzt.

7.2.2.7 Klappliste

Beispiel (in zwei Zuständen)

Die Klappliste besteht aus einem Führungstext und einer speziellen Schaltfläche, die den gewählten Listeneintrag als Beschriftung oder Symbol enthält. Sie unterscheidet sich im

Aussehen von anderen Schaltern dadurch, dass sie an ihrem rechten Rand einen nach unten weisenden Pfeil enthält (linke Abbildung). Wird die Schaltfläche aktiviert, erscheint unter ihr der Ausschnittsbereich eines Listenfeldes, die Liste klappt auf (rechte Abbildung). Die aufgeklappte Liste kann auch breiter oder schmaler als die Schaltfläche sein. Sie bleibt solange aufgeklappt, bis eine Auswahl getroffen wird.

Anwendung

Klapplisten dienen der *1-aus-n-Auswahl.* Sie können anstelle von Optionsfeldern oder Listenfeldern für Einfachauswahl benutzt werden, wenn wenig Platz vorhanden ist. Bei Klapplisten ist ein zusätzlicher Interaktionsschritt zum Aufklappen der Liste erforderlich, bevor die Auswahl getroffen werden kann. Sie kann mit Positionier-/Zeigegerät oder Pfeiltasten erfolgen. Der ausgewählte Eintrag wird als neue Beschriftung übernommen. Während die Liste aufgeklappt ist, verdeckt sie meist andere Interaktionselemente.

Gestaltung

Der Führungstext soll unmittelbar links neben der Schaltfläche oder linksbündig darüber stehen. Es gelten die schon mehrfach erwähnten Forderungen zu Inhalt, Form und Länge.

Die Klappliste soll nicht mehr als 10 bis 12 Elemente enthalten. Für den aufgeklappten Ausschnittsrahmen gelten die gleichen Regeln wie für Auswahllisten.

7.2.2.8 Kombinationsfeld

Beispiel (in drei Zuständen)

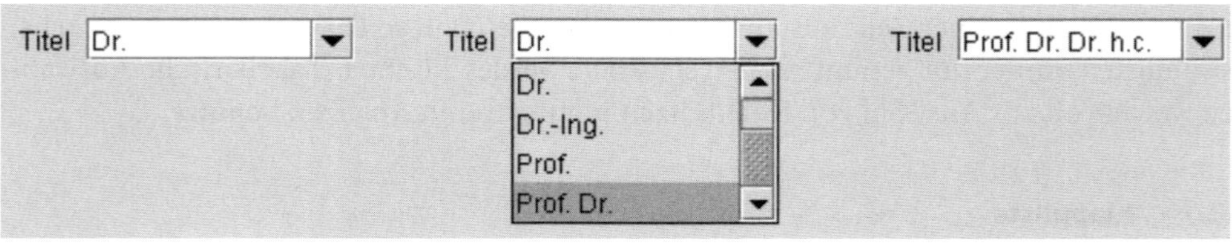

Das Kombinationsfeld (auch als *Kombiliste* oder *Kombifeld* bezeichnet) stellt eine Mischung aus einzeiligem Eingabefeld für Daten und Klappliste dar. Auch sein Erscheinungsbild zeigt eine Mischung von Eingabefeld und Klappliste. Anders als bei der Klappliste ist es hier möglich, Eingaben in das Feld zu schreiben, die nicht in der Liste enthalten sind. Als Schaltfläche zum Aufklappen fungiert nur der Druckschalter mit dem Pfeil.

Anwendung

Das Kombinationsfeld wird verwendet für *erweiterbare 1-aus-n-Auswahlen* oder für die wahlweise Verwendung von freiem Dateneingabefeld oder Klappliste. Im ersten Fall wird die Klappliste ergänzt, wenn eine bisher nicht vorhandene Eingabe getätigt wird. Im obigen

Beispiel würde sich die Liste also bei der nächsten Benutzung um eine Zeile verlängert haben und nun auch den Eintrag „Prof. Dr. Dr. h.c." enthalten. Im zweiten Fall bleibt die Klappliste immer unverändert. Man kann wahlweise einen Eintrag aus der Klappliste wählen oder eine andere Eingabe tätigen.

Gestaltung

Bezüglich der Gestaltung gelten die gleichen Forderungen wie bei der Klappliste, sinngemäß ergänzt um die Anforderungen an einzeilige Dateneingabefelder.

7.2.2.9 Piktogramm

Beispiele

Piktogramme sind bildhafte Darstellungen, die oft mit einem Führungstext ergänzt sind. *Statische* Piktogramme bleiben über die Zeit unverändert. *Dynamische* Piktogramme können ihr Aussehen oder ihre Position in Abhängigkeit von Prozessen und Zuständen der Anwendung ändern. Beispielsweise verändert sich das oben links dargestellte Icon des Papierkorbs, wenn alle enthaltenen Dateien endgültig gelöscht werden.

Als Piktogramme (Icons) werden häufig auch die bildhaften Symbole bezeichnet, die zur Beschriftung von Schaltflächen oder Menüoptionen dienen. Diese sind aber keine eigenständigen Interaktionselemente. Auch die verschiedenen bildhaften Formen des Zeigers und die dynamischen Anzeigen, die den Fortschritt eines Prozesses darstellen, sind keine Interaktionselemente.

Anwendung

Piktogramme repräsentieren Objekte, Funktionen oder Prozesse. Mit Hilfe des Piktogramms kann das zugehörige Objekt geöffnet werden. Wenn das Piktogramm für ein Datenobjekt steht, werden die Daten mit einer geeigneten Anwendung dargestellt. Steht das Piktogramm für eine Anwendung, so wird diese Anwendung gestartet. Das Öffnen geschieht, indem ein Doppelklick mit dem Positionier-/Zeigegerät ausgeführt oder das Piktogramm mit Hilfe der Pfeiltasten ausgewählt und mit der Eingabetaste aktiviert wird.

Gestaltung

Piktogramme sollen die repräsentierten Objekte oder Funktionen abstrahiert darstellen. Die Darstellung soll möglichst selbsterklärend sein und aus dem Aufgabenkontext stammen. Bekannte Zuordnungen sind beizubehalten. Ein zusätzlicher Führungstext ist empfehlenswert, bei selten gebrauchten und nicht vertrauten Symbolen unerlässlich. Bei fehlenswert, bei selten gebrauchten und nicht vertrauten Symbolen unerlässlich. Bei der Gestaltung der Piktogramme sind die Gestaltgesetze zu beachten und es muss eine gute Figur-Grund-Unterscheidung ermöglicht werden.

Für einige häufig verwendete Icons wie beispielsweise „Papierkorb“ gibt es in [ISO11581] genormte Symbole, die aber in der Praxis keine Verwendung gefunden haben.

7.2.2.10 Skala

Beispiel

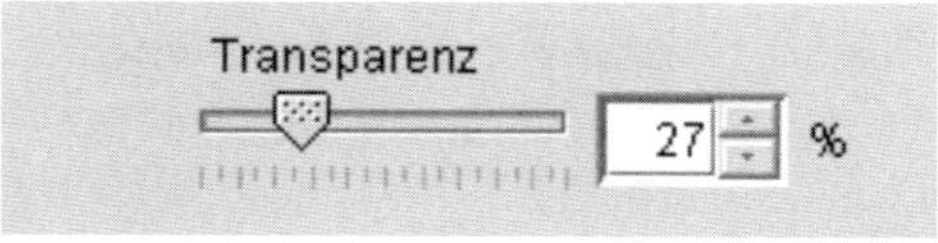

Skalen können sehr verschiedene Formen haben. Verbreitet sind *Schieberegler* wie im obigen Beispiel. Dabei wird durch die Position des Schiebers der eingestellte Wert in Relation zum gesamten Wertebereich dargestellt. Oft erfolgt zusätzlich eine digitale Anzeige, die auch als Dateneingabefeld oder wie im Beispiel als Drehscheibe ausgeführt sein kann.

Anwendung

Skalen dienen zur Eingabe von Größen, die im Prinzip analog sind, in Relation zu ihrem möglichen Wertebereich. Typische Beispiele sind Lautstärkeregler oder Helligkeitsregler.

Gestaltung

Für die Gestaltung gibt es verschiedene Möglichkeiten. Häufig sind Schieberegler. Nachbildungen von Drehreglern sind weniger geeignet, da sie mit den üblichen zweidimensionalen Zeige- und Positioniergeräten nicht intuitiv bedienbar sind.

Skalen können mit einer Skalenteilung und einer Beschriftung versehen sein. Empfehlenswert ist die bereits genannte zusätzliche digitale Angabe.

7.2.3 Erweiterungselemente

7.2.3.1 Rollbalken

Im Prinzip handelt es sich bei Rollbalken um Skalen, mit denen der Beginn des dargestellten Ausschnittes der Information eingegeben wird. Sie bestehen aus einem rechteckigen Balken und dem rechteckigen Schieber, der innerhalb des Balkenrechteckes bewegt werden kann. An den Enden finden sich Druckschalter mit Richtungspfeilen, die bei Betätigung den Schieber um einen anwendungsabhängigen Betrag in die angegebene Richtung bewegen.

Rollbalken werden eingesetzt, wenn der Platz in einem Interaktionselement nicht ausreicht, um die gesamte Information darzustellen. Die Anzeige von Rollbalken soll nicht erfolgen, wenn die gesamte Information bereits angezeigt wird. Lage und Größe des Schiebers im Rollbalken sollen proportional zum Verhältnis zwischen angezeigter und gesamter Information sein.

Es gibt vertikale und horizontale Rollbalken. Bei Interaktionselementen sind in der Regel vertikale Rollbalken vorzuziehen. Rollbalken können bei Eingabefeldern für Texte, bei Listenfeldern, Klapplisten und Kombinationsfeldern eingesetzt werden.

Wenn Rollbalken bei tabellarischen Darstellungen verwendet werden, ist darauf zu achten, dass Spaltenüberschriften bei vertikalen Rollbalken außerhalb des Rollbereiches liegen sollen, bei horizontalen Rollbalken aber mit rollen müssen.

7.2.3.2 Trennbalken

Trennbalken dienen dazu, den Anzeigebereich eines Interaktionselements in zwei Teile beliebiger Größe zu teilen. Sie können beispielsweise benutzt werden, um weit auseinander liegende Spalten einer Tabelle nebeneinander betrachten zu können. Ein etwa vorhandener horizontaler Rollbalken wird dann mit unterteilt, so dass beide Teile getrennt horizontal gerollt werden können. Trennbalken kommen als Erweiterungselement für Auswahllisten in Frage. In Windows sind sie nur ansatzweise implementiert.

7.2.4 Interaktionselemente bei Hypermedia

7.2.4.1 Ankerworte

Als *Ankerworte* werden hier die Anker in Textform bezeichnet, also die Textteile, bei deren Anklicken eine Aktion ausgeführt wird (vgl. 1.2.4). Die Aktion kann der Sprung zu einem anderen Knoten, die Einblendung einer zusätzlichen Information oder das Abspielen eines Mediums sein. Häufig werden die Anker auch Links genannt, obwohl damit eigentlich die von ihnen ausgehenden Verweise bezeichnet werden.

Ankerworte sollen hervorgehoben sein. Grundsätzlich sind alle Arten der statischen Hervorhebung möglich. Auch eine zusätzliche dynamische Komponente durch zusätzliche stärkere Hervorhebung bei Berührung mit dem Zeiger kann ebenso verwendet werden wie eine dynamische Veränderung des Zeigers. Ein zusätzlicher Hinweis beispielsweise durch die Angabe des Sprungziels in der Statuszeile ist empfehlenswert.

Leider hat sich bei Hypertexten durch die Standardeinstellungen von marktbeherrschenden Browsern eine Hervorhebung durch eine andere Textfarbe (in der Regel blau) und durch Unterstreichung etabliert. Wie in 7.1.2.4 erläutert, ist die Hervorhebung durch Unterstreichung ergonomisch nicht sinnvoll. Bei der Gestaltung von Ankern konkurrieren also zwei ergonomische Anforderungen, nämlich das Festhalten an gewohnten Darstellungen und das Vermeiden von Unterstreichungen. Unabhängig davon, ob man für Ankerworte Unterstreichung oder eine andere Hervorhebung wählt, muss in jedem Fall darauf geachtet werden, dass die für Anker gewählte Hervorhebung dann auch nur für Anker benutzt wird.

7.2.4.2 Auswahlgrafiken

Auswahlgrafiken sind grafische Darstellungen, die einen oder mehrere Anker enthalten. Sofern die ganze Grafik als ein einziger Anker wirkt, ist eine Hervorhebung beispielsweise durch eine farbige Umrahmung der Grafik möglich. Enthält eine Grafik mehrere Anker, so ist eine getrennte Hervorhebung der einzelnen Anker statisch kaum möglich ohne die Grafik zu stören. Je nach Grafik kann eine dynamische Hervorhebung beispielsweise durch Aufhellen des jeweiligen Teilbereiches sinnvoll sein. Auf jeden Fall soll die dynamische Veränderung des Zeigers über den Ankern erfolgen. Zusätzliche Hinweise etwa durch die Angabe des Sprungziels in der Statuszeile sind hier noch wichtiger als bei Ankerworten.

7.3 Gruppierung von visueller Information

7.3.1 Gruppierungsprinzipien

Durch eine gute Anordnung und Gruppierung der Interaktionselemente und der Ausgaben kann die Arbeit mit dem Rechner beträchtlich erleichtert werden. Die Informationen lassen sich dann leichter zuordnen und lesen. Hierzu ist zunächst zu überlegen, nach welchen Prinzipien die Interaktionselemente in Gruppen zusammenzufassen sind.

Interaktionselemente sind grundsätzlich nach dem Sinnzusammenhang und dem Arbeitsablauf zu gruppieren. Dabei sollen folgende Gruppierungsmerkmale mit absteigender Priorität angewendet werden: inhaltliche Gemeinsamkeiten, Abfolge der Bearbeitung, Benutzungshäufigkeit und sonstige für den Benutzer nachvollziehbare Anordnungen wie beispielsweise alphabetische oder numerische Reihenfolge.

Damit die einzelne Information schnell aufgefunden werden kann, soll eine Gruppe möglichst nicht mehr als 5 Elemente enthalten. Um einen umfassenden Überblick zu ermöglichen, dürfen nicht mehr als 5 Gruppen vorhanden sein. In jedem Fall soll die Anzahl der Gruppen 15 nicht überschreiten.

7.3.2 Gruppierungselemente

Gruppenumrandung

Als ein Gestaltungselement zur Unterstützung der Gruppenbildung dient die Gruppenumrandung. Sie fasst Interaktionselemente zusammen, die logisch zusammengehören. Dies gilt insbesondere für die zu einer gemeinsamen Auswahl gehörenden Optionsfelder oder Kontrollkästchen. Auch Dateneingabefelder können so zu Gruppen zusammengefasst werden. Dabei sollen aber keine unnötigen Gruppierungen durchgeführt werden, um nicht zu viele Gruppenrahmen zu erhalten. Statt der Umrahmungen sind auch farbliche Hinterlegungen der einzelnen Gruppen möglich.

Gruppenüberschrift

Eine Gruppenüberschrift macht die Gemeinsamkeiten einer Gruppe von Interaktionselementen deutlich. Sie steht in der Regel links oben im Gruppenrahmen. Beispiele für Gruppenrahmen und Gruppenüberschriften sind bereits bei der Vorstellung der Kontrollkästchen und der Optionsfelder gegeben worden.

Notizbuch

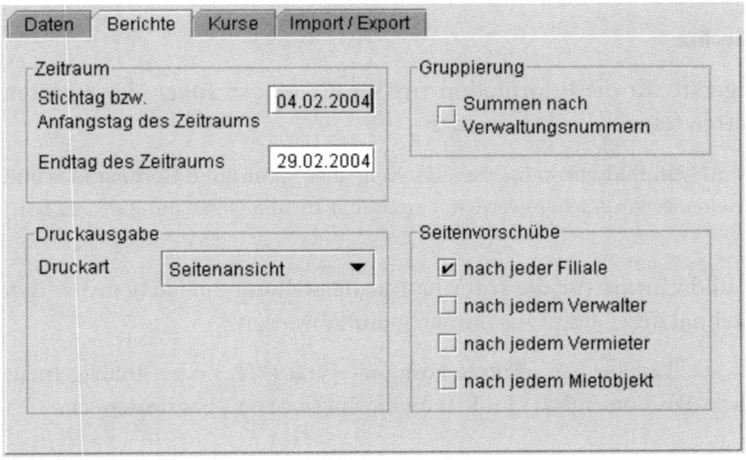

Eine besondere Form der Zusammenfassung in Gruppen stellt das Notizbuch oder Register (notebook, property sheet) mit einzelnen *Registerkarten* dar. Es enthält hierarchisch mehrere Zusammenfassungen von Interaktionselementen. Insgesamt bildet es eine Gruppe von Interaktionselementen. Über *Reiter* kann auf die einzelnen Registerkarten zugegriffen werden, von denen jede als eine Gruppe aufgefasst werden kann. Auf der einzelnen Registerkarte können dann Gruppen wieder durch Rahmen und dergleichen voneinander abgegrenzt werden.

7.3.3 Anordnung

Bildschirmlayout

Bei der Anordnung der Interaktionselemente auf dem Bildschirm sind die Gestaltgesetze (vgl. 4.1.1) zu beachten, um einerseits Zusammenhänge visuell zu unterstützen und andererseits zu verhindern, dass durch eine ungünstige Anordnung Zusammenhänge suggeriert werden, die tatsächlich nicht gegeben sind. Für die Reihenfolge der Bearbeitung ist bei der Anordnung die *Leserichtung* zu beachten, in unserem Kulturkreis oben links beginnend.

Insgesamt soll durch die Gestaltung ein ausbalanciertes und symmetrisches Bild erzeugt werden, das möglichst wenig Fluchtlinien enthält. Die einzelnen Gruppen sollen wenigstens 5 mm voneinander getrennt sein.

Für eine schnelle Suche soll jede einzelne Gruppe möglichst einen Bereich von 5° Sehwinkel in horizontaler und vertikaler Richtung nicht überschreiten. Dies bedeutet bei einer Bildschirmentfernung von 50 cm eine Maximalgröße von 4,4 cm, bei einer Entfernung von 60 cm eine Größe von 5,2 cm.

Druckschalter sollen bevorzugt nebeneinander angeordnet werden. Für die Informationssuche ist eine Anordnung in Spalten günstig.

Verteilung auf mehrere Geräte

Stehen mehrere Ausgabegeräte für die Information zur Verfügung, so sollen den Geräten bestimmte Informationsarten fest zugeordnet werden.

Beispielsweise kann bei CAD ein Bildschirm für die Steuerung über Menüs und Kommandos und für andere Interaktionselemente vorgesehen werden, ein zweiter für die Darstellung des zu konstruierenden Objektes.

In der Regel sollen zwei Bildschirme für die Informationsdarstellung ausreichen. Bei den Eingabegeräten sollen maximal drei Geräte zusammen genutzt werden.

Bei CAD kann dies etwa die Tastatur, ein relatives Positioniergerät (Maus oder Rollkugel) zur Steuerung und ein absolutes Positioniergerät (Tablett) für die Eingabe von Koordinaten sein.

Binnengliederung

Für die Gliederung innerhalb der Gruppen lassen sich ebenfalls einige Regeln aufstellen. So sollen Eingabefelder linksbündig ausgerichtet sein. Ihre Führungstexte sollen bei annähernd gleicher Länge ebenfalls linksbündig ausgerichtet werden. Unterscheiden sich die Beschriftungen in der Länge stark, was bei Beachtung der Gestaltungshinweise für Führungstexte eigentlich ohnehin nicht vorkommen sollte, so werden sie rechtsbündig an ihre Felder gesetzt. Wie bereits gesagt sollen zwischen Beschriftung und Feld keine Trenner oder Verbinder stehen. Wenn die durch die Aufgabe vorgegebene logische Reihenfolge der Bearbeitung es zulässt, sollen Muss-Felder vor Kann-Feldern angeordnet werden. Das jeweils aktuelle Eingabefeld soll hervorgehoben werden.

Nachbereitung

7.4 Übungsaufgaben

Aufgabe 7.1 Farben, Hervorhebungen und Aufmerksamkeitslenkung

Für den Einsatz in Kraftfahrzeugen wird ein Gerät konzipiert, das Verkehrsmeldungen, Routenplanung und Routenverfolgung sowie Informationen über die Fahrzeugtechnik (Überwachung der Füllstände, Störungsmeldungen, Wartungserinnerungen und dergleichen) aufbereiten und auf einem Bildschirm ausgeben soll.

- Welche Farben wählen Sie für Zeichen und Hintergrund bei den verschiedenen Informationsarten?
- Welche Informationen heben sie hervor? Mit welchen Mitteln?
- Welche zusätzlichen Verfahren zur Aufmerksamkeitslenkung schlagen Sie vor?

Aufgabe 7.2 Interaktionselemente

Ein Sportverein will die Verwaltung seiner Mitglieder per Computer durchführen. Über jedes Mitglied sollen folgende Angaben gespeichert werden: Name und Vorname, Anrede, gegebenenfalls Titel, Anschrift (Straße und Hausnummer, Postleitzahl und Ort), Telefonnummer, Bankverbindung (Kontonummer und Bankleitzahl) zum Einziehen der Mitgliedsbeiträge, Art der Mitgliedschaft (aktiv oder passiv), Altersklasse (Kinder, Jugendliche, Erwachsene), Zugehörigkeit zu einer oder mehreren der Abteilungen Turnen, Schwimmen, Leichtathletik, Judo, Karate.

- Welche Interaktionselemente wählen Sie für die einzelnen Angaben?
- In welcher Reihenfolge ordnen Sie die Interaktionselemente an?
- Wie gruppieren Sie die Interaktionselemente?
- Bei welchen Interaktionselementen benutzen Sie welche Vorgabewerte?

Lösungen

8 Dialog-Ebene

Zusammenfassung, Lernziele und Vorüberlegungen

8.1 Interaktionsstile

8.1.1 Funktionsorientierte Interaktion

Für die Ausführung von Dialogen gibt es verschiedene Interaktionsstile. Diese bestimmen, in welcher Reihenfolge welche Interaktionsschritte zu Dialogschritten zusammengestellt werden und wie sich aus den einzelnen Dialogschritten Benutzungsschritte bilden lassen (vgl. 1.3.1). Dabei lassen sich die einzelnen Dialogarten mit den unterschiedlichen Interaktionsstilen in verschiedenen Weisen kombinieren.

> Bei der *funktionsorientierten Interaktion* wird zunächst die Operation ausgewählt, die ausgeführt werden soll. Danach werden ein Operand oder mehrere Operanden bestimmt, auf welche die Operation wirken soll. Sind zusätzliche Angaben nötig, können diese nach der Wahl der Operation oder nach der Wahl der Operanden erfolgen.

Die Kommandosprache des Betriebssystems MS-DOS ist ein Beispiel für funktionsorientierte Interaktion. Zuerst wird durch das Kommando die Funktion ausgewählt (z.B. `DIR`). Dann wird der Operand angegeben, auf den die Funktion angewendet werden soll (z.B. `C:\TEMP`). Zuletzt erfolgt die Angabe der Option (z.B. `/P`).

Die funktionsorientierte Interaktion eignet sich besonders, wenn eine Operation auf viele Operanden angewendet werden soll. Der Dialog kann dann modal gestaltet werden. Dabei bleibt die Operation solange ausgewählt, bis eine andere Wahl getroffen wird. Es brauchen dann immer nur noch beliebig viele Operanden ausgewählt zu werden, ohne dass jedes Mal die Operation neu angegeben werden muss.

So kann beispielsweise in einem Grafikprogramm die Funktion „Einfärben" gewählt werden. Als Parameter kann dann noch die Farbe bestimmt werden, zum Beispiel „blau". Danach befindet sich das System im Einfärbemodus. Jedes Objekt, das jetzt ausgewählt wird, färbt sich blau. Dieser Modus wird solange beibehalten, bis eine andere Funktion gewählt wird.

Werden bei funktionsorientierter Interaktion verschiedene Modi benutzt, muss den Benutzern deutlich gemacht werden, in welchem Modus sie sich gerade befinden. Dies kann durch augenfällige Veränderungen in der Darstellung der Interaktionsmittel erfolgen, beispielsweise durch eine andere Form des Zeigers. Im vorangegangenen Beispiel könnte der übliche Pfeilzeiger etwa durch einen Zeiger in Form eines Farbeimers ersetzt werden.

8.1.2 Objektorientierte Interaktion

Bei der *objektorientierten Interaktion* werden zunächst ein oder mehrere Operanden ausgewählt, die bearbeitet werden sollen. Dann wird die Operation bezeichnet, der die ausgewählten Operanden unterworfen werden sollen. Sind zusätzliche Angaben nötig, erfolgen die am Schluss nach Angabe der Operation.

Die Formatierung in Textverarbeitungen erfolgt in der Regel objektorientiert. Zunächst wird der Bereich markiert, der formatiert werden soll. Dann wird die Formatierung für diesen Bereich festgelegt, wobei meist Parameter für die Formatierung abgefragt werden oder anzugeben sind, nachdem mitgeteilt wurde, dass eine Formatierung erfolgen soll.

Die objektorientierte Interaktion eignet sich besonders, wenn mehrere Operationen nacheinander auf einen Operanden oder eine Gruppe von Operanden angewendet werden sollen. Der Dialog ist dabei meist so gestaltet, dass die Operanden selektiert bleiben, bis eine andere Wahl getroffen wird. Es brauchen dann immer nur noch die Operationen angegeben werden, die auf die Auswahl wirken sollen.

So kann beispielsweise in einem Grafikprogramm ein Kreis ausgewählt werden. Durch Auswahl in entsprechenden Paletten (siehe unten 7.3.4) können dann die Randfarbe, die Randdicke, die Füllfarbe und das Füllmuster der Reihe nach eingestellt werden. Dabei bleibt der Kreis solange selektiert, bis ein anderes Objekt ausgewählt wird.

Bleiben bei objektorientierter Interaktion die Objekte nach Ausführung einer Aktion selektiert, muss den Benutzern deutlich gemacht werden, welche Objekte gerade ausgewählt sind. Dies kann durch augenfällige Veränderungen in der Darstellung der Objekte erfolgen, beispielsweise durch eine Umrahmung.

Im vorangegangenen Beispiel könnte ein gestrichelter Rahmen um den Kreis gezeichnet werden, bei dem die Eckpunkte und die Mittelpunkte der Seiten deutlich als kleine Quadrate erscheinen. Diese Quadrate können dann als Griffe (handle) für Manipulationen des Kreises benutzt werden.

8.2 Dialogarten

8.2.1 Übersicht

Die Dialogarten unterscheiden sich voneinander darin, welche Arten von Eingabegeräten benutzt werden und welche Fähigkeiten der Ausgabegeräte erforderlich sind. Sie haben sich historisch entwickelt entsprechend dem Fortschritt der Technik bei den Ein- und Ausgabegeräten (vgl. 1.1). So entstanden nacheinander der *Kommandodialog*, der *Menüdialog*, der *Dialog mit Masken und Formularen* und der *Dialog mit Fenstersystemen*, der häufig mit *direkter Manipulation* kombiniert ist.

8.2.2 Kommandodialog

Beim Kommandodialog werden Zeichenfolgen über die Tastatur eingegeben, um das Anwendungssystem zu steuern. Die *Kommandos* bestehen aus einem Kommandonamen und gegebenenfalls Parametern und Optionen des Kommandos. Parameter können beispielsweise die Namen von Dateien sein, auf die das Kommando wirken soll. Unter Optionen versteht man Angaben zur Wahl unterschiedlicher Ausprägungen des Kommandos.

So bewirkt etwa unter dem Betriebssystem MS-DOS das Kommando `DIR` eine Ausgabe des Dateiverzeichnisses. Als Parameter kann ein Pfad oder Dateiname angegeben werden, um die Anzeige einzuschränken, wobei auch Platzhalterzeichen möglich sind. Das Kommando `DIR C:\TEMP\*.TMP` listet zum Beispiel alle Dateien auf, die sich im Verzeichnis `TEMP` der Platte `C` befinden und die Dateikennung `TMP` haben. Optionen werden bei Kommandos dieses Betriebssystems mit einem Schrägstrich eingeleitet. Die Option `/P` bewirkt zum Beispiel, dass die Ausgabe auf den Bildschirm seitenweise erfolgt.

Kommandodialoge folgen dem Prinzip „Erinnern und Eingeben". Der Benutzer muss die *Kommandosprache* beherrschen, also die Kommandos, ihre Parameter und Optionen kennen, um das System steuern zu können. Kommandosprachen können danach unterschieden werden, ob sie nur aus Kommandowörtern bestehen (Kommandoliste), ob sie einzelne Kommandos mit Parametern und Optionen enthalten oder ob sie hierarchisch aufgebaut sind. Bei hierarchischen Kommandosprachen kann beispielsweise erst eine Aktion bezeichnet werden (z.B. `LOESCHE`), welche die Kommandogruppe bestimmt. Dann kann eine Objektklasse angegeben werden (z.B. `DATEI` oder `VERZEICHNIS`), wodurch das eigentliche Kommando festgelegt wird. Danach folgt dann das eigentliche Argument (z.B. `UNSINN.TXT`).

Kommandodialoge sind *benutzerbestimmt*. Den Benutzern stehen zu jeder Zeit alle Möglichkeiten zur Verfügung. Der Benutzer agiert, und das System reagiert. Bei Kommandodialogen müssen die Kommandos nicht unbedingt eingetippt werden, sondern können auch durch Spracheingabe oder Gesten erteilt werden. Viele Kommandosprachen folgen dem funktionsorientierten Interaktionsstil.

Vorteile

Für Kommandodialoge sind keine speziellen Eingabegeräte nötig. Sie nutzen die Tastatur, die bei den meisten Anwendungen ohnehin zur Dateneingabe erforderlich ist. Kommandodialoge lassen sich universell einsetzen. Erfahrene Benutzer, die mit der jeweiligen Kommandosprache gut vertraut sind, können mit Kommandos schnell und effizient arbeiten.

Kommandos mit Parametern und Optionen können komplexe Aktionen bewirken, für die bei anderen Dialogarten häufig sehr viel mehr Interaktionsschritte erforderlich wären, beispielsweise um die zu bearbeitenden Objekte zu selektieren. Kommandodialoge ermöglichen einfache Protokolle der durchgeführten Aktionen. Sie bieten außerdem die Möglichkeit der Stapelverarbeitung, indem eine Folge von Kommandos in einer Datei abgespeichert wird und sich dann aus dieser der Reihe nach ausführen lässt.

Nachteile

Kommandodialoge erfordern einen hohen Lernaufwand. Bei der Eingabe von Kommandos kann es zu Erinnerungsfehlern und Tippfehlern kommen. Dabei können nicht nur fehlerhafte Kommandos entstehen, die nicht ausgeführt werden können und eine Fehlermeldung hervorrufen. Insbesondere bei ähnlich lautenden Kommandonamen kann auch ein gültiges, aber nicht beabsichtigtes Kommando erzeugt werden. Da bei Kommandodialogen der Effekt eines ausgeführten Kommandos oft nicht unmittelbar zu kontrollieren ist, lassen sich solche Fehler oft nur schwer entdecken und noch schwerer beheben.

Anwendung

Kommandodialoge eignen sich um so besser, je mehr der folgenden Bedingungen erfüllt sind:

- Die Benutzer arbeiten häufig am System.
- Sie erhalten eine Schulung in der Kommandosprache.
- Sie sind mit Computeranwendungen und Kommandosprachen vertraut.
- Die Menge der Aktionen, die zu einem bestimmten Zeitpunkt des Dialogs benötigt werden könnten, lässt sich nicht vorherbestimmen.
- Funktionsauswahlen und Dateneingaben können in beliebiger Reihenfolge erfolgen.
- Schnelle Auswahl oder schneller Zugriff auf bestimmte Funktionen des System ist erforderlich.
- Erweiterbarkeit des Systems durch neue Kommandos oder Kommandoketten ist zur Anpassung an neue Situationen erforderlich.

8.2.3 Menüdialog

Menüdialoge entstehen aus Kommandodialogen, wenn die Liste der zur Verfügung stehenden Kommandos dargestellt wird und der Benutzer eine Auswahl aus dieser Liste treffen kann. Die Menüdialoge folgen dem Prinzip „Wahrnehmen und Auswählen". Der Benutzer braucht sich nicht mehr die verschiedenen Möglichkeiten zu merken, sondern kann sich jedes Mal neu alle Möglichkeiten anschauen und die passende auswählen. Als Gerät zur Auswahl kann die Tastatur oder ein Zeige-/Positioniergerät eingesetzt werden. Menüdialoge erfordern in der Regel eine hierarchische Auswahl, da meist nicht alle vorhandenen Möglichkeiten gleichzeitig dargestellt werden können. Über Menüs können Aktionen ausgelöst oder Eigenschaften eingestellt werden.

Bei heutigen Betriebssystemen werden vorwiegend Pull-down-Menüs und Pop-up-Menüs benutzt. *Pull-down-Menüs* bestehen aus einem ständig angezeigten *Menübalken*, der das gesamte Menü in verschiedene Gruppen gliedert. Durch die Auswahl eines *Menütitels* im Menübalken (Anklicken mit dem Zeige-/Positioniergerät) wird das zugehörige *Menü* heruntergeklappt (pull down). Es bleibt solange sichtbar, bis ein *Menüeintrag* ausgewählt oder das Menü durch Klick außerhalb des Menüs geschlossen wird. Die Auswahl eines Menüeintrags kann das Aufklappen eine *Untermenüs* zur Folge haben. Man spricht dann von *kaskadierenden* Menüs. In diesem Fall bleibt das Menü zusammen mit seinem Untermenü sichtbar, bis in dem Untermenü eine Auswahl getroffen wurde. Das Untermenü kann separat geschlossen werden, indem im übergeordneten Menü ein anderer Menüeintrag angesteuert wird. Die Kaskadierung kann sich rekursiv fortsetzen.

Pop-up-Menüs erscheinen an der Stelle des Zeigers, wenn sie mit Hilfe des Zeige-/Positioniergerätes aufgerufen werden. Dies geschieht in der Regel durch Betätigung der rechten Maustaste. Sie beziehen sich auf das Objekt, über dem sie aktiviert wurden (*Kontextmenüs*). Die vorhandenen Menüeinträge können dabei von Objekt zu Objekt sehr unterschiedlich sein. Wie Pull-down-Menüs können Pop-up-Menüs einfach oder kaskadierend sein. Sie werden durch die Auswahl oder durch ein Klicken mit der linken Maustaste geschlossen. Bei einigen Betriebssystemen können sie fixiert werden (*Pin-down-Menüs*), so dass sie nach der Auswahl offen, also angezeigt, bleiben.

In älteren textorientierten Anwendungen gibt es oft *statische Menüs*. Dabei werden alle zur Verfügung stehenden Optionen ständig angezeigt. Wird eine Option gewählt, kann das Menü durch ein anderes statisches Menü ersetzt werden. Statische Menüs erfordern einen stark hierarchischen Aufbau der Anwendung, da nur eine geringe Anzahl von Optionen ständig dargestellt werden kann. Solche Menüdialoge sind *systembestimmt*. Die Anwendung stellt dem Benutzer immer nur eine bestimmte Auswahl zur Verfügung.

Menüs sind eng verwandt mit Einfachauswahllisten, Optionsfeldern und insbesondere Klapplisten. Wie diese realisieren sie eine 1-aus-n-Auswahl, jedoch nicht für Daten, sondern für Aktionen oder Eigenschaften.

Vorteile

Menüdialoge entlasten das Gedächtnis, da Optionen nur wiedererkannt werden müssen. Wiedererkennen ist bedeutend einfacher als Erinnern. Die Menübenutzung erfordert meist nur einen geringen Eingabeaufwand, wenn man die Zahl der Interaktionsschritte betrachtet. Dialoge mit Menüs sind leicht erlernbar. Sie unterstützen das Erlernen, da sich die einzelnen Optionen leicht räumlich zuordnen lassen. Im Vergleich mit Kommandos sind sie weniger fehleranfällig. Syntaktische Fehler können hier gar nicht auftreten, Fehlauswahlen durch Bewegungsfehler sind selten.

Nachteile

Menüs benötigen zumindest zeitweise Platz zur Darstellung. Bei umfangreichen hierarchischen Menüs können leicht Orientierungs- und Navigationsprobleme auftreten. Oft ist nicht klar, in welchem Untermenü sich die gewünschte Aktion verbirgt. Bei kaskadierenden Menüs ist die Führung des Positioniergerätes häufig nicht einfach. Bei der Auswahl aus Pull-down-Menüs müssen, insbesondere wenn diese kaskadierend sind, große Bewegungen mit dem Positioniergerät durchgeführt werden. Hierarchische Menüs sind daher oft aufwendiger für die Eingabe als Kommandos. Komplexe Aktionen können nicht allein durch Auswählen im Menü bestimmt werden. Oft ist ein zusätzlicher Dialog zur Spezifikation von Parametern und Optionen nötig.

Auswahl über Tastatur

Die statischen Menüs älterer Anwendungen sind meist reine *Tastaturmenüs*. Die einzelnen Menüeinträge werden dabei numerisch, alphabetisch, mnemonisch oder über Funktionstasten ausgewählt.

Bei der *numerischen Auswahl* werden die Menüeinträge nummeriert. Zur Auswahl muss dann die vor dem Eintrag stehende Nummer eingegeben und je nach Anwendung eventuell noch mit der Eingabetaste bestätigt werden. Die *alphabetische Auswah*l funktioniert genauso, nur dass statt der Nummern Buchstaben zur Kennzeichnung verwendet werden. Auch die *Auswahl über Funktionstasten* lässt sich auf diese Weise realisieren. Allerdings werden bei Menüs, die über Funktionstasten bedient werden, häufig die einzelnen Einträge nebeneinander in der Anordnung der Tasten geschrieben. Als eine Art externes statisches Menü können programmspezifische Schablonen angesehen werden, die so auf die Tastatur gelegt werden, dass bei jeder Funktionstaste ihre Bedeutung steht. Solche Zuordnungen können natürlich während des Programmlaufs nicht verändert werden. Bei der *mnemonischen Auswahl* soll der Anfangsbuchstabe des Menüeintrags zur Auswahl dienen. Dies ist natürlich nur dann möglich, wenn alle Einträge mit unterschiedlichen Buchstaben beginnen. Da dies meist nicht gewährleistet werden kann, wird bei Konflikten ein anderer Buchstabe aus dem Eintrag benutzt. Damit eine einfache Zuordnung möglich ist, wird der jeweils genutzte Buchstabe bei jedem Eintrag unterstrichen, also auch dann, wenn es der Anfangsbuchstabe ist.

Die mnemonische Auswahl wird in der Regel auch bei Pull-down-Menüs benutzt. Dort dient sie sowohl zur Auswahl des einzelnen Pull-down-Menüs aus dem Menübalken als auch zur Auswahl des Eintrags. Durch Drücken einer Sondertaste (bei Windows die Alt-Taste) und Eingabe des unterstrichenen Zeichens in einem Menütitel, das *impliziter Bezeichner (implicit designator, mnemonic)* genannt wird, kann das zugehörige Pull-down-Menü heruntergeklappt werden. Aus diesem kann unmittelbar anschließend durch Eingabe des impliziten Bezeichners eines Menüeintrags dieser ausgewählt werden. Öffnet der Menüeintrag eine Kaskade, kann das Verfahren darin fortgesetzt werden. Auch bei Pop-up-Menüs ist nach deren Erscheinen eine mnemonische Auswahl wie in einem aufgeklappten Pull-down-Menü möglich.

Wenn mehrere Einträge mit dem gleichen Anfangsbuchstaben vorhanden sind oder sich sogar noch weiter ähneln, ist die Zuordnung eines Auswahlzeichens oft schwierig. Probleme ergeben sich für die Benutzer auch beim Wechsel zwischen deutschsprachigen und englischsprachigen Versionen eines Programms, weil für die gleichen Menüeinträge in beiden Sprachen unterschiedliche Auswahltasten benutzt werden müssen (z.B. D für das Menü Datei und F für das entsprechende Menü File).

Eine weitere Möglichkeit zur Auswahl von Menüeinträgen stellen die *Tastaturkürzel* (accelerator keys, shortcut keys) dar. Durch Drücken einer Funktionstaste oder einer Tastenkombination (meist in Verbindung mit der Alt-Taste oder der Strg-Taste) kann direkt ein Menüeintrag aufgerufen werden, ohne dass das zugehörige Menü aufgeklappt werden muss. Solche Tastaturkürzel müssen innerhalb der Anwendung eindeutig sein. Sie sind direkt den Menüoptionen zugeordnet, so dass es keine Tastaturkürzel für Menütitel gibt oder für Einträge, die eine Kaskade öffnen.

Anwendung

Menüdialoge eigenen sich um so besser, je mehr der folgenden Bedingungen erfüllt sind:

- Schulung kann nicht gewährleistet werden oder soll gering gehalten werden.
- Die Benutzer haben geringe Tastaturerfahrung. Sie haben geringe oder keine Erfahrung mit der Anwendung.
- Die Anwendung wird selten benutzt und die Benutzer benötigen üblicherweise Hinweise auf die zur Verfügung stehenden Möglichkeiten.
- Die Menge der Auswahlmöglichkeiten in einem bestimmten Aufgabenkontext ist beschränkt.
- Die Anwendung erfordert den Einsatz eines Zeige-/Positioniergerätes.
- Voreingestellte oder ausgewählte Optionen müssen für die Aufgabenbearbeitung angezeigt werden.
- Die Menge der Kommandos in der gesamten Anwendung ist zu groß, um sie alle gleichzeitig in Erinnerung zu haben.
- Das System hat eine eingeschränkte Tastatur (beispielsweise nur eine Ziffern- oder eine Funktionstastatur, die keine Kommandoeingabe erlaubt).
- Die Antwortzeit auf eine Menüauswahl ist der Aufgabe angemessen.

8.2.4 Dialog mit Formularen

Formulare sind Gruppierungen von Interaktionselementen, die zur Bearbeitung einer bestimmten Teilaufgabe angezeigt werden.

Man unterscheidet verschiedene Typen, beispielsweise Eingabe- und Änderungsformulare zur Bearbeitung von Daten, Dialogformulare zur Einstellung von Eigenschaften der Anwendung oder zur Spezifizierung komplexer Aktionen sowie reine Anzeigeformulare für Daten oder für Zustandsanzeigen.

Dialogformulare und Zustandsanzeigen werden häufig eingeblendet, überschreiben also einen Teil des bisherigen Bildschirminhalts. Wenn sie bearbeitet sind und nicht mehr benötigt werden, geben sie den Platz wieder frei, wobei der ursprüngliche Inhalt des überschriebenen Bereichs wiederhergestellt wird. Heute werden Formulare meist in eigenen Fenstern dargestellt. Bei älteren Systemen wurden sie im Arbeitsbereich einer Maske angezeigt.

Masken sind feste zweidimensionale Aufteilungen des Bildschirms.

Sie gliedern sich meist in einen Kennzeichnungsbereich, einen Arbeitsbereich, einen Steuerungsbereich und einen Meldungsbereich. Im Kennzeichnungsbereich stehen der Name der gerade dargestellten Maske und gegebenenfalls weitere Informationen zur Identifizierung. Der Steuerungsbereich dient häufig der Eingabe von Kommandos oder zur Menüauswahl. Der Meldebereich zeigt Informationen über den Systemstatus. Der Arbeitsbereich dient der Ein- und Ausgabe von Daten.

Masken sind Vorläufer der Fenstertechnik (siehe unten 8.2.5). Die Maske entspricht dabei einem Fenster, das den gesamten Bildschirm ausfüllt, ihr Kennzeichnungsbereich dem Titelbalken des Fensters, ihr Steuerungsbereich dem Menübalken des Fensters, ihr Meldebereich der Statuszeile des Fensters und ihr Arbeitsbereich dem Arbeitsbereich des Fensters. Die Interaktionen zur Steuerung einer Anwendung in Maskentechnik erfolgen allerdings nur über die Tastatur durch Kommandos und Tastaturmenüs.

In Masken eingeblendete Formulare sind Vorläufer der heute gebräuchlichen Dialogfenster und Meldungsboxen. Die Verwendung der Cursortasten zum Wechsel zwischen den Interaktionselementen eines Dateneingabeformulars ist ein erster Schritt zu Positioniergeräten und zur direkten Manipulation.

Der Einsatz von Eingabeformularen ist um so sinnvoller, je mehr der folgenden Bedingungen erfüllt sind:

- Die Benutzer kennen sich mit Papierformularen aus.
- Sie sind mit der Benutzung der Tastatur vertraut.
- Sie haben mittlere bis gute Kenntnisse des Maschinenschreibens.
- Es braucht keine große Menge von Alternativen angezeigt zu werden.
- Daten müssen von einer Papiervorlage übernommen werden.
- Daten werden durch Befragung von Personen aufgenommen.
- Es ist keine unbegrenzte Freiheit der Eingaben erforderlich.
- Die Eingaben bestehen mehr aus Parametereinstellungen als aus Aktionsaufrufen.
- Die Anzeige von voreingestellten/eingegebenen Werten oder Auswahlen ist wichtig.

8.2.5 Dialog mit Fenstersystemen

Fenster sind abgegrenzte rechteckige Bereiche des Bildschirms, die zur Darstellung und Manipulation von Objekten einer Anwendung benutzt werden.

Sie können als Sicht auf die Anwendung oder auf bestimmte Objekte der Anwendung dienen oder als Bereich für die Interaktion mit der Anwendung oder bestimmten Objekten der Anwendung. Zu einer Anwendung können verschiedene Fenster gehören. Heutige Fenstersysteme verwenden überlappende Fenster, so dass ein Fenster ein anderes oder Teile davon verdecken kann (zweieinhalbdimensionale Darstellung). Generell ist ein Wechsel zwischen den verschiedenen Fenstern eines Fenstersystems möglich. Auf diese Weise kann abwechselnd an verschiedenen Anwendungen oder an verschiedenen Objekten einer Anwendung gearbeitet werden. Die Interaktion mit den jeweiligen Anwendungen innerhalb der Fenster kann über Kommandos, Menüs und Formulare stattfinden sowie durch direkte Manipulation (siehe unten 8.2.6).

Die Interaktion mit den Fenstern selbst geschieht meist durch direkte Manipulation mit Hilfe eines Zeige-/Positioniergerätes. Damit werden die vorgegebenen *Fensteraktionen* ausgeführt, nämlich das Öffnen eines Fensters zur erstmaligen Anzeige, das Positionieren beziehungsweise Verschieben eines Fensters, das Ändern der Größe eines Fensters, das Minimieren eines Fensters, wobei das eigentliche Fenster durch ein Piktogramm ersetzt wird, das Wiederherstellen des Fensters aus der Piktogrammgestalt sowie das Schließen des Fensters.

Fensterelemente

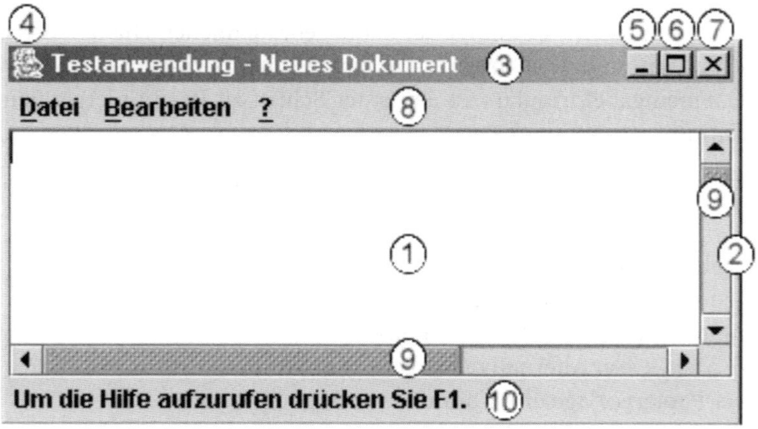

Bild 8.1 Fensterelemente

Jedes Fenster (**Bild 8.1**) besteht zumindest aus einem *Arbeitsbereich* (1), der auch leer sein kann, und dessen Begrenzung. Der Arbeitsbereich dient zur Eingabe und Änderung von

Daten der Anwendung in grafischer oder alphanumerischer Form und enthält die dafür nötigen Ausgabe- und Interaktionselemente. Die Begrenzung kann als sichtbarer *Rahmen* (2) mit unterschiedlicher Dicke ausgeführt oder unsichtbar sein. Dicke Rahmen können in der Regel zur Größenveränderung durch Ziehen benutzt werden, dünne und unsichtbare meist nicht. Alle weiteren Fensterelemente sind optional.

Der *Titelbalken* (3) dient dazu, das Fenster eindeutig zu bezeichnen. Er ist hervorgehoben, wenn das Fenster aktiv ist, und abgeblendet, wenn das Fenster nicht aktiv ist. Aktiv ist ein Fenster, das Eingaben von der Tastatur oder dem Positioniergerät direkt entgegennimmt. Bei einem aktiven Fenster kann die Position des Fensters durch Ziehen des Titelbalkens verändert werden.

Innerhalb des Titelbalkens können weitere Fensterelemente liegen, nämlich der Anwendungsmenüknopf, der Minimierknopf, der Vollbildknopf und der Schließknopf. Der *Anwendungsmenüknopf* (4) öffnet ein Pull-down-Menü, das in der Regel die oben genannten Fensteraktionen (Minimieren, Schließen, Größe verändern und so fort) enthält. Es können aber auch anwendungsspezifische Optionen enthalten sein. Der *Minimierknopf* (5) verkleinert das Fenster zu einem Piktogramm. Der *Vollbildknopf* (6) vergrößert das Fenster so, dass es den ganzen Bildschirm ausfüllt, und wandelt sich danach zum Wiederherstellungsknopf, der es erlaubt, das Fenster wieder auf die ursprüngliche Größe zu bringen. Der *Schließknopf* (7) schließt das Fenster.

Fenster können einen *Menübalken* (8), auch Menüleiste genannt, zur Steuerung der Anwendung enthalten. Die Menüleiste erlaubt einen Menüdialog mit der Anwendung , zu der das Fenster gehört, über Pull-down-Menüs. Bei neueren Anwendungen ist es oft möglich, die Menüleiste beliebig an jeder der vier Seiten des Fensters zu befestigen oder als Palettenfenster (siehe unten bei Fenstertypen) frei anzuordnen. Menüleisten können als eine Sonderform der Symbolleisten betrachtet werden, die verschiedene Interaktionselemente wie Schaltflächen, Klapplisten oder Pull-down-Menüs enthalten können.

Rollbalken (9) können in vertikaler oder horizontaler Richtung oder auch in beiden angebracht werden. Sie wurden als Erweiterungselemente bereits bei den Interaktionselementen (vgl. 7.2.3.1) beschrieben. Am unteren Rand des Fensters kann eine *Statuszeile* (10) angebracht sein, in der Hinweise zu Objekten, Verarbeitungsvorgängen oder Zuständen der Anwendung gegeben werden.

Fenstertypen

Es lassen sich verschiedene Typen von Fenstern unterscheiden, die unterschiedliche Aufgaben im Dialog erfüllen. *Anwendungsfenster* beinhalten die Sicht auf eine Anwendung oder ihre Objekte. Sie verfügen in der Regel über einen Titelbalken mit allen Knöpfen und eine Menüleiste. Meist sind sie in der Größe veränderlich und weisen Rollbalken auf, da der Umfang der Daten einer Anwendung fast immer zu groß ist, um vollständig in einem Fenster dargestellt zu werden. Anwendungsfenster dienen der Steuerung der Anwendung und der Bearbeitung der Daten. In der Regel hat jede laufende Anwendung nur ein Anwendungsfenster.

Unterfenster gehören zu einem übergeordneten Anwendungsfenster. Meist befinden sie sich in dessen Arbeitsbereich. Sie werden unter anderem dazu benutzt, verschiedene Sichten auf ein Dokument der Anwendung anzubieten oder verschiedene Dokumente der Anwendung gleichzeitig darzustellen. Diese Anwendungsarchitektur wird MDI genannt (multiple document interface). Unterfenster haben meist keinen Menübalken, da die Steuerung der Anwendung über das Anwendungsfenster erfolgt.

Dialogfenster dienen zur Spezifikation von Parametern für Aktionen, zur Festlegung von Eigenschaften der Anwendung oder ihrer Objekte und auch zur Dateneingabe. Sie sind meist nicht an den Arbeitsbereich eines Anwendungsfensters gebunden, sondern frei auf dem Bildschirm beweglich. Dialogfenster besitzen keine Menübalken und sind meist in der Größe nicht veränderlich, da sie eine konstante Menge von Interaktionselementen enthalten, so dass ein Vergrößern keinen Informationsgewinn bringen und ein Verkleinern Informationen verdecken und die Eingabe erschweren würde.

Dialogfenster erscheinen oft als Pop-up-Fenster, wenn bestimmte Informationen wie etwa Parameter für die Ausführung einer Aktion erforderlich sind und werden nach Abschluss des Dialogs wieder geschlossen.

Eine andere Ausprägung von Dialogfenstern stellen die *Paletten* dar. Dies sind Dialogfenster, die ständig oben liegen, solange die Anwendung aktiv ist, sich also nicht verdecken lassen. Meist werden sie automatisch geschlossen, wenn das Anwendungsfenster deaktiviert wird und erscheinen von allein wieder an der alten Stelle, sobald die Anwendung wieder aktiviert wird.

Mitteilungsfenster sind Dialogfenster, die keine Datenbearbeitung erlauben, also nur mit Schaltflächen wie OK oder Abbruch beziehungsweise Ja oder Nein versehen sind.

Dialogmodi in Fenstersystemen

Fenstersysteme bieten den Vorteil, dass die Benutzer im Normalfall beliebig zwischen verschiedenen Anwendungen und zwischen verschiedenen Objekten einer Anwendung wechseln können, wenn diese in eigenen Fenstern dargestellt sind. Es wird also kein bestimmter Arbeitsmodus (mode) erzwungen, weshalb auch von einer *nicht-modalen* (modeless) Bedienung gesprochen wird. Im nicht-modalen Fenstersystem kann also zwischen allen Fenstern beliebig gewechselt werden.

Abhängig von der Aufgabe kann es aber Dialogzustände geben, bei denen dieser freie Wechsel eingeschränkt werden muss. Sollen beispielsweise Daten auf einen wechselbaren Datenträger wie etwa eine Diskette geschrieben werden und tritt dabei ein Fehler auf, zum Beispiel dass die Diskette schreibgeschützt ist, so kann mit der Anwendung erst sinnvoll weitergearbeitet werden, wenn der Fehler behoben oder der Schreibvorgang abgebrochen wurde. Derartige Ausnahmesituationen, die eine bestimmte Reihenfolge der Bearbeitung, also einen bestimmten Bearbeitungsmodus erzwingen, können nur das aktuelle Fenster, die ganze Anwendung oder sogar das ganze System betreffen. Daher lassen sich verschiedene Grade der Modalität unterscheiden.

Ein *systemmodaler* Dialog erlaubt keinerlei Wechsel zwischen den Fenstern. Das aktuelle Dialogfenster muss zu Ende bearbeitet werden, bevor irgend etwas anderes getan werden kann.

Ein *anwendungsmodaler* Dialog wird dann geführt, wenn nur eine Anwendung, aber nicht das ganze System betroffen ist. Der Benutzer kann in Fenster anderer Anwendungen wechseln, muss aber zur Weiterarbeit mit der gegenwärtigen Anwendung erst den Dialog abschließen.

Eine Abmilderung des anwendungsmodalen Dialogs stellt der *anwendungssemimodale* Dialog dar. Er ermöglicht es, innerhalb der Anwendung in manche, aber nicht unbedingt alle dem gegenwärtigen Fenster hierarchisch übergeordneten Fenster zu wechseln. Erlaubt das Betriebssystem mehrere Anwendungsfenster für eine Anwendung, so kann beim anwendungssemimodalen Dialog auch in die anderen Anwendungsfenster der Anwendung gewechselt werden. In solchen Systemen ist auch ein *hierarchiemodaler* Dialog möglich, der ebenfalls den Wechsel in die anderen Anwendungsfenster, nicht aber den Wechsel in hierarchisch übergeordnete Fenster erlaubt.

Der *nicht-modale* Dialog stellt die volle Flexibilität des Fenstersystems zur Verfügung. Es kann beliebig zwischen allen Fenstern gewechselt werden.

8.2.6 Direkte Manipulation

Die *direkte Manipulation* ist eine Interaktionsform, bei welcher der Benutzer den Eindruck hat, direkt mit Objekten auf dem Bildschirm zu interagieren.

Für die direkte Manipulation wird ein Zeigegerät im weiteren Sinne (pointing device, Zeige- oder Positioniergerät) benötigt, das beispielsweise benutzt wird, um auf Objekte zu zeigen, sie zu bewegen, ihre Eigenschaften wie etwa die Größe zu verändern und dergleichen.

Direkte Manipulation zeichnet sich durch folgende Eigenschaften aus:

- Die relevanten Objekte und Aktionen sind ständig sichtbar.
- Es werden physische Handlungen mit einem Zeige-/Positioniergerät ausgeführt statt textlicher Eingaben mit komplexer Syntax.
- Die Bearbeitung erfolgt durch schnelle, inkrementelle, reversible Operationen mit sofort sichtbarem Effekt.

Dialoge mit direkter Manipulation bauen auf Metaphern auf. Unter einer *Metapher* versteht man die Übertragung von Konzepten und Handlungsweisen aus einem Bereich der gegenständlichen Welt auf Interaktionen am Rechner (vgl. 4.2.3). Im Dialog werden Konzepte und Eigenschaften angewendet, die den Benutzern bereits vertraut sind und aufgrund derer sie die Funktion, das Verhalten und die Struktur des Systems vorhersagen können.

Als Metaphern für ein System mit direkter Manipulation kommen zum Beispiel Geräte, Arbeitsumgebungen und Räume aus der dinglichen Welt in Frage. So kann für die digitale Aufnahme und Wiedergabe von Klängen ein Tonbandgerät beziehungsweise ein Kassettenrecorder als Metapher gewählt werden. Sobald die Benutzer die Metapher erkannt haben, können sie ihr Wissen aus dem Umgang mit solchen Geräten auf die Benutzung der Rechneranwendung übertragen. Sie werden dann anhand der verwendeten Symbole die Schaltflächen für die Aufnahme und Wiedergabe, die Regler für die Aussteuerung und dergleichen erkennen.

Metaphern sollen Konzepte verständlich machen, nicht die reale Welt abbilden. Wird etwa die Schreibtischmetapher als Grundlage für die Organisation und für die Bedienung des Betriebssystems benutzt, so entspricht der Bildschirm einer Schreibtischfläche, auf der Dokumente liegen. Diese Dokumente sind aber im Rechner Dateien. Sollen Sie eine Papierform annehmen, müssen sie ausgedruckt werden. Zu dieser Aktion gibt es keine Entsprechung in der realen Welt, sie ist aber bei der Arbeit mit dem Rechner unverzichtbar. Tatsächlich lässt sie sich leicht in die Metapher integrieren. Wenn Dateien gelöscht werden können, indem man ihre Repräsentation auf der Bildschirmoberfläche auf das Symbol des Papierkorbs schiebt, liegt es nahe, das Drucken zu ermöglichen, indem man die Repräsentation der Datei auf das Symbol eines Druckers schiebt.

Die Interaktionsschritte bei der direkten Manipulation lassen sich mit einer kleinen Menge *generischer Funktionen* realisieren. Diese generischen Funktionen lassen sich auf nahezu alle Objekte anwenden, unabhängig von dem Zweck und den Inhalten der jeweiligen Anwendung. Die wichtigsten generische Funktionen sind:

- Selektieren (selecting)
  Die zu bearbeitenden Objekte können auf verschiedene Weise ausgewählt werden. Einzelne Objekte lassen sich durch Anklicken auswählen, indem sie mit dem Zeiger berührt werden und dann die Taste am Positioniergerät betätigt wird oder sie direkt mit einem Zeigegerät ausgewählt werden. Häufig gibt es auch die Möglichkeit, weitere Objekte hinzu zu nehmen, indem beim Anklicken eine Funktionstaste auf der Tastatur gedrückt wird (bei Windows die Strg-Taste).
  Eine Möglichkeit, mehrere Objekte innerhalb eines bestimmten Bereiches zu selektieren, ist das Aufziehen eines Rahmens, indem an einem Punkt die Taste des Positioniergerätes gedrückt und bei gedrückter Taste die Position des Zeigers verändert wird. Alle Objekte innerhalb des Rahmens werden selektiert.
- Bewegen
  Ein selektiertes Objekt kann mit Hilfe des Positioniergerätes bewegt werden. Meist wird dies durch Ziehen (dragging) realisiert, indem die Taste über dem Objekt gedrückt und dann die Position bei gedrückter Taste verändert wird. Wird die Taste losgelassen,

nimmt das Objekt die neue Position ein. Das gleiche Verfahren kann auch für Größenänderungen und Formänderungen benutzt werden, indem bestimmte Bearbeitungspunkte des Objektes gezogen werden, die erscheinen, wenn das Objekt selektiert wird.

- Öffnen
  Ein Objekt wird dazu gebracht, die enthaltene Information darzustellen und meist auch bearbeitbar zu machen. Häufig geschieht dies, indem ein Fenster geöffnet wird, das dann die Informationen enthält. Das Öffnen geschieht meist durch einen Doppelklick (double clicking), ein schnelles zweifaches Drücken und Loslassen der Taste des Positioniergerätes.
- Löschen
  Ein Objekt wird endgültig aus dem Arbeitsbereich entfernt oder so, dass es wiederhergestellt werden kann. Das Löschen wird häufig so realisiert, dass das Objekt auf das Piktogramm eines Papierkorbs gezogen wird.
- Erzeugen
  Ein neues Objekt eines bestimmten Typs, meist mit bestimmten Standardeinstellungen, wird angelegt. Diese Funktion ist meist so realisiert, dass von einer Palette oder Werkzeugleiste eine Schablone des Objektes in den Arbeitsbereich gezogen und dort verändert wird. Oft lassen sich neue Objekte mit dem Zeigegerät aufziehen.
- Kopieren
  Ein Duplikat eines vorhandenen Objektes lässt sich häufig erzeugen, indem wie beim Bewegen vorgegangen wird, wobei aber zusätzlich eine Funktionstaste der Tastatur gedrückt wird.
- Ablegen
  Ein Objekt kann nach der Schreibtischmetapher auf einem Klemmbrett abgelegt werden, um es später an einer anderen Stelle zu verwenden. Eine durchgängige einheitliche Realisierung dieser Funktion ist bisher nicht festzustellen. Gleiches gilt für das dauerhafte Ablegen, also das Speichern auf Datenträgern. Hier ist meist eine indirekte Manipulation mit Hilfe des Menüs üblich.
- Drucken
  Auch das Drucken von grafischen oder textlichen Objekten ist häufig indirekt realisiert, obwohl es stimmig innerhalb der Schreibtischmetapher durch Ziehen auf ein Druckersymbol erfolgen könnte.

Vorteile der direkten Manipulation

Die direkte Manipulation ist leicht erlernbar, da sie auf Erfahrungen der Benutzer aufbaut, die mit Hilfe einer Metapher aus der physischen Welt auf die Welt der Objekte im Rechner übertragen wird. Insbesondere trägt zur leichten Erlernbarkeit die kleine Zahl generischer Funktionen bei, aus denen sich die Dialoge zusammensetzen. Einmal gelernte Vorgehensweisen bei der direkten Manipulation sind aufgrund ihrer Einfachheit auch für gelegentliche Nutzer leicht zu behalten. Die Interaktionsschritte erfolgen größtenteils durch physische Tätigkeiten, die einen sehr niedrigen Abstraktionsgrad haben. Die grafische Darstellung der Interaktionen ist einprägsam, der Arbeitsfortschritt ist ständig sichtbar. Direkte Manipulation kann auch von erfahrenen Benutzern effizient eingesetzt werden.

Die direkte Manipulation erlaubt eine angstfreie Benutzung, da nahezu alle Interaktionsschritte reversibel sind. Sie vermittelt Zutrauen und Sicherheit auch deswegen, weil der Dialog stark benutzerbestimmt ist. Den Benutzern stehen meist alle Möglichkeiten der Manipulation zur Verfügung. Sie können das Objekt, das sie bearbeiten möchten, in der Regel frei auswählen und bei der Arbeit zwischen allen Objekten und Anwendungen wechseln. Syntaktische Fehler, wie sie bei Kommandodialogen auftreten können, sind ausgeschlossen. Es sind kaum Fehlermeldungen nötig, da viele Fehlhandlungen gar nicht möglich sind.

Als Beispiel sei die Festlegung der Position eines Objektes gemeint, wobei davon ausgegangen wird, dass das Objekt auf dem Bildschirm liegen soll. Bei der Eingabe der Position über die Tastatur kann durch einen Schreibfehler oder aus Unkenntnis der verwendeten Maßeinheiten fälschlich eine Position außerhalb des Bildschirms angegeben werden. Das System kann dies erkennen, muss dann aber eine entsprechende Fehlermeldung anzeigen. Bei der Festlegung der Position durch direkte Manipulation ist diese Fehlermeldung überflüssig, da sich das Objekt einfach nicht aus dem Bildschirm heraus schieben lässt.

Probleme der direkten Manipulation

Die direkte Manipulation arbeitet meist mit grafischen Repräsentationen der Anwendungsobjekte. Diese brauchen relativ viel Platz auf dem Bildschirm, so dass meist nur ein Ausschnitt der Gesamtmenge darstellbar ist. So entsteht ein zusätzlicher Interaktionsaufwand für die Darstellung, beispielsweise durch die Betätigung von Rollbalken oder das Wechseln zwischen Fenstern, die verschiedene Ausschnitte der Menge der relevanten Objekte zeigen.

Die verwendeten grafischen Symbole sind größtenteils nicht genormt. Soweit Normen existieren, werden sie in der Praxis häufig nicht berücksichtigt (vgl. 7.2.2.9). Insbesondere für seltener genutzte Objekte oder Aktionen entsteht daher ein Lernaufwand. Wenn für gleiche Objekte oder Aktionen in verschiedenen Anwendungen unterschiedliche Darstellungen benutzt werden, steigt der Lernaufwand stark an. Insbesondere für komplexe oder abstrakte Objekte und Aktionen sind grafische Repräsentationen nur schwer zu finden und meist nicht selbsterklärend. Sie müssen dann schlicht auswendig gelernt werden.

Dialoge laufen bei direkter Manipulation oft langsamer ab als bei anderen Dialogarten, weil komplexe Vorgänge sich aus einer großen Zahl von wenigen generischen Funktionen zusammensetzten. Eine Tastatureingabe ist in vielen Anwendungen schneller als ein Positioniergerät. Dies gilt insbesondere dann, wenn der Benutzer blind schreiben kann. Benutzer, die so gut mit der Tastatur umgehen können, bevorzugen daher auch die Bedienung der Menüs über Tasten und sind damit erheblich schneller als Personen, die mit der Maus arbeiten. Die Interaktion kann zusätzlich verlangsamt werden durch häufige Wechsel zwischen Tastatur und Positioniergerät oder durch häufige weite Mausbewegungen, etwa wenn bei der Bearbeitung von Objekten am unteren Bildschirmrand oft auf das Pull-down-Menü am oberen Bildschirmrand zugegriffen werden muss.

Metaphernbrüche, also Inkonsistenzen in der Verwendung einer Metapher, können zu falschen mentalen Modellen führen (vgl. Aufgabe 4.2). Manchen Benutzern ist oft nicht klar, wie „wörtlich" eine Metapher zu nehmen ist. Sie erwarten dann eine eineindeutige Abbildung statt einer sinngemäßen Übertragung, was ebenfalls zu falschen Vorstellungen führt. Auch kann das Prinzip der direkten Manipulation häufig nicht für alle Aktionen und Objekte einer Anwendung verwendet werden, da manche Arbeitsaufgaben von ihrer Natur her abstrakt sind.

Schließlich ist noch zu erwähnen, dass die Implementation von Anwendungen mit direkter Manipulation meist auch bei Nutzung von Programmierhilfsmitteln wie grafischen Entwicklungssystemen aufwendiger ist als bei der Verwendung anderer Dialogarten.

Anwendung

Der Einsatz von direkter Manipulation ist um so sinnvoller, je mehr der folgenden Bedingungen erfüllt sind:

- Benutzer haben nicht unbedingt die wesentlichen Lese- und Schreibfertigkeiten, aber die nötigen sensumotorischen Fähigkeiten zur direkten Manipulation.
- Ihre Leistung wird durch visuelle Unterstützung des Gedächtnisses verbessert.
- Ihre Leistung ist bei grafischer Repräsentation besser als bei textlicher Beschreibung.
- Objekte der realen Aufgabenwelt, ihre Eigenschaften und Bearbeitungsvorgänge können simuliert werden, das heißt, es gibt eine passende Metapher für die Anwendung.
- Komplexe Eigenschaften der Objekte sind schwer sprachlich zu beschreiben.
- Die Reihenfolge der Aufgaben ist nicht vorgegeben und erfordert Flexibilität bei der Ausführung.
- Die Aufgaben erfordern, dass der Benutzer Kontrolle über die Objekte ausüben kann.
- Nötige Eingaben können schwer beschrieben und aus dem Gedächtnis abgerufen, aber leicht visualisiert werden.
- Die Aufgaben lassen sich leichter ausführen, indem sichtbare Objekte und direkte Manipulation benutzt werden.
- Die Aufgabe erfordert die Änderung von sichtbaren Eigenschaften der Objekte.
- Die Aufgaben werden sporadisch ausgeführt.
- Die Auflösung des Bildschirms und die Eingabegeräte erlauben genaue und sichere direkte Manipulationen.
- Die technischen Möglichkeiten für die Erzeugung grafischer Repräsentationen der Objekte reichen aus.
- Das System ist ausreichend leistungsfähig, um unmittelbare Rückmeldungen über die direkten Manipulationen zu geben.

8.3 Gestaltung des Dialogs

8.3.1 Gestaltungsgrundsätze

Die Norm DIN EN ISO 9241-10 [ISO9241-10] formuliert sieben Grundsätze für die Gestaltung und Bewertung von Dialogen, die als allgemeine Leitlinien unabhängig von der Dialogart und dem Interaktionsstil gelten. Diese Gestaltungsprinzipien heißen Aufgabenangemessenheit, Selbstbeschreibungsfähigkeit, Steuerbarkeit, Erwartungskonformität, Fehlertoleranz, Individualisierbarkeit und Lernförderlichkeit.

Bei der Anwendung der Grundsätze müssen die Merkmale der Benutzer wie beispielsweise deren Lerngewohnheiten und Erfahrung mit der Aufgabe und dem System ebenso beachtet werden wie die Anforderungen der jeweiligen Aufgabe. Die verschiedenen Grundsätze stehen miteinander in einer Wechselbeziehung. Oft muss anhand des jeweiligen Anwendungsfalls und der jeweiligen Benutzergruppe abgewogen werden, ob ein bestimmter Grundsatz im konkreten Fall wichtiger ist als ein anderer, der mit ihm konkurriert.

Im Folgenden werden die Grundsätze der Dialoggestaltung anhand der Norm beschrieben. Aus jedem Grundsatz sind eine Reihe von Empfehlungen abgeleitet, von denen die wichtigsten hier zitiert werden. Die angegebenen Beispiele stammen zum Teil ebenfalls aus der Norm.

8.3.1.1 Aufgabenangemessenheit (suitability for the task)

Ein Dialog ist *aufgabenangemessen*, wenn er den Benutzer unterstützt, seine Arbeitsaufgabe effektiv und effizient zu erledigen.

Empfehlung	**Beispiel**
Der Dialog sollte dem Benutzer nur solche Informationen anzeigen, die im Zusammenhang mit der Erledigung der Arbeitsaufgabe stehen.	Bei normaler Aufgabenbearbeitung ist auf unnötige Systeminformation wie Prozessorauslastung oder Speicherbelegung zu verzichten.
Die angezeigte Hilfe-Information sollte von der Aufgabe abhängen.	Wenn eine Meldung angezeigt wird und der Benutzer während der Anzeige die Hilfe aufruft, soll diese Meldung erläutert werden.
Alle Aufgaben, die sinnvollerweise dem Dialogsystem zur automatischen Ausführung übertragen werden können, sollten durch das Dialogsystem ausgeführt werden, ohne den Benutzer damit zu belasten.	Die Schreibmarke wird automatisch auf das erste Eingabefeld eines Formulars positioniert, wenn dieses neu angezeigt wird.

Empfehlung	Beispiel
Bei der Gestaltung des Dialogs sollte der Komplexität der Arbeitsaufgabe unter Berücksichtigung der Fertigkeiten und Fähigkeiten des Benutzers Rechnung getragen werden.	Bei einem öffentlich zugänglichen Informationssystem ist ein Dialog mit Menüs einem Dialog mit Kommandos vorzuziehen.
Die Form der Eingabe und Ausgabe sollte der jeweiligen Arbeitsaufgabe und den Benutzerbelangen angepasst sein.	Daten werden mit der Genauigkeit ein- und ausgegeben, die von der Arbeitsaufgabe gefordert wird. So erscheinen Geldbeträge immer mit zwei Stellen nach dem Komma, auch wenn es glatte Beträge sind.
Der Dialog sollte den Benutzer bei der Erledigung wiederkehrender Aufgaben unterstützen.	Mehrere aufeinanderfolgende Dialogschritte, die in dieser Reihenfolge häufig auftreten, lassen sich als Makro speichern und aufrufen.
Gibt es für eine Arbeitsaufgabe Standardwerte, sollten diese dem Benutzer als Vorgabe angeboten werden. Vorgabewerte sollten auch durch andere Werte oder durch andere aufgabenangemessene Vorgabewerte ersetzt werden können.	Bei einem System zur Rechnungserstellung wird etwa das aktuelle Tagesdatum als Vorgabe für das Rechnungsdatum genommen. Der Benutzer kann dies für eine einzelne Rechnung ändern oder bestimmen, dass Rechnungen generell um eine bestimmte Spanne vor- oder zurückdatiert werden sollen.
Während der Erledigung einer Arbeitsaufgabe, bei der Daten geändert werden, sollten die ursprünglichen Daten wieder abrufbar sein, falls dies die Arbeitsaufgabe erfordert.	Ein Formular zur Einstellung von Parametern, in dem verschiedene Änderungen durchgeführt wurden, enthält nach Anklicken der Schaltfläche „Zurücksetzen" wieder die ursprünglichen Werte.
Das Dialogsystem sollte keine unnötigen Arbeitsschritte erforderlich machen.	Eine Datei kann direkt in ein anderes Verzeichnis verschoben werden, statt eine Kopie in diesem Verzeichnis zu erstellen und anschließend das Original zu löschen.

8.3.1.2 Selbstbeschreibungsfähigkeit (self-descriptiveness)

Ein Dialog ist *selbstbeschreibungsfähig*, wenn jeder einzelne Dialogschritt durch Rückmeldung des Dialogsystems unmittelbar verständlich ist oder dem Benutzer auf Anfrage erklärt wird.

Empfehlung	Beispiel
Nach jeder Handlung des Benutzers sollte das Dialogsystem dort, wo es zweckmäßig ist, eine Rückmeldung geben. Wenn die Ausführung einer Handlung schwerwiegende Folgen haben kann, sollten vor der Ausführung dieser Handlung Erläuterungen bereitgestellt und eine Bestätigung verlangt werden.	Bevor ein Datenträger formatiert wird, weist das System darauf hin, dass alle möglicherweise auf dem Datenträger vorhandenen Daten unwiderruflich gelöscht werden, und ermöglicht die Auswahl, den Formatierungsvorgang durchzuführen oder abzubrechen.

Empfehlung	**Beispiel**
Rückmeldungen oder Erläuterungen sollten eine einheitliche Terminologie verwenden, die sich aus dem Arbeitsgebiet ableitet statt aus der Technik des Dialogsystems.	Statt „Stammdaten erfassen“ wird „Kaution anlegen“ als Bezeichnung der Funktion verwendet. Unter diesem Stichwort lassen sich auch Hilfen für den Dialog abrufen.
Als mögliche Ergänzung zur Benutzerschulung sollten Rückmeldungen oder Erläuterungen den Benutzer dabei unterstützen, sich ein Verständnis des Dialogsystems zu verschaffen.	Beim Speichern einer Datei wird die Meldung angezeigt: „Die Datei ... wird gespeichert, bitte warten.“
Rückmeldungen oder Erläuterungen sollten den Kenntnissen angepasst sein, die von typischen Benutzern zu erwarten sind.	Eine Schreibkraft erhält eine Beschreibung in Begriffen ihres Arbeitsgebietes (z.B. Dateneingabe), während ein technischer Mitarbeiter eine Beschreibung in systemtechnischen Begriffen erhält.
Rückmeldungen oder Erläuterungen sollten je nach Benutzerbelangen und Benutzereigenschaften in Art und Umfang unterschiedlich sein.	Hilfe kann wahlweise als kurzer erläuternder Text oder ausführlich mit Beispielen abgerufen werden.
Rückmeldungen oder Erläuterungen sollten genau auf die Situation bezogen sein, für die sie gebraucht werden, um ihren Wert für den Benutzer zu erhöhen. Die Qualität von Rückmeldungen oder Erläuterungen sollte den Bedarf minimieren, Benutzerhandbücher oder externe Informationen heranziehen zu müssen, und so häufigen Medienwechsel vermeiden.	Das Dialogsystem bietet eine Hilfe an, die mit der gegenwärtigen Tätigkeit zusammenhängt (kontextsensitive Hilfe).
Falls für eine bestimmte Arbeitsaufgabe Vorgabewerte vorliegen, sollten sie dem Benutzer verfügbar gemacht werden.	Bei der Eingabe einer Anrede werden die häufigsten Anreden zur Auswahl angeboten.
Der Benutzer sollte über Änderungen des Zustands des Dialogsystems, die für die Arbeitsaufgabe von Bedeutung sind, informiert werden.	Nach dem Anklicken des Pinselsymbols in der Werkzeugpalette befindet sich das Dialogsystem im Zustand „Zeichnen“, was dem Benutzer durch eine Änderung des Pfeilzeigers in einen Pinselzeiger oder Fadenkreuzzeiger verdeutlicht wird.
Wenn eine Eingabe verlangt wird, sollte das Dialogsystem dem Benutzer Informationen über die erwartete Eingabe geben.	Wenn der Cursor in einem Feld zur Eingabe von Geldbeträgen steht, erscheint in der Statuszeile der Hinweis „Bitte Betrag in Euro mit zwei Nachkommastellen eingeben.“
Meldungen sollten in einer verständlichen, sachlichen und konstruktiven Weise formuliert und angezeigt werden und einheitlich aufgebaut sein. Meldungen sollten keine Werturteile enthalten, wie z.B. „Unsinnige Eingabe“.	Bei der Eingabe des Zahlungsziels erscheint statt „Falsches Datum!“ die Meldung „Bitte geben Sie ein Datum in der Form TT.MM.JJ ein, das mindestens 14 Tage in der Zukunft liegt.“

8.3.1.3 Steuerbarkeit (controllability)

Ein Dialog ist *steuerbar*, wenn der Benutzer in der Lage ist, den Dialogablauf zu starten sowie seine Richtung und Geschwindigkeit zu beeinflussen, bis das Ziel erreicht ist.

Empfehlung	**Beispiel**
Die Geschwindigkeit des Dialogs sollte nicht vom Dialogsystem vorgeschrieben werden. Sie sollte immer unter Kontrolle des Benutzers stehen entsprechend den Belangen und Merkmalen des Benutzers.	Eine Meldung verschwindet erst, wenn der Benutzer sie quittiert hat.
Das Dialogsystem sollte dem Benutzer Kontrolle darüber geben, wie der Dialog fortgesetzt werden soll.	Der Benutzer kann das nächste Eingabefeld mit Hilfe der Tabulatortaste auswählen.
Ist der Dialog unterbrochen, sollte der Benutzer die Möglichkeit haben, den Wiederaufnahmepunkt bei Fortsetzung des Dialogs zu bestimmen, falls es für die Arbeitsaufgabe zweckmäßig ist.	Der Benutzer unterbricht die Eingabe von Eigenschaften eines Objektes, um einen der Werte einer Tabelle zu entnehmen. Dabei erkennt er, dass er von falschen Voraussetzungen ausgegangen ist. Er kann nun den Eingabedialog fortsetzen und den Wert eingeben, ein anderes Feld des Formulars bearbeiten oder die bisher eingegebenen Änderungen verwerfen.
Wenigstens der letzte Dialogschritt sollte, soweit seine Folgen reversibel sind und falls es für die Arbeitsaufgabe zweckmäßig ist, zurückgenommen werden können.	Versehentlich wurde das falsche Objekt gelöscht. Durch Drücken einer bestimmten Taste kann es wiederhergestellt werden.
Unterschiedliche Benutzerbelange und Benutzermerkmale verlangen unterschiedliche Ebenen und Formen des Dialogs.	Gelegentliche Benutzer können Funktionen mit der Maus aus dem Menü auswählen, Experten können die gleichen Funktionen über Tastaturkürzel aufrufen.
Die Art der Anzeige von Ein- und Ausgabedaten (Format und Typ) sollten vom Benutzer beeinflussbar sein.	Wahlweise können Daten als Tabelle oder als Diagramm betrachtet und bearbeitet werden.
Der Benutzer sollte die Menge der angezeigten Daten steuern können, wenn es für die Arbeitsaufgabe sinnvoll ist.	Die Größe des angezeigten Textabschnittes kann durch Verkleinern und Vergrößern des Fensters frei gewählt werden.
Wenn alternative Eingabe-/Ausgabegeräte vorhanden sind, sollte der Benutzer entscheiden können, welche er nutzen will.	Der Benutzer hat die Wahl zwischen Tablett und Maus.

8.3.1.4 Erwartungskonformität (conformity with user expectations)

Ein Dialog ist *erwartungskonform*, wenn er konsistent ist und den Merkmalen des Benutzers entspricht, z.B. den Kenntnissen aus dem Arbeitsgebiet, der Ausbildung und der Erfahrung des Benutzers sowie den allgemein anerkannten Konventionen.

Empfehlung	**Beispiel**
Dialogverhalten und Informationsdarstellung sollten innerhalb eines Dialogsystems einheitlich sein.	Jedes Formular kann durch Drücken der Escape-Taste verlassen werden. Meldungen erscheinen immer in der Mitte des Bildschirms.
Änderungen des Dialogzustandes sollten auf einheitliche Weise herbeigeführt werden.	Hilfe wird durchgängig über die F1-Taste aufgerufen.
Das Dialogsystem sollte den Wortschatz verwenden, der dem Benutzer bei der Erledigung der Arbeitsaufgabe vertraut ist.	Im Eingabeformular steht „Verwaltungsnummer" und nicht „Primärschlüssel".
Bei ähnlichen Arbeitsaufgaben sollte der Dialog ähnlich gestaltet sein, damit der Benutzer einheitliche Verfahren zur Erledigung seiner Arbeitsaufgabe entwickeln kann.	Alle Kommandos folgen in ihrer Syntax einheitlich entweder dem funktionsorientierten oder dem objektorientierten Interaktionsstil.
Auf Eingaben des Benutzers sollte eine unmittelbare Rückmeldung folgen, soweit dies den Erwartungen des Benutzers entspricht. Die Rückmeldung sollte den Kenntnisstand des Benutzers berücksichtigen.	Mausbewegungen werden synchron in Zeigerbewegungen umgesetzt.
Die Positionsmarke sollte dort sein, wo Eingaben erwartet werden.	Beim Wechsel des Eingabefeldes wird der Cursor automatisch hinter das letzte Zeichen des neuen Feldes gesetzt.
Entstehen voraussichtlich erhebliche Abweichungen von der erwarteten Antwortzeit, sollte der Benutzer hiervon unterrichtet werden.	Bei längeren Verarbeitungsvorgängen erscheint ein Fortschrittsbalken in der Statuszeile und der Zeiger ändert sich zur Darstellung einer Uhr.

Der Grundsatz der Erwartungskonformität kann leicht in Widerspruch zu anderen Gestaltungsgrundsätzen geraten. Wenn eine Anwendung mit bestimmten ergonomischen Fehlern längere Zeit im Einsatz war oder sogar den Markt beherrscht, gewöhnen sich die Benutzer daran und erwarten dann von neuen Anwendungen eine gleichartige Gestaltung.

Ein Beispiel hierfür ist die bereits in 7.2.4.1 genannte Darstellung von Ankerworten in blauer unterstrichener Serifenschrift.

8.3.1.5 Fehlertoleranz (error tolerance)

Ein Dialog ist *fehlertolerant*, wenn das beabsichtigte Arbeitsergebnis trotz erkennbar fehlerhafter Eingaben entweder mit keinem oder mit minimalem Korrekturaufwand durch den Benutzer erreicht werden kann.

Empfehlung	Beispiel
Das Dialogsystem sollte den Benutzer dabei unterstützen, Eingabefehler zu entdecken und zu vermeiden. Es sollte verhindern, dass irgendeine Benutzereingabe zu undefinierten Systemzuständen oder zu Systemabbrüchen führen kann.	Ein Eingabefeld nimmt nur zulässige Zeichen an.
Fehler sollten dem Benutzer zu Korrekturzwecken erläutert werden.	Bei Eingabe einer negativen Zahl erscheint die Meldung „Zinssätze können nicht negativ sein. Bitte geben Sie den Zinssatz in Prozent ein."
Abhängig von der Arbeitsaufgabe kann es wünschenswert sein, besonderen Aufwand für Darstellungstechniken zu treiben, um das Erkennen von Fehlersituationen und deren anschließende Behebung zu unterstützen.	Nach Abschluss eines Eingabeformulars stellt das Anwendungsprogramm einen unerlaubten Wert in einem Eingabefeld fest. Zusätzlich zur Fehlermeldung wird das Feld hervorgehoben und der Cursor am Anfang des Feldes positioniert.
Wenn das Dialogsystem Fehler automatisch korrigieren kann, sollte es den Benutzer über die Ausführung der Korrektur informieren und ihm Gelegenheit geben, die Korrektur zu überschreiben.	Bei der Festlegung des Seitenformates gibt der Benutzer für eine Größe aus Versehen die Einheit m ein. Das System korrigiert automatisch auf cm und meldet die Korrektur. Der Benutzer kann die korrigierte Einheit beibehalten oder mit einer anderen überschreiben.
Benutzerbelange und Benutzermerkmale können es erforderlich machen, das Behandeln von Fehlersituationen aufzuschieben und dem Benutzer die Entscheidung zu überlassen, wann er sie bearbeitet.	Bei der Bearbeitung einer Kalkulationstabelle gibt der Benutzer eine fehlerhafte Formel ein. Da er sich über die möglichen Auswirkungen einer Korrektur nicht ganz sicher ist, speichert er erst den momentanen Stand ehe er sich der Fehlerbehebung zuwendet.
Es ist wünschenswert, während der Fehlerbehebung auf Anfrage zusätzliche Erläuterungen vorzusehen.	Fehlermeldungen enthalten eine Schaltfläche „Hilfe", die weitere Erläuterungen zu der Fehlersituation aufruft.
Die Prüfung auf Gültigkeit und die Bestätigung von Daten sollte stattfinden, bevor versucht wird, die Daten zu verarbeiten. Zusätzliche Eingriffsmöglichkeiten sollten für Kommandos mit großer Tragweite bereitgestellt werden.	Vor der Berechnung der Jahreszinsen prüft das Programm, ob bereits für alle Konten die Zinsen des Vorjahres gutgeschrieben wurden.
Falls es für die Arbeitsaufgabe zweckmäßig ist, sollte Fehlerbehebung möglich sein, ohne den Zustand des Dialogsystems umschalten zu müssen.	Fehlerhafte Eingaben können einfach überschrieben werden.

8.3.1.6 Individualisierbarkeit (suitability for individualisation)

Ein Dialog ist *individualisierbar*, wenn das Dialogsystem Anpassungen an die Erfordernisse der Arbeitsaufgabe, individuelle Vorlieben des Benutzers und Benutzerfähigkeiten zulässt.

Obwohl es in vielen Fällen sehr wünschenswert ist, dem Benutzer anpassbare Dialogfunktionen zur Verfügung zu stellen, ist dies kein Ersatz für ergonomisch gestaltete Dialoge.

Empfehlung	Beispiel
Das Dialogsystem sollte Techniken bereitstellen zur Anpassung an Sprache und an kulturelle Eigenheiten des Benutzers sowie an individuelles Wissen und Erfahrung auf dem Gebiet der Arbeitsaufgabe und an das Wahrnehmungsvermögen sowie die sensumotorischen und geistigen Fähigkeiten.	Deutschsprachige Benutzer können für alle Interaktionselemente und Menüs deutsche Beschriftungen einstellen sowie die in Deutschland üblichen Formate für Datum, Währung und dergleichen. Sehbehinderte Benutzer können größere Schriften einstellen.
Das Dialogsystem sollte dem Benutzer die Möglichkeit bieten, zwischen alternativen Formen der Darstellung nach individuellen Vorlieben oder der Komplexität der zu verarbeitenden Information zu wählen.	Dateien in einem Verzeichnis können als Piktogramme oder als Texteinträge dargestellt werden.
Der Umfang von Erläuterungen (z.B. Details in Fehlermeldungen, Hilfeinformationen) sollte entsprechend dem individuellen Kenntnisstand des Benutzers veränderbar sein.	Warnmeldungen beim Verschieben oder Überschreiben von Dateien lassen sich abschalten.
Der Benutzer sollte die Möglichkeit haben, sein eigenes Vokabular zu benutzen, um eigene Bezeichnungen für Objekte und Handlungen festzulegen, falls dies für den Arbeitskontext und die Arbeitsaufgabe vorteilhaft ist. Zusätzlich sollte der Benutzer die Möglichkeit haben, eigene Kommandos hinzuzufügen.	Der Benutzer kann die Menüeinträge umbenennen sowie Makros aufzeichnen und eigenen Menüeinträgen und Tastenkombinationen zuordnen.
Der Benutzer sollte die Möglichkeit haben, die Zeitparameter von Dialogfunktionen einzustellen, um sie an seine individuellen Belange anzupassen.	Die Rollgeschwindigkeit eines Textes kann mit der Maus eingestellt werden.
Die Benutzer sollten die Möglichkeit haben, für unterschiedliche Arbeitsaufgaben zwischen unterschiedlichen Dialogtechniken zu wählen.	Für den Aufruf einer Funktion kann wahlweise eine Menüauswahl oder eine Kommandoeingabe erfolgen.
Falls es für die Arbeitsaufgabe zweckmäßig ist, sollte Fehlerbehebung möglich sein, ohne den Zustand des Dialogsystems umschalten zu müssen.	Fehlerhafte Eingaben können einfach überschrieben werden.

Der Benutzer soll die Benutzungsschnittstelle nur innerhalb bestimmter Grenzen individualisieren können, die durch andere ergonomische Forderungen vorgegeben werden.

So soll es beispielsweise nicht möglich sein, Schrift- und Hintergrundfarbe für Elemente der Benutzungsschnittstelle gleich einzustellen. Dies kann nämlich zu irreparabler Unlesbarkeit führen, weil dann auch die Dialoge zur Korrektur der Einstellung nicht mehr lesbar sind.

In betrieblichen Anwendungen kann es sinnvoll sein, die Individualisierung weiter zu beschränken, um eine einfachere Zusammenarbeit, Wartung und Beratung nicht zu beeinträchtigen.

Muss beispielsweise ein Benutzer gelegentlich einen anderen an dessen Rechner vertreten, so kann eine sehr individuelle Einstellung das Zurechtfinden stark erschweren.

Eine Beratung über Telefon ist häufig nur möglich, wenn der Berater auf seinem Bildschirm nachvollziehen kann, was der Benutzer sieht. Bei einer weitgehenden Individualisierung ist eine Verständigung oft nicht mehr möglich, wenn etwa „der blaue Knopf oben links" beim Berater als graue Schaltfläche recht unten erscheint.

8.3.1.7 Lernförderlichkeit (suitability for learning)

Ein Dialog ist *lernförderlich*, wenn er den Benutzer beim Erlernen des Dialogsystems unterstützt und anleitet.

Empfehlung	**Beispiel**
Regeln und zugrunde liegende Konzepte, die für das Erlernen nützlich sind, sollten dem Benutzer zugänglich gemacht werden, damit dieser sich eigene Ordnungsschemata und Merkregeln aufbauen kann.	Der Benutzer kann Informationen über das Anwendungsmodell erhalten.
Relevante Lernstrategien (z.B. verständnisorientiertes Lernen, „Learning by doing", Lernen am Beispiel) sollten unterstützt werden.	Der Benutzer kann sich eine Erläuterung einer Funktion abrufen oder sich schrittweise durch die Funktion führen lassen oder ein Lernprogramm mit Anwendungsbeispielen der Funktion durcharbeiten.
Das Wiederauffrischen von Gelerntem sollte unterstützt werden.	Seltener gebrauchte Optionen werden ausführlicher dargestellt. Wenn das System lange nicht genutzt wird, werden ausführliche Statusinformationen und Hinweise gegeben.
Eine Reihe von Mitteln zur Verbesserung der Lernförderlichkeit sollte verwendet werden, um dem Benutzer zu helfen, mit den Teilen des Dialogsystems vertraut zu werden.	Dialoge zur Bearbeitung ähnlicher Objekte laufen gleichartig ab. Hinweise erscheinen immer am gleichen Ort.

8.3.2 Empfehlungen für einzelne Dialogarten

8.3.2.1 Gestaltung von Kommandodialogen

Hinweise zur Gestaltung und Verwendung von Kommandodialogen finden sich in [ISO9241-15]. Im Folgenden sollen nur einige wichtige Punkte genannt werden.

Die *Syntax* der Kommandosprache soll einheitlich sein, insbesondere in Bezug auf die Reihenfolge von Kommandowort, Parametern und Optionen. Treten die gleichen Optionen bei verschiedenen Kommandos auf, müssen sie gleich bezeichnet sein. Ein Kommando soll nicht zu viele Optionen haben. Wenn durch eine Option die Bedeutung eines Kommandos sehr stark geändert wird, ist es besser, hierfür ein gesondertes Kommando vorzusehen.

Das *Vokabular* für die Kommandonamen soll anwendungsnah gewählt werden. Die Kommandos sollen leicht merkbar sein. Um diese Anforderung zu erfüllen, sollen sie aus alphabetischen Zeichen bestehen und nicht aus bloßen Zahlen. Es empfiehlt sich, bei zu schreibenden Kommandos nicht zwischen großen und kleinen Buchstaben zu unterscheiden. Bei hierarchischen Kommandos beziehungsweise Kommandos, die sich aus Verb und Substantiv zusammensetzen, soll einem einheitlichen Stil gefolgt werden: entweder immer erst das Verb / die Aktion und dann das Substantiv / die Objektklasse oder immer umgekehrt.

Für eine rasche Kommandoeingabe ist es nötig, dass die Kommandonamen abgekürzt werden können. Die verwendete *Abkürzungsregel* muss einheitlich, einfach und leicht verständlich sein. Am besten erfolgt die Abkürzung so, dass Kommandowörter bis zu einer bestimmten Anzahl von Zeichen abgeschnitten werden dürfen, bei der die Unterscheidung gewährleistet ist. Es soll aber auch möglich sein, das vollständige Kommandowort zu benutzen. Weder die Kommandonamen noch die Abkürzungen verschiedener Kommandos dürfen ähnlich klingen, weil sonst die Gefahr der Verwechslung besteht.

8.3.2.2 Gestaltung von Menüdialogen

Hinweise zur Gestaltung und Verwendung von Menüdialogen finden sich in [ISO9241-14]. Im Folgenden sollen nur einige wichtige Punkte genannt werden.

Die *Bezeichnungen* für Menütitel und Menüeinträge sollen kurz, prägnant und klar unterscheidbar sein. Ein einheitlicher grammatikalischer Stil (entweder Verben oder Substantive) ist anzustreben, möglich ist aber auch eine grammatikalische Unterscheidung durch Verben für Aktionsmenüs und Substantive für Eigenschaftsmenüs. Die Bezeichnungen sollen möglichst einheitlich über verschiedene Anwendungen hinweg sein. Dies gilt auch für Symbole, mit denen Menüeinträge zusätzlich gekennzeichnet werden können. Bei Anwendungen unter dem Betriebssystem Windows ist es üblich, dass die beiden linken Menütitel Datei (Funktionen zur Bearbeitung ganzer Dokumente) und Bearbeiten (Funktionen zur Bearbeitung einzelner Objekte) lauten und ganz rechts der Menütitel ? (Funktionen, um Hilfe zu erhalten) steht. Weitere häufig in Anwendungen vorkommende Titel sind Ansicht (verschiedene Darstellungsarten eines Dokuments) und Fenster (bei Anwendungen, die mehrere Fenster benutzen).

Sowohl Pull-down-Menüs als auch Pop-up-Menüs sollen stets das gleiche *Aussehen* haben. Die Texte der einzelnen Menüeinträge sollen linksbündig untereinander stehen und mit einem Großbuchstaben beginnen. Vor dem Text kann zusätzlich ein Symbol stehen, das die jeweilige Funktion grafisch darstellt. Eine reine bildliche Darstellung ist in der Regel nicht empfehlenswert.

Bei Eigenschaftsmenüs kann eine gewählte Eigenschaft ebenfalls durch ein Symbol vor dem Menüeintrag gekennzeichnet werden. Dabei werden Eigenschaften, die unabhängig von anderen wählbar sind wie bei den ihnen entsprechenden Kontrollkästchen im gewählten Zustand mit einem Haken gekennzeichnet. Bei einer Gruppe von Eigenschaften, die sich gegenseitig ausschließen, wird die gewählte Option mit einem Punkt markiert.

Unmittelbar an den Text anschließende drei Punkte zeigen an, dass bei Auswahl des Menüpunktes ein Folgedialog aufgerufen wird. Weiter rechts hinter einem Menütitel kann eine Tastenkombination oder eine Funktionstaste angegeben sein, mit der die zugehörige Funktion direkt ohne Nutzung des Menüs ausgelöst werden kann (siehe unten „Auswahl über Tastatur“). Ganz rechts am Rand des Menükastens kann ein nach rechts weisender Pfeil auf eine Folgekaskade hinweisen.

Innerhalb des Menüs können Trennzeilen eingefügt sein, um die Einträge zu gruppieren. Ein vom Zeiger berührter Eintrag wird hervorgehoben, nicht wählbare Einträge sollen abgeblendet dargestellt werden.

Die *Gruppierung* der Menüeinträge soll so erfolgen, dass höchstens vier Hierarchieebenen auftreten, nämlich Menübalken mit Menütiteln, Pull-down-Menü, erste Kaskade und zweite Kaskade. Ein weiteres Kaskadieren ist zu vermeiden, da auch bei zwei Kaskaden schon Darstellungsprobleme durch fehlenden Platz rechts oder unten auftreten können und Menüs schwer zu bedienen sind, wenn die Kaskadierung aus Platzgründen in die entgegengesetzte Richtung erfolgt, so dass Teile des ursprünglichen Menüs verdeckt werden.

Etwa 8 bis 16 Menüeinträge pro Gruppe auf maximal drei Hierarchieebenen haben sich am besten bewährt. Die einzelnen Gruppen sollen sich inhaltlich nicht überschneiden. Die Bezeichner der Gruppen, also die Einträge der oberen Ebenen, müssen so gewählt werden, dass die untergeordneten Menüs nur typische Mitglieder der Gruppe enthalten.

Für die *Anordnung* der Einträge innerhalb eines Menüs gelten die gleichen Überlegungen wie bei den Gruppierungsprinzipien für Interaktionselemente (vgl. 7.3.1). Sinnvoll ist eine funktionale Gliederung, wie sie üblicherweise im Menü Datei vorherrscht (Dateifunktionen, Druckfunktionen und so weiter). Innerhalb einer Gruppe kann auch nach Häufigkeit oder Wichtigkeit geordnet werden, beispielsweise im Menü Ansicht (z.B. Normal, Layout, Gliederung). Eine natürliche Abfolge ist beispielsweise bei Zoom-Stufen sinnvoll (z.B.

25 %, 50 %, 100 %, 200 %). Alphabetische Sortierung ist nur bei völlig gleichwertigen Einträgen sinnvoll, beispielsweise in einem Menü zur Auswahl von Schriftarten.

Bei der Gestaltung von Menüs ist darauf zu achten, dass die Auswahlzeichen für eine *mnemonische Auswahl* über die Tastatur so gewählt werden, dass sie leicht erkannt, erinnert und eingegeben werden können, um eine schnelle Auswahl zu ermöglichen. Existieren gleichlautende Einträge in verschiedenen Menüs, so sollen ihnen dieselben Auswahltasten zugeordnet sein.

Bei der Wahl der Tastaturkürzel soll eine mnemonische Zuordnung bevorzugt werden (z.B. Strg+S für „Speichern" / „Save"). Eingeführte Standards sollen beibehalten werden, so dass beispielsweise auch in deutschsprachigen Anwendungen Strg+P für „Drucken" benutzt wird. Werden Kombinationen mit der Alt-Taste als Tastaturkürzel benutzt, dürfen keine Konflikte mit den Auswahltasten der Menütitel auftreten.

8.3.2.3 Gestaltung von Dialogen mit Formularen

Formulare bestehen aus Gruppierungen von Interaktionselementen. Insofern finden sich die wesentlichen Hinweise zur Gestaltung von Dialogen mit Formularen bereits in 7.2 und 7.3. Dialoge mit Formularen nutzen heute in der Regel Fenster für die einzelnen Formulare. Deren Gestaltung wird unmittelbar anschließend beschrieben.

Weitere Hinweise zur Verwendung von Dialogen mit Eingabeformularen finden sich in [ISO9241-17].

8.3.2.4 Gestaltung von Dialogen in Fenstersystemen

Für die Gestaltung von Dialogen mit Fenstern gibt es einige anwendungsunabhängige Regeln, deren Berücksichtigung die Arbeit mit dem Fenstersystem insgesamt und mit den Fenstern in einer Anwendung erleichtert. In erster Linie ist hier der *Verzicht auf unnötige Modalität* zu nennen. Den Benutzern soll eine möglichst große Handlungsflexibilität eingeräumt werden, auch wenn sich dadurch die Programmierung der Anwendungen schwieriger gestaltet, weil mehr Handlungsmöglichkeiten berücksichtigt werden müssen.

Fenster sollen *keine unnötigen Fensterelemente* enthalten. Werden bestimmte Fensterelemente nicht benötigt, sollen sie ganz entfernt und nicht nur abgeblendet werden. So sind bei Dialogfenstern, die in der Größe unveränderbar sind, der Anwendungsmenüknopf, der Minimierknopf und der Vollbildknopf wegzulassen. Ebenso sollen Rollbalken erst dann erscheinen, wenn es etwas zu rollen gibt.

Dialogfenster sollen *möglichst wenig Information verdecken.* Sie sind daher so klein wie möglich zu halten. Lässt sich die Information in einem Dialogfenster in einen unverzichtbaren und einen ergänzenden Teil gliedern, sind expandierbare Dialoge sinnvoll. Beim Erscheinen des Dialogfensters wird nur die Grundinformation dargestellt. Mit einer Schaltfläche **Details** >> kann das Dialogfenster expandiert und die ergänzende Information angezeigt werden.

Paletten als spezielle Dialogfenster sollen ebenfalls möglichst klein gehalten werden. Häufig ist es sinnvoll, die *Paletteneigenschaft abschaltbar* zu machen, so dass das Fenster normal verdeckt werden kann.

Wenn sich verdeckte Informationen in einem Fenstersystem ändern und diese Änderung für die Benutzer bei der Aufgabenbearbeitung bedeutsam ist, so soll ein *Hinweis auf die verdeckte Information* gegeben werden. Dies kann beispielsweise durch Blinken des Titelbalkens und des Anwendungssymbols in der Taskleiste von Windows oder durch Signaltöne geschehen.

8.3.2.5 Gestaltung von Dialogen mit direkter Manipulation

Hinweise zur Gestaltung und Verwendung von Dialogen mit direkter Manipulation finden sich in [ISO9241-16]. Im Folgenden sollen nur einige wichtige Punkte genannt werden.

Bei der Verwendung von *Metaphern* ist auf konsistente Übereinstimmung mit dem ursprünglichen Gegenstandsbereich der realen Welt zu achten. Die Metapher muss in der Darstellung am Bildschirm klar erkennbar sein. Wenn sie für bestimmte Bereiche des Systems nicht gilt, muss dies den Benutzern deutlich gemacht werden.

Wichtig ist eine dynamische und kontextbezogene *Rückmeldung* (feedback) über die Effekte der Manipulation. Wenn die direkte Manipulation eines Objektes eine eindeutig definierte Aktion zur Folge hat, soll die Darstellung des Zeigers dies verdeutlichen. Beim Verschieben eines Objektes erscheint beispielsweise der Zeiger als ein verkleinertes Abbild des Objektes oder als ein Pfeil zusammen mit einem solchen, beim horizontalen Vergrößern oder Verkleinern eines Objektes erscheint ein waagerechter Doppelpfeil, beim Zeichnen einer Linie ein Bleistiftsymbol und so fort. Der Zeiger soll ebenso deutlich machen, wenn eine Manipulation nicht möglich ist, etwa als Sanduhr, wenn bis zum Abschluss eines Prozesses gar keine Manipulationen möglich sind oder als Halteverbotszeichen, wenn ein Objekt an der momentanen Position des Zeigers nicht abgelegt werden kann.

Wenn für eine Aktion weitere Angaben erforderlich sind, soll ein entsprechender Dialog erscheinen, beispielsweise ein Dialogfenster mit einem Formular, in dem die Anzahl der Kopien und der Seitenbereich ausgewählt werden kann, nachdem ein Objekt auf das Druckerpiktogramm gezogen wurde.

Während einer kontinuierlichen Manipulation soll eine kontinuierliche Rückmeldung über die Veränderung erfolgen und nach einer diskreten Manipulation soll eine sofortige Rückmeldung erfolgen. Bei einer Größenveränderung durch Ziehen erfolgt zum Beispiel eine kontinuierliche Rückmeldung durch einen Umrissrahmen, der sich mit der Bewegung verändert. Sobald ein Objekt durch Klicken selektiert wird, erfolgt eine sofortige Rückmeldung durch Hervorhebung, und dergleichen, wobei häufig beide Arten der Rückmeldung zusammen auftreten.

8.4 Anwendungsabhängige Dialoggestaltung

8.4.1 Anwendungsabhängige Gestaltungskriterien

Die Einhaltung der Gestaltungsgrundsätze aus den Normen ist nicht direkt prüfbar, da die Grundsätze recht allgemein gehalten sind. Aus ihnen sind Empfehlungen für die einzelnen Dialogarten abgeleitet worden, die anwendungsunabhängig gelten. Sie beziehen sich meist auf die Elemente des Dialogs wie Menüs und Fenster. Hier sind sie bereits recht konkret. Häufig bauen auf diesen Empfehlungen so genannte Style Guides auf, die das Aussehen der Dialogelemente für ein bestimmtes Betriebssystem oder für die Anwendungen eines bestimmten Software-Hauses bis ins Einzelne festlegen.

Was der Software-Entwickler braucht, sind konkrete Gestaltungskriterien. Nur zu einem kleinen Teil finden sich diese in überprüfbarer Form in den oben genannten Normen. Für eine ergonomische Dialoggestaltung müssen daher aus den Gestaltungsgrundsätzen konkrete Kriterien unter Berücksichtigung der Anwendung und der Zielgruppe abgeleitet werden.

Vorgehen zur Ableitung von Kriterien

Kriterien für spezielle Anwendungen lassen sich am besten entwickeln, indem Szenarien aufgestellt werden. Ein Szenario soll dabei folgende Angaben umfassen:

- Tätigkeit und Arbeitsaufgabe,
- beabsichtigtes Arbeitsergebnis,
- angestrebter Arbeitsaufwand am Bildschirmarbeitsplatz,
- Kontext der Nutzung,
- Eigenschaften der Benutzer,
- Eigenschaften des verwendeten Systems.

Ziel des Szenarios ist es, ein *Prüfkriterium* in Frageform zu erhalten, bei dem festgestellt werden kann, ob es von dem Anwendungsprogramm erfüllt wird.

Für dieses Verfahren sei hier ein Beispiel aus dem Bereich des rechnerunterstützten Konstruierens (CAD) gezeigt. Eine Gestaltungsempfehlung wird aus einem der Gestaltungsgrundsätze abgeleitet, und ein passendes Szenario dient dazu, ein Prüfkriterium in Frageform aufzustellen. Das Beispiel stammt aus der GI-Empfehlung *Ergonomische Gestaltung der Benutzungsschnittstellen von CAD-Systemen* [GI96] und findet sich dort unter der Nummer D.2.1.

Gestaltungsempfehlung mit Prüfkriterium (Beispiel)	
Empfehlung	Zur Auswahl von Operanden, Operatoren und Parametern sollen mehrere Möglichkeiten angeboten werden, z.B. „direktes“ Auswählen mittels Maus oder Stift oder „indirektes“ Auswählen mittels Eingabe von Elementeigenschaften (z.B. Farbe, Name, Beziehung zu anderen Elementen) im Eingabefeld. Auswahlmöglichkeiten sind: Freihandsymbole, Gummiband-Rahmen, Anklicken von Elementen, Kommandoeingabe. Ein Wechsel zwischen den Auswahltechniken soll möglich sein.
Prinzip / Begründung	Steuerbarkeit: Die Wahl zwischen alternativen Eingabemitteln fördert die Steuerbarkeit des Dialogs durch den Benutzer je nach seinen Präferenzen oder Gewohnheiten (ISO 9241-10, Abschnitt 3.3).
Szenario	Bei einem Bauteil sollen mehrere Schraubverbindungen angepasst werden. Der Konstrukteur kann die Schraubverbindungen entweder einzeln (z.B. durch „direktes“ Selektieren mittels Maus oder Stift) oder gemeinsam (z.B. durch „indirektes“ Selektieren über die Eingabe der DIN-Bezeichnung) auswählen. Die einzugebenden DIN-Bezeichnungen werden auf Anforderung angezeigt (siehe Selbstbeschreibungsfähigkeit, ISO 9241-10, Abschnitt 3.2).
Prüfkriterium	Kann der Konstrukteur „Features“ (hier z.B. Schraubverbindungen) durch Anwendung alternativer Techniken auswählen?

8.4.2 Probleme der ergonomischen Dialoggestaltung

Die Entwicklung von Gestaltungskriterien für Anwendungsprogramme nach dem beschriebenen Verfahren ist sehr aufwendig. Werden dagegen allgemeinere Empfehlungen oder Kriterien aufgestellt, so gibt es meist viele Bedingungen und Ausnahmen („wenn die Aufgabe es erfordert“ etc.).

Die Erfüllung eines Kriteriums ist häufig auf mehrere Weisen möglich. Es ist dann schwer zu beurteilen, welche davon „am ergonomischsten“ ist. Einfach ist nur die Feststellung, dass das Kriterium nicht erfüllt wird. Allgemeiner gesagt, ist sehr viel einfacher, ergonomische Fehler zu entdecken als sie zu vermeiden.

Eine kriterienbezogene Entwicklung ist bisher nur bei klassischen Büroanwendungen durchgeführt worden, da sie vom Aufwand her nur für Anwendungen mit großer Zielgruppe vertretbar ist. Nachteilig an der Methode ist außerdem, dass sie gewissermaßen eine Momentaufnahme darstellt. Änderungen im Arbeitskontext (Aufgabe, Vorkenntnisse, Systemumgebung und dergleichen) können nicht berücksichtigt werden beziehungsweise nur, indem neue Szenarien aufgestellt und daraus neue Kriterien erstellt werden.

Nachbereitung

8.5 Übungsaufgaben

Aufgabe 8.1 Kommandosprachen

Ein mobiler Roboter kann vorwärts und rückwärts fahren und sich auf der Stelle nach rechts oder links drehen. Er hat einen Greifarm, dessen zwei Gelenke jeweils in der Vertikalen gebeugt werden können. Am Ende des Greifarms befindet sich eine Schaufel, die geöffnet und geschlossen werden kann. Dieser Roboter soll mittels einer Kommandosprache ferngesteuert werden können.

- Für welche Operationen werden wie viele Kommandos benötigt?
- Auf welche Operanden wirken die Kommandos?
- Welche Parameter müssen angegeben werden?
- Wie lässt sich die Kommandosprache funktionsorientiert verwirklichen?

Aufgabe 8.2 Menüaufbau

Eine Anwendung unter dem Betriebssystem Windows 98 soll dazu dienen, Mietkautionen auf Sammelkonten zu verwalten. Zu jedem Mietobjekt gibt es ein Sammelkonto, auf dem die Kautionen für die einzelnen Mieteinheiten (Wohnungen, Geschäfte, Garagen) angelegt werden. Vermieter besitzen ein oder mehrere Objekte. Zu jeder Kaution werden die relevanten Angaben über den Mieter gespeichert, zu jedem Objekt die relevanten Angaben über das Objekt, zu jedem Vermieter die relevanten Angaben über den Vermieter. Am Ende eines jeden Jahres werden für jede einzelne Kaution die Zinsen und Abgaben (Zinsabschlagsteuer, Solidaritätszuschlag) berechnet und gebucht. Zieht ein Mieter ein, zahlt er den Kautionsbetrag ein, wobei auch Ratenzahlung möglich ist. Zieht er wieder aus, werden ähnlich wie beim Jahresabschluss die Zinsen und Abgaben verbucht und der Betrag ausgezahlt. Das Programm umfasst also folgende Funktionen: Anlegen einer neuen Kaution, Einzahlungen zu einer Kaution, Ändern einer Kaution, Auflösen einer Kaution, Suchen einer bestimmten Kaution, Anzeige der Kautionen als Liste (Übersicht) mit ausführlichen Angaben wahlweise über die Mieter oder die Salden, Anzeige einer einzelnen Kaution mit allen Details, Anlegen eines neuen Objektes, Ändern eines Objekts, Anzeigen als Liste, Anlegen eines neuen Vermieters, Ändern eines Vermieters, Anzeigen als Liste, Anzeigen und Ändern der Zinssätze, Anzeigen und Ändern der Abgabensätze, Durchführung des Jahresabschlusses, Stornierung eines Jahresabschlusses, Änderung des Passwortes, Änderung der Systemparameter, Anzeige und Druck von Zugängen, Abgängen, Einzelnachweisen, Übersichten und Jahresabschlüssen der Kautionen sowie der Zinsbescheinigungen für die Mieter, Export der Buchungen auf Diskette für die Bank, Export der Zinsbescheinigungen als Textdatei für externen Druck. Alle Funktionen sollen über das Menü aufgerufen werden können.

- Welche Funktionen können unter die bei Windows-Anwendungen üblichen Menütitel eingereiht werden?
- Welche zusätzlichen Menütitel schlagen Sie vor?
- Welche Menüeinträge schlagen Sie vor und welche mnemonischen Kodes?
- Welche Kontextmenüs schlagen Sie bei den Darstellungen der Kautionen, Objekte und Vermieter vor?

Aufgabe 8.3 Aufgabenbezogener Dialog

In einer Buchungsanwendung ist eine Datei mit Überweisungsaufträgen erstellt worden. Diese Datei soll nun auf eine Diskette geschrieben werden, um im Wege des Datenträgeraustausches an die Bank geschickt zu werden.

- Welchen Dialog muss das Programm mit dem Benutzer führen?
- Welche Prüfungen sollte das Programm durchführen?
- Welche zusätzlichen Dialogschritte können diese Prüfungen hervorrufen?

Aufgabe 8.4 Erwartungskonformität

Viele Zeichenprogramme erlauben die Eingabe von Strecken (gerade Linie zwischen zwei Punkten) und von Polygonzügen (mehrere aneinander anschließende Strecken).

- Wie sind die Dialoge für diese beiden Funktionen in Ihnen bekannten Programmen aufgebaut?
- Welche anderen Möglichkeiten sind denkbar?
- Wie würden Sie mit Hinblick auf die Gestaltungsprinzipien der ISO 9241-10 die Dialoge gestalten?

Aufgabe 8.4 Individualisierbarkeit

Das Betriebssystem Windows bietet seit Windows 98 verschiedene Möglichkeiten der Individualisierung der Anzeige.

- Welche Eigenschaften können eingestellt werden?
- Entspricht der Dialog den Forderungen der Norm?
- Welche Probleme können sich in Institutionen mit mehreren Arbeitsplätzen durch Individualisierung ergeben?

Lösungen

9 Gestaltung von multimedialen Dialogen

Zusammenfassung, Lernziele und Vorüberlegungen

9.1 Gestaltungsgrundsätze für Multimedia

9.1.1 Allgemeine Gestaltungsgrundsätze

Die Benutzungsschnittstellen multimedialer Anwendungen sind in der Regel viel komplexer als die konventioneller Anwendungen, bei denen nur Text und Grafik zur Informationsdarstellung benutzt werden. Dies gilt sowohl für die Struktur als auch den Inhalt und die Menge des Informationsangebots. Um dieser Komplexität gerecht zu werden, gibt es für die Gestaltung der Benutzungsschnittstellen multimedialer Anwendungen eine eigene ausführliche Norm, die *DIN EN ISO 14915 Software-Ergonomie für Multimedia-Benutzungsschnittstellen.* Sie gliedert sich in drei Teile, wobei der erste Teil die Gestaltungsgrundsätze und Rahmenbedingungen beinhaltet [ISO14915-1].

Wenn multimediale Benutzungsschnittstellen in fachlichen oder beruflichen Anwendungen für die Arbeit und für das Lernen vorkommen, gelten selbstverständlich die in 8.3.1 erläuterten sieben *Grundsätze der Dialoggestaltung* weiter.

Der Grundsatz der *Steuerbarkeit* erfordert zum Beispiel, dass der Benutzer Animations- oder Videosequenzen überspringen beziehungsweise abbrechen kann und nicht mit Eingaben warten muss, bis die Sequenz zuende gespielt wurde.

Neben diesen „konventionellen" Gestaltungsprinzipien sollen bei multimedialen Benutzungsschnittstellen noch vier spezielle Gestaltungsgrundsätze berücksichtigt werden, nämlich die Eignung für das Kommunikationsziel, die Eignung für Wahrnehmung und Verständnis, die Eignung für Exploration und die Eignung für Benutzungsmotivation.

9.1.2 Eignung für das Kommunikationsziel

Multimedia-Anwendungen werden meist dazu entwickelt, Informationen von einem Anbieter an einen Empfänger zu übermitteln. Ziel solcher Kommunikation kann beispielsweise Ausbildung oder Schulung oder Unterstützung bei der Aufgabenerledigung sein.

Eine Multimedia-Anwendung ist *für das Kommunikationsziel geeignet*, wenn sie so gestaltet ist, dass sie sowohl den Zielen des Anbieters der zu übermittelnden Information als auch dem Ziel oder der Aufgabe des Benutzers oder Empfängers dieser Information entspricht [ISO14915-1].

Damit eine geeignete Gestaltung erreicht werden kann, muss sich der Anbieter der Information zunächst darüber klar sein, welches Kommunikationsziel er mit der Anwendung erreichen will. Dieses Ziel lässt sich auf einer übergeordneten Ebene beispielsweise als Lehre, Information oder Unterhaltung definieren. Auf unterer Ebene lassen sich spezifische Kommunikationsziele festlegen, die oft nur für einzelne Teile der Anwendung gelten. Mögliche spezifische Ziele sind etwa das Zusammenfassen, das Erklären, das Darstellen oder das Motivieren.

Auf der Seite des Benutzers gibt es in der Regel bestimmte Bedürfnisse in Bezug auf das Kommunikationsziel, etwa Lernanforderungen oder die Notwendigkeit, bestimmte Informationen zu erlangen, die für die Erledigung einer Aufgabe nötig sind. Zu diesen Benutzerbedürfnissen kann auch die Erzeugung von Motivation zur Nutzung der Anwendung gehören.

Bei der Gestaltung der Multimedia-Anwendung muss darauf geachtet werden, dass Kommunikationsziele und Benutzerbedürfnisse möglichst gut unterstützt werden.

In einer Lernanwendung beginnen alle Kapitel jeweils mit einer Anfangsfrage zum Motivieren, dann folgt eine Darstellung eines Sachverhalts. Anschließend wird erklärt, wie dieser Sachverhalt zustande kommt. Wichtige Argumente werden hervorgehoben, um die wesentlichen Aspekte der Nachricht zu betonen.

9.1.3 Eignung für Wahrnehmung und Verständnis

9.1.3.1 Allgemeine Anforderungen

Eine Multimedia-Anwendung ist *für Wahrnehmung und Verständnis geeignet*, wenn sie so gestaltet ist, dass die zu übermittelnde Information leicht erfasst und verstanden werden kann [ISO14915-1].

Um Wahrnehmung und Verständnis zu erleichtern, müssen zunächst einmal die sieben *charakteristischen Eigenschaften* der darzustellenden Information aus 7.1.1 für alle beteiligten Medien erreicht werden. Eine solche Gestaltung ist bei multimedialen Anwendungen besonders wichtig, weil bei diesen die Informationsdarstellung durch gleichzeitiges Angebot mehrerer Medien besonders komplex ist. Durch den Einsatz dynamischer Medien wird Information außerdem oft nur kurzzeitig dargestellt.

In einer multimedialen Anwendung über die Geschichte einer Stadt wird Hintergrundmusik zur Verbesserung der Motivation eingesetzt. Die Anwendung enthält verschiedene Klangdokumente wie zum Beispiel das jeweilige Glockengeläut der verschiedenen Kirchen. Wenn ein solches Klangdokument abgespielt wird, muss die Hintergrundmusik automatisch abgeschaltet werden, um die *Unterscheidbarkeit* der Klanginformation zu gewährleisten.

Die Eignung für Wahrnehmung und Verständnis erfordert aufgrund der besonderen Merkmale multimedialer Anwendungen außerdem die Beachtung der folgenden fünf Richtlinien.

9.1.3.2 Vermeidung von Wahrnehmungsüberlastung

Der Benutzer sollte nicht mit zu vielen Informationen überlastet werden, die entweder durch ein einzelnes Medium oder die Kombination von Medien gleichzeitig dargestellt werden [ISO14915-1].

Eine Überlastung kann sowohl durch zu viele Informationen innerhalb eines einzelnen Mediums als auch durch die Kombination von Medien auftreten, die jeweils einzeln nicht zu einer Überlastung führen würden.

Eine Anwendung enthält verschiedene Animationen und Videos, die alle für sich allein leicht verständlich sind. Wenn diese Medien so angeboten werden, dass jeweils ein Video zusammen mit einer inhaltlich zugehörigen Animation dargestellt wird, kann dies zu einer Wahrnehmungsüberlastung führen.

9.1.3.3 Vermeidung von Informationsüberlastung durch zeitabhängige Darstellungen

Die Medien sollten so ausgewählt und dargeboten werden, dass dem Benutzer genügend Zeit bleibt, die notwendige Information aus den Medien zu verstehen [ISO14915-1].

Die Informationsaufnahme aus dynamischen Medien ist verhältnismäßig schwierig, so dass meist nur grundsätzliche Informationen verstanden werden. Für komplexe Informationen ist oft die Darstellung durch Text und Bild besser geeignet. Auch bei Bildern muss der Benutzer genügend Zeit haben, die wesentliche Information herauszuholen. Bilder dürfen deshalb nicht von allein nach einer gewissen Zeit verschwinden, sondern erst, wenn der Benutzer es wünscht. Dies folgt auch aus dem Gestaltungsgrundsatz der Steuerbarkeit.

Die Handgriffe zur Bedienung eines technischen Gerätes werden nicht in einem fortlaufenden kommentierten Video gezeigt. Stattdessen wird jeder Handgriff durch einen Text erläutert. Zu jedem dieser Texte gibt es zusätzlich eine Videosequenz, die erst nach Anforderung durch den Benutzer abgespielt wird und beliebig oft wiederholt werden kann. Der jeweils nächste Handgriff wird erst dann erläutert, wenn der Benutzer es wünscht.

Das Vorlesen eines Textes, der visuell angezeigt wird, führt häufig zu einer Art Überlastung, weil die Lesegeschwindigkeit des Benutzers meist nicht mit der Vorlesegeschwindigkeit übereinstimmt. In der Regel ist es nicht sinnvoll, visuell dargestellte Texte zusätzlich akustisch auszugeben.

9.1.3.4 Vermeidung von Überlastung durch zusätzliche Tätigkeiten

Orientierungs-, Navigations- oder Manipulationstätigkeiten sollten nicht die Wahrnehmung der Information behindern, die für die Benutzerziele relevant ist [ISO14915-1].

Bei multimedialen Anwendungen ist der Interaktionsaufwand oft größer als bei konventionellen Anwendungen. Dementsprechend ist die Gefahr größer, dass die Ausführung der Arbeitsaufgabe durch die Interaktionsaufgaben beeinträchtigt wird. So kann ein Benutzer wichtige Informationen in einem dynamischen Medium verpassen, wenn er gerade mit der Bedienung von Steuerungselementen beschäftigt ist.

Der Ton zu einem Video ist deutlich lauter als der Ton des letzten abgespielten Videos. Während der Benutzer mit Hilfe einer Skala den Ton leiser stellt, kann er die visuelle Information des Videos nicht wahrnehmen.

9.1.3.5 Berücksichtigung von Wahrnehmungsunterschieden

Unterschiede in der Wahrnehmung von Medien und die Auswirkung menschlicher Leistungsgrenzen hinsichtlich der Wahrnehmung bestimmter Medien sollen berücksichtigt werden[ISO14915-1].

Multimediale Anwendungen sollen möglichst so gestaltet werden, dass auch Benutzer mit spezifischen Bedürfnissen sie benutzen können. Gerade durch die Darstellung der Information mit verschiedenen Medien ist es möglich, Leistungsgrenzen wie Seh- oder Hörschwächen zu berücksichtigen. Wir werden in11.4 unter dem Stichwort der Barrierefreiheit darauf zurückkommen.

Auf Anforderung werden visuell dargestellte Texte für Benutzer mit Sehschwächen vorgelesen. Ebenso können für Benutzer mit Hörschwächen visuelle statt akustische Erläuterungen zu einem Video gegeben werden.

Benutzer können wählen, ob sie sich einen Sachverhalt lieber mit Texten, mit Texten und Grafiken oder durch eine Animation erläutern lassen möchten.

9.1.3.6 Unterstützung des Benutzerverständnisses

Gestaltung, Auswahl und Kombination von Medien sollten das Benutzerverständnis für die zu übermittelnde Information unterstützen [ISO14915-1].

Richtlinien für die Auswahl und Kombination der Medien werden in 9.2 dargestellt. Wichtig ist die Nutzung geeigneter Medien beispielsweise, um Zusammenhänge und Bezüge darzustellen.

In einer multimedialen Anwendung über die Geschichte einer Stadt lassen sich Informationen über bestimmte Plätze und Gebäude abrufen. Das ausgewählte Gebäude wird im Stadtplan farblich hervorgehoben. Dabei wird der Typ des Gebäude (kirchliches Gebäude, öffentliches Gebäude, Produktionsstätte etc.) durch die Farbe der Hervorhebung angezeigt. Bezüge zu anderen Plätzen und Gebäuden werden durch Anker in der textlichen Erläuterung angezeigt. Ein Bild des Gebäudes lässt sich abrufen. Während es angezeigt wird, ist der Aufnahmestandort im Plan zu sehen.

9.1.4 Eignung für Exploration

9.1.4.1 Allgemeine Anforderungen

Eine Multimedia-Anwendung ist *für die Exploration geeignet*, wenn sie so gestaltet ist, dass der Benutzer eine relevante oder interessante Information mit wenig oder keinem Vorwissen in Bezug auf Art, Umfang oder Struktur der Information oder der verfügbaren Funktionalität der Anwendung finden kann [ISO14915-1].

Explorieren bedeutet „durch Ausprobieren erkunden". Bei multimedialen Anwendungen beispielsweise zum Lernen ist oft keine Schulung möglich oder zumindest nicht vorgesehen. Die Benutzer sind häufig nicht willens, erst ein Tutorium auszuführen oder ein längeres Handbuch durchzuarbeiten. Ihr Vorwissen in Bezug auf ähnliche Anwendungen oder auf Computernutzung allgemein ist unterschiedlich. Daher ist es sinnvoll, eine Anwendung so zu gestalten, dass alle Benutzer beginnen können, damit zu arbeiten und bei der Arbeit die wesentlichen Funktionen und möglichen Interaktionen zu entdecken. Um einen solchen explorativen Umgang mit einer Multimedia-Anwendung zu ermöglichen, sollen bei der Gestaltung die folgenden acht Regeln beachtet werden.

9.1.4.2 Unterstützen der Exploration

Wenn es für die Arbeitsaufgabe angebracht ist, sollte es dem Benutzer möglich sein, die Multimedia-Anwendung zu explorieren [ISO14915-1].

Bei bestimmten Aufgaben kann eine Exploration unerwünscht sein, beispielsweise bei der Darstellung von Sicherheitsvorschriften und Notfallprozeduren oder bei Montageanleitungen, weil diese der Natur der Sache nach in einer bestimmten Reihenfolge vollständig vermittelt werden müssen. Wenn die Aufgabe eine Exploration erlaubt, kann diese beispielsweise durch verschiedene Zugriffsmöglichkeiten auf die Information unterstützt werden. Unterstützung der Exploration erfordert eine hohe Fehlertoleranz, da bei der Exploration natürlich häufig Interaktionen vorgenommen werden, die in der Anwendung nicht vorgesehen sind.

In einer multimedialen Anwendung über die Geschichte einer Stadt können Informationen über bestimmte Plätze und Gebäude abgerufen werden, indem im Stadtplan auf das Objekt geklickt wird, indem es in einem Inhaltsverzeichnis ausgewählt wird oder indem einem Verweis gefolgt wird. Wird der Zeiger über den Plan bewegt und berührt er dabei ein Objekt, zu dem Informationen abgerufen werden können, so färbt sich das Objekt entsprechend seinem Typ ein. Klickt der Benutzer an einer Stelle im Plan, zu der keine Informationen vorliegen, so ruft dies keinen Fehler hervor.

9.1.4.3 Unterstützen der Benutzerorientierung

Der Benutzer sollte immer in der Lage sein herauszufinden, an welcher aktuellen Stelle innerhalb der Multimedia-Anwendung er sich befindet, von woher er dorthin gekommen ist und wohin er von dort navigieren kann [ISO14915-1].

Für die Unterstützung der Orientierung gibt es verschiedene Mittel wie eine grafische Übersicht der Struktur der Anwendung (map), ein hierarchisches Inhaltsverzeichnis mit Kennzeichnung der bisher besuchten Themen, eine Liste der bisher besuchten Themen in chronologischer Reihenfolge (history) oder auch eine textliche Angabe des Ziels eines Ankers.

In einer multimedialen Anwendung über die Geschichte einer Stadt hat jedes Thema eine Überschrift, die seine Stellung in der Informationshierarchie durch die Angabe von Kapitel, Oberthema und Einzelthema genau wiedergibt. Zusätzlich werden die Oberthemen farblich unterschieden. Es kann jederzeit in das Inhaltsverzeichnis gewechselt werden, das dann genau an der Stelle dieses Themas aufgeblättert wird. Die Navigationselemente zeigen beim Berühren mit dem Zeiger das Thema an, zu dem sie führen, um die Frage zu klären, wohin man navigieren kann. Da auch ein Navigationselement vorhanden ist, mit dem man zum zuletzt besuchten Thema zurückgehen kann, ist auch die Frage beantwortet, woher man gekommen ist.

9.1.4.4 Unterstützen einer klaren Navigation

Navigation in der Anwendung sollte auf logische und klare Weise erreicht werden [ISO14915-1].

Die zur Verfügung stehenden Navigationsoptionen sollen für den Benutzer offensichtlich sein. Die Ausführung von Navigationsschritten soll eine eindeutige Rückmeldung zur Folge haben.

In einer multimedialen Anwendung über die Geschichte einer Stadt gibt es klar unterscheidbare Schaltflächen für eine sequentielle Navigation. Beim Betätigen einer Schaltfläche wechselt der Zeiger auf das Wartesymbol (z.B. Sanduhr), während der Themenwechsel mit einem Umblättereffekt durchgeführt wird.

9.1.4.5 Anbieten alternativer Navigationspfade

Wenn es für die Arbeitsaufgabe angebracht ist, sollten dem Benutzer verschiedene Möglichkeiten zur Verfügung stehen, die gewünschte Information zu erreichen, und er sollte in der Lage sein, zwischen alternativen Navigationspfaden zu wählen [ISO14915-1].

Alternative Navigationspfade lassen sich beispielsweise dadurch realisieren, dass Themen in einem hierarchischen Inhaltsverzeichnis ausgewählt werden können oder dass Themen in sequentieller Reihenfolge durchlaufen werden können. Anker und Verweise sind eine Möglichkeit, um die Forderung der Norm erfüllen, dass zusammenhängende Informationen durch entsprechende Verknüpfungen zugänglich sein sollen. Verknüpfung zusammenhängender Information bedeutet auch, dass Medien thematisch einander zugeordnet sind und nicht beispielsweise alle Videos oder alle Tondokumente getrennt von den Texten und Bildern nur über separate Pfade zugänglich sind. Alternative Navigationspfade können auch dazu benutzt werden, unterschiedliche Benutzergruppen (z.B. Anfänger oder Experten) zu unterstützen.

In einer multimedialen Anwendung über die Geschichte einer Stadt lassen sich die einzelnen Themen direkt aus dem Inhaltsverzeichnis aufrufen, sequentiell wie bei einem Buch durchblättern, durch Anklicken von Objekten auf dem Plan oder durch Verfolgen von Querverweisen abrufen.

9.1.4.6 Strukturieren der Information

Der Inhalt sollte in Bezug auf die Einschränkungen der menschlichen Informationsverarbeitung so aufgebaut sein, dass es dem Benutzer leicht gemacht wird, die verschiedenen Teile des Inhalts und ihre Beziehungen zueinander zu erkennen [ISO14915-1].

In vielen Fällen bietet es sich an, die Information thematisch so zu strukturieren, wie es in Büchern üblich ist, weil diese Struktur den Benutzern geläufig ist. Dynamische Medien können dabei den einzelnen Kapiteln, Abschnitten oder Seiten zugeordnet werden. Wenn die Struktur des Anwendungsbereichs dem Benutzer bekannt ist, kann sie oft auch gut für die Navigation verwendet werden.

In einer multimedialen Anwendung über die Geschichte einer Stadt gibt es zwei Hauptkapitel, von denen eines Information über die Stadt als Ganzes enthält und das andere Information über einzelne Plätze und Gebäude. Beide werden thematisch weiter unterteilt. Jedes Hauptkapitel bietet die Möglichkeit, entsprechend dieser thematischen Unterteilung zu navigieren. Zwischen den beiden Hauptkapiteln kann der Benutzer hin und her wechseln.

9.1.4.7 Möglichkeit der Rückkehr zu signifikanten Punkten

Die Anwendung soll es dem Benutzer ermöglichen, zu zuvor besuchten signifikanten Punkten in der Navigationsstruktur zurückkehren zu können, um in einen anderen Teil der Struktur zu gelangen [ISO14915-1].

Bei einer hierarchischen Gliederung des Inhalts können solche signifikanten Punkte die jeweils übergeordneten Abschnitte oder Kapitel sein, wenn hierarchisch navigiert wurde. Bei einer Struktur mit Verweisen kann das Zurückverfolgen über alle besuchten Themen sinnvoll sein, bei einer sequentiellen Navigation die Rückkehr an den Anfang des jeweiligen Kapitels oder das seitenweise Zurückblättern.

In einer multimedialen Anwendung über die Geschichte einer Stadt können die Themen sequentiell nicht nur vorwärts, sondern auch rückwärts durchlaufen werden, so dass auf jedes zuvor besuchte Thema zurückgekehrt werden kann. Zusätzlich gibt es ein Navigationselement, das es erlaubt, die besuchten Themen in chronologischer Reihenfolge rückwärts zu durchlaufen, falls entlang von Verweisen navigiert wurde. Schließlich erlauben die Überschriften der einzelnen Themen, in der Hierarchie wieder aufzusteigen, falls hierarchisch navigiert wurde.

9.1.4.8 Bereitstellung von Such- und Navigationshilfen

Dem Benutzer sollten geeignete Such- und Navigationshilfen zur Verfügung stehen, um schnell zu bestimmen, ob die Anwendung die gewünschte Information enthält und wie auf sie zugegriffen werden kann [ISO14915-1].

Als Such- und Navigationshilfen sind zum Beispiel Inhaltsverzeichnisse sinnvoll, die textlich oder in grafischer Form eine Übersicht über die Themen bieten. Zusätzliche Verzeichnisse der dynamischen Medien analog zu Abbildungsverzeichnissen in Büchern können deutlich machen, welche Themen multimedial erläutert werden. Eine Volltextsuche kann sämtliche Texte der Anwendung nach bestimmten Wörtern oder Wortfolgen durchsuchen und die gefundenen Themen für eine Auswahl auflisten. Es kann auch hilfreich sein, alle Medien mit Stichwörtern zu versehen und eine Stichwortsuche über dem gesamten Inhalt der Anwendung zu ermöglichen.

In einer multimedialen Anwendung über die Geschichte einer Stadt kann über eine entsprechende Schaltfläche ein Dialogfenster geöffnet werden, dass die Eingabe einer Zeichenfolge für eine

Volltextsuche in allen Themen erlaubt. Die gefundenen Themen können mit Hilfe des Dialogs nacheinander besucht werden.

9.1.4.9 Unterschiedliche Medien-Perspektiven

Falls es für die Arbeitsaufgabe angebracht ist, sollten dem Benutzer unterschiedliche Medien mit dem gleichen Inhalt zur Verfügung stehen und er sollte alternativ auf diese zugreifen können [ISO14915-1].

Oft lassen sich Vorgänge oder Objekte auf verschiedenen Abstraktionsebenen erklären. Schemabilder und andere Grafiken sowie Animationen haben eher einen höheren Abstraktionsgrad, Fotos und Videos eher einen niedrigeren. Ein Wechsel der Medienperspektive kann es erleichtern, aus dem konkreten Beispiel auf den allgemeinen Zusammenhang zu schließen oder typische Merkmale eines konkreten Objekts zu erkennen.

In einer multimedialen Anwendung über die Geschichte einer Stadt wird erläutert, dass die Wasserkraft eines Flusses benutzt wurde, um salzhaltiges Grundwasser aus einer bestimmten Tiefe heraufzupumpen. Das Funktionsprinzip der Pumpe und des Antriebs wird durch Schaubilder , durch Fotos des historischen Antriebgestänges sowie durch ein Video eines funktionstüchtigen Modells erläutert.

9.1.5 Eignung für Benutzungsmotivation

Falls es für die Arbeitsaufgabe angebracht ist, sollte eine Multimedia-Anwendung so gestaltet sein, dass sie *für den Benutzer anregend* ist, d.h. dass sie die Aufmerksamkeit des Benutzers auf sich zieht und ihn dazu motiviert, mit ihr zu interagieren [ISO14915-1].

Ob eine multimediale Anwendung einen Benutzer motiviert, hängt natürlich stark davon ab, ob der Inhalt interessant oder anregend ist. Wenn die Anwendung dem Benutzer in dieser Hinsicht nichts bietet, also dem Kommunikationsziel des Benutzers (vgl. 9.1.2) nicht entspricht, sind alle weiteren Überlegungen zur Gestaltung sinnlos.

Ist der Benutzer grundsätzlich am Inhalt der Anwendung interessiert, sind die wesentlichen Aspekte für eine Motivation des Benutzers die Qualität der Medien und die der Interaktion. Sowohl die einzelnen Medien als auch ihre Kombination in einer Anwendung müssen ästhetisch ansprechend sein. Die Interaktion muss möglichst einfach und direkt sein, sich in das ästhetische Gesamtkonzept der Anwendung einfügen und die Erreichung des Kommunikationsziels unterstützen. Um eine ansprechende Qualität der Medien und der Interaktion zu erreichen, müssen in der Regel Kenntnisse und Erfahrungen aus dem *Mediendesign* und *Kommunikationsdesign* angewendet werden.

Förderlich für eine Motivation des Benutzers ist es oft, wenn er aktiv in die Anwendung einbezogen wird und sie nicht nur passiv konsumiert. Dies kann beispielsweise durch interaktive Simulationen geschehen. Auch Wettbewerbselemente wie etwa das Sammeln von Punkten für abgearbeitete Themen können motivierend wirken, insbesondere in Kombination mit Belohnungen etwa durch Zugang zu sonst nicht verfügbaren speziellen Informationen oder zu Spielen. Um eine Förderung der Motivation zu erreichen, kann auf Erfahrungen aus *Pädagogik* und *Didaktik* zurückgegriffen werden.

Allerdings ist beim Einsatz motivierender Elemente auch Vorsicht geboten. Wenn beispielsweise bei einem Lernprogramm bei jeder richtigen Antwort eine audiovisuelle Animation abläuft, kann dies nach einigen Wiederholungen eher demotivierend wirken. Dies gilt besonders dann, wenn sich die Animation weder abbrechen noch überspringen lässt und daher eine Wartezeit erzwingt.

9.2 Auswahl und Kombination von Medien

9.2.1 Allgemeine Leitlinien für die Medienauswahl und Kombination

Bei der Gestaltung multimedialer Anwendungen ist eine Hauptfrage, mit welchen einzelnen Medien oder Medienkombinationen sich welche inhaltlichen Informationen der Anwendung geeignet präsentieren lassen. Hierzu gibt Teil 3 der DIN EN ISO 14915 [ISO14915-3] eine Reihe von Richtlinien, die im Folgenden dargestellt werden sollen. Diese Empfehlungen sind sicher geeignet, grobe Gestaltungsfehler zu vermeiden. Für eine zugleich ansprechende und aufgabenangemessene Gestaltung ist jedoch stets die Zusammenarbeit zwischen den Disziplinen Informatik und Design zu empfehlen, sei es durch gemischt besetzte Entwicklergruppen, sei es durch integriert ausgebildete Medieninformatiker.

Bei der Frage, ob für einen Inhalt ein einzelnes Medium oder eine *Medienkombination*, also zwei oder mehr gleichzeitig dargestellte Medien, verwendet werden soll, ist ein eventuell höherer Aufwand den Vorteilen gegenüberzustellen, die eine Medienkombination dem Benutzer bietet. Vorteile von Medienkombinationen sind eine meist größere Realitätsnähe und die mögliche Berücksichtigung von Vorlieben des Benutzers für bestimmte Medien.

Für die Auswahl und Kombination der Medien gelten die folgenden 15 Leitlinien. Weitere Beispiele und Anmerkungen zu den Leitlinien finden sich in der Norm.

Unterstützung von Benutzeraufgaben

Medien sollten so ausgewählt und kombiniert werden, dass sie die Arbeitsaufgaben des Benutzers unterstützen.

In einem Programm zum Erlernen und Dokumentieren der Berücksichtigung ökologischer Belange bei Architekturprojekten wird für einen ausgewählten Raum die Berechnung des Tageslichtquotienten auf einem Formular kombiniert mit der bemaßten Ansicht der Fensterfront, einem Grundriss des Raumes, einer Skizze des Lichteinfalls und nach Fertigstellung des Projekts mit einem Foto des eingerichteten Raums bei Sonnenlicht.

Unterstützung der Kommunikationsziele

Medien sollten so ausgewählt werden, dass sie das Kommunikationsziel in der Anwendung erreichen.

Das Kommunikationsziel in einer sicherheitskritischen Anwendung besteht darin, den Benutzer zu warnen und vor Gefahr zu schützen. Bei der Demonstration des Verhaltens im Brandfall wird Sprache für die Anweisungen und ein Schaubild für die Darstellung der Fluchtwege und der Standorte der Melde- und Löscheinrichtungen im Hochschulgebäude benutzt.

Sicherstellung der Vereinbarkeit mit dem Verständnis des Benutzers

Medien sollten so ausgewählt werden, dass der Inhalt in einer Form übermittelt wird, die mit den vorhandenen Kenntnissen des Benutzers vereinbar ist.

Einem Ingenieur wird die Funktion eines Geräts mit einem Blockschaltbild erklärt, einem Benutzer wird die Funktion des Geräts verbal beschrieben.

Auswahl der Medien nach Benutzereigenschaften

Die Eigenschaften der Benutzergruppe sollten bei der Auswahl der Medien berücksichtigt werden.

Analphabeten und Leseschwache erhalten die Information durch Audio statt durch Texte (siehe hierzu auch 11.4).

Unterstützung der Vorlieben des Benutzers

Sofern es für die Arbeitsaufgabe angebracht ist, sollten den Benutzern alternative Medien zur Verfügung gestellt werden, aus denen sie ein Vorzugsmedium auswählen oder bestimmte Medien abschalten können.

In einem Computerspiel kann der Benutzer einstellen, ob Dialoge als Sprechblasen in der Szene angezeigt werden oder als Sprachausgabe zu hören sind. Bei Sprachausgabe ist zusätzlich die Anzeige von Untertiteln am unteren Bildschirmrand möglich.

Berücksichtigung des Nutzungskontexts

Auswahl und Kombination der Medien sollten für den Nutzungskontext geeignet sein.

Ein Kiosksystem in einem Museum oder einer Bibliothek sollte keine akustische Ausgabe verwenden, um nicht andere Besucher zu stören.

Verwendung von Redundanz bei kritischen Informationen

Falls wichtige Informationen dargestellt werden müssen, sollte dasselbe Thema mit zwei oder mehr Medien dargestellt werden.

Bei einem Prozessleitsystem wird der Ausfall einer Anlage akustisch durch ein Alarmsignal, textlich durch eine Fehlermeldung und grafisch durch eine rote Kennzeichnung im Anlagenschema angezeigt.

Vermeidung widersprüchlicher Wahrnehmungskanäle

Derselbe Wahrnehmungskanal sollte nicht bei gleichzeitig dargestellten dynamischen Medien verwendet werden, wenn die Benutzer aus beiden Medien Informationen entnehmen müssen.

Bei einem Prozessleitsystem können Fehlermeldungen in gesprochener Sprache nicht richtig verstanden werden, wenn gleichzeitig ein Schulungsvideo mit gesprochenem Kommentar läuft.

Vermeidung semantischer Widersprüche

Die Darstellung von widersprüchlichen Informationen sollte in jeder Kombination von Medien vermieden werden.

In einem Video mit Tonspur sagt ein frontal aufgenommener Vortragender: „Wie Sie rechts von mir sehen ...“ Für den Benutzer ist dies aber auf dem Bildschirms links. Dieses Problem tritt auch ganz ohne Computermedien in Vorlesungen und Vorträgen häufig auf.

Gestaltung auf Einfachheit hin

Es sollte die kleinste Anzahl von benötigten Medien kombiniert werden, um die Information zu übermitteln, die für die Aufgabe des Benutzers erforderlich ist.

Im einem Sprachlernprogramm wird ein Satz als Text dargestellt und als Audio-Ausgabe gesprochen. Ein Video des Sprechers wird im Regelfall keine sinnvolle Zusatzinformation liefern und eher ablenken. Wenn die Sprache jedoch im Deutschen nicht vorhandene Laute benutzt, kann ein Video des Sprechers, auf dem man die Mundstellung erkennt, hilfreich sein.

Kombination von Medien für unterschiedliche Gesichtspunkte

Wo immer es für die Arbeitsaufgabe angebracht ist, sollten unterschiedliche Ansichten zum selben Thema durch Medienkombination bereitgestellt werden.

In der Dokumentation eines Produktionsbetriebes zeigt ein Video den Produktionsvorgang, ein Schemabild den Materialfluss bei der Produktion, ein Balkendiagramm die Produktionsmengen über einen bestimmten Zeitraum und ein Tortendiagramm die Verteilung des Absatzes auf verschiedene Länder.

Auswahl von Medienkombinationen zur detaillierten Darstellung von Informationen

Medienkombinationen sollten entsprechen der Erweiterung des Informationsinhalts ausgewählt werden, wenn dies für die Aufgabe geeignet ist.

In einer multimedialen Anwendung über die Geschichte einer Stadt kann zu einer Kirche eine Audio-Ausgabe des Geläuts abgerufen werden. Die Audio-Ausgabe wird ergänzt durch eine textliche Information zu den Glocken (Stimme, Gewicht, Alter).

Schutz gegen Qualitätsminderung

Bei der Auswahl von Medien sollten technische Einschränkungen berücksichtigt werden, um verminderte Medienqualität oder unakzeptable Reaktionszeiten zu vermeiden.

Eine Multimedia-Anwendung auf CD-ROM prüft beim Start die Systemressourcen und stellt bei zu geringen Ressourcen Videos lieber kleiner und flüssig als groß und ruckelnd dar.

Vorschau auf Medienauswahl

Die zur Auswahl stehenden Medien sollten für den Benutzer in einer Art Vorschau zu betrachten sein, sofern dies für die Arbeitsaufgabe angebracht ist.

In einer Multimedia-Anwendung, die Bilder von Kunstwerken in höchster Auflösung enthält, so dass der Bildaufbau für jedes Bild einige Sekunden dauert, wird bei einer Suche für jedes gefundene Werk nur eine stark verkleinerte Darstellung (thumbnail) gezeigt, die dem Benutzer die Auswahl erleichtert.

Anwendung statischer Medien für wichtige Nachrichten

Für wichtige Informationen, ausgenommen zeitkritische Warnmeldungen, sollten unbewegte Bilder und Text verwendet werden.

Die wesentlichen Schritte beim Zusammenbau eines Regals werden durch Bilder oder Grafiken und Texte dargestellt. Ein Video des Zusammenbaus hätte den Nachteil, das die Information nicht so leicht hängen bleibt, wichtige Information übersehen oder überhört werden kann und es nicht so einfach ist, die einzelnen wichtigen Schritte noch einmal anzuschauen.

9.2.2 Medienauswahl für Informationsarten

Bestimmte Informationsarten lassen sich mit bestimmten Medienarten besser und mit anderen schlechter darstellen. Wer sich einmal in einer fremden Stadt den Weg zum Bahnhof hat erklären lassen, weiß, dass grafische Beschreibungen wie Stadtpläne für eine räumliche Information wie den Weg zum Bahnhof meist besser geeignet sind als auditive. Bei der Auswahl und Kombination von Medien sollten daher laut [ISO14915-3] Informationsarten berücksichtigt werden. Falls der Benutzer mehrere Informationsarten benötigt, sollte eine Medienkombination in Betracht gezogen werden.

Im Folgenden werden die Definitionen der einzelnen Informationsarten aus der Norm wiedergegeben. Die Empfehlungen zur Medienauswahl für die einzelnen Informationsarten sind mit eigenen Beispielen erläutert. Weitere Beispiele und Anmerkungen finden sich in der Norm. Diese enthält außerdem eine Tabelle, in der alle Kombinationen von Informationsarten und Medienarten mit Beispielen erläutert werden.

Nicht jede Information kann eindeutig einer Informationsart zugeordnet werden. Bei komplexeren Sachverhalten ist es oft sinnvoll, die Information in einzelne Komponenten zu zergliedern. Jede Informationskomponente sollte dann in einem ersten Schritt darauf untersucht werden, ob sie eher physischer oder eher begrifflicher Natur ist. Im zweiten Schritt ist dann eine Unterscheidung nach dynamischer oder statischer Information möglich. Im Folgenden ist in Anlehnung an die Baumstruktur im Anhang A der Norm jeweils angegeben, welche Informationsarten zu den vier möglichen Klassifizierungen passen.

Zwar gibt es für die einzelnen Informationsarten bevorzugte Medienarten, jedoch können abhängig vom Nutzungskontext auch andere als die vorrangig genannten Medienarten sinnvoll sein. Dies gilt um so mehr, als Informationskomponenten oft mehr als einer Informationsart zugeordnet werden können. So kann die Information über den Weg zur Hochschule sowohl Verfahrensinformation (Wie kommt man dorthin?) als auch räumliche (Wo liegt das Gebäude?) und beschreibende (Wie sieht das gesuchte Gebäude aus? Wie sehen markante Orte auf dem Weg aus?) Information enthalten. Dementsprechend gibt es meist auch verschiedene Medien oder Medienkombinationen zur Vermittlung der Information. Die für die Aufgabe sinnvolle Medienauswahl lässt sich im Regelfall nicht einfach anhand einer Checkliste treffen. Die Norm und ihre Anhänge können hier nur Anhaltspunkte liefern. Generell ist bei der Entwicklung multimedialer Benutzungsschnittstellen die Einbeziehung von Fachleuten aus dem Medien- und Kommunikationsdesign ratsam.

Physische Informationen

Physische Information ist Information über konkrete Dinge; Gegenstände, Mittel oder Szenen, die physisch existieren.

Beispiele: Stuhl, Tisch, Landschaft.

Kategorie: physisch – statisch oder physisch – dynamisch

Für physische Informationen sollten realistische unbewegte oder bewegte Bilder in Betracht gezogen werden, sofern nicht Benutzer- oder Aufgabenmerkmale dagegen sprechen.

> In einer multimedialen Anwendung über die Geschichte einer Stadt wird das Aussehen eines Platzes in der Zeit vor 100 Jahren und heute durch zwei Fotografien aus demselben Blickwinkel dargestellt. Zusätzliche physische Einzelheiten wie die Breite des Platzes können durch sprachbasierte Medien (Text, Audio) und gegebenenfalls durch unterstützende abstrakte Grafik (Doppelpfeil) überblendet werden.

Begriffliche Informationen

Begriffliche Information besteht aus Tatsachen, Meinungen oder Informationen über Dinge, die nicht physischer Natur sind.

Beispiele: Einteilende Klassen für Tiere und Pflanzen. Meinungen über Politik.

Kategorie: begrifflich – statisch oder begrifflich – dynamisch

Für begriffliche Informationen sollten auf Sprache beruhende Medien (Text, Sprache) und/oder nichtrealistische Bildmedien in Betracht gezogen werden.

In einer multimedialen Anwendung über die Geschichte einer Stadt wird die frühneuzeitliche Einteilung der Bevölkerung in Patrizier, Bürger und Einwohner textlich dargestellt. Die Verwaltungshierarchie wird in einem Baumdiagramm präsentiert.

Beschreibende Informationen

Beschreibende Information ist Information, die einen Gegenstand, eine Entität oder ein Mittel beschreibt.

Beispiele: Rote Äpfel, Oberflächenbeschaffenheit eines Steins. Glaube einer Person.

Kategorie: physisch – statisch oder begrifflich – statisch

Für beschreibende Informationen sollten auf Sprache beruhende Medien (Text, Sprache) und/oder realistische Bildmedien in Betracht gezogen werden.

Die Eigenschaften des in einer Saline gewonnenen Salzes werden durch Sprache erläutert. Gleichzeitig wird eine Menge dieses Salzes auf einem Foto gezeigt.

Räumliche Informationen

Räumliche Information ist Information über die räumlichen Merkmale der Welt, wie Maße von Gebäuden oder Wegen, räumliche Verteilung, Lage.

Beispiele: Anordnung von Möbeln in einem Raum, Wegbeschreibung zur U-Bahn-Station.

Kategorie: physisch – statisch

Für räumliche Informationen sollte ein realistisches und/oder nichtrealistisches unbewegtes Bild in Betracht gezogen werden.

In einer multimedialen Anwendung über die Geschichte einer Stadt wird die Lage der öffentlichen Gebäude in einem Stadtplan dargestellt. Eine detaillierte räumliche Information über die Einrichtung des Ratssaales wird durch eine Fotografie wiedergegeben.

Wertinformationen

Ein *Wert* ist eine quantitative Information, die Merkmale eines Gegenstands beschreibt.

Beispiel: Die Körpergröße einer Person beträgt 1,73 m. Eine Primzahl.

Kategorie: physisch – statisch, begrifflich – statisch

Für numerische Werte und quantitative Informationen sollte ein auf Sprache beruhendes Medium (numerischer Text, Tabellen) in Betracht gezogen werden.

In der Regel ist ein statisches Medium vorzuziehen, da das Merken von Zahlen aus gesprochener Sprache schwierig ist.

In einer multimedialen Anwendung über die Geschichte einer Stadt wird textlich angegeben, dass die Orgel einer Kirche aus dem 16. Jahrhundert stammt und aus mehr als 5000 Pfeifen besteht, die mit drei Manualen über 51 Register gespielt werden. Die Einwohnerzahlen der Stadt in bestimmten Jahren werden als Tabelle dargestellt.

Verhältnisinformationen

Verhältnisinformation ist Information über eine Verbindung oder Beziehung zwischen Gegenständen oder Mitteln.

Beispiele: Sitz und Beine sind Teil eines Stuhls. Ein Produkt wird in einer Fabrik hergestellt.

Kategorie: begrifflich – statisch

Für die Darstellung von Zusammenhängen in und zwischen Wertegruppen oder zwischen Begriffen sollte ein nichtrealistisches Bild (z.B. Diagramm, grafische Darstellung, Schaubild) in Betracht gezogen werden.

In der Dokumentation eines Produktionsbetriebes zeigt ein Balkendiagramm die Produktionsmengen über einen bestimmten Zeitraum und ein Tortendiagramm den Anteil der Produktionsstätte an der Gesamtproduktion in Europa.

Informationen über diskrete Aktionen

Information über diskrete Aktion ist Information, die Bewegungen oder andere Tätigkeiten beschreibt, die als etwas wahrgenommen wird, was zu einem bestimmten Zeitpunkt stattfindet.

Beispiele: Einschalten eines Rechners. Schließen einer Tür. Auch: Logische Entscheidung.

Kategorie: physisch – dynamisch, auch: begrifflich – dynamisch

Für diskrete Aktionen sollten realistische unbewegte Bilder in Betracht gezogen werden.

In einer multimedialen Anwendung über die Geschichte einer Stadt zeigt ein Bild die historisch belegte Hinrichtung eines bestimmten Verbrechers durch das Schwert. Das statische Bild macht die Beziehung zwischen Aktion (Hinrichtung), Objekt (bestimmter Verbrecher) und Mittel (Schwert) deutlich und betont den Ereignischarakter (zu einem bestimmten historischen Zeitpunkt).

Informationen über andauernde Aktionen

Information über andauernde Aktion ist Information, die Bewegungen oder andere Tätigkeiten beschreibt, die als etwas wahrgenommen wird, was über einen Zeitraum hinweg stattfindet.

Beispiele: Zubereiten einer Mahlzeit. Führen eines Kraftfahrzeugs. Auch: Gedankengang.

Kategorie: physisch – dynamisch, auch: begrifflich – dynamisch

Für komplexe oder andauernde Aktionen sollten Medien mit bewegtem Bild berücksichtigt werden.

In einer multimedialen Anwendung über die Geschichte einer Stadt wird der Figurenlauf einer historischen astronomischen Uhr durch ein Video dargestellt.

Die Funktionsweise eines Webstuhls wird in einer Animation erläutert, weil es sich hier um einen komplexen Vorgang handelt, bei dem das prinzipielle Zusammenwirken der einzelnen Teile unabhängig vom konkreten Webstuhl im Vordergrund steht.

Ereignisinformationen

Ereignisinformation ist Information über eine Zustandsänderung, Meldung, die das Auftreten einer Aktion anzeigt oder eine wesentliche Änderung der Umwelt übermittelt.

Beispiele: Klingeln des Telefons. Eine E-Mail ist angekommen.

Kategorie: physisch – dynamisch

Für die Angabe von Informationen zu wichtigen Ereignissen und das Erteilen von Warnhinweisen sollte ein Audio-Medium in Betracht gezogen werden, z.B. Sprache oder Tonklänge, um den Benutzer aufmerksam zu machen.

In der Prozessleitung wird der Ausfall einer Pumpe in einem Kühlkreislauf durch ein akustisches Alarmsignal und eine Sprachmeldung „Pumpenausfall“ gemeldet. Zusätzlich wird ein Anlagenschema angezeigt, in dem die ausgefallene Pumpe hervorgehoben ist. Ein solches nichtrealistisches unbewegtes Bild kann in vielen Fällen Informationen über den Kontext des Ereignisses liefern.

Zustandsinformationen

Zustandsinformation sind Merkmale der Umwelt, von Gegenständen oder Mitteln, die während eines Zeitabschnittes unverändert bleiben.

Beispiele: Die Musik wird gespielt. Eine Person schläft. Der Beweis ist unsicher.

Kategorie: physisch – statisch, begrifflich – statisch

Für Zustände sollten unbewegte Bilder oder auf Sprache beruhende Medien in Betracht gezogen werden.

In der Prozessleitung wird der Zustand eines Ventil durch eine Grafik dargestellt, nämlich indem das Symbol „Ventil“ bei geöffnetem Ventil ausgefüllt und bei geschlossenem Ventil nur im Umriss dargestellt wird.

Kausale Informationen

Kausale Information ist Information, die Ursache und Wirkung beschreibt, einschließlich einer Ereignisfolge, die Kausalität beschreibt.

Beispiele: Wärme, die eine Flüssigkeit zum Kochen bringt. Verhalten eines Algorithmus, der zu einem gewünschten Ziel führt.

Kategorie: physisch – dynamisch, begrifflich – dynamisch

Zur Erläuterung der Kausalität sollten Medien mit unbewegten oder bewegten Bildern in Kombination mit auf Sprache beruhenden Medien in Betracht gezogen werden.

In einer Edutainment-Anwendung zum Thema „Salz“ wird die Entstehung von Salzlagerstätten textlich erläutert. Eine Grafik zeigt den Schnitt durch eine Lagune. Eine Animation stellt dar, wie Wasser aus der Lagune durch Sonneneinstrahlung verdampft und dadurch die Konzentration des Salzes im Wasser der abgetrennten Lagune steigt und bei bestimmten Konzentrationen bestimmte Salze abgelagert werden. Medienkombinationen in dieser Art sind bei komplexeren Informationsarten angebracht.

Verfahrensorientierte Informationen

Verfahrensinformation ist Information über eine Folge von Aktionen, die organisiert werden, um ein Ziel oder die Erfüllung einer Aufgabe zu erreichen.

Beispiele: Anweisungen zum Aufbau eines Bücherregals. Logische Prüfung.

Kategorie: physisch – dynamisch, begrifflich – dynamisch

Für verfahrensorientierte Informationen sollten Reihen von Bildern mit Textunterschriften verwendet werden.

Die Bauanleitung für ein Lokomotivmodell wird als eine Reihe von Grafiken mit Textunterschriften für jeden Schritt dargestellt. Bei komplexen Verfahren kann eine zusätzliche Animation hilfreich sein.

9.2.3 Medienkombination und Medienintegration

Nach der Auswahl der zu den einzelnen Informationskomponenten passenden Medien muss die Frage geklärt werden, wie die Medien zeitlich und räumlich so kombiniert werden können, dass das Kommunikationsziel bestmöglich erreicht wird. Dabei ist zu beachten, dass bestimmte *Medienkombinationen* je nach Nutzungskontext günstig oder ungünstig sein können. Der Anhang B der Norm [ISO14915-3] führt für 36 Kombination von jeweils zwei Medien auf, bei welchen Aufgaben und welchen Umgebungsbedingungen ihr Einsatz eher günstig oder eher ungünstig ist. Im Anhang C werden darüber hinaus noch fünf weitere Kombinationen von drei oder mehr Medien untersucht. Für alle diese Medienkombinationen sind in den beiden Anhängen außerdem zahlreiche Beispiele angegeben. Da einer Wiedergabe hier aus Platzgründen nicht möglich ist, wird empfohlen, in Zweifelsfällen nachzuschlagen oder Mediendesigner und Kommunikationsdesigner zu befragen.

Neben der Frage, welche Medien für welchen Zweck kombiniert werden können, stellt sich bei visuellen Medien noch die Frage, wie eine gegebene Kombination am besten am Bildschirm präsentiert werden kann. Bei der Kombination von Bild und Text ist etwa die getrennte Darstellung in einzelnen Fenstern möglich, die Einfügung des Bildes in den Fließtext oder die Einfügung des Textes als Bildunterschrift in das Bild. Die Art der Präsentation beeinflusst die Betrachtungs- und Lesereihenfolge des Benutzers. Bei einer Darstellung in getrennten Fenstern werden Text und Bild eher als eigenständig wahrgenommen und nacheinander betrachtet, bei den anderen Fällen eher im Zusammenhang, so dass man von *Medienintegration* sprechen kann. Für die Medienintegration gelten laut [ISO14915-3] folgende Leitlinien, wobei die sprachliche Formulierung zum Teil gewöhnungsbedürftig ist:

- Vorspann
  Zur Einführung in einen Stoff, der in einem anderen Medium dargestellt wird, sollte ein Sprachmedium in Betracht gezogen werden.
- Synchronisierte, in Beziehung stehende Medien
  Medien, die gleichzeitig dargestellt werden und durch ihren Inhalt aufeinander bezogen sind, sollten synchronisiert werden, um sie an die Wahrnehmungsfähigkeit des Benutzers anzupassen.
- Trennen von Quellen mit Audio-Inhalt
  Bei der Kombination von zwei Audio-Medien sollte jedes Medium einzeln wahrnehmbar sein, damit die Quellen der Präsentation unterschieden werden können.
- Vermeidung von Störungen in Audio-Medien
  Zwei Audio-Medien sollten nicht gleichzeitig präsentiert werden, wenn das Hintergrundgeräusch aufdringlich ist oder weitere, wichtigere Geräusche überdeckt. Der Ge-

stalter sollte sicherstellen, dass sich die Amplituden zweier Geräusche nicht gegenseitig stören.

- Begrenzung von Sprachunterbrechungen in Audio- oder Sprachmedien
  Unterbrechungen von Sprache durch nichtrealistisches Audio sollten kurz und als Pausen, Satz- oder Satzteilgrenzen angeordnet sein oder durch besonderen Befehl des Benutzers ausgelöst werden.
- Integration von nichtrealistischen Bildern mit realistischen Bildern
  Bei der Ergänzung von realistischen Bildern durch nicht realistische Bilder sollte eines der beiden Bilder einfach gestaltet und das Thema der Bilder aufeinander bezogen sein.
- Benutzung von Bildunterschriften
  Wenn das Bild von größerer Bedeutung ist, sollten lieber kurze Bildunterschriften statt getrenntem Text verwendet werden.

In einer multimedialen Anwendung über die Geschichte einer Stadt wird Musik der Renaissance als Hintergrundmusik gespielt. Zu bestimmten Themen (z.B. Kirchen) sind Audio-Medien (z.B. Geläut der Glocken, Musik der Orgel) abrufbar. Wenn der Benutzer ein solches Medium abspielt, wird automatisch die Hintergrundmusik für die Zeit der Wiedergabe ausgeschaltet (Vermeidung von Störungen in Audio-Medien). Zu manchen Themen sind Fotos abrufbar. Wird ein solches Foto angezeigt, gibt eine kurze Bildunterschrift Erläuterungen, anstatt dass diese im Textfenster angezeigt werden (Benutzung von Bildunterschriften). Beim Thema „Größe der Stadt um 1600" werden über die frühneuzeitliche Stadtansicht (als realistisches Bild einzustufen) zwei Pfeile mit Angabe der Ausdehnung in Metern in Ost-West- und in Nord-Süd-Richtung gelegt (Integration von nichtrealistischen mit realistischen Bildern).

9.2.4 Lenkung der Aufmerksamkeit des Benutzers

Wenn für die Erreichung eines Kommunikationsziels verschiedene Medien eingesetzt werden, ist es für den Benutzer wichtig, eine sinnvolle Reihenfolge durch die verschiedenen Medien zu finden. Das Finden einer geeigneten Reihenfolge kann einerseits dem Benutzer überlassen werden. In diesem Fall müssen ihm geeignete Navigationsmöglichkeiten zur Verfügung stehen, worauf wir in 10.1.4 eingehen werden. Andererseits kann eine multimediale Präsentation die Betrachtungsreihenfolge und die Zeitsteuerung weitgehend selbst festlegen, wobei die Übergänge zwischen Medien meist durch *Berührungspunkte* vorgegeben werden. In der Praxis werden Anwendungen in der Regel dazwischen liegen und je nach Arbeitsaufgabe dem Benutzer einmal mehr eigene Navigation und einmal mehr Führung in den Medien bieten. Auch die freie Navigation zwischen Themen bei gleichzeitiger Führung innerhalb eines Themas kommt häufig vor.

Ein *direkter Berührungspunkt* ist eine thematische Verbindung zwischen zwei Medien, die mit einer gestalterischen Wirkung sowohl im Quell- als auch im Zielmedium wirksam ist.

Direkte Berührungspunkte lenken die Aufmerksamkeit durch einen Befehl oder eine Anregung im Quellmedium auf eine Zielmarkierung im Zielmedium. Sie heben die Verbindung zwischen Medien stark hervor, können aber dadurch bei häufiger Verwendung aufdringlich werden. Direkte Berührungspunkte sollten verwendet werden

- für thematische Schlüsselverbindungen,
  wenn die Verbindung zwischen Informationen in zwei Medien wichtig ist,
- für verbundene Komponenten,
  wenn die Komponenten sowohl im Quell- als auch im Zielmedium wichtig sind und wahrgenommen werden müsse.

In einer multimedialen Anwendung über die Geschichte einer Stadt werden im Text (Quellmedium) die drei Siedlungskerne der Stadt genannt und beschrieben. Von dem Namen eines Siedlungskerns führt jeweils ein Pfeil zu dem Bereich des Siedlungskerns auf dem Stadtplan (Zielmedium). Dieser Bereich ist außerdem farblich hervorgehoben. Da die Gestaltung mit Pfeilen aus dem Text auf den Plan recht aufdringlich ist, können auch die drei Siedlungskerne in unterschiedlichen Farben hervorgehoben werden und ihre Namen jeweils in der korrespondierenden Farbe geschrieben oder anders mit der Farbe markiert werden. Wird die sprachliche Information nicht als Text dargestellt sondern gesprochen, so kann die Hervorhebung im Stadtplan jeweils synchron zur Beschreibung eines Siedlungskerns erscheinen. Es ist auch denkbar, das die Hervorhebung im Stadtplan nur erscheint, wenn der zugehörige Name mit dem Zeiger berührt oder angeklickt wird. Eine solche Gestaltung markiert den Übergang zu einem indirekten Berührungspunkt.

Ein *indirekter Berührungspunkt* ist eine thematische Verbindung zwischen zwei Medien, die mit einer gestalterischen Wirkung im Quellmedium verbunden ist.

Indirekte Berührungspunkte wirken weniger aufdringlich als direkte Berührungspunkte und führen die Wahrnehmungsreihenfolge nicht so stark. Bei indirekten Berührungspunkten wie „siehe Abbildung 1“ lesen viele Benutzer den Text weiter und schauen erst am Ende des Satzes, am Ende des Absatzes oder gar am Ende des Textes auf die Abbildung. Indirekte Berührungspunkte sollten verwendet werden, wenn die Verbindung zwischen Informationen in zwei Medien notwendig ist, jedoch die Wahrnehmung der Zielkomponente weniger wichtig ist.

In einer multimedialen Anwendung über die Geschichte einer Stadt wird im Text des Themas „Gewässer“ auf die „im Stadtplan in Erscheinung tretenden Gewässer“ verwiesen, ohne dass diese im Plan hervorgehoben werden. Falls der Benutzer in der Lage ist, eine Hervorhebung aller Gewässer einzuschalten, wird aus dem indirekten Berührungspunkt ein direkter Berührungspunkt.

Aufeinander folgende Berührungspunkte in demselben Medium sollten in einer logischen Reihenfolge organisiert werden, um dem Leitmotiv zu folgen.

In einer multimedialen Anwendung über die Geschichte einer Stadt werden im Text die drei Siedlungskerne der Stadt genannt und beschrieben. Zwischen den Namen der Siedlungskerne und den zugehörigen Bereichen auf dem Stadtplan gibt es Berührungspunkte. Die textliche Reihenfolge wird so gewählt, dass dabei die Bereiche auf dem Plan in der üblichen Leserichtung von links nach rechts und von oben nach unten angesprochen werden.

Berührungspunkte können von fast jedem Medium in fast jedes Medium führen. DIN EN ISO 14915-3 gibt für 22 Kombinationen von Quellmedien und Zielmedien Beispiele an, die hier nicht alle aufgeführt werden können. In der Praxis am häufigsten sind Berührungspunkte aus einem sprachbasierten Quellmedium (Sprache, Text) auf Bildmedien (Bild, Grafik, Video, Animation).

Nachbereitung

9.3 Übungsaufgaben

Aufgabe 9.1 Informationsarten und Medienauswahl

Eine multimediale Anwendung zu einer Ausstellung von Salzmineralien soll die ausgestellten Kristalle dokumentieren. Insbesondere sollen folgende Informationen angeboten werden: Aussehen des Kristalls, Größe des Kristalls, Name und chemische Formel des Minerals, Angaben zum Vorkommen, zur Nutzung und zu Besonderheiten des Minerals sowie der Fundort des Kristalls. Zusätzlich soll vermittelt werden, wie Kristalle des Kochsalzes aufgebaut sind, wie und warum sie sich in Wasser auflösen und wie und warum sie in einer gesättigten Lösung wachsen. Die Anwendung soll auch Auskunft geben, warum Kochsalz würflige Kristalle bildet.

- Zu welchen Informationsarten gehören die zu vermittelnden Informationen?
- Welche Medien verwenden Sie für die einzelnen Informationen?
- Bei welchen Inhalten verwenden Sie Medienkombinationen?

Nachbereitung

10 Werkzeug-Ebene

Zusammenfassung, Lernziele und Vorüberlegungen

10.1 Funktionalität

10.1.1 Werkzeugmetapher

In der realen Welt gibt es verschiedene Werkzeuge, mit denen verschiedene Klassen von Gegenständen beziehungsweise verschiedene Materialien bearbeitet werden können. Dabei richtet sich die Gestaltung oder später die Auswahl eines Werkzeugs nach dem Objekt oder Material, dass bearbeitet werden soll. Um einen Nagel einzuschlagen, nimmt man eher einen Hammer als eine Zange. Auch bei rechnerunterstützter Aufgabenbearbeitung ist es daher sinnvoll, zunächst zu fragen, welches Material hier bearbeitet wird, und dann nach den dafür sinnvollen Werkzeugen zu schauen.

Material einer Anwendung

Aus Sicht der Informatik bearbeitet jede Rechneranwendung Daten, welche die unterschiedlichsten Aspekte der realen Welt betreffen können. Aus Sicht der Benutzer werden aber nicht Daten verarbeitet, sondern es werden Briefe erstellt, Rechnungen geschrieben, Buchungen durchgeführt, Diagramme gezeichnet und so fort. Diese Arbeiten existierten größtenteils auch schon vor der Verwendung von Computern. Sie wurden dort an konkreten Dokumenten wie Akten, Buchungslisten oder einzelnen Blättern Papier ausgeführt.

In Analogie zur gegenständlichen Arbeit kann daher auch bei Rechneranwendungen davon ausgegangen werden, dass Büroanwendungen Dokumente bearbeiten. Das Material sind also Dokumente. Diese Dokumente können unterschiedliche Inhalte haben und daher beispielsweise unterschieden werden in Texte, Fotos, Tabellen und so weiter. Dokumente sind Daten unter einer bestimmten Sicht. Diese Sicht kann sich von Person zu Person unterscheiden. Auch der einzelne Benutzer kann je nach Arbeitsaufgabe verschiedene Sichten auf die gleiche Information wählen. So lassen sich statistische Daten als Tabelle oder als Diagramm darstellen. Es hängt von der Gestaltung der Anwendung ab, ob diese beiden Sichten als verschiedene Dokumente empfunden werden oder als verschiedene Darstellungen eines (abstrakten) Dokuments.

Dokumente als Material von Anwendungen können spezifisch für eine bestimmte Anwendung sein. Ein Dokument ist dann das mit einer bestimmten Anwendung erzielte Arbeitsergebnis. Häufig können aber Dokumente auch mit verschiedenen ähnlichen Anwendungen bearbeitet werden, zum Beispiel Texte mit unterschiedlichen Editoren und Textverarbeitungsprogrammen, ähnlich wie man einen Nagel mit verschieden großen und verschieden geformten Hämmern einschlagen kann.

Wie in der realen Welt können Dokumente im Rechner hierarchisch aufgebaut sein. So ist eine Broschüre, die ein Produkt beschreibt, ein Dokument. Dieses Dokument kann Texte, Grafiken und Fotos enthalten, die für sich wieder als einzelne Dokumente betrachtet werden können. Es werden dann zum einen Werkzeuge benötigt, die das gesamte umfassende Dokument bearbeiten können, zum anderen spezialisierte Werkzeuge, welche nur für bestimmte Typen von Einzeldokumenten sinnvoll einsetzbar sind.

Werkzeuge einer Anwendung

Werkzeuge in einer Rechneranwendung können genauso wie das Material in Analogie zur gegenständlichen Arbeit betrachtet werden. So gibt es einzelne Werkzeuge für einzelne Aufgaben oder Teilaufgaben, beispielsweise in einem Grafikprogramm ein Stiftwerkzeug zum Zeichnen und ein Radierwerkzeug zum Entfernen von gezeichneten Elementen. Die Werkzeuge können dabei wie im genannten Beispiel so umgesetzt werden, dass sie mit direkter Manipulation wie in der realen Welt benutzt werden können. Insbesondere in virtuellen Umgebungen kann bei Konstruktions- und Designaufgaben fast eine 1-zu-1-Abbildung des Werkzeuggebrauchs der Realität erzeugt werden. Werkzeuge können aber auch in abstrakterer Art über Menüs oder Kommandos als Funktionen der Anwendung zur Verfügung stehen.

In der realen Welt dominieren im Alltag einfache handbediente Werkzeuge (der Pinsel zum Zeichnen, die Schere zum Ausschneiden). Diese können einfach auf Werkzeuge der Anwendung abgebildet werden. Die Bearbeitung am Rechner ermöglicht es aber auch, komplexere automatisierte Werkzeuge zu erzeugen wie das Suchen und Ersetzen. Derartige Werkzeuge haben keine Entsprechungen in der gegenständlichen Welt. Sie lassen sich am ehesten mit Werkzeugmaschinen vergleichen, die in der gegenständlichen Welt aber nur in der Produktion existieren.

Die einzelnen Funktionen einer Anwendung können als Werkzeuge aufgefasst werden. Anders als gegenständliche Werkzeuge können Rechnerwerkzeuge wie Dokumente hierarchisch aufgebaut sein, beispielsweise indem die Anwendung verschiedener Werkzeuge als Makro zu einem neuen Werkzeug zusammengefasst wird. Auch die gesamte Anwendung kann als Werkzeug zur Aufgabenbearbeitung betrachtet werden. Allerdings bietet sich in Analogie zur gegenständlichen Welt hier eher das Bild eines Werkzeugkastens mit vielen verschiedenen einzelnen Werkzeugen an.

10.1.2 Grundfunktionen von Anwendungen

10.1.2.1 Generische Werkzeuge zur Verwaltung von Dokumenten

Ähnlich wie es bei der direkten Manipulation generische Funktionen zur Manipulation der Objekte gibt, lassen sich auch auf der Ebene der Werkzeuge generische Werkzeuge als Grundfunktionen ausmachen.

Um das Material für die Bearbeitung bereitzustellen und das fertig bearbeitete Material aufzubewahren, werden die generischen Funktionen zur Dateibearbeitung benutzt:

- Dokument neu erzeugen,
- Dokument öffnen,
- Dokument speichern,
- Dokument drucken.

Diese Funktionen finden sich bei Büroanwendungen im Menü Datei.

10.1.2.2 Generische Werkzeuge zur Dokumentbearbeitung

Bei fast allen Anwendungen gibt es unabhängig von der Art der Dokumente die Möglichkeit, Teile oder Objekte des Dokuments mit den folgenden generischen Funktionen zu bearbeiten:

- Ausschneiden,
- Kopieren,
- Einfügen,
- Suchen und Ersetzen.

Diese Funktionen finden sich bei Büroanwendungen im Menü Bearbeiten.

10.1.2.3 Weitere generische Werkzeuge

Für den Abruf von Information über die Anwendung, also zur Information über den sachgerechten Werkzeuggebrauch, gibt es in der Regel verschiedene Funktionen, die im Menü ? bereitgestellt werden und die Nutzung der Hilfe ermöglichen.

Zur Festlegung der Arbeitsumgebung dienen die Werkzeuge, mit denen bei Anwendungen mit MDI-Fähigkeiten (vgl. 8.2.5) Fenster geöffnet und angeordnet werden und die im Menü Fenster zusammengefasst sind, sowie die Funktionen des Menüs Ansicht.

10.1.3 Austausch zwischen Anwendungen

10.1.3.1 Zwischenablage

Ein wichtiger Punkt bei der Aufgabenbearbeitung ist es, Arbeitsergebnisse oder Teilergebnisse in andere Dokumente übernehmen und mit anderen Werkzeugen weiter bearbeiten zu können. Hierfür gibt es bei heutigen Anwendungen meist vier verschiedene Verfahren, nämlich die Zwischenablage, den dynamischen Datenaustausch, die Objekteinbettung und die Objektverbindung.

Die *Zwischenablage (clipboard)* erlaubt den einmaligen Transfer einer begrenzten, benutzerbestimmten Datenmenge zwischen Anwendungen und innerhalb einer Anwendung. Sie wird mit Hilfe der generischen Werkzeuge Ausschneiden oder Kopieren und Einfügen benutzt. Ein Objekt einer Anwendung wird vom Benutzer durch das Kopieren oder das Ausschneiden in die Zwischenablage gebracht, die eine Art universellen Behälter für alle möglichen Objektarten darstellt. Durch Einfügen kann das Objekt dann in ein anderes Dokument oder in das gleiche Dokument an einer anderen Stelle eingefügt werden. Tatsächlich ist das Einfügen ein Kopiervorgang, denn auch nach dem Einfügen befindet sich das Objekt weiter in der Zwischenablage.

Die Zwischenablage befindet sich vollständig unter der Kontrolle des Benutzers, da sie nur über explizite Funktionsaufrufe gesteuert werden kann. Allerdings gibt es keinen einfachen Weg, den Inhalt der Zwischenablage zu betrachten, falls man diesen nicht mehr im Gedächtnis hat. Dadurch kann es zu ungewollten Operationen kommen. Dies wird noch dadurch verstärkt, dass die Zwischenablage nur ein Objekt enthalten kann und bei jedem Ausschneiden oder Kopieren eines Objektes in die Zwischenablage der bisherige Inhalt überschrieben wird.

Die Zwischenablage kann prinzipiell jede Art von Objekt aufnehmen, vom einem ganzen Dokument bis zu dessen kleinsten Teilen. Die Anwendung, in die das Objekt aus der Zwischenablage übertragen werden soll, muss aber dessen Objekttyp kennen und Objekte dieses Typs verarbeiten können. Für den Benutzer können dabei Verständnisprobleme auftreten, weil in manchen Fällen zwei ähnliche Anwendungen Objekte bearbeiten, die äußerlich gleich aussehen, intern aber unterschiedliche behandelt werden und deshalb nicht ausgetauscht werden können.

Da die Zwischenablage Objekte als Kopien überträgt, werden Änderungen am Original nicht berücksichtigt. Wird ein Textabsatz in die Zwischenablage gebracht und anschließend geändert, so wird beim Einfügen aus der Zwischenablage natürlich der Absatz im Zustand vor der Änderung eingefügt.

10.1.3.2 Dynamischer Datenaustausch

Der *dynamische Datenaustausch (dynamic data exchange, DDE)* erlaubt den Datentransfer zwischen einer Client- und einer Server-Anwendung: Die Client-Anwendung verwendet Daten der Server-Anwendung, die sich im Zeitverlauf ändern können. Bei dieser Form des Datenaustausches ist keine vollständige Kontrolle durch den Benutzer möglich. Sie initiieren lediglich den Datentransfer, der danach dann automatisch erfolgt. Wie die Einrichtung eines DDE erfolgt, ist anwendungsabhängig verschieden. Es gibt hierfür keine standardisierten Werkzeuge, so dass der Lernaufwand höher ist als bei Verwendung der Zwischenablage.

Der dynamische Datenaustausch ist nur bei bestimmten Betriebssystemen möglich. Er setzt voraus, dass die Server-Anwendung, aus der die Daten stammen, im Hintergrund läuft, wenn eine Client-Anwendung solche Daten benötigt. Wie die Daten aktualisiert werden, kann meist bei der Initiierung des Datenaustausches festgelegt werden. Möglich ist oft die einmalige Aktualisierung beim Start der Client-Anwendung, die laufende Aktualisierung bei jeder Änderung in der Server-Anwendung oder die bedarfsweise Aktualisierung auf Anforderung des Benutzers. Der dynamische Datenaustausch bietet ein vielseitiges Protokoll für den Datentransfer. Er funktioniert nur mit Anwendungen, bei denen dieses implementiert ist.

10.1.3.3 Objekteinbettung

Von *Objekteinbettung (object embedding)* spricht man, wenn ein Dokument einer Anwendung ein anderes Dokument enthält, das mit einer anderen Anwendung erzeugt wurde. Zum Beispiel kann ein Textdokument ein Foto enthalten, das mit einem Bildbearbeitungsprogramm erzeugt wurde. Dieses eingebettete Objekt ist vollständig im Hauptdokument enthalten, die Datei enthält also neben den Textdaten auch die Bilddaten. Wird in der Textverarbeitung das Foto zur Bearbeitung selektiert, so wird automatisch das zugehörige Bildbearbeitungsprogramm gestartet.

Die Objekteinbettung bietet die komplette Funktionalität zur Bearbeitung des eingebetteten Objektes durch den Aufruf der Originalanwendung des Objektes. Diese Anwendung läuft als Server-Anwendung nur, während das Objekt bearbeitet wird. Wird das gesamte Dokument auf einem Rechner bearbeitet, auf dem die Server-Anwendung nicht installiert ist, so kann das eingebettete Objekt nicht bearbeitet und oft nicht einmal angezeigt werden.

Objekte werden als Kopien eingebettet. Wird dasselbe Objekt in einem Dokument an mehreren verschiedenen Stellen eingebettet, so werden jedes Mal die gesamtem Daten in die Datei übernommen, die dadurch sehr groß werden kann. Die einzelnen Kopien sind völlig unabhängig voneinander. Wird eine von Ihnen nach der Einbettung geändert, so wirkt sich das auf die anderen nicht aus.

Wie der dynamische Datenaustausch ist die Objekteinbettung nicht bei allen Betriebssystemen möglich und setzt voraus, dass die beteiligten Anwendungen das Protokoll für die

Einbettung unterstützen und Funktionen bereitstellen, mit denen der Benutzer ein Objekt in ein Dokument einbetten kann.

10.1.3.4 Objektverbindung

Die *Objektverbindung (object linking)* ähnelt der Objekteinbettung. Tatsächlich werden beide meist als Varianten der gleichen Technik betrachtet und durch ein gemeinsames Protokoll realisiert (OLE, object linking and embedding). Auch hierbei enthält ein Dokument ein anderes Dokument, das mit einer anderen Anwendung erzeugt wurde. Im Gegensatz zur Einbettung ist das verbundene Objekt aber nicht im Hauptdokument enthalten, sondern unabhängig davon als getrenntes Dokument gespeichert. Das Hauptdokument enthält lediglich einen Verweis auf das verbundene Objekt. In der Darstellung für den Benutzer wird das Objekt allerdings dargestellt, als sei es im Dokument enthalten. Wie bei der Einbettung wird die zugehörige Server-Anwendung aufgerufen, wenn das Objekt zur Bearbeitung selektiert wird.

Bezüglich der Bearbeitungsmöglichkeiten unterscheidet sich die Verbindung nicht von der Einbettung. Da hier aber nicht Kopien in das Hauptdokument eingetragen werden, sondern Verweise auf ein Original, wirken sich Veränderungen nun an allen Verweisstellen aus. Ist ein Objekt mehrfach über eine Verbindung im Dokument enthalten und wird bearbeitet, so wird diese Änderung an allen Stellen des Dokumentes sichtbar, wo auf das Objekt verwiesen wird.

Auch die Technik des Verweises setzt voraus, dass das Betriebssystem ein entsprechendes Protokoll anbietet und die Anwendungen dieses implementieren. Neben dem Problem, dass ein Objekt nicht bearbeitet oder angezeigt werden kann, wenn die Server-Anwendung nicht installiert ist, kommt hier noch die Gefahr hinzu, dass bei einer Weitergabe des Hauptdokuments vergessen wird, die verbundenen Objekte beziehungsweise die sie enthaltenden Dokumente mitzuliefern. Selbst wenn dies erfolgt, können bei einer festen Abspeicherung des Zugriffspfades Probleme auftreten, wenn die Verzeichnisnamen auf dem verwendeten Rechner anders sind als auf dem ursprünglich für die Erzeugung des Dokuments verwendeten. Das Konzept der Objektverbindung ist für Benutzer ohne Informatikkenntnisse nicht einfach zu verstehen.

10.1.4 Navigation in multimedialen Anwendungen

10.1.4.1 Navigationsstruktur und Inhaltsstruktur

Unter *Navigation* versteht man die Bewegung eines Benutzers in und zwischen Medienobjekten oder Darstellungssegmenten, um einen Gegenstand, ein bestimmtes Thema oder einen spezifischen Teil der Information zu finden [ISO14915-1].

Der Inhalt einer multimedialen Anwendung ist im Allgemeinen thematisch in verschiedene *Inhaltsblöcke* unterteilt, die in einer bestimmten *Inhaltsstruktur* angeordnet sind. Die inhaltliche Struktur kann aufgabenbezogen, nutzungsbezogen nach Wichtigkeit, Nutzungshäufigkeit, Nutzungsreihenfolge oder üblicher Struktur des Inhalts, zeitlich geordnet nach Zeitpunkten und Zeiträumen oder nach Verläufen und Entwicklungen, informationsmodellbezogen nach logischen Gruppen, Alphabet oder Vergröberung und Verfeinerung sein oder für unterschiedliche Nutzung verschiedene dieser Ansätze kombinieren. Die inhaltliche Struktur sollte so gewählt werden, dass sie die Ausführung der Aufgabe sowie das Lernen und Erkunden des Systems erleichtert. Je nach gewähltem inhaltlichen Ansatz ist die Anordnung der Inhaltsblöcke in der Struktur linear, hierarchisch in Form eines Baumes oder netzförmig.

Während die Inhaltsblöcke die logische Struktur der Anwendung bilden, sind *Darstellungssegmente* ihre physische Umsetzung. Ein Darstellungssegment kann einen einzelnen Inhaltsblock, einen größeren Teil der Inhaltsstruktur mit mehreren Inhaltsblöcken oder einen Teil eines auf mehrere Darstellungssegmente verteilten Inhaltsblocks darstellen. Die Zuordnung von Inhaltsblöcken zu Darstellungssegmenten kann also 1:1, 1:n oder n:1 erfolgen, wobei innerhalb einer Anwendung an verschiedenen Stellen des Inhalts verschiedene Zuordnungsarten möglich sind.

Eine multimediale Vorlesung über Hypermedia verwendet zur Darstellung ein Fenster für Text, Grafik und Animation, ein eigenes Fenster für Literaturangaben sowie ein weiteres modales Fenster für Begriffserklärungen. Der Inhalt gliedert sich in Inhaltsverzeichnis, Stoff, Glossar und Literatur. Das Inhaltverzeichnis ist ein einzelner Inhaltsblock. Die Inhaltsstruktur des Stoffes ist hierarchisch, die Baumstruktur nach Kapiteln, Abschnitten und Themen organisiert. Auf jeder Ebene der Baumstruktur sind die Knoten linear nach der üblichen Reihenfolge des Stoffes angeordnet. Zu jedem Thema gibt es mehrere Seiten, die innerhalb des Themas linear nach der logischen Reihenfolge angeordnet sind. Das Glossar besteht aus Einträgen, die linear in der Reihenfolge der zugehörigen Themen angeordnet sind. Das Literaturverzeichnis ist in Form einzelner Einträge linear alphabetisch gegliedert. Die Inhaltsblöcke dieser Anwendung sind also Inhaltsverzeichnis, Stoffseiten, Glossareinträge und Literatureinträge. Als Darstellungssegmente werden bei Literatur und Glossar den Einträgen 1:1 einzelne Fensterinhalte zugeordnet. Beim Stoff wird jedem Abschnitt ein Darstellungssegment (Fensterinhalt) zugeordnet, das u.a. die Überschrift des Abschnitts enthält und einen Textbereich, in dem die einzelnen Seiten dargestellt werden, so dass hier mehrere Inhaltsblöcke in einem Darstellungssegment gezeigt werden.

Die Benutzer benötigen bei vielen Anwendungen Zugriff auf die einzelnen Inhaltsblöcke unabhängig von den verwendeten Darstellungen. Zugleich brauchen sie aber auch Möglichkeiten, zwischen den einzelnen Darstellungssegmenten zu wechseln. In der Regel enthalten die Darstellungssegmente auch die Steuerungselemente für die Navigation. Wenn die Benutzung eines Steuerungselements dazu führt, dass das aktuelle Darstellungssegment durch ein anderes ersetzt wird, sollte dies dem Benutzer deutlich gemacht werden, insbesondere dann, wenn die Rückkehr zu dem zuvor gezeigten Darstellungssegment einen größeren Navigationsaufwand erfordert.

Die Gestaltung der Darstellungssegmente sollte auf dem Aufbau der Inhaltsblöcke beruhen, um das Verständnis der Anwendung zu erleichtern. Auch die Navigationsstruktur der Anwendung baut normalerweise auf der inhaltlichen Struktur der Anwendung auf. Sie sollte dem Benutzer einen angemessenen Zugriff auf die Inhaltsstruktur erlauben, so dass dieser eine Übersicht über den Inhalt und die Navigationsstruktur erhält.

Die Vermittlung der Information geschieht über *Medienobjekte*. In einem Darstellungssegment können sich mehrere Medienobjekte befinden, und jedes Medienobjekt kann zu einem oder mehreren Inhaltsblöcken gehören. Medienobjekte in einem Darstellungssegment können nacheinander, nebeneinander oder teils nacheinander und teils nebeneinander wiedergegeben werden. Sind mehrere Medienobjekte dafür bestimmt, nur gemeinsam benutzt zu werden, bezeichnet man sie als ein *zusammengesetztes Medienobjekt*.

Medienobjekte, Darstellungssegmente und Inhaltsblöcke sollten so strukturiert werden, dass der Benutzer so effizient wie möglich zum erforderlichen oder gewünschten Inhalt navigieren kann. Entsprechend dem Aufbau der Anwendung kann dazu Navigation zwischen Darstellungssegmenten, innerhalb von Darstellungssegmenten oder innerhalb von Medienobjekten erforderlich sein. Wenn sich Medienobjekte über mehrere Inhaltsblöcke erstrecken, sollte es möglich sein, innerhalb des Medienobjekts zu den Grenzen der einzelnen Inhaltsblöcke zu navigieren.

> Eine multimediale Vorlesung über Hypermedia verwendet zur Darstellung ein Fenster für Text, Grafik und Animation. Grafik und Animation sind dabei fest an bestimmten Stellen in den Text integriert, so dass das Textobjekt, die Grafikobjekte und die Animationsobjekte ein zusammengesetztes Medienobjekt bilden. Für jedes Thema gibt es ein solches zusammengesetztes Medienobjekt, das den Stoff mehrerer Inhaltsblöcke (Seiten) präsentiert. Innerhalb des zusammengesetzten Medienobjekts kann mit den Funktionen „nächste Seite" und „vorige Seite" von Inhaltsblock zu Inhaltsblock navigiert werden.

Detaillierte Hinweise zum Aufbau einer geeigneten Navigationsstruktur bietet die Norm DIN EN ISO 14915-2. Aus Platzgründen können hier nur einige wichtige Punkte dargestellt werden.

Ziel der Navigationsgestaltung sollte es sein, dass der Benutzer sich zu dem Inhaltsblock begeben kann, der seine Aufgabenanforderungen erfüllt, und mit möglichst geringem Aufwand ein bestimmtes Darstellungssegment sowie einen bestimmten Inhalt in einem Darstellungssegment auffinden kann. In vielen Fällen kann es dafür hilfreich sein, mehrere Arten des Zugriffs zu ermöglichen.

> In einer multimedialen Anwendung über die Geschichte einer Stadt kann die Informationen über einen bestimmten Platz oder ein bestimmtes Gebäude (Inhaltsblock) abgerufen werden, indem im Stadtplan auf das Objekt geklickt wird, indem es in einem Inhaltsverzeichnis ausgewählt wird, indem eine Suche in den Textobjekten der Beschreibung und der Überschrift ausgeführt wird oder indem einem Verweis gefolgt wird.

In Abhängigkeit von der Art des Inhalts, dem Benutzer und seiner Aufgabe muss entschieden werden, welche *Navigationsmethode* an einem bestimmten Punkt der Anwendung eingesetzt wird. Mögliche Navigationsmethoden sind:

- Automatische Navigation
  Der Inhalt wird von System ohne Eingaben des Benutzers dargestellt.
- Vorgegebene Navigation
  Der Benutzer hat nur ein mögliches nächstes Ziel, kann aber selbst steuern, wann er sich diesem Inhalt zuwenden will.
- Benutzerbestimmte Navigation
  Der Benutzer kann aus verschiedenen Möglichkeiten wählen, welchem Inhalt er sich als nächstem zuwenden will.
- Adaptiv bestimmte Navigation
  Das System bestimmt aufgrund des Inhalts und einer Kombination aus bisherigem Navigationsverlauf des Benutzers, Eigenschaften des Benutzers, Navigationsverlauf einer Benutzergruppe und Eigenschaften einer Benutzergruppe, welche Möglichkeiten der Navigation dem Benutzer zur Verfügung stehen.

Für bestimmte Aufgaben sind bestimmte Navigationsstrukturen besser geeignet als andere. So sind lineare Navigationsstrukturen erforderlich, wenn die Aufgabe eine bestimmte Reihenfolge der Information verlangt, weil beispielsweise die Ursache vor der Wirkung beschrieben werden soll oder weil eine Anleitung in der richtigen Reihenfolge der Einzelschritte vermittelt werden muss. Eine lineare Struktur kann auch benutzt werden, um insbesondere Anfängern die wesentlichen Teile der Anwendung in Form einer *geführten Tour (guided tour)* darzustellen und den zur Verfügung stehenden Inhalt und die Möglichkeiten der Anwendung vorzustellen. Baumstrukturen eigenen sich besonders dann, wenn der Inhalt eine hierarchische Struktur aufweist. Vernetzte Strukturen sind sinnvoll, wenn einzelne Teile des Inhalts mit anderen in Beziehung stehen. Die verschiedenen Navigationsstrukturen können innerhalb einer Anwendung auch kombiniert werden.

> Eine multimediale Vorlesung über Hypermedia benutzt eine Baumstruktur zur Navigation im Stoff entlang der Kapitel, Abschnitte und Themen. Innerhalb der Themen kann linear zwischen den Seiten navigiert werden. Die lineare Navigation erlaubt es auch, den gesamten Stoff in der Art eines Buches seitenweise zu durchqueren. Der Baumstruktur und der linearen Struktur ist eine Netzstruktur überlagert, die es erlaubt, entlang von Querverweisen zwischen den Seiten zu navigieren.

10.1.4.2 Steuerungselemente und Verknüpfungen

Die Navigation entlang der zur Verfügung stehenden Navigationsstrukturen erfolgt mit Hilfe von Steuerungselementen und Verknüpfungen.

Ein *Steuerungselement* ist ein Objekt, das häufig analog zu physischen Steuerungen ist und dem Benutzer die Manipulation von Daten, anderen Objekten oder deren Attributen ermöglicht [ISO14915-2].

Eine *Verknüpfung* ist eine Verbindung zwischen oder innerhalb von Medien, die mit einem Steuerungselement beginnt und an einer festgelegten Position endet [ISO14915-2].

Verknüpfungen ermöglichen die Navigation zwischen bestimmten Positionen in einer Multimedia-Anwendung. In Abhängigkeit von der Art des Inhalts, dem Benutzer und seiner Aufgabe können verschiedene Arten von Verknüpfungen sinnvoll sein. Man unterscheidet einerseits zwischen systemaktivierten und benutzeraktivierten Verknüpfungen, andererseits zwischen festen und temporären Verknüpfungen. Verknüpfungen können nicht nur bei der Entwicklung der Anwendung festgelegt werden, sondern sie können auch während der Benutzung der Anwendung vom System berechnet oder vom Benutzer festgelegt werden. Innerhalb eines Darstellungssegments sollten alle Verknüpfungen voneinander und von den anderen Teilen der Darstellung unterscheidbar sein.

Eine *systemaktivierte Verknüpfung* wird durch eine bestimmte Systemaktion aktiviert. Systemaktivierte Verknüpfungen dienen dazu, einzelne Medien in einem zusammengesetzten Medienobjekt aufeinander abzustimmen oder die Abfolge der Darstellung etwa bei einer Präsentation an einem Messestand von System steuern zu lassen.

Eine *benutzeraktivierte Verknüpfung* wird automatisch durch eine bestimmte Benutzerhandlung aktiviert. Benutzeraktivierte Verknüpfungen ermöglichen dem Benutzer die Navigation zu bestimmten Positionen in der Anwendung. Zu solchen benutzeraktivierten Verknüpfungen gehören die Verbindungen in einem Hypertext, die durch Anklicken des jeweiligen Ankerworts aktiviert werden (vgl. 1.2.3).

Eine *feste Verknüpfung* ist eine ständige Verknüpfung, die immer dann aktiviert werden kann, wenn das Medium dargestellt wird, in dem die Verknüpfung enthalten ist. Sie wird dann angewendet, wenn eine Verknüpfung an einer bestimmten Position eines Darstellungssegments ständig zur Verfügung stehen soll.

Eine *temporäre Verknüpfung* ist demgegenüber eine Verknüpfung, die nur für eine bestimmte Zeit während der Darstellung des Mediums verfügbar ist, welches die Verknüpfung enthält. Temporäre Verknüpfungen werden angewendet, wenn der Zugriff auf den Inhalt auf einen bestimmte Zeit während der Anzeige eines Darstellungssegments beschränkt werden soll, wie etwa bei den zeitgesteuerten Verweisen aus einem dynamischen Medium in einer Hypermedia-Anwendung (vgl. 1.2.4). Bei temporären Verknüpfungen muss darauf geachtet werden, dass der Benutzer genügend Zeit hat, sie zu erkennen, zu entscheiden ob er ihnen folgen will und sie zu aktivieren. Um Fehler zu vermeiden, müssen verschiedenen temporäre Verknüpfungen, die an der gleiche Stelle zur Verfügung stehen, zeitlich ausreichend voneinander getrennt sein.

Eine *berechnete Verknüpfung* ist eine temporäre Verknüpfung, die nach Bedarf hergestellt wird, wobei die Zielposition aufgrund des Zustands oder der Vorgeschichte des Systems dargestellt wird. Solche Verknüpfungen werden insbesondere dann benutzt, wenn der Informationsinhalt der Anwendung sich im Laufe der Zeit verändert oder die Benutzerbedürfnisse im Voraus nicht bekannt sind. Ein typisches Beispiel ist das Ergebnis einer Volltextsuche in Form von berechneten Verknüpfungen zu allen Inhaltsblöcken, welche die gesuchte Zeichenfolge enthalten. Meistens ist es sinnvoll, dem Benutzer deutlich zu machen, welche Verknüpfungen berechnete Verknüpfungen sind, da diese beim Wechsel zwischen Darstellungssegmenten oft unter deutlichem Zeitaufwand neu berechnet werden müssen oder gar nicht mehr zur Verfügung stehen.

Eine *benutzerdefinierte Verknüpfung* ist eine ständige oder temporäre Verknüpfung, die vom Benutzer während der Nutzung der Anwendung hergestellt wird in Ergänzung zu den von der Anwendung hergestellten Verknüpfungen. Sie dient beispielsweise dem Festlegen von Lesezeichen oder der Anfügung von Kommentaren.

Damit der Benutzer Verknüpfungen effizient zur Navigation benutzen kann, benötigt er verschiedene Informationen über jede Verknüpfung. Das System sollte dem Benutzer ermöglichen folgende Informationen über die Verknüpfung zu erhalten:

- Information über den Inhalt des Ziels,
- Information über die Position des Ziels (ob innerhalb oder außerhalb des momentanen Darstellungssegments),
- Information über die Dauer der Verfügbarkeit (ob fest oder ob temporär / berechnet),
- Information über den Medientyp des Ziels (insbesondere, wenn das System bestimmte Medientypen nicht darstellen kann),
- Information über die Ladedauer des Ziels,
- Information darüber, ob das Ziel schon besucht wurde.

[ISO14915-2] definiert 18 allgemeine Richtlinien zu Steuerungselementen in multimedialen Anwendungen, die hier nicht alle im Detail angegeben werden können. Die Richtlinien beziehen sich teils auf die Darstellung und teils auf die Funktionalität. Die Anforderungen an die Darstellung lassen sich aus den Prinzipien der Informationsdarstellung herleiten, etwa wenn gefordert wird, dass sich die Steuerungselemente von anderen dargebotenen Informationen unterscheiden sollen (vgl. 7.1.1) und dass sie in logische Gruppen eingeteilt werden sollen (vgl. 7.3.1). Welche Steuerelemente vorhanden sein sollen, leitet sich aus den Prinzipien der Dialoggestaltung her, etwa wenn gefordert wird, dass der Benutzer einfach zwischen verschiedenen Medien wählen können soll (Individualisierbarkeit, vgl. 8.3.1.6) und dass ihm Mittel für die Auswahl und Steuerung von Medienobjekten zur Verfügung stehen sollen (Steuerbarkeit, vgl. 8.3.1.3).

10.1.4.3 Generische Funktionen zur Navigation

Navigation kann sich erstrecken auf die gesamte Anwendung, auf ein Darstellungssegment, auf einen Inhaltsblock, auf ein zusammengesetztes Medienobjekt oder auf ein einzelnes Medienobjekt. Bei der Gestaltung und Anordnung der Steuerelemente für die Navigation muss darauf geachtet werden, dass der Benutzer unterscheiden kann, für welchen Navigationsbereich die Steuerelemente gelten. Außerdem sollte unterstützende Information für die Navigation zur Verfügung stehen wie beispielsweise eine Übersicht über die Navigationsstruktur.

Abhängig von der Navigationsstruktur kann es folgende generische Navigationsfunktionen geben:

- Zum Beginn gehen (go to beginning)
  Die Navigation führt an den Beginn der Anwendung, des aktuellen Darstellungssegments oder des aktuellen Medienobjekts. Bei einer Anwendung mit hierarchischer Navigationsstruktur ist der Beginn in der Regel die Wurzel des Baumes, bei einer Anwendung mit Netzstruktur ist die Funktion nur sinnvoll, wenn es einen definierten Einstiegspunkt gibt.
- Zurück gehen (go back)
  Die Navigation führt zurück zum zuletzt besuchten Darstellungssegment, zum zuletzt besuchten Inhaltsblock oder zum zuletzt betrachteten Medienobjekt in einem zusammengesetzten Medienobjekt. [ISO14915-2] benutzt für diese Navigationsfunktion unglücklicherweise die Bezeichnung „zum vorherigen gehen (go to previous)“.
- Zum Vorigen gehen (go to previous)
  Die Navigation führt in einer linearen Struktur zum logisch vorangehenden Darstellungssegment, Inhaltsblock oder Medienobjekt in einem zusammengesetzten Medienobjekt.
- Zum Nächsten gehen (go to next)
  Die Navigation führt in einer linearen Struktur zum logisch nächsten Darstellungssegment, Inhaltsblock oder Medienobjekt in einem zusammengesetzten Medienobjekt.
- Zum Übergeordneten gehen (go up)
  Die Navigation führt in einer Baumstruktur zum nächsthöheren Knoten, also zum logisch übergeordneten Darstellungssegment oder Inhaltsblock. Diese Navigationsfunktion ist in [ISO14915-2] nicht aufgeführt.
- Zum Ende gehen (go to end)
  Die Navigation führt an das Ende eines zusammengesetzten Medienobjekts, eines Inhaltsblocks oder der gesamten Anwendung. Die Navigation an das Ende der gesamten Anwendung beendet diese, wobei gegebenenfalls noch ein Abspann angezeigt wird.

In einer multimedialen Anwendung über die Geschichte einer Stadt ist die Information hierarchisch strukturiert. Die einzelnen Themen können als Knoten des Informationsbaumes über ein Inhaltsverzeichnis direkt erreicht werden. Zugleich können sie in einer linearen Reihenfolge wie Seiten eines Buches betrachtet werden. Zwischen einzelnen Seiten gibt es Verknüpfungen. Das Darstellungssegment enthält bei jeder Seite Schaltflächen für die Navigationsfunktionen „zum Vorigen gehen“ und „zum Nächsten gehen“, um die lineare Navigation zu ermöglichen. Die Verknüpfungen werden über Ankerworte im Text aktiviert. Eine Schaltfläche für die Navigationsfunktion „zurück gehen“ ermöglicht sowohl bei linearer Navigation als auch bei Navigation in der Netzstruktur die Rückkehr zum jeweils zuletzt besuchten Thema. Die Position des aktuellen Themas in der Hierarchie wird durch Titel und Untertitel über dem Textobjekt angezeigt. Die Navigationsfunktion „zum Übergeordneten gehen“ kann benutzt werden, indem auf den jeweiligen (Unter-)Titel geklickt wird. Die Navigationsfunktion „zum Ende gehen“ wird für die gesamte Anwendung durch eine Schaltfläche mit der Bedeutung „beenden“ zur Verfügung gestellt.

Die Navigation kann unterstützt werden durch generische Funktionen zur Bestimmung der momentanen Position in der Navigationsstruktur zum Beispiel durch Markierung des aktuellen Darstellungssegments in einer Karte der Navigationsstruktur (sitemap), Funktionen zum Suchen bestimmter Positionen und Funktionen zum Verfolgen einer geführten Tour.

10.1.4.4 Generische Funktionen zur Steuerung dynamischer Medien

Die Steuerungsfunktionen für dynamische Medien entsprechen weitgehend den Funktionen zur Steuerung von Geräten, die dynamische Medien ohne Rechnereinsatz wiedergeben, wie beispielsweise Videorecorder. Mögliche Steuerungsfunktionen sind:

- Wiedergabe (play)
  Diese Funktion sollte für alle dynamischen Medienobjekte oder zusammengesetzten Medienobjekte vorhanden sein, wenn nicht die Aufgabe ein automatisches Abspielen erfordert. Das Medium sollte bei der momentanen Position starten und normalerweise bis zum Ende spielen.
- Stopp (stop)
  Auch diese Funktion sollte bei Medien, die nicht automatisch abgespielt werden, vorhanden sein. Die Funktion sollte die Wiedergabe des Mediums sofort beenden und das Medium zurückspulen.
- Pause (pause)
  Diese Funktion sollte die Wiedergabe sofort beenden, aber die momentane Position des Mediums beibehalten.
- Rückwärts abspielen (play backward)
  Diese Funktion sollte das Medium rückwärts abspielen.
- Vorwärtssuchlauf (scan forward)
  Diese Funktion sollte das Medium mit hoher Geschwindigkeit vorwärts abspielen.
- Rückwärtssuchlauf (scan backward)
  Diese Funktion sollte das Medium mit hoher Geschwindigkeit rückwärts abspielen.
- Vorspulen (fast forward)
  Diese Funktion sollte das Medium ohne Wiedergabe mit hoher Geschwindigkeit vorspulen.

- Zurückspulen (rewind)
  Diese Funktion sollte das Medium ohne Wiedergabe mit hoher Geschwindigkeit zurückspulen.
- Aufnahme (record)
  Diese Funktion sollte vorhanden sein, wenn die Aufgabe es erfordert, dass Informationen aus einer oder mehreren Quellen aufgenommen und an einem bestimmten Ort gespeichert werden.

Für die Steuerungselemente, mit denen die genannten Funktionen aktiviert werden können, gibt es bestimmte Regeln bezüglich Gebrauch und Anordnung. Beispielsweise sollte das Steuerelement für Wiedergabe nach Betätigung deaktiviert und gleichzeitig das Steuerelement für Stopp aktiviert werden. Umgekehrt sollte nach Betätigung des Steuerelements für Stopp dieses deaktiviert und das für Abspielen aktiviert werden. Ein Steuerelement „Rückwärts abspielen“ sollte stets links vom Steuerelement „Abspielen“ und in dessen Nähe angebracht werden. Auf Regeln für die Gestaltung der Steuerelemente sind wir bereits in 7.2.2.3 eingegangen.

Für dynamische Medien gibt es eine Reihe von Attributen, die für die Darstellung von Bedeutung sind. Sie können unabhängig von den genannten Steuerungsfunktionen oder mit diesen zusammen vom Benutzer oder vom System verändert werden. Solche Steuerungsattribute sind:

- Abspielrichtung (direction of play)
  Falls es für die Aufgabe geeignet ist, ein Medium sowohl vorwärts als auch rückwärts abspielen zu können, sollte dieses Attribut bereitgestellt und mit der Richtung „vorwärts“ vorbelegt sein. In der Regel wird dieses Attribut nicht separat verändert, sondern implizit durch Verwendung der entsprechenden Steuerungsfunktionen.
- Schleife (loop)
  Dieses Attribut bestimmt, ob das Abspielen am Ende des Mediums endet oder wieder am Anfang beginnt.
- Wiedergabegeschwindigkeit (speed)
  Wenn es für die Aufgabe oder für den Benutzer erforderlich ist, sollte die Geschwindigkeit des Abspielens durch ein Steuerungselement eingestellt werden können, beispielsweise wie bei einem Videorecorder durch ein so genanntes Shuttle-Element zwischen schnell rückwärts und schnell vorwärts.
- Lautstärke (volume)
  Wenn Medien mit Audio-Ausgabe vorhanden sind, sollte der Benutzer die Lautstärke schnell und einfach einstellen können.
- Stummschaltung (mute)
  Wenn Medien mit Audio-Ausgabe vorhanden sind, sollte der Benutzer die Lautstärke schnell und einfach auf null und wieder zurück auf den vorigen Wert setzen können.

10.2 Gestaltung der Anwendung

10.2.1 Gestaltungsprinzipien

Wie bei der Ein-/Ausgabe-Ebene und der Dialog-Ebene gibt es auch für die Werkzeug-Ebene Gestaltungsprinzipien, die bei der Anwendungsentwicklung berücksichtigt werden sollten. Über die Gestaltungsgrundsätze für diese Schnittstelle zu Dokumenten und Werkzeugen gibt es keine Norm, da die Umsetzung sehr anwendungs- und produktspezifisch erfolgen muss. Allgemeine Gestaltungsregeln wie in den Normen zur Ein-/Ausgabe und zum Dialog lassen sich hier kaum angeben. Stattdessen muss in jedem Einzelfall erneut geprüft werden, welche der Prinzipien im Aufgabenkontext wichtig sind und welche Folgerungen daraus für die Gestaltung zu ziehen sind. Als Prinzipien für die Gestaltung der Werkzeug-Ebene lassen sich nennen [GI96]:

- Verfügbarkeit
  Die Benutzer müssen Zugriff auf die für die Aufgabenerfüllung benötigten Werkzeuge der Anwendung haben.
- Portierbarkeit
  Die Anwendung lässt sich auch auf einer anderen Systemumgebung ausführen, beispielsweise wenn ein neuer Rechner aus Speicherplatz- oder Geschwindigkeitsgründen erforderlich wird.
- Integrierbarkeit
  Die Werkzeuge der Anwendung lassen sich in andere Anwendungen einfügen, und es lassen sich Werkzeuge aus anderen Anwendungen in die Anwendung einfügen.
- Kombinierbarkeit
  Dokumente einer Anwendung lassen sich mit einer anderen Anwendung weiter verarbeiten.
- Konfigurierbarkeit
  Die Werkzeuge lassen sich auf die jeweilige Systemumgebung einstellen. Beispielsweise lassen sich Art und Zahl der Ein- und Ausgabegeräte vom Benutzer festlegen.
- Anpassbarkeit
  Die Werkzeuge lassen sich bei Änderungen der Aufgabe ändern und ergänzen.

10.2.2 Ableitung von Gestaltungskriterien

Wie bei der Dialog-Ebene lassen sich aus den Gestaltungsprinzipien der Werkzeug-Ebene im Einzelfall Gestaltungsempfehlungen anhand von Szenarien ableiten und Prüfkriterien formulieren. Solche Kriterien sind in höherem Maße anwendungs- und aufgabenabhängig als bei der Dialog-Ebene. Für die Ableitung von Gestaltungskriterien wird daher ein tiefes Verständnis des Arbeitskontextes benötigt.

Auf der Werkzeug-Ebene ist der Gestaltungsspielraum häufig noch enger als bei den anderen Ebenen. Hier sind Einschränkungen durch die Systemsoftware und durch vorgegebene andere Anwendungen möglich, die etwa bestimmte Formen der Integrierbarkeit und Kombinierbarkeit nicht zulassen, zum Beispiel kein OLE erlauben. Ebenso kann es Vorgaben oder Einschränkungen durch die Arbeitsorganisation geben, insbesondere in Bezug auf Konfigurierbarkeit und Anpassbarkeit (häufig wird sogar die Individualisierung auf der Dialog-Ebene durch die Arbeitsorganisation nicht zugelassen).

Die Trennung der Werkzeug-Ebene von der Dialog-Ebene und von der Organisationsebene ist weitaus unschärfer als etwa die Trennung zwischen Ein-/Ausgabe und Dialog. Die Auswahl und Gestaltung der Werkzeuge gibt teilweise den Dialog zu ihrer Benutzung vor, und die Verwendung einer bestimmten Dialogart hat Rückwirkungen auf die Gestaltung der Werkzeuge. Dennoch kann das geschilderte Verfahren für abgegrenzte Anwendungsbereiche durchaus nutzbare Gestaltungskriterien liefern. Hierfür sei abschließend als Beispiel die Nummer W.1.1.3 aus der GI-Empfehlung *Ergonomische Gestaltung der Benutzungsschnittstellen von CAD-Systemen* [GI96] zitiert:

Gestaltungsempfehlung mit Prüfkriterium (Beispiel)	
Empfehlung	– Anwender (hier in der Regel Systembetreuer) sollen die Möglichkeit haben, Anpassungen an spezifische Erfordernisse durch Programmierung vorzunehmen. – Diese Benutzerprogrammierung soll in verschiedenen Abstraktionsstufen möglich sein (Makro, Recorder, ..., hochsprachliche Programm-Module). – Für benutzerprogrammierte Module sollen Editiermöglichkeiten sowie ein Testmodus (Debugger) vorhanden sein.
Prinzip / Begründung	Anpassbarkeit: Arbeitserleichterung wird bei iterativem Arbeiten oder bei Routineaufgaben gegeben, wenn wiederkehrende Dialogschritte als Prozedur programmiert werden können. Außerdem haben wenig geübte Benutzer einen Vorteil vom Bereitstellen komplexer, wiederverwendbarer Prozeduren. Diesen Vorteil gilt es durch Änderbarkeit und Fehlerbeseitigung zu sichern. Die Anpassungsmittel sollen bereitgestellt werden (ISO/IEC 12119, Abschnitt 4.1.5c).
Szenario	– Erzeugung eines Wälzlagers, einer Schraube, Bohrung (Zeichenmakro) durch einen einzigen Funktionsaufruf. – Auslegung einer Welle durch hochsprachliche, externe Berechnungsmodule. – Der Konstrukteur stellt fest, dass das Zeichenmakro für die Lagerdarstellung bei bestimmten Durchmessern fehlerhaft ist und will daher das Makro editieren und schrittweise testen.
Prüfkriterium	– Kann der Anwender oder Benutzer die Arbeits- / Dialogschritte in einer Makro-Programmiersprache zusammenfassen? – Kann der Anwender oder Benutzer hochsprachliche Programm-Module in einer für die Benutzerprogrammierung geeigneten Entwicklungsumgebung selbst erzeugen? – Sind für die Anpassung von Makros, Menüs und Hilfetexten jeweils geeignete Editoren verfügbar?

Nachbereitung

10.3 Übungsaufgaben

Aufgabe 10.1 Austausch von Objekten

Beim Austausch von Daten mit Hilfe der Zwischenablage können Objekteigenschaften verloren gehen oder Objekte automatisch in andere Objekte umgewandelt werden.

- Was geschieht, wenn Sie aus der Textverarbeitung Word einen Text über die Zwischenablage in den Editor (Notepad) übertragen?
- Was geschieht, wenn Sie einen Ausschnitt einer Zeichnung des Malprogramms Paint über die Zwischenablage in die Textverarbeitung Word übertragen?
- Was geschieht, wenn Sie in der Textverarbeitung Word drei Zeichnungselemente (z.B. ein Rechteck, einen Kreis und einen Textblock) selektieren und über die Zwischenablage in das Malprogramm Paint übertragen?

Aufgabe 10.2 Konfigurierbarkeit

Ein Stadtinformationssystem soll sowohl in Terminals mit Berührbildschirm eingesetzt als auch auf CD-ROM vertrieben werden.

- Welche Probleme ergeben sich hieraus für die Gestaltung der Ein- und Ausgabe und des Dialogs?
- Welche Lösungen schlagen Sie dafür vor?

Aufgabe 10.3 Inhaltsstruktur und Navigationsstruktur

Die in Aufgabe 9.1 vorgestellte Anwendung soll zusätzlich Informationen über typische Fundorte von Salzmineralien (Gruben und Brüche, Salzseen, Meeressalinen) enthalten. Ein weiterer Teil soll zeigen, wie sich Salzlagerstätten erdgeschichtlich entwickelt haben, wo es in Europa Salzlagerstätten gibt und wie aus Salzlagerstätten Salzstöcke entstehen.

- Welche Inhaltsstruktur geben Sie der so erweiterten Anwendung?
- Wie ordnen Sie Medien, Inhaltsblöcke und Darstellungssegmente einander zu?
- Welche Navigationsstrukturen sehen Sie vor?
- Welche Navigationselemente implementieren Sie mit welchen Mitteln?

Lösungen

11 Benutzerunterstützung

Zusammenfassung, Lernziele und Vorüberlegungen

11.1 Benutzerführung

11.1.1 Übersicht

Mit *Benutzerführung (user guidance)* bezeichnet man zusätzliche Information, die über den regulären Benutzer-Computer-Dialog hinausgeht und entweder auf Verlangen des Benutzers oder automatisch von System angezeigt wird [ISO9241-13].

Benutzerführung umfasst alle Dialogelemente, die den Benutzer darin unterstützen, seine beabsichtigten Ziele zu erreichen. Sie dient dazu, die Möglichkeiten eines Systems zu erkennen, den Benutzer in die Lage zu versetzen, seine Ziele zu planen und zu erreichen oder ihm bei der Bewältigung von Fehlersituationen zu helfen. Wird sie dem Benutzer nur angeboten, wenn er vorher ausdrücklich danach verlangt hat, bezeichnet man sie als *benutzerinitiierte Benutzerführung*. Benutzerführung, die ohne ausdrückliche Anforderung des Benutzers vom System angeboten wird, heißt *systeminitiierte Benutzerführung*.

Benutzerführung kann und soll auf allen Gestaltungsebenen erfolgen.

Auf der Ein-/Ausgabe-Ebene gibt es beispielsweise Unterstützung in Form von Eingabeaufforderungen und Rückmeldungen durch die Form des Zeigers, die beide zur systeminitiierten Benutzerführung gehören. Auf der Dialog-Ebene erfolgt unter anderem die Ausgabe von Systemzustandsanzeigen in der Statuszeile und von Fehlermeldungen bei unzulässigen Eingaben. Die Werkzeug-Ebene stellt Werkzeuge zur Information über die Anwendung und ihre Benutzung zur Verfügung, etwa in Form von kontextsensitiven Hilfesystemen, die über die Funktionstaste F1 aufgerufen werden und somit zur benutzerinitiierten Benutzerführung gehören.

Auch außerhalb der eigentlichen Benutzungsschnittstelle können auf der Organisationsebene weitere Maßnahmen zur Unterstützung der Benutzer getroffen werden, zum Beispiel durch Schulungen und Handbücher. Wir werden hierauf im Kapitel 12 zurückkommen.

Verfahren zur Benutzerführung werden ebenenübergreifend in der Norm DIN EN ISO 9241-13 [ISO9241-13] dargestellt. Sie enthält

- allgemeine Empfehlungen zur Benutzerführung (user guidance), insbesondere zur sprachlichen Gestaltung von Meldungen,
- Empfehlungen zu Eingabeaufforderungen (prompts),
- Empfehlungen zu Rückmeldungen (feedback),
- Empfehlungen zu Statusinformation (status information),
- Empfehlungen zum Fehlermanagement (error management) im weiteren Sinne, also sowohl zur Vermeidung als auch zur Korrektur von Fehlern,
- Empfehlungen zur Online-Hilfe (on-line help) mit Beschreibung der einzelnen Typen von Hilfesystemen und ihres Einsatzes.

Im Folgenden werden die grundlegenden Empfehlungen der ersten vier Spiegelstriche vorgestellt, die Empfehlungen zur Fehlerbehandlung und zu Hilfesystemen folgen in den nächsten beiden Abschnitten. Der letzte Abschnitt des Kapitels befasst sich mit Fragen des barrierefreien Zugriffs auf Anwendungen durch Benutzer mit speziellen Bedürfnissen, der in der in Entwicklung befindlichen Norm [ISO16071] beschrieben wird.

Da die Empfehlungen zur Benutzerführung alle Ebenen der Benutzungsschnittstelle betreffen, sind sie zum Teil bereits bei der Diskussion der einzelnen Ebenen und ihrer Bestandteile erwähnt worden. Der Vollständigkeit halber werden sie hier noch einmal aufgeführt, um einen umfassenden Überblick über Unterstützungsmaßnahmen zu ermöglichen. Auch die DIN EN ISO 9241 zeigt in diesem Punkt Redundanzen.

11.1.2 Allgemeine Empfehlungen zur Benutzerführung

Die allgemeinen Empfehlungen umfassen Hinweise, die für alle Arten der Benutzerführung gleichermaßen gelten. Dies gilt besonders für die sprachlichen Formulierungen. Im Folgenden werden die Empfehlungen durch Beispiele erläutert, die zum Teil aus der [ISO9241-13] stammen.

11.1.2.1 Übergreifende Empfehlungen

Empfehlung	Beispiel
Die Informationen zur Benutzerführung sollten sich klar von anderen Ausgabeinformationen unterscheiden.	Vom Benutzer angeforderte Hilfen erscheinen in einem separaten Dialogfenster mit einer anderen Hintergrundfarbe.
Wenn durch das System initiierte Meldungen nicht mehr auf den gegenwärtigen Zustand des Systems oder die Benutzeraktion zutreffen, dann sollten sie vom Bildschirm entfernt werden.	Die Erläuterung zu einem Eingabefeld in der Statuszeile wird wieder gelöscht, wenn das Feld den Fokus verliert.

Empfehlung	Beispiel
Benutzerinitiierte Dialogführungsinformation sollte dagegen unter der Kontrolle des Benutzers bleiben.	Der Benutzer kann das Hilfesystem jederzeit verlassen und zum Anwendungsdialog zurückkehren.
Meldungen sollten dem Benutzer spezifische Informationen im Aufgabenkontext geben und nicht zu allgemein formuliert sein.	Statt „Eingabe außerhalb des zulässigen Wertebereichs" wird gemeldet „Der Zinssatz muss größer oder gleich 0 sein."
Benutzerführung sollte den Benutzer nicht bei der Aufgabenerledigung stören oder den Fluss des Dialogs unterbrechen.	Animierte systeminitiierte Hilfen können von der Aufgabenbearbeitung ablenken.
Um Benutzer auf Bedingungen hinzuweisen, die eine besondere Aufmerksamkeit erfordern, sollten eindeutige Meldungen und Kodierungen einheitlich angewendet werden.	Alle Meldungen über schwerwiegende Fehler enthalten ein besonderes Symbol (großes Ausrufungszeichen, Stoppschild, Blaulicht oder dergleichen) und einen Aufmerksamkeitston (Sirene, Martinshorn, zerbrechendes Glas oder dergleichen).
Wenn sich die Interaktion gemäß der Benutzerexpertise verändert, sollten Benutzer den Grad der Benutzerführung wählen können	Bei einer Anwendung sind die Fehler mit Fehlernummern durchnummeriert. Zu jedem Fehler gibt es außerdem eine Textmeldung. Ein erfahrener Benutzer lässt sich Fehler nur noch durch die Fehlernummer anzeigen, da er die häufiger auftretenden Fehler auswendig kennt.

11.1.2.2 Sprachliche Formulierungen

Empfehlung	Beispiel
Das Ergebnis einer Aktion sollte angegeben werden, bevor beschrieben wird, wie die Aktion ausgeführt wird.	„Drücken Sie die Esc-Taste, um die Eingaben zu verwerfen" kann dazu führen, dass erst die Anweisung befolgt wird und dann erst deren Auswirkungen gelesen werden. Besser ist: „Um die Eingaben zu verwerfen, drücken Sie die Esc-Taste."
Meldungen der Benutzerführung sollten so formuliert sein, dass sie mehr die Benutzerkontrolle als die Systemkontrolle betonen.	„Um die geänderten Daten zu speichern, drücken Sie die Taste Dateneingabe" betont die Steuerbarkeit. „Die Datenbank speichert die Änderung nur, wenn Dateneingabe gedrückt wird" vermittelt eine systembestimmte Sichtweise.
Im Allgemeinen sollten Nachrichten der Benutzerführung positiv formuliert werden und betonen, was zu tun ist, statt was zu vermeiden ist. Verneinende Aussagen sollten dann gemacht werden, wenn es sich um Ausnahmen von der Regel handelt oder etwas besonders betont werden soll.	„Entnehmen Sie erst dann die Diskette, wenn das Programm dazu auffordert." statt „Nicht die Diskette entnehmen, solange das Programm nicht dazu auffordert."

<table>
<tr><th>Empfehlung</th><th colspan="2">Beispiel</th></tr>
<tr><td>Meldungen der Benutzerführung sollten grammatisch einheitlich formuliert werden.</td><td>Richtig:
Bitte wählen:
Kaution anlegen
Kaution ändern
Kaution auflösen</td><td>Falsch:
Bitte wählen:
Kaution anlegen
Ändere Kaution
Auflösung der Kaution</td></tr>
<tr><td>Enthält die Benutzerführung geschriebenen oder gesprochenen Text, sollten die Sätze kurz und einfach sein.
Benutzerführung sollte in aktiver Sprache formuliert sein, sofern dies nicht den Eigenheiten der Landessprache des Benutzers widerspricht.
Benutzerführung sollte eine Terminologie anwenden, die Benutzer bei der Arbeitsaufgabe typischerweise verwenden.</td><td colspan="2">„Um die Buchung zu stornieren, können Sie die Taste F8 drücken.“
statt
„Die Funktionstaste F8 kann gedrückt werden, wenn der getätigte Vorgang der Dateneingabe rückgängig gemacht werden soll.“</td></tr>
<tr><td>Meldungen der Benutzerführung sollten mit emotional neutralen Worten formuliert sein, ohne
– für den Benutzer herablassend zu sein,
– den Computer in unangebrachter Weise zu personifizieren,
– zu versuchen, in unangebrachter Weise humorvoll zu sein.</td><td colspan="2">Statt „Ich musste leider feststellen, dass Sie sich im Datum wohl ein wenig vertippt haben. Sie sollten doch wissen, dass die Buchung nicht rückwirkend durchgeführt werden kann. Vielleicht versuchen Sie es noch einmal mit einem Datum zwischen heute und in vierzehn Tagen.“ besser „Buchungen können nicht rückwirkend durchgeführt werden. Bitte geben Sie ein Datum ein im Bereich von heute bis in vierzehn Tagen.“</td></tr>
</table>

11.1.3 Empfehlungen zu Eingabeaufforderungen

Viele der Empfehlungen zu Eingabeaufforderungen treffen auch auf die Führungstexte von Interaktionselementen zu und sind daher in ähnlicher Form schon in 7.2.2 behandelt worden. Die Empfehlungen zu Eingabeaufforderungen sind weitgehend aus sich selbst verständlich, so dass im Folgenden in der Regel keine Beispiele angegeben werden.

Eine *Eingabeaufforderung* ist eine Ausgabe des Systems, die vom Benutzer eine Eingabe verlangt [ISO9241-13].

Eingabeaufforderungen sollten die Art der Eingabe, welche vom Dialogsystem akzeptiert wird, implizit (bei allgemeinen Eingabeaufforderungen) oder explizit (bei genau festgelegten Eingabeaufforderungen) angeben.

Spezifische Eingabeaufforderungen sollten um so eher benutzt werden, je mehr der folgenden Bedingungen gelten:

- Die Benutzer sind mit dem System nicht vertraut und brauchen Information über geeignete Vorgehensweisen.
- Die Anzahl gültiger Eingaben ist begrenzt.

- Die Anforderungen der Arbeitsaufgabe (z.B. komplexe Arbeitsaufgabe, Arbeitsaufgabe mit bestimmter Reihenfolge, Erfordernis der Fehlerminimierung) legen es nahe, den Benutzer bei der Eingabe zu führen.

Allgemeine (generische) Eingabeaufforderungen sollten um so eher benutzt werden, je mehr der folgenden Bedingungen gelten:

- Die Bedingungen für spezielle Eingabeaufforderungen sind nicht erfüllt.
- Die Zahl der gültigen Eingaben ist hoch und der Platz auf dem Bildschirm reicht nicht aus, um alle Alternativen darzustellen.

Benutzer sollten Online-Hilfe anfordern können, wenn Eingabeaufforderungen komplex sind oder nicht verstanden werden.

Wenn die Arbeitsaufgabe eine bestimmte Reihenfolge von Benutzeraktionen verlangt, sollte für den gerade erforderlichen Schritt eine Eingabeaufforderung vorgesehen werden.

Eingabeaufforderungen für Daten oder Kommandos sollten in einer Standardposition in der Nähe des Eingabefeldes angezeigt werden.

> Bei Sprachen mit Schreibung von links nach rechts stehen sie bevorzugt unmittelbar links neben dem Eingabefeld (vgl. 7.2.2.1).

Wenn für die von System verlangte Eingabe ein Vorgabewert definiert ist, dann sollte dieser angezeigt werden.

> Das Eingabefeld für den Buchungstag wird mit dem aktuellen Tagesdatum (Vorgabewert) ausgefüllt (vgl. 7.2.2.1).

Eingabeaufforderungen sollten den Typ der einzugebenden Daten durch einheitlich und unterscheidbar formatierte Eingabefelder andeuten.

> Ein Eingabefeld für ein Datum enthält die Eingabeschablone __.__.____.

Um die Antwort auf Eingabeaufforderungen zu erleichtern, sollte der Cursor automatisch an einer Stelle im Eingabefeld positioniert werden, die dem Typ der verlangten Eingabe entspricht.

> Für Texte wird er links an den Feldanfang gestellt und wandert mit den eingegebenen Zeichen nach rechts, für Zahlen wird er an den rechten Rand des Eingabefeldes gestellt und bleibt dort, während die eingegebenen Ziffern nach links wandern.

11.1.4 Empfehlungen zu Rückmeldungen

> Unter *Rückmeldung (feedback)* versteht man eine wahrnehmbare Systemreaktion auf Benutzereingabe oder ein Systemereignis [ISO9241-13].

Rückmeldung ist eine Informationen als Reaktion auf Eingaben eines Benutzers. Die Art der Rückmeldung hängt von der Aufgabe, dem Systemzustand und den Benutzereingaben ab. Beispiele für Rückmeldungen sind:

- die sofortige Anzeige von eingetippten Zeichen auf dem Bildschirm (auch als *Echo* bezeichnet),
- eine Meldung, dass ein eingegebenes Kommando erkannt wurde und verarbeitet wird,
- die sichtbare Änderung einer Grafik nach einem Befehl zur Veränderung wie etwa einer Farbwahl,
- die Anzeige eines Hilfefensters unmittelbar nach Betätigung der Hilfetaste,
- die Bewegung des Zeigers am Bildschirm in Abhängigkeit von der Mausbewegung.

Jede Eingabe des Benutzers sollte zu einer zeitnahen und wahrnehmbaren Rückmeldung durch das System führen.

> Tastatureingaben werden innerhalb von 150 ms nach dem Eintippen auf dem Bildschirm angezeigt.

Rückmeldungen sollten bei normaler Aufgabenbearbeitung nicht stören und nicht von der Aufgabe ablenken. Dies gilt natürlich nicht für Alarmmeldungen, wichtige Bestätigungsaufforderungen und dergleichen. Die Reaktion des Systems auf Eingaben sollte so angepasst sein, dass der Benutzer weder durch zu langsame noch durch zu schnelle Rückmeldung von der Aufgabe abgelenkt wird.

> Bei Verwendung eines Positioniergeräts werden Positionsänderungen innerhalb von weniger als 100 ms angezeigt.

Die Rückmeldung muss folgende Punkte berücksichtigen:

- Benutzercharakteristiken
  Die Art der Rückmeldung soll die Eigenschaften des Benutzers berücksichtigen.
  Zum Beispiel sollen Sehbehinderte oder Blinde eine akustische Rückmeldung bekommen.
- Gruppenunterschiede
  Rückmeldungen für Anfänger sollen ausführlichere Erklärungen enthalten als solche für erfahrene Benutzer.
- Aufgabenerfordernisse
  Rückmeldungen sollen mit den Aufmerksamkeitserfordernissen der Aufgabe übereinstimmen.
  Wenn beispielsweise wie in der Fahrzeugführung nur unregelmäßig auf den Bildschirm geschaut werden kann, muss eine akustische Rückmeldung erfolgen.
- Systemmöglichkeiten
  Die Ausgabe von Rückmeldungen soll keine spezielle Hardware erfordern, wenn diese nicht bei allen Anwendungen zur Verfügung steht.
  Beispielsweise kann akustische Rückmeldung nur dann als alleinige Rückmeldung eingesetzt werden, wenn sichergestellt ist, dass jedes verwendete System ein Audio-Ausgabegerät besitzt.

Das System sollte seinen Zustand eindeutig rückmelden, sobald sich der Zustand oder Modus ändert.

Einfüge- und Überschreibmodus einer Textverarbeitung unterscheiden sich durch unterschiedliche Cursordarstellungen.

Objekte, die vom Benutzer zur Bearbeitung ausgewählt werden, sollten hervorgehoben werden (vgl. 7.1.2.3).

Generell soll angezeigt werden, wenn die Bearbeitung eines Benutzerauftrages abgeschlossen ist. Wenn die Bearbeitung nicht unmittelbar nach der Eingabe abgeschlossen werden kann, soll zunächst ein Hinweis darauf gegeben werden, dass der Auftrag empfangen wurde. Es ist empfehlenswert, den Bearbeitungszustand bis zum Abschluss zu visualisieren. Hinweise zum Bearbeitungszustand sind besonders wichtig bei entfernten Geräten, etwa einem zentralen Drucker.

11.1.5 Empfehlungen zu Statusinformation

Statusinformation (status information) ist Information, die den momentanen Status des Systems anzeigt [ISO9241-13].

Statusinformation zeigt den aktuellen Zustand von Hardware- oder Software-Komponenten des Systems an, so dass man auch von *Zustandsanzeigen* spricht. Ihr Detaillierungsgrad muss der momentanen Aufgabe des Benutzers angepasst sein. Statusanzeigen können insbesondere für erfahrene Benutzer Vorteile bieten, die das System gut genug kennen, um ihre Aktionen an Veränderungen im Systemzustand anzupassen. Statusanzeigen betreffen den normalen Betrieb, bei Fehlern auftretende Anzeigen und Meldungen werden gesondert betrachtet (siehe unten 9.2).

Statusinformation wird beispielsweise in folgenden Bereichen eingesetzt:

- Vernetzung und elektronische Post
  Übersicht über die Zahl der neuen Nachrichten, der Teilnehmer im lokalen Netz, der Zugriffe von anderen Rechnern aus,
- Peripheriegeräte
  Anzahl der Dokumente in der Druckerwarteschlange, Funktionsfähigkeit von Geräten, Abschluss von Druckaufträgen,
- Multitasking
  Übersicht über die aktiven Prozesse oder die Systemauslastung,
- Direkte Manipulation
  selektierte Objekte, Zustand von Interaktionselementen wie Auswahlkästchen oder Optionsfeldern.

Statusinformation sollte um so eher ständig angezeigt werden, je mehr der folgenden Bedingungen erfüllt sind:

- Die Information ist für die momentane Arbeitsaufgabe des Benutzers wesentlich und verzögerte Anzeigen werden zu Bearbeitungsfehlern, Leistungsminderung oder schwerwiegenden Systemstörungen führen.
- Die Information ist für die momentane Arbeitsaufgabe des Benutzers ständig wichtig, und das System hat ausreichende Mittel (z.B. Rechenkapazität und Bildschirmplatz), um sowohl die Statusinformation als auch die Information zur Arbeitsaufgabe zu zeigen.

Statusinformation sollte vom System automatisch ohne Anforderung bereitgestellt werden um so eher, je mehr der folgenden Bedingungen erfüllt sind:

- Die Statusinformation ist für die Arbeitsaufgabe des Benutzers wesentlich, und es ist unwahrscheinlich, dass ihre automatische Anzeige die Durchführung der Aufgabe des Benutzers unterbricht.
- Die Statusinformation ist die einzige Rückmeldung auf Benutzeraktionen (beispielsweise wenn ein Objekt Bearbeitungspunkte erhält, um zu zeigen, dass es selektiert wurde).
- Die Benutzer haben wenig Übung oder Erfahrung mit dem System oder der Anwendung und wissen nicht, wie sie Statusanzeigen abrufen können.
- Das System oder die Anwendung wird nur gelegentlich benutzt.
- Zustandsänderungen des Systems verändern die Reaktion des Systems auf Benutzereingaben (beispielsweise Änderungen in der Verfügbarkeit von Peripheriegeräten).

Zustandsanzeigen sollten vom System nur auf Anforderung bereitgestellt werden um so eher, je mehr der folgenden Bedingungen erfüllt sind:

- Die Information ist unerheblich für die momentane Benutzeraufgabe.
- Die Information ist nicht kritisch und nur für einen Teil der möglichen Benutzer nützlich.
- Die Information wird nur gelegentlich zur Benutzerführung gebraucht.
- Die Statusinformation ist nicht kritisch und verändert sich schnell, wobei die häufigen Änderungen der Anzeige die Benutzer wahrscheinlich von der Aufgabenbearbeitung ablenken.

Jede Art von Statusinformationen sollte ihren festen Platz haben.

> Benachrichtigungen über eingegangene Faxe stehen links in der Taskleiste. Angaben zum Bearbeitungsstand eines Dokuments stehen in der Statuszeile des jeweiligen Fensters.

Wenn keine Benutzereingaben möglich sind (z.B. Tastatureingabe gesperrt), sollte ein Hinweis (visuell oder akustisch) auf diesen Zustand gegeben werden.

> Das Drücken einer Tasten wird durch einen Warnton quittiert.

Wenn ein System oder eine Anwendung verschiedene Modi besitzt, sollte der Benutzer den augenblicklichen Modus von anderen Modi unterscheiden können.

Ein systemmodales Dialogfenster wird dadurch gekennzeichnet, dass der Zeiger außerhalb des Fensters seine Gestalt wechselt.

11.2 Fehlermanagement

11.2.1 Gestaltung zur Fehlervermeidung

Ein *Fehler* ist eine Nicht-Übereinstimmung zwischen dem Ziel des Benutzers und der Reaktion des Systems [ISO9241-13].

Fehler bei der Mensch-Computer-Interaktion umfassen beispielsweise

- Funktionsstörungen des Systems aufgrund von Software- oder Hardware-Fehlern,
- Eingaben des Benutzers, die vom System nicht erkannt werden,
- Eingabefehler oder logische Fehler des Benutzers,
- unerwartete Folgen als Ergebnis von Benutzereingaben.

In 5.2 hatten wir uns bereits mit Fehlern im Handlungsablauf, ihrer Entdeckung, Behebung und Vermeidung beschäftigt. Im Folgenden soll diskutiert werden, wie die Gestaltung der Benutzungsschnittstelle zur Vermeidung von Fehlern und zur leichteren Erkennung und Behebung von Fehlern beitragen kann.

Fehlervermeidung ist eine Vorgehensweise, um die Wahrscheinlichkeit für das Auftreten von Fehlern zu minimieren [ISO9241-13].

Eine Fehlervermeidung durch Software-Gestaltung ist meist nur an den Stellen möglich, an denen die Ziele des Benutzers vorhersehbar sind. Dies betrifft etwa Eingabefelder, bei denen durch Schablonen fehlerhafte Eingaben abgewiesen werden können. Derartige Maßnahmen wirken meist nur gegen Fehler auf niedrigen Regulationsebenen (vgl. 5.2.1) wie etwa Vertippen. Darüber hinaus gibt es typische Situationen, in denen Unterlassensfehler oder Merk- und Vergessensfehler zu erwarten sind, die sich durch eine vorbeugende Gestaltung verringern lassen.

Fehlervermeidung durch eine ergonomische Gestaltung der Benutzungsschnittstelle ist immer sinnvoll. Sie soll um so eher betrieben werden, je mehr der folgenden Bedingungen erfüllt sind:

- Der Benutzer hat begrenzte Erfahrung mit dem System oder benutzt es nur gelegentlich.
- Es ist wahrscheinlich, dass der Benutzer während seiner Aufgabe unterbrochen wird.

- Fehler oder ihr häufiges Auftreten haben kritische Auswirkungen auf die Arbeitsaufgabe.
- Die Arbeitsaufgabe verlangt eine korrekte Reihenfolge bei der Eingabe durch den Benutzer.
- Das System hat mehrere Modi.

Wenn ein System verschiedene Modi hat, sollten Merk-, Vergessens- und Gewohnheitsfehler minimiert werden, indem über die verschiedenen Modi hinweg Funktionstasten jeweils mit ähnlicher Bedeutung benutzt werden. Auf keinen Fall soll eine Änderung der Zuordnung so erfolgen, dass Daten vernichtet werden können.

> Die Taste F2 hat im Modus Dateibearbeitung die Bedeutung „Datei speichern", im Modus Datensatzbearbeitung die Bedeutung „Datensatz speichern" (und nicht etwa „Datensatz suchen"). Auf keinen Fall darf dann F2 in irgendeinem Modus die Bedeutung „löschen" haben.

Wenn Systemstörungen vorhergesehen werden können, sollte der Benutzer darüber informiert werden, bevor der Fehler auftritt.

> Falls der freie Speicherplatz auf einem Datenträger nicht ausreicht um eine bestimmte Datei zu speichern, sollte dies gemeldet werden, bevor versucht wird die Daten zu schreiben.

Ein klassischer Unterlassensfehler ist es, Arbeitsergebnisse vor dem Verlassen eines Programms nicht zu speichern. Daher sollte das System prüfen, ob Daten nicht gespeichert oder Vorgänge nicht abgeschlossen sind, wenn der Benutzer das Programm verlassen möchte, gegebenenfalls eine Meldung machen, welche Daten verloren gehen oder welche Vorgänge abgebrochen werden, und eine Bestätigung verlangen.

Der Benutzer sollte in der Lage sein, die letzte Operation rückgängig zu machen (undo), sofern es die Aufgabe erlaubt und wenn es für die Effizienz des Benutzers von Vorteil ist. Wenn Benutzeraktionen destruktive Auswirkungen haben können und sich nicht rückgängig machen lassen (z.B. Formatieren eines Datenträgers), sollte eine Warnung erfolgen, die auf die möglichen Folgen hinweist, oder es sollte eine Bestätigung verlangt werden, bevor die Aktion ausgeführt wird.

Benutzereingaben sollten geändert oder verworfen werden können, bevor eine Aktion ausgeführt wird. Wenn es ohne Systembeeinträchtigung oder Datenverlust möglich ist, sollten Benutzer laufende Operationen abbrechen können.

11.2.2 Fehlermeldungen

Da bei weitem nicht alle Fehler durch Gestaltungsmaßnahmen vermieden werden können, ist auch eine Gestaltung zur Fehlerbewältigung erforderlich. Dies bedeutet, dass Fehler zugelassen werden, aber negative Konsequenzen so weit wie irgend möglich vermieden werden und der durch den Fehler entstehende zusätzliche Arbeitsaufwand minimiert wird. Hierzu muss der Benutzer unterstützt werden bei der Fehlerentdeckung, der Fehlererklärung und der Fehlerkorrektur. Fehlerentdeckung und Fehlererklärung können durch ergonomisch gestaltete Fehlermeldungen verbessert werden, und auch für die Fehlerkorrektur lässt sich Unterstützung bereitstellen.

Fehlermeldungen sollten angegeben

- was falsch ist,
- welche Korrekturmaßnahmen getroffen werden können und
- die Ursache des Fehlers, wenn diese feststellbar ist, oder sonst so präzise wie möglich die Fehlerart.

Wenn das System nur kurze Fehlermeldungen anzeigt, soll der Benutzer zusätzliche Information abrufen können oder auf externe Information wie Handbücher verwiesen werden.

Wenn der Fehler in einer Folge von Operationen aufgetreten ist, die durch eine einzelne Benutzeraktion ausgelöst wurde, sollte darüber hinaus angegeben werden, welche Operationen bereits abgeschlossen wurden und welche nicht.

Fehlermeldungen sollten konsistent an einer bestimmten Stelle angezeigt werden, entweder immer so dicht wie möglich an der Eingabe, die den Fehler hervorrief, ohne jedoch diese zu verdecken, oder immer an einer einzigen definierten Stelle des Bildschirms oder des Fensters. Wenn sie bedeutsame aufgabenbezogene Information verdecken können, müssen sie verschoben werden können. Wenn sie immer an der gleichen Stelle des Bildschirms erscheinen und vorhergehende Meldungen überschreiben, muss eine Unterscheidung bei mehrfachem Auftreten der gleichen Meldung, etwa durch eine Nummerierung, gewährleistet werden.

Fehlermeldungen sollten gelöscht werden, sowie der Fehler behoben ist oder schon vor der Fehlerbehebung, wenn der Benutzer dies wünscht.

Fehlermeldungen sollten so schnell wie möglich angezeigt werden, nachdem eine aufgabenabhängige in sich abgeschlossene Menge von Eingaben beendet wurde. Bei Formulardialogen kann beispielsweise der Inhalt eines Datenfeldes als eine solche Menge betrachtet werden.

> Solange sich der Fokus auf dem Datenfeld befindet, können die Eingaben geändert werden, ohne dass eine Fehlermeldung hervorgerufen wird. Sobald aber das Feld verlassen wird, erfolgt die Prüfung der Eingaben und gegebenenfalls die Fehlermeldung und nicht erst, nachdem das ganze Formular ausgefüllt wurde.

Ist die Menge der zulässigen Eingaben klein und ausreichend Platz für die Darstellung vorhanden, sollen die Eingabealternativen mit der Fehlermeldung zusammen angezeigt werden.

Wenn die Aufgabe es zulässt, sollen Benutzer Hinweismeldungen, die Bestätigungen verlangen, abschalten sowie die Lautstärke von Hinweistönen für nicht kritische Fehlermeldungen regeln können.

11.2.3 Fehlerkorrekturen durch das System

Fehlerkorrektur durch das System sollte um so eher eingesetzt werden, je mehr der folgenden Bedingungen erfüllt sind:

- Der Fehler beruht auf einem Hardware oder Software-Fehler, für den das System über eine mögliche Fehlerlösung verfügt.
- Die Korrekturalternativen sind begrenzt, genau definiert, und es ist unzweideutig, welche Aktion der Benutzer zur Korrektur wählen würde.

Wenn eine Fehlerkorrektur durch das System vorgesehen ist,

- sollte der Benutzer festlegen können, ob eine Korrektur automatisch erfolgen soll oder nicht,
- oder es sollte eine Sicherheitsabfrage oder Warnmeldung vorgesehen werden, die dem Benutzer die geplante Korrektur anzeigt.

11.2.4 Fehlerkorrektur durch den Benutzer

Wenn die Arbeitsaufgabe eine Fehlerbehandlung durch den Benutzer erfordert, sollte der Dialog Mittel (wie Informationen und Funktionen) bereitstellen, die es dem Benutzer erlauben, den Dialog fortzusetzen. Wenn er Fehler korrigieren soll, sollten ihm dafür Werkzeuge zur Verfügung gestellt werden wie beispielsweise je nach Aufgabe eine Undo-Funktion, eine Syntaxprüfung oder eine Rechtschreibprüfung.

Wenn die Identifizierung des Fehlers nicht durch das System erfolgen kann, sollten dem Benutzer Werkzeuge zur Fehleridentifikation zur Verfügung stehen wie zum Beispiel ein Editor, Simulationsfunktionen oder Listen der Systemeinstellungen.

Nach der Entdeckung eines Fehlers sollte es dem Benutzer möglich sein, die fehlerhafte Eingabe zur korrigieren, anstatt die gesamte Eingabe wiederholen zu müssen.

Wenn das System in der Lage ist, mehrere Fehler in einer Eingabe des Benutzers zu entdecken, sollte dem Benutzer ein Hinweis auf das Auftreten mehrerer Fehler gegeben werden oder es sollten ihm alle fehlerhaften Felder oder Teile davon gleichzeitig angezeigt werden.

11.3 Online-Hilfe

11.3.1 Übersicht

Online-Hilfe (on-line help) ist zusätzliche Information zur Benutzerführung, die über Eingabeaufforderungen, Rückmeldungen, Statusanzeige und Fehlermeldungen hinausgeht, und die entweder auf Veranlassung des Benutzers oder des Systems angezeigt werden kann [ISO9241-13].

Hilfe beinhaltet typischerweise Informationen über die Eigenschaften des Systems und des Dialogs und darüber, wie diese angewendet werden können, um den Benutzer bei der Erledigung seiner Aufgabe zu unterstützen. Online-Hilfe bietet also zusätzliche Unterstützung bei der Interaktion mit der Benutzungsschnittstelle und der Anwendung. Sie soll Antworten geben auf folgende Leitfragen:

- Was kann ich machen?
- Wo kann ich es machen?
- Wann kann ich es machen?
- Wie kann ich es machen?

Hilfeinformation kann für alle Ebenen der Benutzungsschnittstelle gegeben werden:

- bezüglich der Ein-/Ausgabe z.B. eine Erklärung der Kommandosyntax,
- bezüglich des Dialogs z.B. die Erläuterung eines Menüs,
- bezüglich des Werkzeugs z.B. eine Beschreibung des Vorgehens bei einer bestimmten Aufgabe.

Online-Hilfe kann Informationen enthalten unter anderem zu

- den wählbaren Objekten und Funktionen in einem bestimmten Systemzustand,
- der Bedeutung von Funktionstasten oder Maustasten,
- dem Inhalt von Eingabefeldern (z.B. erlaubte Werte, benutztes Format),
- Ergebnissen von Funktionsausführungen,
- Fehlern (z.B. Ursachen, Korrekturmöglichkeiten).

Hilfesysteme lassen sich nach drei Merkmalen unterscheiden

- benutzerinitiiert (passiv) / systeminitiiert (aktiv)
  Benutzerinitiierte Hilfe erscheint nur auf Anforderung durch den Benutzer, *systeminitiierte Hilfe* wird in Abhängigkeit vom Systemzustand und den Benutzereingaben von der Anwendung angezeigt.
- kontextfrei (statisch) / kontextsensitiver (dynamisch)
  Kontextfreie (oder *kontextunabhängige*) *Hilfe* enthält Angaben, die nicht in Bezug zu dem momentanen Zustand des Systems und der Aufgabe stehen, während bei *kontextsensitiver* (oder auch *kontextabhängiger*) *Hilfe* die angezeigte Information vom Systemzustand oder Bearbeitungszustand der Aufgabe abhängt.
- benutzerunabhängig (uniform) / benutzerabhängig (individuell)
  Benutzerunabhängige Hilfe gibt für alle Benutzer die gleiche Information, *benutzerabhängige Hilfe* berücksichtigt beispielsweise die Erfahrung des Benutzers, entweder indem er sich einer bestimmten Gruppe zuordnet, oder indem das System durch Auswertung der Eingaben eine Beurteilung des Benutzers durchführt.

11.3.2 Systeminitiierte Hilfe

Systeminitiierte (aktive) Online-Hilfe sollte um so eher eingesetzt werden, je mehr der folgenden Bedingungen erfüllt sind:

- Die Benutzer sind unerfahren und müssen schnell Routine erwerben.
- Die Benutzer verwenden das System oder die Anwendung selten und benötigen Erinnerungsstützen um effektiver arbeiten zu können.
- Die Benutzer kennen die verfügbaren Abkürzungen im System nicht.

Systeminitiierte Online-Hilfe sollte nicht eingesetzt werden, wenn die folgenden Bedingungen zutreffen. Je mehr Bedingungen erfüllt sind, um so eher soll stattdessen benutzerinitiierte Hilfe bevorzugt werden:

- Unerfahrene Benutzer möchten Hilfen präsentiert bekommen, erfahrene dagegen nicht.
- Die Präsentation von Online-Hilfe beeinträchtigt die Interaktionen des Benutzers in der Hauptaufgabe.
- Die Anzeige der Hilfe verringert die Leistung des Systems oder der Anwendung deutlich.
- Die Online-Hilfe enthält viel Detailinformationen, die nur erfahrene oder sehr fortgeschrittene Benutzer benötigen.

Systeminitiierte Hilfe sollte

- kontextsensitiv mit Bezug auf die Aufgabe und die letzten Benutzereingaben sein,
- in einem Randbereich oder einem separaten Fenster angezeigt werden, ohne den Arbeitsbereich für die Aufgabe zu überlappen,
- im Regelfall nicht von der Aufgabe ablenken, etwa durch Animation, Blinken oder außergewöhnliche Farbe,
- keinesfalls den gesamten Bildschirmbereich der Anwendung überdecken,
- durch den Benutzer abschaltbar und wieder einschaltbar sein.

11.3.3 Benutzerinitiierte Hilfe

Benutzerinitiierte (passive) Online-Hilfe sollte ständig durch eine einfache einheitliche Aktion abrufbar sein, wie etwa das Drücken der Taste F1, das Anklicken eines Piktogramms oder die Kommandoeingabe „Hilfe“ über Tastatur oder Spracheingabe.

Der Benutzer sollte um so eher die Möglichkeit haben, selbst das Thema für die Hilfe auswählen zu können, je mehr der folgenden Bedingungen zutreffen:

- Es gibt keinen Aufgabenkontext, aus dem die Art der benötigten Online-Hilfe ermittelt werden kann.
- Benutzer bearbeiten mehrere Aufgaben gleichzeitig und benötigen Flexibilität in der Auswahl der Art der Hilfe.

Das System sollte den Benutzer um so eher bei der Auswahl von Online-Hilfe-Themen unterstützen, je mehr der folgenden Bedingungen zutreffen:

- Aus dem Kontext kann ein wahrscheinlicher Themenbereich, aber nicht das genaue Thema abgeleitet werden.
- Der Benutzer benötigt eine flexible Auswahl bei der Online-Hilfe, hat aber bei der Spezifizierung des Online-Hilfe-Themas ohne Unterstützung Schwierigkeiten.

Wenn der Benutzer das Thema nicht nur aus einer Liste auswählt, sondern beispielsweise über die Tastatur eingibt, sollte das System

- Synonyme bei der Angabe des Themas akzeptieren, einschließlich nicht technischer Bezeichnungen (z.B. „ablegen“ statt „speichern“),
- verschiedene Schreibungen akzeptieren, solange diese nur geringfügig abweichen.

Wenn der Aufruf der Online-Hilfe durch den Benutzer das Thema nicht genau genug festlegt, sollte das System

- Online-Hilfe anzeigen, die von Bedeutung für den Aufgabenkontext oder die momentane Aktion sind,
- einen Dialog beginnen, in dem der Benutzer genauer spezifizieren kann, zu welchen Daten, welcher Meldung oder welchem Kommando Erläuterungen benötigt werden.

11.3.4 Anzeige von Online-Hilfe

11.3.4.1 Darstellung der Hilfe-Informationen

Wenn der Benutzer ein Thema für Online-Hilfe konkret angibt, sollte nur Information angezeigt werden, die für dieses Thema relevant ist.

Wenn der Benutzer Hilfe anfordert, sollte diese so schnell wie möglich angezeigt werden. Die Antwortzeiten bei der Interaktion mit dem Hilfesystem sollten vorhersagbar sein.

Online-Hilfe sollte bei Berücksichtigung der vorhandenen Ausgabemöglichkeiten jeweils mit dem Medium dargestellt werden, das für das Thema am besten geeignet ist (für Vorgänge zum Beispiel Animation oder Video), anstatt alle Informationen als Text anzuzeigen.

Die Hilfe sollte aufgabenbezogene Information über das System und seinen Zweck bieten und bezogen auf die Aufgabe sowohl beschreibende als prozedurale Information enthalten (z.B. sowohl Syntax eines Kommandos als auch seine Benutzung in unterschiedlichen Arbeitsabläufen).

Ist eine Darstellung so umfangreich, dass sie gerollt werden muss, soll das Thema trotzdem offensichtlich bleiben, beispielsweise indem die Titelzeile nicht mit rollt.

11.3.4.2 Kontextbezug

Kontextsensitive Hilfe sollte eingesetzt werden, wenn das System aufgrund eine sequentiellen Struktur der Aufgabe oder anderer klarer Informationen zum Bearbeitungskontext genau bestimmen kann, welche Hilfe der Benutzer benötigt.

Die kontextsensitive Hilfe sollte Zugriff auf aufgabenbezogene Information anbieten

- zu Aspekten des momentanen Dialogschritts (semantisch oder lexikalisch, beschreibend oder prozedural),
- zur momentanen Arbeitsaufgabe,
- zur momentanen Anwendung,
- zur Informationsdarstellung auf dem Bildschirm.

Wenn mehrere Themen der kontextsensitiven Online-Hilfe für den momentanen Dialogschritt relevant sind, sollte ein Thema voreingestellt werden und gleichzeitig dem Benutzer die Möglichkeit gegeben werden, auf die anderen Themen zuzugreifen.

Online-Hilfe zu Objekten der Benutzungsschnittstelle sollte erklären

- was das Objekt ist,
- was das Objekt tut und
- wie das Objekt benutzt wird.

Sie soll kontextsensitiv sein, soweit dies möglich ist. Wenn nur zu bestimmten Objekten Hilfe abgerufen werden kann, soll angezeigt werden, zu welche Objekten Hilfe erhältlich ist.

11.3.5 Interaktion mit Hilfesystemen

11.3.5.1 Steuerung der Online-Hilfe

Wenn der Zugriff auf die Hilfe den Aufgabendialog unterbricht, sollte es dem Benutzer möglich sein, zwischen der Hilfe und dem Aufgabendialog hin und her zu wechseln, beispielsweise in einem Fenstersystem durch Wechsel zwischen Hilfefenster und Anwendungsfenster.

Wenn möglich sollten die Benutzer die Kontrolle sowohl über systeminitiierte als auch über benutzerinitiierte Online-Hilfe haben. Sie sollten

- systeminitiierte Hilfe gemäß ihren individuellen Bedürfnissen konfigurieren können (z.B. ein- und ausschalten, Ausführlichkeit festlegen),
- Online-Hilfe jederzeit anfordern können,
- das Thema wählen und wechseln können,
- die Art der Hilfe wählen können, wenn mehrere Arten zur Verfügung stehen,
- das Hilfesystem jederzeit verlassen können.

Wenn das System es erlaubt, sollte die Hilfe individualisierbar sein durch Annotationen, Speicherungsmöglichkeiten für den Kontext und Einfügung eigener Hilfethemen.

Wenn die Hilfe als Modus implementiert ist, sollte dem Benutzer angezeigt werden, wann das System im Hilfemodus ist und es sollte offensichtlich sein, wie der Hilfemodus verlassen und zur Aufgabenbearbeitung zurückgekehrt werden kann.

11.3.5.2 Navigation im Hilfesystem

Benutzer sollten die Online-Hilfe durchsuchen können. Kontextfreie Hilfe sollte eine Auflistung oder Übersicht der verfügbaren Hilfethemen enthalten, aus welcher der Benutzer auswählen kann. Bei einem solchen Hilfesystem, das einen wahlfreien Zugriff auf die Themen bietet, muss jedes Thema in sich abgeschlossen sein.

Wenn die Anzahl der Hilfethemen groß ist, sollten eine oder mehrere der folgenden Möglichkeiten vorhanden sein, um das gewünschte Thema zu finden:

- Zeichenkettensuche in der Themenliste,
- Suche nach Schlüsselwörtern im Online-Hilfe-Text,
- hierarchischer Aufbau des Hilfetextes,
- Übersichtsdarstellung der Hilfethemen.

Wenn es für die Aufgabe wichtig ist und der Inhalt der Hilfe es von der Struktur her erlaubt, soll das System eine Hypertextfunktionalität bieten:

- direkte Verweise (Links) zwischen verwandten Themen,
- Visualisierung der Anker,
- einen voreingestellten Weg für das Blättern,
- eine Darstellung (z.B. Karte) der Verknüpfungen,
- Lesezeichen für das Wiederauffinden von Informationen,
- Rückkehr zum vorherigen Thema,
- Rückkehr zu einem Ausgangspunkt,
- Zugriff auf verwandte Themen durch eine einzige Aktion (z.B. Auswahl aus einer Liste verwandter Themen),
- Zugriff auf die Chronologie der bisher besuchten Themen.

Wenn die Hilfe hierarchisch aufgebaut ist, soll ein Einstieg auf jeder Hierarchieebene möglich sein sowie die Navigation aufwärts und abwärts.

11.4 Barrierefreiheit

11.4.1 Begriffe

Benutzerunterstützung muss neben den Maßnahmen zur Benutzerführung im engeren Sinne, den Maßnahmen zum Fehlermanagement und den Hilfesystemen auch die bestmögliche Unterstützung für Menschen mit besonderen Bedürfnissen bieten. In Deutschland wird für eine solche Unterstützung besonderer Bedürfnisse oft der Begriff der *Barrierefreiheit* benutzt, der im § 4 des Behindertengleichstellungsgesetzes [BGG02] folgendermaßen definiert ist:

> *Barrierefrei* sind bauliche und sonstige Anlagen, Verkehrsmittel, technische Gebrauchsgegenstände, Systeme der Informationsverarbeitung, akustische und visuelle Informationsquellen und Kommunikationseinrichtungen sowie andere gestaltete Lebensbereiche, wenn sie für behinderte Menschen in der allgemein üblichen Weise, ohne besondere Erschwernis und grundsätzlich ohne fremde Hilfe zugänglich und nutzbar sind.

Als *behindert* gelten dabei im Sinne des Gesetzes Personen, „wenn ihre körperliche Funktion, geistige Fähigkeit oder seelische Gesundheit mit hoher Wahrscheinlichkeit länger als sechs Monate von dem für das Lebensalter typischen Zustand abweichen und daher ihre Teilhabe am Leben in der Gesellschaft beeinträchtigt ist."

Aber nicht nur behinderte Menschen im Sinne dieser Definition haben besondere Bedürfnisse beim Gebrauch von Rechneranwendungen. Wenn jemand aufgrund eines gebrochenen Arms nur eine Hand für Eingaben zur Verfügung hat, so kann er beispielsweise die Tasten Strg, Alt und Entf nicht gleichzeitig drücken. Bei älteren Menschen lassen in der Regel die Sinnesfähigkeiten nach, so dass sie zum Beispiel hohe Frequenzen nicht mehr hören können. Auch die Umgebungsbedingungen können für bestimmte Benutzer den Gebrauch einer Anwendung beeinträchtigen, etwa durch Lärm oder ungünstige Beleuchtung. Es ist daher sinnvoll, den Begriff der Barrierefreiheit weiter zu fassen. Eine solche weiter gefasste Definition findet sich in der ISO/TS 16071 [ISO16071]. Sie lautet übersetzt etwa so:

> *Barrierefreiheit (accessibility)* bedeutet Gebrauchstauglichkeit eines Produkts, einer Dienstleistung, einer Umgebung oder einer technischen Anlage für Menschen mit den unterschiedlichsten Fähigkeiten.

Barrierefreiheit erfordert in der Regel, dass sowohl die Benutzungsschnittstelle der Anwendung als auch das Betriebssystem bestimmte Anforderungen erfüllen müssen, um Benutzern mit besonderen Bedürfnissen den Zugang zu ermöglichen. Darüber hinaus ist für bestimmte Benutzer der Einsatz zusätzlicher unterstützender Geräte und Programme erforderlich, die als assistive Technologien bezeichnet werden.

Als *assistive Technologien* bezeichnet man spezielle Hardware oder Software, die es behinderten Menschen ermöglicht, ihre Aktivitäten auszuführen.

Beispiele für hardware-basierte assistive Technologien im Bereich der Benutzungsschnittstellen sind die Blickverfolgung zur Zeigersteuerung (vgl. 6.1.7.3) als spezielles Eingabegerät für Personen mit motorischer Behinderung und das Braille-Display (vgl. 6.2.5.1) als spezielles Ausgabegerät für Blinde. Zu den software-basierten assistiven Technologien gehören so genannte *Bildschirmlupen*, die es sehbehinderten Benutzern ermöglichen, einen Ausschnitt des Bildschirms stark vergrößert darzustellen sowie *Bildschirmleseprogramme* (screen reader), welche die visuell am Bildschirm dargestellte Information auditiv vorlesen oder haptisch auf einem entsprechenden Gerät ausgeben.

11.4.2 Probleme besonderer Benutzergruppen

Nach [ISO16071] lassen sich einige Benutzergruppen unterscheiden, die bestimmte typische Schwierigkeiten in der Interaktion mit Rechneranwendungen haben und dementsprechend typische besondere Bedürfnisse zur Unterstützung der Interaktion.

Blinde Benutzer benötigen eine nicht visuelle Benutzungsschnittstelle. Ihr Hauptproblem ist es, die üblicherweise visuell dargestellte Information über andere Medien zu erhalten und sie für die Interaktion zu nutzen. In der Regel ist dazu eine assistive Software wie ein Screenreader erforderlich. Geburtsblinde haben meist die Braille-Schrift erlernt und bevorzugen eine Ausgabe hiermit, Erblindete arbeiten häufiger mit auditiver Ausgabe. Insbesondere für Geburtsblinde sind Dialoge, die auf einer räumlichen Metapher aufbauen oder sich auf grafische Eigenschaften von Objekten beziehen, kaum zu bewältigen. Wenn Blinde einen Screenreader mit auditiver Ausgabe benutzen, können weitere auditive Ausgaben wie gesprochene Kommentare oder Meldungen zu Konflikten führen.

Sehbehinderte können Schrift und Grafik auf einem Bildschirm in der Regel nicht ausreichend wahrnehmen. Gründe hierfür können unter anderen mangelnde Sehschärfe, Farbfehlsichtigkeit, mangelnde Kontrastempfindlichkeit, ein eingeschränktes Gesichtsfeld (so genannter Tunnelblick) oder fehlende Tiefenwahrnehmung sein. Personen mit Sehbehinderung benutzen verschiedene Mittel, um die visuellen Darstellungen zu vergrößern, den Kontrast zu verstärken oder sonst die Wahrnehmbarkeit zu verbessern. Als assistive Technologien lassen sich hier Großbildmonitore und optische Vergrößerungsinstrumente auf der Hardware-Seite sowie Bildschirmlupen, große Schriftarten und kontrastreiche Darstellungsschemata auf der Software-Seite nennen. Sehbehinderte haben oft Schwierigkeiten mit dem Auffinden und Verfolgen von Darstellungs- und Interaktionsobjekten wie Zeigern, Schreibmarken und Elementen der direkten Manipulation. Kodierungen, die auf der Größe von Objekten, auf der Verwendung von verschiedenen Zeichensätzen oder der Verwendung unterschiedlicher Farben beruhen, können Schwierigkeiten bereiten.

Taube können auditive Information nicht wahrnehmen und haben wegen der fehlenden auditiven Rückkopplung oft Schwierigkeiten, so zu sprechen, dass ihre Sprache von einer Spracherkennung verarbeitet werden kann. Geburtstaube und früh Ertaubte haben meist eine Gebärdensprache als erste Sprache und die jeweilige Landessprache nur als Zweitsprache gelernt. Taube benötigen eine visuelle Übersetzung auditiver Information. Wenn wichtige Information nur auditiv präsentiert wird, können sie eine Anwendung nicht effektiv benutzen.

Hörbehinderte haben meist Schwierigkeiten, bestimmte Frequenzen wahrzunehmen, Klangquellen zu orten, Klänge von Hintergrundgeräuschen zu unterscheiden oder leise Klänge wahrzunehmen. Damit sie in der Lage sind, gegebenenfalls mit Hilfe von Hörgeräten, Information über den auditiven Kanal aufzunehmen, brauchen sie die Möglichkeit, zumindest die Lautstärke und möglichst auch die benutzten Frequenzen individuell einzustellen. Die visuelle Darstellung akustischer Informationen ist wünschenswert.

Körperbehinderte haben unterschiedliche Schwächen in der Motorik. Hierzu gehören mangelnde Koordination, Einschränkungen der Kraftausübung, Einschränkungen des Bewegungsraums und Lähmungen. Je nach Art der Behinderung können unterschiedliche assistive Technologien erforderlich sein wie Blickverfolgung oder Spracheingabe. Wichtig ist eine möglichst flexible Auswahl von Eingabegeräten und individuelle Einstellung von deren Parametern, insbesondere der Zeitparameter. So lassen sich beispielsweise durch Zittern hervorgerufene unbeabsichtigte mehrfache Tastendrücke vermeiden, indem eine einmal gedrückte Taste erst nach einer gewissen Zeitspanne erneut gedrückt werden kann.

Menschen mit *kognitiven Schwächen* haben oft Probleme, Neues zu lernen, Verallgemeinerungen und Assoziationen zu bilden sowie sich in gesprochener oder geschriebener Sprache auszudrücken. Hyperaktivität und Aufmerksamkeitsdefizite können es erschweren, eine Aufgabe konzentriert und ruhig zu bearbeiten. Leseschwäche kann die Aufnahme textlicher Information erschweren. Dem kann durch eine Sprachausgabe der Texte begegnet werden. Bei einer Rechtschreibschwäche kann statt der Eingabe von textlicher Information über die Tastatur eine Spracheingabe sinnvoll sein. Insgesamt ist es hilfreich, die Komplexität der Benutzungsschnittstelle möglichst weit zu reduzieren.

Menschen mit *Mehrfachbehinderungen* benötigen besondere Formen der Unterstützung. Oft lassen sich die für einzelne Behinderungen empfohlenen Mittel nicht einsetzten. Die für Blinde sinnvolle auditive Ausgabe hilft natürlich nicht den Taubblinden. In Fällen mehrfacher Behinderungen müssen in der Regel die Benutzungsschnittstellen benutzer- und aufgabenabhängig individuell gestaltet werden. Hier kommt auch das Konzept der barrierefreien Gestaltung an seine Grenzen.

Neben den Behinderten gibt es noch zwei Benutzergruppen, die von einer barrierefreien Gestaltung profitieren können. Menschen mit *zeitlich begrenzten Behinderungen* etwa aufgrund von Verletzungen wie beispielsweise einem gebrochenen Arm erwerben meist keine effizienten Bewältigungsfähigkeiten. Sie werden in der Regel auch keine kostenintensiven assistiven Technologien erwerben. Diese Gruppe benötigt Techniken des barrierefreien Zugangs, die einfach und schnell zu finden, zu lernen und zu handhaben sind.

Bei *älteren Menschen* lassen die visuellen, auditiven, motorischen und kognitiven Fähigkeiten altersbedingt jeweils mehr oder weniger nach. Die hieraus resultierenden Probleme bei der Benutzung von interaktiven Systemen sind denen von Personen mit einer einzelnen oder mehrfachen Behinderung ähnlich, wenn auch im Regelfall nicht so stark ausgeprägt. Für ältere Menschen ist es oft ein Problem, auf besondere Hilfe angewiesen zu sein. Daher sind für diese Personengruppe Techniken des barrierefreien Zugangs, die in das Betriebssystem oder die Anwendung eingebaut sind und keine Zusatzprogramme oder Spezialversionen erfordern, eine große Hilfe.

Auch *Umgebungsbedingungen* können sich behindernd auf eine Rechnernutzung auswirken. So kann beispielsweise Umgebungslärm ähnliche Einschränkungen der Benutzung einer Anwendung nach sich ziehen wie Taubheit des Benutzers. Wenn möglich sollten natürlich die Umgebungsbedingungen verändert werden. Wo dies nicht möglich ist, kann eine barrierefreie Gestaltung die Benutzugsprobleme mindern. So ist die Möglichkeit, auditive Ausgaben auf den visuellen Kanal umzulenken, nicht nur für taube Benutzer hilfreich, sondern beispielweise auch für die Benutzer einer Bibliothek, in der Audio-Ausgaben nicht gestattet sind.

11.4.3 Anforderungen an barrierefreie Gestaltung

11.4.3.1 Gestaltungskriterien

Kriterien der BITV

Kriterien für eine barrierefreie Gestaltung sind zuerst für das World Wide Web entwickelt worden. Seit 1999 gibt es die Web Content Accessibility Guidelines in der Version 1.0 als Empfehlung des W3C (World Wide Web Consortium) [W3C99]. Die Anlage zur BITV (vgl. 2.1.3.2) mit ihren 14 Anforderungen beruht hauptsächlich auf dieser Empfehlung, so dass webbezogene Forderungen im Vordergrund stehen.

In der Anlage der BITV werden die 14 Anforderungen durch so genannte Bedingungen ergänzt, die konkrete Gestaltungskriterien darstellen [BITV02]. Als Beispiel sei in der folgenden Tabelle die erste Anforderung der ersten Priorität vollständig dargestellt.

Auffällig ist die Verwendung einer etwas eigenwilligen Terminologie. Die unterstrichenen Wörter werden aber im zweiten Teil der Anlage der BITV erklärt. Die als Bedingung bezeichneten Kriterien sind technisch sehr detailliert, so dass sich ihre Einhaltung leicht prüfen lässt.

Anforderung	1	Für jeden Audio- oder visuellen Inhalt sind geeignete äquivalente Inhalte bereitzustellen, die den gleichen Zweck oder die gleiche Funktion wie der originäre Inhalt erfüllen.
Bedingung	1.1	Für jedes Nicht-Text-Element ist ein äquivalenter Text bereitzustellen. Dies gilt insbesondere für: Bilder, graphisch dargestellten Text einschließlich Symbolen, Regionen von Imagemaps, Animationen (z. B. animierte GIFs), Applets und programmierte Objekte, Zeichnungen, die auf der Verwendung von Zeichen und Symbolen des ASCII-Codes basieren (ASCII-Zeichnungen), Frames, Scripts, Bilder, die als Punkte in Listen verwendet werden, Platzhalter-Graphiken, graphische Buttons, Töne (abgespielt mit oder ohne Einwirkung des Benutzers), Audio-Dateien, die für sich allein stehen, Tonspuren von Videos und Videos.
	1.2	Für jede aktive Region einer serverseitigen Imagemap sind redundante Texthyperlinks bereitzustellen.
	1.3	Für Multimedia-Präsentationen ist eine Audio-Beschreibung der wichtigen Informationen der Videospur bereitzustellen.
	1.4	Für jede zeitgesteuerte Multimedia-Präsentation (insbesondere Film oder Animation) sind äquivalente Alternativen (z.B. Untertitel oder Audiobeschreibungen der Videospur) mit der Präsentation zu synchronisieren.

Die Anforderungen der zweiten Priorität sind identisch zu denen der ersten Priorität, lediglich die Bedingungen unterscheiden sich. So liest sich die erste Anforderung in der zweiten Priorität folgendermaßen:

Anforderung	1	Für jeden Audio- oder visuellen Inhalt sind geeignete äquivalente Inhalte bereitzustellen, die den gleichen Zweck oder die gleiche Funktion wie der originäre Inhalt erfüllen.
Bedingung	1.5	Für jede aktive Region einer clientseitigen Imagemap sind redundante Texthyperlinks bereitzustellen.

Im Folgenden sind alle Anforderungen der BITV zur Übersicht aufgeführt. Dabei wird jeweils die Anzahl der Bedingungen der ersten und der zweiten Priorität mit angegeben. Die Bedingungen selbst müssen bei Bedarf der Anlage zur BITV entnommen werden.

Nr.	Anforderung	Prio. 1	Prio. 2
1	Für jeden Audio- oder visuellen Inhalt sind geeignete äquivalente Inhalte bereitzustellen, die den gleichen Zweck oder die gleiche Funktion wie der originäre Inhalt erfüllen.	4	1
2	Texte und Graphiken müssen auch dann verständlich sein, wenn sie ohne Farbe betrachtet werden.	2	1
3	Markup-Sprachen (insbesondere HTML) und Stylesheets sind entsprechend ihrer Spezifikationen und formalen Definitionen zu verwenden.	7	0
4	Sprachliche Besonderheiten wie Wechsel der Sprache oder Abkürzungen sind erkennbar zu machen.	1	2

Nr.	Anforderung	Prio. 1	Prio. 2
5	Tabellen sind mittels der vorgesehenen Elemente der verwendeten Markup-Sprache zu beschreiben und in der Regel nur zur Darstellung tabellarischer Daten zu verwenden.	4	2
6	Internetangebote müssen auch dann nutzbar sein, wenn der verwendete Benutzeragent neuere Technologien nicht unterstützt oder diese deaktiviert sind.	5	0
7	Zeitgesteuerte Änderungen des Inhalts müssen durch die Nutzerin, den Nutzer kontrollierbar sein.	5	0
8	Die direkte Zugänglichkeit der in Internetangeboten eingebetteten Benutzerschnittstellen ist sicherzustellen.	1	0
9	Internetangebote sind so zu gestalten, dass Funktionen unabhängig vom Eingabegerät oder Ausgabegerät nutzbar sind.	3	2
10	Die Verwendbarkeit von nicht mehr dem jeweils aktuellen Stand der Technik entsprechenden assistiven Technologien und Browsern ist sicherzustellen, so weit der hiermit verbundene Aufwand nicht unverhältnismäßig ist.	2	3
11	Die zur Erstellung des Internetangebots verwendeten Technologien sollen öffentlich zugänglich und vollständig dokumentiert sein, wie z.B. die vom World Wide Web Consortium entwickelten Technologien.	3	1
12	Der Nutzerin, dem Nutzer sind Informationen zum Kontext und zur Orientierung bereitzustellen.	4	0
13	Navigationsmechanismen sind übersichtlich und schlüssig zu gestalten.	4	6
14	Das allgemeine Verständnis der angebotenen Inhalte ist durch angemessene Maßnahmen zu fördern.	1	2

Kriterien der ISO/TS 16071

Während sich die Kriterien der BITV hauptsächlich auf Anwendungen im World Wide Web konzentrieren, enthält die ISO/TS 16071 thematisch geordnet 71 verschiedene Gestaltungsanforderungen, die in drei Kategorien anhand der Auswirkungen eingeteilt sind, die sich ergeben, wenn sie nicht erfüllt sind [ISO16071]. Wird eine *Kernanforderung* (core) nicht erfüllt, kann ein beträchtlicher Teil der Benutzer die meisten Aufgaben ohne zusätzliche Hilfe oder intensiven zusätzlichen Aufwand nicht ausführen, so dass das Dialogsystem für diese Benutzer nicht nutzbar ist. Wird eine *vordringliche Anforderung* (primary) nicht erfüllt, können zwar die meisten Benutzer die meisten Aufgaben ausführen, aber ein beträchtlicher Teil wird einige Aufgaben wegen fehlenden Zugangs zu den benötigten Funktionen oder wegen schwerwiegender Defizite in der Gebrauchstauglichkeit nicht ausführen können. Wird eine *weitere Anforderung* (secondary) nicht erfüllt, können die meisten Benutzer die meisten Aufgaben ausführen, aber ein beträchtlicher Teil wird einige Aufgaben nur mit deutlich geringerer Effizienz und Zufriedenstellung ausführen können.

Orthogonal zur Einteilung nach diesen drei Kategorien werden die Anforderungen noch danach eingestuft, ob sie sich auf das Betriebssystem inklusive der Treiber und zugehöriger

Software-Schichten beziehen oder auf die Anwendung, so dass Software-Entwickler jeweils wissen, welche Anforderungen sie bei der Entwicklung beachten müssen. Einige Empfehlungen betreffen das Betriebssystem, sofern die jeweilige Anwendung für alle Ein- und Ausgaben die Routinen des Betriebssystems nutzt. Greift die Anwendung jedoch am Betriebssystem vorbei auf die Peripheriegeräte zu, so muss die Anforderung bei der Programmierung der Anwendung berücksichtigt werden. Weder die Anwendung noch das Betriebssystem kann alle Anforderungen der Barrierefreiheit ohne zusätzliche assistive Technologien erfüllen. Beide sollten aber Schnittstellen bereitstellen, über die assistive Technologien die nötige Information erhalten. Assistive Software wie beispielsweise eine Bildschirmlupe sollte möglichst in das Betriebssystem integriert sein, damit sie nicht von jeder Anwendung erneut implementiert werden muss. Bei heutigen Betriebssystemen ist dies größtenteils der Fall.

Die Anforderungen der [ISO16071] sind thematisch in 13 Bereiche gegliedert. Die folgenden Tabellen führen die einzelnen Anforderungen sowie ihre Einstufungen nach Kategorie und Bereich auf. Dabei sind die Kategorien von eins bis drei durchnumeriert in der Reihenfolge Kernanforderung (1), vordringliche Anforderung (2) und weitere Anforderung (3). Da die [ISO16071] bisher nur in englischer Sprache vorliegt, ist die hier wiedergegebene deutsche Übersetzung nicht verbindlich.

Generelle Empfehlungen	**Kat.**	**Bereich**
Wahlmöglichkeit der Ein-/Ausgabe	1	BS/Anw.
Umschaltbarkeit zwischen Ein-/Ausgabe-Alternativen	3	BS/Anw.
Ausführbarkeit der Aufgabe mit einem einzigen Eingabegerät	1	BS/Anw.
Verfügbarkeit von Profilen für Benutzereinstellungen	3	BS/Anw.
Einstellbarkeit der Zeitspannen für Eingaben	1	BS/Anw.
Verfügbarkeit von Objektbeschreibungen	3	BS/Anw.
Einfache Ein-/Ausschaltbarkeit von Techniken des barrierefreien Zugangs	2	BS
Schutz vor unbeabsichtigtem Ein-/Ausschalten von Techniken des barrierefreien Zugangs	3	BS
Information über den Status von Techniken des barrierefreien Zugangs	2	BS
Dauerhafte Aktivierbarkeit von Objekten	2	BS/Anw.
Vermeidung Anfall auslösender Blinkfrequenzen	1	BS/Anw.
Möglichkeit zur Rückgängigmachung (undo)	3	BS/Anw.
Steuerbarkeit dynamischer Informationsdarstellung	1	Anw.
Klarstellung der Verwendung natürlicher Sprache (z.B. bei Abkürzungen)	3	BS/Anw.

Assistive Technologien	**Kat.**	**Bereich**
Verwendung der Standardroutinen des Betriebssystems für Ein-/Ausgabe	1	Anw.
Verfügbarkeit von Kurzbeschreibungen (labels) der Objekte	1	BS/Anw.
Bereitstellung von Nachrichten über Ereignisse für assistive Technologien	1	BS/Anw.
Bereitstellung von Objektattributen für assistive Technologien	1	BS/Anw.
Angemessene und konsistente Darstellung von Meldungen	1	BS/Anw.

Konfiguration der Tastatureingabe	**Kat.**	**Bereich**
Möglichkeit der sequentiellen Eingabe von Tastenkombinationen	1	BS
Einstellbarkeit der Verzögerung vor dem Annehmen eines Tastendrucks	2	BS
Einstellbarkeit der Verzögerung für erneutes Drücken einer Taste	2	BS
Einstellbarkeit der Wiederholrate von Tasten	2	BS
Einstellbarkeit der Verzögerung für Tastenwiederholung	2	BS
Möglichkeit der Steuerung des Zeigers über die Tastatur	1	BS
Information über den Status von einrastenden Tasten (NumLock etc.)	2	BS
Vorhandensein von Tastaturkürzeln (für Menüoptionen etc.)	3	BS/Anw.
Vorhandensein von impliziten Bezeichnern (für Menüoptionen etc.)	3	BS/Anw.
Reservierung von Tastenzuordnungen für Techniken des barrierefreien Zugangs	1	BS/Anw.
Möglichkeit der Änderung von Tastenzuordnungen	3	BS/Anw.
Trennung von Navigation und Aktivierung bei Eingabe über Tastatur	1	BS/Anw.

Softwareeinstellungen für Positioniergeräte	**Kat.**	**Bereich**
Einstellbarkeit der Tastenzuordnungen	1	BS/Anw.
Emulation von Mehrfachklicks durch Einzelklicks	2	BS/Anw.
Emulation des Niederhaltens einer Taste durch Einzelklicks (z.B. für das Ziehen)	2	BS/Anw.
Einstellbarkeit der Verzögerung vor dem Annehmen eines Tastendrucks	2	BS/Anw.
Einstellbarkeit der Verzögerung vor Einsetzen des Ziehens	2	BS/Anw.
Einstellbarkeit der Zeitspanne und der erlaubten räumlichen Abweichung bei Mehrfachklicks	2	BS/Anw.
Einstellbarkeit der Geschwindigkeit und Übersetzung des Zeigers	2	BS/Anw.
Vorhandensein von Alternativen für das gleichzeitige Drücken mehrerer Tasten	1	BS/Anw.

Bildschirmzeichensätze	**Kat.**	**Bereich**
Anpassbarkeit der Zeichensätze und Lesbarkeit für assistive Technologien	1	BS/Anw.
Anpassung der Größe und des Layouts der Objekte bei Zeichensatzänderungen	2	BS/Anw.

Bildschirmanzeigen	**Kat.**	**Bereich**
Anpassbarkeit von Darstellungsattributen	3	BS/Anw.
Keine Verwendung von Textzeichen für Grafiken	3	Anw.
Zugriff auf Informationen, die außerhalb des momentan dargestellten Ausschnittes liegen	1	BS
Angemessene Verwendung und Darstellung von Tabellen (z.B. für Screenreader)	2	Anw.

Farben	**Kat.**	**Bereich**
Bereitstellung von Alternativen für Farbkodierungen	1	BS/Anw.
Bereitstellung von speziellen Farbpaletten für Sehbehinderte	2	BS/Anw.
Möglichkeit der Erzeugung benutzereigener Farbpaletten	3	BS/Anw.
Auswahl von Farbeinstellungen	2	BS/Anw.
Anpassbarkeit von Farbkodierungen	2	BS/Anw.
Bereitstellung von Alternativen zur Kodierung durch den Farbton	1	BS/Anw.

Audio-Ausgaben	**Kat.**	**Bereich**
Anpassbarkeit der Audio-Ausgabe	3	BS/Anw.
Vorgabe des Frequenzbereichs für nicht sprachliches Audio (ca. 500 bis 3000 Hz)	3	BS/Anw.
Spezielle Frequenzkomponenten für Warnungen und Alarme	3	BS/Anw.
Auswahlmöglichkeit für visuelle Anzeige der Audio-Ausgabe	1	BS/Anw.

Meldungen	**Kat.**	**Bereich**
Ermöglichung der dauerhaften Anzeige von aufgabenrelevanten Meldungen	1	BS/Anw.

Online-Handbücher und Online-Hilfe	**Kat.**	**Bereich**
Alternative Zugriffsmöglichkeiten für Online-Dokumentation und Online-Hilfe	2	BS/Anw.
Formulierung der Hilfe in generischer Form (d.h. ohne Bezug auf spezielle Geräte)	2	BS/Anw.
Bereitstellung von Online-Dokumentation und Hilfe zu vorhandenen Techniken des barrierefreien Zugangs	2	BS/Anw.

Benutzereinstellungen	**Kat.**	**Bereich**
Einfache Anpassbarkeit von Benutzereinstellungen	2	BS/Anw.
Anpassbarkeit der Elemente der Benutzungsschnittstelle	2	BS/Anw.
Anpassbarkeit der Attribute von Zeigern und Schreibmarken	1	BS/Anw.
Portierbarkeit von Benutzereinstellungen auf kompatible Systeme	3	BS/Anw.

Fensterattribute	**Kat.**	**Bereich**
Möglichkeit direkter Navigation zu Fenstern ohne Positioniergerät	1	BS/Anw.
Möglichkeit, Fenster auch ohne Fokus ständig oben zu behalten	2	BS
Steuerbarkeit der ständig oben liegenden Fenster	2	BS/Anw.
Auswahl, ob und wie der Fokus die Lage eines Fensters im Stapel verändert	2	BS/Anw.

Fokus für Tastatureingaben	**Kat.**	**Bereich**
Bereitstellung der Anzeige des Fokus	1	BS/Anw.
Ermöglichung der Navigation mit Hilfe der Tastatur	1	BS/Anw.
Ermöglichung der Navigation zwischen aufgabenbezogenen Gruppen von Eingabeelementen mit Hilfe der Tastatur	1	BS/Anw.
Beibehaltung des letzten Fokus bei erneuter Aktivierung eines Fensters	3	BS/Anw.

Die weiterführenden Erläuterungen und Beispiele zu den einzelnen Anforderungen können hier aus Platzgründen nicht wiedergegeben werden. Wenn in den Anforderungen von Tastatureingaben geredet wird, dann schließt das auch die durch assistive Technologien gegebenen Alternativen wie Bildschirmtastaturen oder Spracheingabe mit ein. Unter Tastatur ist hier also ein logisches und nicht ein physisches Eingabegerät zu verstehen. Entsprechendes gilt auch für die Positioniergeräte.

Zahlreiche der angegebenen Forderungen werden bereits von modernen Betriebssystemen erfüllt. Allerdings nutzen viele Anwendungen diese von Betriebssystem bereitgestellten Dienste nicht oder nur in geringem Ausmaß.

11.4.3.2 Gestaltungsprinzipien für Barrierefreiheit

Anders als bei den Normen [ISO 9241-10] zur Dialoggestaltung und [ISO 9241-12] zur Informationsdarstellung ist man bezüglich der Barrierefreiheit so vorgegangen, dass bestimmte Gestaltungsdefizite gesammelt wurden. Dann wurden Gestaltungsregeln zur Behebung dieser Defizite entwickelt und unstrukturiert wie in der BITV oder nach eher technischen Themen sortiert wie in der [ISO16071] wiedergegeben.

Ein Versuch, die grundsätzlichen Anforderungen des barrierefreien Zugangs in Form von Gestaltungsprinzipien zu formulieren, die dann in den bisher gefundenen Gestaltungsregeln sowie weiteren noch zu entwickelnden operationalisiert werden können, wird im Entwurf der Version 2.0 der Web Content Accessibility Guidelines [W3C03] unternommen. Hier wird als übergeordnetes Ziel formuliert, Web-Inhalte zu erstellen, die von einer breitestmöglichen Benutzergruppe *wahrgenommen*, *bedient* und *verstanden* werden können und die heute und zukünftig *kompatibel* zu deren unterschiedlichsten assistiven Technologien sind. Zu diesen vier Grundprinzipien werden vier Grundregeln aufgestellt:

- Wahrnehmbarkeit (perceivable)
  Es ist sicherzustellen, dass alle Inhalte in einer Form oder in Formen dargestellt werden, die von jedem beliebigen Benutzer wahrgenommen werden können. Ausgenommen hievon sind Inhalte, die nicht in Worten ausgedrückt werden können.
- Bedienbarkeit (operable)
  Es ist sicherzustellen, das die im Inhalt eingebetteten Interaktionselemente von jedem Benutzer bedient werden können.
- Verstehbarkeit (understandable)
  Es muss so leicht wie möglich gemacht werden, den Inhalt und die Interaktionselemente zu verstehen.
- Robustheit (robust)
  Es müssen Web-Technologien benutzt werden, welche die größtmögliche Eignung für das Zusammenwirken des Inhalt mit heutigen und künftigen assistiven Technologien und Darstellungsprogrammen bieten.

Die bereits in der Version 1.0 benannten Anforderungen sind nach diesen Grundregeln neu geordnet, überarbeitet und ergänzt worden. Allerdings sind, abgesehen von Anforderungen, die sich speziell auf Web-Techniken beziehen, gegenüber der [ISO16071] keine substantiellen Ergänzungen hinzugekommen.

Nachbereitung

11.5 Übungsaufgaben

Aufgabe 11.1 Unterstützung bei der Dateneingabe

Das in Aufgabe 8.2 dargestellte Anwendungsprogramm zur Kautionsverwaltung benutzt Formulare in Fenstern zur Eingabe der Daten. Die Benutzer haben unterschiedliche, meist geringe Erfahrungen mit Rechneranwendungen, sind aber sachkundig in Bezug auf die Aufgabe. Sie wollen möglichst viel Unterstützung für die Benutzer bereitstellen.

- Welche Möglichkeiten der Benutzerunterstützung können Sie einsetzen?
- Wie hoch ist nach Ihrer Ansicht der Aufwand für die einzelnen Maßnahmen?
- Auf welche Maßnahmen würden Sie am ehesten verzichten, wenn Ihnen nur begrenzte Entwicklungszeit zur Verfügung steht?

Aufgabe 11.2 Fehlermeldungen

Bei einem System zur Fahrplanauskunft gibt ein Benutzer für die gewünschte Abfahrtszeit ein Datum ein, das bereits vorüber ist.

- Soll nach Ihrer Ansicht darauf eine Fehlermeldung erfolgen?
- Wie kann eine solche Meldung formuliert sein?
- Welche zusätzlichen Möglichkeiten der Unterstützung können bereitgestellt werden, um irrtümliche Angaben zu verhindern?

Lösungen

12 Organisationsebene

Zusammenfassung, Lernziele und Vorüberlegungen

12.1 Systemorganisation

12.1.1 Überblick

Die *Systemorganisation* umfasst als Teil der Organisationsschnittstelle die Einbindung der Anwendung in die Organisation des Anwenders.

In **Bild 1.3** wird die Systemorganisation durch den Doppelpfeil zwischen Computer und Organisation wiedergegeben.

Die Systemorganisation beinhaltet die technischen Aspekte der Organisationsschnittstelle. Wesentliche ist die Einbindung der Anwendung in das Computersystem des Anwenders mit der jeweiligen Hardware, Vernetzung und Systemsoftware. Auch die außerhalb des Rechners befindlichen Bestandteile der Anwendung wie Handbücher und weitere Unterlagen gehören zur Systemorganisation. Die Gestaltung des Arbeitsplatzes kann ebenfalls als ein Aspekt der Systemorganisation aufgefasst werden.

Die Bedingungen der Systemorganisation liegen in der Regel nicht im Einflussbereich der Informatiker, die Anwendungssoftware entwickeln. Sie können aber bei einer Tätigkeit in der Systemberatung oder Systembetreuung durchaus von Interesse sein. Auch die Gestaltung des eigenen Arbeitsplatzes sollte die ergonomischen Anforderungen erfüllen. Im Folgenden werden deshalb die einzelnen Aspekte der Systemorganisation kurz dargestellt.

12.1.2 Einbindung der Anwendung

Die Einbindung der Anwendung in das technische System und hier besonders in das DV-System des Anwenders, also des Betriebes, der die Anwendungssoftware für seine Arbeitsprozesse einsetzt, wirkt sich für die Benutzer hauptsächlich in Bezug auf die Einheitlichkeit der Benutzungsschnittstellen, auf die Vergabe von Rechten, auf die Zugriffsmöglichkeiten und den Informationsaustausch im Netz aus.

Die Anwendungssoftware für die Arbeitsaufgabe, die Systemsoftware und die für andere Aufgaben von den Benutzern verwendete Software sollten in ihren Oberflächen bezüglich Ein-/Ausgaben, Dialog und Werkzeugen jeweils den gleichen Gestaltungsregeln folgen, damit sich die Benutzer ein einheitliches mentales Modell bilden können und aus diesem heraus auf das Verhalten der Software und auf die nötigen Interaktionen schließen können.

Den Benutzern muss deutlich sein, welche Rechte sie zur Nutzung der Software und zur Bearbeitung und Speicherung von Informationen haben. Nötige Anmeldeverfahren sollten einheitlich und verständlich sein. Benutzer sollten nicht gezwungen werden, sich zahlreiche verschiedene Passwörter zu merken. Wenn ein Zugriffsschutz erforderlich ist, lässt sich dieser auch durch andere technische Mittel lösen wie Chipkarten oder Geräte, die den Fingerabdruck des Benutzers lesen.

Ist die Anwendung in ein Netzwerk integriert, so sollte für die Benutzer deutlich sein, welche Daten und Programme lokal gehalten werden und welche nur über das Netz erreicht werden können. Dies ist insbesondere wichtig, wenn Zugriffe über das Netz deutlich länger dauern oder Kosten erzeugen, beispielsweise bei der Nutzung des World Wide Web. Bei der Arbeit in Netzwerken muss Klarheit darüber bestehen, welche Dokumente in welchem Format übermittelt werden können, damit keine Informationen durch Konvertierungen von Dateien beispielsweise bei der Nutzung elektronischer Post verloren gehen.

12.1.3 Informationsmaterial

12.1.3.1 Verfügbarkeit von Informationsmaterial

Auch die außerhalb des Rechners befindlichen Bestandteile der Anwendung wie Handbücher und weitere Unterlagen sind Bestandteil der Systemorganisation. Zu einer Anwendung gehört neben der eigentlichen Software auch das Informationsmaterial in Form von Handbüchern, Leitfäden und Lerneinheiten. Dieses Material kann in gedruckter Form vorliegen, als elektronisches Dokument zum Ansehen und Drucken oder als eigenständige Hypermedia- oder CBT-Anwendung. Die Qualität des Informationsmaterials trägt wesentlich zur Benutzbarkeit einer Anwendung bei [Bal00].

> Zu einer ergonomisch gestalteten Anwendung gehört auch eine ergonomisch gestaltete Dokumentation.

Organisatorisch muss sichergestellt werden, dass die Benutzer auch den Zugriff auf das Informationsmaterial haben, dass dieses also am Arbeitsplatz verfügbar ist. Soweit Handbücher und anderes Material aktualisiert werden, etwa als Loseblattsammlung oder durch Ergänzungshefte, ist es wichtig, dass stets der neueste Stand zur Verfügung steht. Gegebenenfalls muss das Material gegen bewusstes oder versehentliches Entfernen gesichert werden.

12.1.3.2 Typen von Handbüchern

Benutzerhandbücher sollen den Zweck, das Verhalten und die Handhabung einer Anwendungssoftware möglichst vollständig und korrekt so beschreiben, dass die Software prinzipiell ohne zusätzliche Hilfen benutzt werden kann. Eine Schulung (vgl. 12.2.6) ist in der Regel trotzdem sinnvoll, da sie meist effektiver ist als das Selbststudium der Handbücher.

Handbücher richten sich direkt an die Benutzer und sollen auf deren Vorkenntnisse abgestimmt sein. Eine Analyse der Zielgruppe ist daher sinnvoll, insbesondere in Hinblick darauf, ob es sich um Anfänger, fortgeschrittene Benutzer oder Experten handelt.

Anfänger haben wenig oder gar keine Erfahrung mit Computeranwendungen im Allgemeinen und auch mit der speziellen Anwendung im Besonderen. *Experten* verfügen über große Erfahrung mit einer speziellen Anwendung, aber ihre Kenntnisse von Computersystemen im Allgemeinen können stark variieren. *Fortgeschrittene Benutzer* liegen zwischen den beiden genannten Kategorien. Häufig haben sie viel Erfahrung mit Computersystemen im Allgemeinen, aber wenig oder gar keine Kenntnisse über das spezielle Anwendungssystem. Oft haben sie aber schon mit vergleichbaren anderen Anwendungen für dieselbe Aufgabe gearbeitet, beispielsweise beim Wechsel von einer Textverarbeitung zu einer anderen.

Die drei Kategorien von Benutzern haben unterschiedliche Informationsbedürfnisse und benötigen daher unterschiedliche Handbücher, so dass mehrere verschiedene Handbücher erstellt werden müssen, wenn die Zielgruppe Angehörige verschiedener Kategorien umfasst. Allerdings zeigt die Praxis, dass viele Benutzer sich auch bei sehr geringen Vorkenntnissen nicht selbst als Anfänger einstufen. Es ist daher besser, eine solche Einteilung nicht explizit vorzunehmen, sondern den Benutzern verschiedene Dokumente für verschiedene Bedürfnisse anzubieten, die im Folgenden nach [Bal00] dargestellt werden.

Trainingshandbücher (tutorials) richten sich an Anfänger. Sie sind dazu bestimmt, von Anfang bis Ende durchgearbeitet zu werden, und meist als Kurs mit verschiedenen Lektionen aufgebaut. Dabei wird in der Regel vorausgesetzt, dass der Benutzer das Handbuch am Rechnerarbeitsplatz durcharbeitet, um Beispiele und Aufgaben direkt ausführen zu können. Für Experten sind die *Referenzhandbücher* bestimmt. Diese ermöglichen einen schnellen Zugriff auf spezifische Informationen zu allen Systemfunktionen. Eine *Referenzkarte* fasst hieraus die wesentlichen Informationen über die wichtigsten oder häufigsten Funktionen als Erinnerungshilfe zusammen. Für die Fortgeschrittenen ist ein Trainingshandbuch meist zu elementar und auch zu langatmig, ein Referenzhandbuch dagegen nicht aufgabenangemessen aufgebaut und zu anspruchsvoll in seinen Voraussetzungen. Daher wird für diese Zielgruppe ein *Benutzerleitfaden* benötigt, der es erlaubt, bereits bekannte Informationen zu überschlagen, der aber Antworten auf spezifische systembezogene Fragen anhand typischer Aufgaben gibt.

Referenzhandbücher weisen in der Regel eine *produktorientierte Gliederung* auf, bei der sich der Aufbau des Handbuches an den Bestandteilen und Funktionen der Anwendungssoftware orientiert. Es wird dargestellt, welche Funktionen die Software beinhaltet und nicht, wie man mit der Software bestimmte Aufgaben löst. Bei dieser Art der Gliederung ist jede Funktion genau einmal beschrieben, so dass Redundanz vermieden wird und Vollständigkeit gewährleistet ist. Ein solches Handbuch dient als Nachschlagewerk und nicht als Arbeitsanleitung. Es setzt voraus, dass der Benutzer die grundsätzliche Vorgehensweise für die Aufgabenbearbeitung bereits kennt.

Für Trainingshandbücher ist dagegen eine *aufgabenorientierte Gliederung* nötig. Sie orientiert sich an den Arbeitsabläufen, so dass jeweils die für eine bestimmte Aufgabe benötigten Funktionen in dem Umfang dargestellt werden, der für die Ausführung erforderlich ist. Das Trainingshandbuch beschreibt Wege zur Erreichung von Arbeitszielen und kann daher als Arbeitsanleitung benutzt werden. Da bestimmte Funktionen in mehreren Arbeitsabläufen benötigt werden, können bei diesem Handbuchtyp Redundanzen entstehen. Andererseits ist es unmöglich, alle denkbaren Arbeitsvorgänge zu beschreiben, so dass ein Handbuch bei aufgabenorientierter Gliederung nicht jede Funktion enthalten wird.

Benutzerleitfäden kombinieren meist beide Gliederungsarten. Ein aufgabenbezogener Teil stellt die wichtigsten Arbeitsabläufe dar, und ein Referenzteil zum Nachschlagen erläutert alle Funktionen. Mit Hilfe des aufgabenbezogenen Teils können sich die Benutzer in die Software einarbeiten. Wenn sie die dort dargestellten Grundfunktionen so weit beherrschen, sollen sie in der Lage sein, sich die übrigen Möglichkeiten der Anwendung mit Hilfe des Referenzteils zu erschließen.

12.1.3.3 Gestaltung von Handbüchern

Handbücher enthalten Informationen über die Bestandteile und den Aufbau der Anwendungssoftware, über die Arbeitsobjekte, die Arbeitsabläufe und die Funktionen der Software. Es muss deutlich gemacht werden, ob das Handbuch alle Funktionen beschreibt. Wenn dies nicht der Fall ist, muss angegeben werden, was nicht dargestellt ist und wie sich dazu Informationen erhalten lassen, beispielsweise über Online-Hilfen oder zusätzliche Literatur.

Ein gutes Handbuch enthält nach [Bal00] mindestens die folgenden Teile:

- Vorwort
  mit Angaben, an wen sich das Handbuch wendet, welcher Anwendungsbereich beschrieben wird und gegebenenfalls welche Änderungen gegenüber der vorigen Version vorhanden sind,
- Inhaltsverzeichnis
  mit klarer übersichtlicher Gliederung, das bei starker Unterteilung nur die Kapitel und Abschnitte enthält, während die weitergehende Unterteilung in den einzelnen Kapiteln dargelegt wird,

- Einführung
  mit Erläuterung des Aufbaus des Handbuches und seiner Benutzung sowie gegebenenfalls Angaben zur Abgrenzung gegenüber anderem Informationsmaterial, zur benötigten Systemkonfiguration und zu den notwendigen Vorkenntnissen,
- Installationsanleitung
  für die Software (auch als Anhang möglich),
- allgemeine Erläuterungen zur Benutzungsschnittstelle
  mit Angaben zu Tastenbelegung, Mausbedienung, grundsätzlichem Bildschirmaufbau, Interaktionsstil und Dialogart,
- struktureller Überblick
  über die Anwendungssoftware, ihre Bestandteile, Objekte und Funktionen sowie deren Zusammenhang,
- Trainingsteil
  im Trainingshandbuch und im Benutzerleitfaden mit typischen Arbeitsabläufen, die mit Beispielen und Übungen erläutert werden mit besonderem Schwerpunkt auf Routinearbeiten und Standardanwendungen, geordnet nach der Häufigkeit der Arbeitsabläufe,
- Referenzteil
  im Benutzerleitfaden und im Referenzhandbuch mit vollständiger Beschreibung der einzelnen Objekte und Funktionen in alphabetischer Anordnung oder gegliedert nach der Menüstruktur,
- Literaturverzeichnis
  mit Angaben zu weiterem mitgelieferten oder leicht erhältlichem Informationsmaterial in gedruckter oder elektronischer Form (Bücher, CD-ROMs, Web-Adressen),
- Abkürzungsverzeichnis
  in alphabetischer Sortierung,
- Glossar
  mit Begriffsdefinitionen in alphabetischer Sortierung,
- Stichwortverzeichnis, Index und Register
  möglichst auch mit Synonymen, um ein schnelles Auffinden von Informationen auch bei unterschiedlicher Bezeichnungsweise zu erlauben.

Der Inhalt des Handbuchs sollte in einer Sprache formuliert werden, die in der Terminologie und dem grammatischen Aufbau an die Aufgaben und die Zielgruppe angepasst ist (vgl. die Ausführungen zur Formulierung von Meldungen in 11.1.2.2). Passivkonstruktionen sind zu vermeiden, stattdessen sollten die Benutzer direkt angesprochen werden. Kurze Sätze, bei denen die Grundinformation am Anfang steht und möglichst Verben an Stelle von Nominalkonstrukten tragen wesentlich zum Verständnis bei. Handlungsanweisungen müssen chronologisch richtig dem Arbeitsablauf folgen. Durch Hervorhebung wichtiger Textteile und durch ein gegliedertes Layout wird der Text übersichtlicher. Eine ausreichend große, kontrastreiche und scharfe Schrift (vgl. auch 7.1.2.4) ist wesentlich für die Lesbarkeit. In vielen Fällen können Tabellen, Grafiken, Diagramme und Fotos die Verständlichkeit erhöhen. Darüber hinaus sollte die Form des Handbuchs seiner Aufgabe angepasst sein. Diese erfordert beispielsweise eine ausreichende Stabilität für die häufige Benutzung und eine Heftung, die es erlaubt, dass das Buch aufgeschlagen liegen bleibt, ohne dass sich Seiten umschlagen. Bei der Erstellung von Handbüchern sollte für die inhaltliche Gestaltung die Fachkompetenz von technischen Redakteuren und für das Layout und die Typographie die Fachkompetenz von Designern in Anspruch genommen werden.

12.1.4 Arbeitsplatzgestaltung

12.1.4.1 Anforderungen an die Gestaltung

Die Gestaltung des Arbeitsplatzes kann ebenfalls als ein Aspekt der Systemorganisation aufgefasst werden. Hierbei ist eine Reihe von ergonomischen Anforderungen zu berücksichtigen, die zum Teil schon in 6.1 und 6.2 angeklungen sind und im Wesentlichen die Anordnung der Geräte, die Beleuchtung und die Akustik betreffen. Die ergonomischen Anforderungen an den Arbeitsplatz und die Arbeitsumgebung werden in [ISO9241-5] und [ISO9241-6] beschrieben. Hilfen zur ergonomischen Einrichtung von Bildschirmarbeitsplätzen finden sich auch in verschiedenen Broschüren der Verwaltungsberufsgenossenschaft wie z.B. *Bildschirm- und Büroarbeitsplätze - Leitfaden für die Gestaltung (SP 2.1)* [BGI650], *Arbeitssystem Büro – Hilfen für das Systematische Planen und Einrichten von Büros (SP 2.2)* [BGI774] oder *Beleuchtung im Büro (SP 2.4)* [BGI856].

12.1.4.2 Anordnung der Arbeitsmittel

Das Arbeitsmittel, zu dem am häufigsten Blickkontakt besteht, sollte zentral angeordnet werden. Bei Bildschirmarbeit ist dies in der Regel der Bildschirm, der daher so stehen sollte, dass er bei nicht gedrehtem Kopf in Blickrichtung liegt. Die Entfernung des Bildschirms sollte bei etwa 50 cm liegen. Der oberste Teil der Anzeigefläche sollte unter Augenhöhe liegen (siehe auch 3.3.1 und Aufgabe 3.2). Werden verschiedene Arbeitsmittel häufig betrachtet, sollten die Sehabstände zu diesen möglichst gleich sein.

Die Arbeitsmittel, zu denen am häufigsten gegriffen wird, sollten im optimalen Greifraum liegen. In vielen Fällen sind dies die Tastatur und die Maus. Die Tastatur sollte dann so angeordnet sein, dass der Abstand von der Tischvorderkante zur Mitte der ersten Tastenreihe etwa 10 cm beträgt. Die mittlere Tastenreihe sollte auf der Höhe des waagerecht ausgestreckten Unterarms liegen. Entsprechendes gilt für die Maus (vgl. 6.1.2 und 6.1.4).

12.1.4.3 Beleuchtungsverhältnisse

Die Allgemeinbeleuchtung des Raumes sollte bei 300 bis 500 lx liegen, die des Arbeitsplatzes bei 500 bis 1000 lx. Im Sehbereich sollten keine zu starken Kontraste auftreten (maximal 1:10). Für die Informationsdarstellung ist dagegen ein ausreichender Kontrast erforderlich (minimal 1:6, vgl. 7.1.2). Reflexe sollten durch geeignete Oberflächen sowie durch die Art und Anordnung der Lichtquellen vermieden werden.

Die Bildschirme sind so anzuordnen, dass die Blickrichtung auf den Bildschirm parallel zur Fensterfront verläuft, beim Arbeiten das Fenster also weder im Rücken noch in Blickrichtung liegt. Auf diese Weise wird Blendung von vorne ebenso vermieden wie Reflexe durch Licht von hinten. Leuchtenreihen aus Leuchtstoffröhren sollten dann ebenfalls parallel zu der Fensterfront angebracht sein und nicht über den Arbeitsplätzen liegen, sondern jeweils links und rechts daneben. Dadurch wird die direkte Blendung, die auftreten kann, wenn eine Lampe mit einem Abstrahlwinkel von 45° bis 85° in Blickrichtung an der Decke angebracht ist, ebenso vermieden wie die Blendung durch Reflexe, die auftreten können, wenn eine Lampe mit einem Abstrahlwinkel von mehr als 50° im Rücken des Arbeitenden an der Decke angebracht ist.

12.1.4.4 Weitere Umgebungsbedingungen

Als weitere wichtige Umgebungsbedingungen sind die Geräusche und das Klima zu nennen. Der Geräuschpegel im Raum sollte bei Routinearbeiten 70 dB(A) und bei konzentrierter Arbeit 55 dB(A) nicht überschreiten. Die Gerätegeräusche sollten nicht mehr als 5 dB(A) über dem Hintergrundgeräusch liegen. Leider übertreffen Lüfter von Netzteilen, Laufwerken oder Prozessoren in vielen PCs diesen Wert bei weitem.

Die Raumtemperatur sollte bei 20° C bis maximal 26° C liegen. Eine direkte Wärmestrahlung von Heizkörpern oder Geräten sollte möglichst vermieden werden. Die relative Luftfeuchtigkeit sollte bei 40 % bis 60 % liegen. Luftbewegungen sollten geringer als 0,15 m/s sein, wobei insbesondere darauf zu achten ist, dass die Abluft von Geräten nicht unter Arbeitstische oder zu benachbarten Arbeitsplätzen geleitet wird.

12.2 Arbeitsorganisation

12.2.1 Übersicht

> Die *Arbeitsorganisation* umfasst als Teil der Organisationsschnittstelle die Einbindung des Benutzers in die Organisation des Anwenders.

In **Bild 1.3** wird die Arbeitsorganisation durch den Doppelpfeil zwischen Mensch und Organisation wiedergegeben.

Aus der Arbeits- und Organisationspsychologie lassen sich allgemeine Ziele der Gestaltung rechnerunterstützter Arbeit ableiten. Diese Ziele geben Grundsätze zur Aufteilung der Arbeit zwischen Mensch und Rechner vor. Aus ihnen lassen sich Kriterien zur Aufgabengestaltung gewinnen, die bei der Festlegung der Funktionalität einer Anwendung berücksichtigt werden sollten. Bei der Durchführung der Arbeit mit Hilfe von Rechnern muss außerdem die Zuordnung der einzelnen Tätigkeiten zu verschiedenen Personen, beispielsweise in Hinsicht auf die Aufgabenteilung und Zusammenarbeit oder auf die Arbeitszeitregelung, sinnvoll gestaltet werden. Die Einführung einer Rechneranwendung in den Arbeitsablauf erfordert organisatorische Maßnahmen wie etwa eine Schulung der Benutzer.

Wie die Bedingungen der Systemorganisation liegen die Bedingungen der Arbeitsorganisation meist nicht im Einflussbereich der Informatiker, die Anwendungssoftware entwickeln. Es handelt sich hierbei um die Gestaltungsebene der Organisationsergonomie, für die fundierte Kenntnisse der Arbeitswissenschaft und des jeweiligen Anwendungsbereichs benötigt werden. Im Folgenden werden einige wichtige Aspekte der Arbeitsorganisation kurz dargestellt, um Informatiker dafür zu sensibilisieren, dass bei der Entwicklung von Anwendungssystemen die genannten Kompetenzen im Entwicklungsteam erforderlich sind. Detaillierte Darstellungen, auch mit anderen Schwerpunkten und weiteren Inhalten, finden sich in der umfangreichen arbeitswissenschaftlichen Literatur.

12.2.2 Arbeitsteilung Mensch – Rechner

Nach [Hac94] unterscheidet sich aus Sicht der Arbeitswissenschaft der Einsatz von Rechneranwendungen für Arbeitsabläufe von der Anwendung herkömmlicher Werkzeuge und Maschinen dadurch, dass der Mensch bei geistigen Tätigkeiten unterstützt werden kann und ihm bestimmte geistige Tätigkeiten sogar abgenommen werden können. Die entscheidende Frage für eine effiziente und menschengerechte Gestaltung der Arbeitsabläufe ist dabei die Frage der Funktionsteilung zwischen Mensch und Rechner. Für eine optimale Gestaltung der rechnerunterstützten geistigen Arbeit sind dabei drei Ziele zu berücksichtigen, die in entsprechender Form allgemein für jede Art von Arbeitsgestaltung gelten:

- Das Mensch-Rechner-System soll hoch effizient sein. Seine Systemleistung soll möglichst größer sein als die Summe der Leistungen der technischen und der menschlichen Komponenten.
- Die physischen und psychischen Belastungen der Benutzer sollen optimiert werden, so dass weder Über- noch Unterforderungen auftreten.
- Die Gesundheit der Benutzer soll stabilisiert werden, so dass zumindest Schädigungen etwa in Form vorzeitiger Alterserscheinungen vermieden werden. Darüber hinaus soll möglichst die Persönlichkeitsentwicklung gefördert werden, etwa durch Lernangebote.

Die Gestaltung von Anwendungssoftware ist Arbeits- und Organisationsgestaltung. Dabei wird geistige Arbeit rationalisiert und automatisiert. Unter diesem Aspekt sollten Fehler, die bei der Arbeitsgestaltung im Bereich der herkömmlichen Fertigung gemacht wurden, bei rechnerunterstützter geistiger Arbeit möglichst von vornherein vermieden werden. Dies betrifft insbesondere die oft mit dem Begriff Taylorismus bezeichnete Zerstückelung der Arbeit.

Anzustreben sind nach [Hac94] Arbeitstätigkeiten, die sequentiell beziehungsweise zyklisch vollständig und hierarchisch vollständig sind. Eine *sequentiell vollständige Tätigkeit* umfasst neben den eigentlichen Ausführungsfunktionen der Arbeit auch Vorbereitungsfunktionen wie das Aufstellen von Zielen und das Entwickeln von Vorgehensweisen, Organisationsfunktionen wie das Abstimmen der Aufgaben mit anderen Arbeitenden und Kontrollfunktionen, mit denen Rückmeldungen über die Erreichung des Zieles erhältlich sind. Wenn die Sequenz aus Vorbereiten, Organisieren, Ausführen und Kontrollieren zyklisch durchlaufen wird, spricht man statt von sequentieller Vollständigkeit auch von *zyklischer Vollständigkeit*.

Eine *hierarchisch vollständige Tätigkeit* enthält Anforderungen auf verschiedenen Ebenen der Tätigkeitsregulation. Als derartige Ebenen können in aufsteigender Reihenfolge unterschieden werden:

- körperliche Arbeit, bei welcher der informationelle Aspekt gegenüber dem energetischen zurücktritt,
- reine Informationsübertragung ohne das Be- oder Verarbeiten der Information,
- Auswahl und Zuordnung von Informationen nach gegebenen Regeln,
- Auswahl und Zuordnung von Informationen nach unvollständigen oder fehlenden Regeln,
- Informationsumwandlung als Denkvorgang nach vollständig gegebenen Vorschriften,
- Informationsumwandlung als Denkvorgang nach unvollständigen rahmenartigen Vorschriften,
- Problemlösen als nichtalgorithmisches, jedoch noch nicht schöpferisches Denken zur Informationserarbeitung,
- Problemlösen als schöpferisches Denken zur Informationserarbeitung, eventuell einschließlich Problemstellung und Zielfindung, in abgeschlossenen Problembereichen,
- Problemlösen als schöpferisches Denken zur Informationserarbeitung einschließlich Problemstellung und Zielfindung in meist offenen, komplexen und dynamischen Problembereichen.

Anwendungssoftware, die geistige Arbeit so rationalisiert, dass sequentiell oder hierarchisch unvollständige Tätigkeiten entstehen, hat Auswirkungen, wie sie bereits in 2.1.1.2 beschrieben wurden. Werden dem Menschen beispielsweise nur Tätigkeiten der unteren Hierarchieebenen zugeordnet, so erzeugt dies Monotonie. Ständige Arbeit nur auf hohen Hierarchieebenen führt zur Überforderung. Sequentiell unvollständige Tätigkeiten können je nach fehlenden Anteilen zur Vereinzelung der Arbeitenden, zu fehlender Eigenverantwortlichkeit und zur Sinnentleerung führen.

12.2.3 Prinzipien zur Aufgabengestaltung

Aus der Forderung nach sequentiell und hierarchisch vollständigen Tätigkeiten ergeben sich einige Prinzipien zur Aufgabengestaltung, um die in 2.1.1.2 geschilderten Benutzungsprobleme und ihre Auswirkungen zu minimieren. Wie auch die Prinzipien der Informationsdarstellung und der Dialoggestaltung sind diese in der Norm ISO 9241 erläutert, und zwar im Teil 2 *Anforderungen an die Arbeitsaufgabe* [ISO9241-2]. Als Ziel der Aufgabengestaltung werden dort optimale Arbeitsbedingungen in Hinblick auf das Wohlbefinden, die Sicherheit und die Gesundheit des Menschen unter Berücksichtigung technischer und wirtschaftlicher Effizienz genannt. Gut gestaltete Aufgaben sollten

- die Ausführung der Aufgaben erleichtern,
- die Gesundheit und Sicherheit der Arbeitenden sicherstellen,
- ihr Wohlbefinden fördern,
- ihnen Möglichkeiten zur Entwicklung ihrer Fertigkeiten und Fähigkeiten im Rahmen der Aufgabenstellung bieten.

Insbesondere sollten die folgenden Bedingungen so weit wie möglich vermieden werden:

- Überforderung oder Unterforderung, die zu unnötiger oder übermäßiger Beanspruchung oder Ermüdung oder zu Fehlern führen können,
- unangemessene ständige Wiederholungen, die zu Monotonie und Sättigungsempfindungen, Langeweile und zu Unzufriedenheit führen können,
- unangemessener Zeitdruck,
- Einzelarbeit ohne Gelegenheit zu sozialen Kontakten.

Als Charakteristika gut gestalteter Aufgaben werden genannt:

- Qualifikationsnutzung
  Die Erfahrungen und Fähigkeiten der Benutzergruppen sollten genutzt werden.
- Anforderungsvielfalt
  Die Anwendung sollte eine angemessene Vielfalt von Fertigkeiten, Fähigkeiten und Aktivitäten erfordern.
- Ganzheitlichkeit
  Die Aufgaben sollten in sich abgeschlossene Teile der Arbeit umfassen, die von den Arbeitenden als ganzheitliche Arbeitseinheiten und nicht als Bruchstücke erkannt werden können.
- Durchschaubarkeit
  Die ausgeführten Aufgaben sollten einen bedeutsamen, dem Benutzer verständlichen Beitrag zur Gesamtfunktion des Systems leisten.
- Autonomie
  Die Arbeitenden sollten einen angemessenen Handlungsspielraum hinsichtlich der Reihenfolge der Arbeitsschritte, des Arbeitstempos und der Vorgehensweise haben.
- Rückmeldungen (Feedback)
  Es sollten ausreichende Rückmeldungen über die Aufgabenerfüllung in für den Benutzer bedeutsamer Weise gegeben werden.

- Qualifizierung
  Die Arbeitenden sollten Gelegenheiten zur Weiterentwicklung bestehender und zur Aneignung neuer Fertigkeiten im Rahmen der Aufgabenstellung haben.

12.2.4 Arbeitsteilung Mensch – Mensch

Für eine sequentielle Vollständigkeit der Arbeit sollte die Software die in 12.2.1 genannten Vorbereitungsfunktionen unterstützen. Dies gilt besonders für die Organisationsfunktionen zum Abstimmen der Aufgaben mit anderen Arbeitenden. Die Anwendungssoftware oder auch die Systemsoftware sollte es daher ermöglichen, dass mehrere Personen an einer Aufgabe arbeiten können und dabei unterschiedliche Teilaufgaben übernehmen.

Eine solche Zusammenarbeit erfordert Funktionen zur Kommunikation zwischen den Personen insbesondere dann, wenn verschiedene Personen an verschiedenen Orten oder zu unterschiedlichen Zeiten an einer gemeinsamen Aufgabe arbeiten. Neben der Möglichkeit, Nachrichten und Dokumente über das Rechnersystem untereinander auszutauschen, muss es auch Funktionen zur Versionsverwaltung und Versionskontrolle geben, mit denen unter anderem verschiedene Stände eines Dokuments aufbewahrt und verschiedene Versionen zusammengeführt werden können sowie festgestellt werden kann, welche Person welche Änderungen durchgeführt hat. Andererseits sollen Benutzer nicht gezwungen werden, nur noch durch Nutzung von Rechneranwendungen miteinander zu kommunizieren.

Bei komplexen Anwendungen ist neben der Arbeitsteilung bei der Aufgabenbearbeitung meist auch eine Arbeitsteilung zwischen Benutzern und Systembetreuern sinnvoll. Während die Benutzer die Anwendung als Arbeitsmittel einsetzen, sorgen die Systembetreuer für die Bereitstellung und Anpassung des Arbeitsmittels, beispielsweise durch die Installation neuer Versionen oder durch die Erweiterung der Software über Makros oder Programm-Module.

Neben der organisatorischen Unterstützung der Zusammenarbeit durch die Software müssen in der Regel weitere organisatorische Maßnahmen für eine sinnvolle Arbeitsteilung getroffen werden. So sollten die Benutzer an Entscheidungen, die sich auf ihre Arbeit auswirken, beteiligt werden, etwa bei der Festlegung von Aufgabenbereichen für die Systembetreuer, der Erweiterung der Software durch neue Module oder der Entscheidung für neue Versionen und Systeme.

12.2.5 Arbeitsplanung

Soweit nicht jedem Benutzer ein Rechnerarbeitsplatz mit der für die Aufgabenbearbeitung benötigten Software jederzeit zur Verfügung steht, ist eine Planung der Arbeitszeiten der einzelnen Benutzer erforderlich. Dies ist vor allem bei kostenintensiven Anwendungen mit hohen Anforderungen an die Hard- und Software der Fall, beispielsweise bei Anwendungen virtueller Umgebungen. Eine Zuteilung der Nutzungszeiten bei solchen Systemen sollte in Absprache mit den Benutzern erfolgen, damit ihnen ein möglichst großer Handlungsfreiraum verbleibt. Es ist wichtig, dass sich die Benutzer frühzeitig über die ihnen zugewiesenen Zeiten informieren können. Dies gilt auch, wenn zwar jedem Benutzer ein Arbeitsplatz zur Verfügung steht, die Nutzungszeiten aber zum Beispiel durch Systemwartung eingeschränkt sind.

Bei der Arbeitsplanung muss außerdem darauf geachtet werden, dass bei Bildschirmarbeit ausreichende Pausen eingelegt werden. Wenn Personen sowohl Aufgaben ausführen, die am Rechner bearbeitet werden, als auch solche, die ohne Bildschirmarbeit erledigt werden können, ist es erstrebenswert, dass öfter ein Wechsel zwischen beiden Arten stattfindet und dass der Benutzer möglichst selbst entscheiden kann, wann welche Tätigkeit ausgeführt wird.

12.2.6 Qualifikation und Qualifizierung

Komplexe Anwendungssysteme erfordern Schulungsmaßnahmen für die Benutzer. Die Arbeitsorganisation muss sicherstellen, dass den Benutzern eine Ausbildung zukommt, die sie befähigt, das System aus Anwendungssoftware und Basissoftware so zu beherrschen, dass sie für ihre Aufgabenbearbeitung daraus einen Nutzen ziehen können. Die Schulung soll dabei die Vorerfahrungen der Benutzer berücksichtigen.

Als Ergänzung zur Schulung sind Lernprogramme mit Beispielen und Arbeitsanleitungen (Online-Tutorials) hilfreich. Die Arbeitsorganisation muss dann aber dafür sorgen, dass diese auch ausreichend genutzt werden können, indem entsprechende Übungszeiten zur Verfügung gestellt werden. Die Tutorials sollen auf die Qualifikation der Benutzer abgestimmt sein, beispielsweise auf ihre Sachkompetenz für die herkömmliche Bearbeitung der Aufgaben.

Darüber hinaus sollte auch die Anwendungssoftware Unterschiede in der Qualifikation der Benutzer berücksichtigen, etwa durch verschieden ausführliche Anleitungen und Hilfen (vgl. 11.3). Denkbar ist auch eine abgestufte Erweiterung der Systemfunktionalität entsprechend dem zunehmenden Kenntnisstand der Benutzer.

Nachbereitung

12.3 Übungsaufgaben

Aufgabe 12.1 Handbücher

Für die in Aufgabe 7.2 dargestellte Anwendung zur Verwaltung von Mietkautionen soll ein Handbuch konzipiert werden.

- Welche Aufgaben und welche dazu nötigen Funktionen sollten im Trainingsteil angesprochen werden?
- Welche Funktionen sollten nur im Referenzteil angesprochen werden?

Betrachten Sie die Standardaufgabe „Auszahlung einer Kaution“:

- Welche Erläuterungen hierzu würden Sie in den Trainingsteil aufnehmen?
- Welche Angaben würden Sie im Referenzteil zusätzlich machen?
- Unter welchen Begriffen würden Sie diese Aufgabe beziehungsweise Funktion im Register eintragen?

Aufgabe 12.2 Arbeitsumfeld

In einem großen rechteckigen Raum soll ein Büro mit etwa 15 Computerarbeitsplätzen und zugehöriger Infrastruktur (zum Beispiel Drucker, Server, Scanner) eingerichtet werden. Der Raum hat eine Fensterfront an der Längsseite, den Eingang an einer Schmalseite, einen Fußboden aus hartem Material und eine Hartdecke (zum Beispiel Beton). Unter den Fenstern befinden sich Heizkörper. Eine künstliche Beleuchtung ist noch nicht installiert.

- Was ist bei der Anordnung der Arbeitsplätze zu bedenken?
- Welche Überlegungen sind bezüglich der Beleuchtung anzustellen?
- Welche weiteren Umgebungsbedingungen müssen berücksichtigt werden?

Aufgabe 12.3 Aufgabengestaltung

In einer Stadtverwaltung werden die Aufgaben bisher ohne Computereinsatz arbeitsteilig ausgeführt. Für die einzelnen Aufgaben gibt es festgelegte Verfahren auf der Basis von Papierformularen. Jeder Mitarbeiter bearbeitet nur bestimmte Vorgänge mit den dafür vorgesehenen Verfahren. So gibt es beispielsweise Personen im Einwohnermeldeamt, die im Regelfall nur für die Ausstellung und Verlängerung von Pässen und Ausweisen zuständig sind, während andere die An- und Abmeldungen bearbeiten. Innerhalb der einzelnen Ämter können die Mitarbeiter beispielsweise bei Krankheit solche mit anderen Aufgaben vertreten, während dies zwischen verschiedenen Ämtern in der Regel nicht möglich ist. Zur effektiveren Bearbeitung der Aufgaben soll nun ein Computersystem eingesetzt werden. Sie beraten die Stadt bei der Festlegung der Anforderungen an ein solches System.

- Sollte die Software aus verschiedenen Programmen für die einzelnen Aufgaben oder für die einzelnen Ämter bestehen, die dann nur an jeweils den Arbeitsplätzen installiert werden, an denen die durch die einzelnen Programme unterstützten Aufgaben bearbeitet werden?
- Welche Vor- und Nachteile könnte aus Sicht der Arbeitsorganisation ein Gesamtprogramm bieten, das grundsätzlich an allen Arbeitsplätzen zur Verfügung steht und von dem jeweils nur die zur Aufgabenbearbeitung nötigen Funktionen aufgerufen werden?
- Wie kann bei solch einem Gesamtprogramm mit umfangreicher Funktionalität eine aufgabengerechte Auswahl der benötigten Funktionen erfolgen?
- Sollte zusammen mit der Einführung einer Rechnerunterstützung eine Änderung der bisherigen Aufgabenverteilung durchgeführt werden? Wenn ja, warum?
- Welche Vorteile könnte eine andere Aufgabenverteilung für die Bürger bieten, die Verwaltungstätigkeiten in Anspruch nehmen?

Lösungen

13 Benutzerorientierte Systementwicklung

Zusammenfassung, Lernziele und Vorüberlegungen

13.1 Anforderungen an den Gestaltungsprozess

13.1.1 Gestaltung von Arbeitssystemen

Computersysteme, bestehend aus Hardware, Systemsoftware und Anwendungssoftware für die Arbeit, sind nur eine Untergruppe der *Arbeitsmittel*, die innerhalb von Arbeitssystemen eingesetzt werden. Daher ist es sinnvoll, zunächst die allgemeinen Anforderungen an die ergonomische Gestaltung von Arbeitssystemen zu untersuchen und erst in einem zweiten Schritt auf die Besonderheiten bei der Entwicklung von Anwendungssoftware einzugehen.

Ein *Arbeitssystem* umfasst nach [ISO6385] das Zusammenwirken eines Arbeitenden oder mehrerer Arbeitender mit den Arbeitsmitteln, um am Arbeitsplatz, in der Arbeitsumgebung und unter den durch die Arbeitsaufgabe gegebenen Bedingungen die Funktion des Systems zu erfüllen.

Bei der Gestaltung von Arbeitssystemen sollte der Mensch als Hauptfaktor gelten. Seine Arbeitsbeanspruchung (vgl. 2.1.1.2) soll optimiert werden, so dass beeinträchtigende Auswirkungen möglichst vermieden und erleichternde Auswirkungen möglichst gefördert werden (vgl. 12.2.1), wodurch in der Regel auch die Effektivität und Effizienz des gesamten Systems gesteigert wird. Um dieses Ziel zu erreichen, müssen ergonomische Überlegungen bereits von Anfang an bei der Systemgestaltung einfließen und nicht erst nachträglich zur Behebung von Problemen in einem bereits fertig gestalteten Arbeitssystem. Da die wichtigsten Entscheidungen mit Auswirkung auf die Gestaltung des Arbeitssystems am Beginn des Gestaltungsprozesses getroffen werden, sind Überlegungen zur Ergonomie in diesem Stadium zwar am wichtigsten, jedoch auch während des ganzen weiteren Prozesses nötig.

Für den Gestaltungsprozess gelten nach [ISO6385] folgende Anforderungen:

- Partizipation
  Die Arbeitenden müssen bei der Gestaltung von Arbeitssystemen einbezogen werden. Sie sollten auf wirksame und effiziente Weise am Gestaltungsprozess teilnehmen.

- Breite Zielpopulation
  Es empfiehlt sich, ein Arbeitssystem für eine breite Zielpopulation zu gestalten, um den Bedürfnissen unterschiedlicher Arbeitender, einschließlich z.B. Behinderter, gerecht zu werden (vgl. 11.4).
- Iteratives Vorgehen
  Die Gestaltung erfolgt in einem iterativen und strukturierten Prozess aus einer Anzahl von Phasen, die jeweils als hauptsächliche Tätigkeiten die Analyse, die Synthese, die Simulation und die Auswertung enthalten.
- Multidisziplinäre Zusammenarbeit
  Der Gestaltungsprozess wird am besten durch ein multidisziplinäres Team durchgeführt.

Der Gestaltungsprozess wird dazu in folgende Phasen eingeteilt:

- Formulierung von Zielen (Analyse der Anforderungen)
- Analyse und Zuordnung der Funktionen
- Konzeption der Gestaltung
- Gestaltung der einzelnen Elemente (nicht unbedingt in der angegebenen Reihenfolge):
  - Arbeitsorganisation
  - Arbeitsaufgaben
  - Tätigkeiten
  - Arbeitsumgebung
  - Arbeitsmittel (dazu gehört auch Hardware und Software)
  - Arbeitsraum und Arbeitsplatz
- Realisierung, Einführung und Validierung

[ISO6385] enthält für die einzelnen Phasen zahlreiche Angaben, welche Punkte besonders zu beachten sind und welche Ergebnisse die einzelnen Phasen liefern sollen. Insbesondere für die Gestaltung der einzelnen Elemente werden zahlreiche Kriterien genannt, die in zwei Kategorien („muss" und „sollte") eingeteilt sind, um verschiedene Akzeptanzniveaus zu beschreiben. Auf die Einzelheiten soll hier nicht weiter eingegangen werden, da aufbauend auf den allgemeinen Anforderungen an die Gestaltung von Arbeitssystemen speziell für Computersysteme eine eigene Norm zur benutzerorientierten Gestaltung existiert.

13.1.2 Benutzerorientierte Gestaltung interaktiver Systeme

Die allgemeinen Überlegungen zur ergonomischen Gestaltung von Arbeitssystemen werden für interaktive Systeme in der Norm *DIN EN ISO 13407 Benutzer-orientierte Gestaltung* *interaktiver Systeme* [ISO13407]* konkretisiert. Ziel eines solchen benutzerorientierten Gestaltungsprozesses ist die Verbesserung der Gebrauchstauglichkeit. Dadurch lassen sich die rechtlichen Bestimmungen zum Schutz der Benutzer (vgl. 2.1.3) besser erfüllen, wodurch sich auch wirtschaftliche und soziale Vorteile ergeben. Die wirtschaftlichen Vorteile der benutzerorientierten Gestaltung betreffen die Kosten über den gesamten Lebenszyklus des Systems, der Konzeption, Gestaltung, Implementierung, Unterhalt, Benutzung und Wartung umfasst. Sie ergeben sich aus folgenden Vorteilen benutzerorientiert gestalteter Systeme:

- Diese Systeme sind leichter zu verstehen und zu benutzen, wodurch Schulungs- und Nebenkosten verringert werden.
- Sie verbessern die Zufriedenstellung der Benutzer und verringern Unbehagen und Stress.
- Sie erhöhen die Produktivität von Benutzern und die Effizienz von Organisationen.
- Sie verbessern die Produktqualität, finden Anklang bei Benutzern und können so zu einem Wettbewerbsvorteil führen.

Benutzerorientierte Gestaltung lässt sich in verschiedenartige Entwicklungsprozesse integrieren. Sie setzt keinen genormten Entwicklungsprozess voraus, sondern definiert vier Grundsätze, die unabhängig von der gewählten software-technischen Vorgehensweise sind.

Eine *benutzerorientierte Vorgehensweise* ist nach [ISO13407] gekennzeichnet durch die folgenden Merkmale:

- die aktive Beteiligung der Benutzer und ein klares Verständnis von Benutzer- und Aufgabenanforderungen,
- eine geeignete Funktionsaufteilung zwischen Benutzern und Technik,
- die Iteration von Gestaltungslösungen und
- eine multidisziplinäre Gestaltung.

13.1.3 Grundsätze der benutzerorientierten Gestaltung

13.1.3.1 Aktive Beteiligung der Benutzer und ein klares Verständnis von Benutzer- und Aufgabenanforderungen

Bei der Entwicklung eines gebrauchstauglichen Anwendungssystems ist eine Beteiligung der zukünftigen Benutzer nötig. Eine solche *Partizipation* stellt eine wichtige Wissensquelle zu den Arbeitsaufgaben und zum Nutzungskontext dar. Die Beteiligung kann verschieden stark ausgeprägt sein und zu verschiedenen Zeiten des Entwicklungsprozesses erfolgen.

* Die Norm DIN EN ISO 13407 darf nicht verwechselt werden mit der Norm DIN EN 13407 „Wandhängende Urinale – Funktionsanforderungen und Prüfverfahren". Die Bezeichnungsweise der DIN-Normen liefert hier ein Beispiel für die Verletzung des Kriteriums der Unterscheidbarkeit(vgl. 7.1.1).

Aus Sicht der Benutzer kann die Partizipation vor allem dazu dienen, die Arbeitsbedingungen zu verbessern und ihre Qualifikation zu erhöhen. Diese Ziele gelten sowohl bei der Entwicklung neuer Software als auch bei der Anpassung vorhandener Software [Rei94].

Bei der Entwicklung von Individualsoftware lässt sich eine Beteiligung der Benutzer verhältnismäßig einfach organisieren, da in der Regel klar ist, wer mit der Software welche Aufgaben erledigen wird. Anders ist es im Bereich der so genannten Standardsoftware, die für den Massenmarkt hergestellt wird. Hier lässt sich meist nur eine repräsentative Auswahl möglicher Benutzer treffen. Auch werden die ausgewählten Personen immer nur einen Teil der Aufgaben ausführen, für welche die Software eingesetzt werden kann. Die Beteiligung wird um so schwieriger, je heterogener die Gruppe der Benutzer zusammengesetzt ist und je anonymer diese sind.

Eine Partizipation kann direkt oder indirekt erfolgen. Bei der *direkten* Partizipation werden Personen beteiligt, die tatsächlich mit der Anwendung arbeiten oder arbeiten werden. Bei der *indirekten* Beteiligung werden Repräsentanten der Benutzer in den Entwicklungsprozess einbezogen. Dies können beispielsweise Arbeitnehmervertretungen wie Betriebsräte oder Gewerkschaften sein. Im Bereich der Standardsoftware sind es häufig Angehörige von User Groups oder anderen Interessenvertretungen. Die indirekte Partizipation kann insbesondere dann nachteilig sein, wenn die Vertreter selbst nicht auch Benutzer sind oder sein werden, weil sie in solchen Fällen häufig die Arbeitsprozesse und die Aufgaben, für welche die Software entwickelt wird, nicht ausreichend kennen. Andererseits kann bei Anwendungen mit vielen Benutzern eine direkte Partizipation nicht für alle ermöglicht werden. Als Kompromiss bietet sich an, eine repräsentative Auswahl tatsächlicher Benutzer zu beteiligen, die möglichst ein Mandat und auch die Kompetenz haben sollten, die nicht direkt beteiligten zu vertreten.

Die Partizipation kann auf verschiedenen Stufen erfolgen. Am untersten Ende der Skala befindet sich dabei die bloße Information der Benutzer, die noch keine Beteiligung im eigentlichen Sinne darstellt. Erst wenn der Informationsfluss auch von den Betroffenen zu den Entwicklern geht, kann von einer echten Beteiligung gesprochen werden. Wenn dies nur auf Anfrage geschieht, etwa durch Fragebögen oder Interviews, kann man von einer eher passiven Rolle der Benutzer sprechen. Eine aktive Mitwirkung setzt dann ein, wenn die Betroffenen auch von sich aus tätig werden und eigene Vorschläge machen. Die nächste Stufe nach einer solchen beratenden Mitwirkung ist die der Mitentscheidung. Diese setzt in der Regel formale Verfahren für die Partizipation voraus wie etwa die Einrichtung von Entscheidungsgremien mit bestimmten Stimmrechten. Die oberste denkbare Stufe der Partizipation wäre es, wenn entsprechend qualifizierte Benutzer die Anwendung selbst entwickeln und gestalten. Dies kann insbesondere bei der Anpassung von Software etwa durch Programmierung von Makros und durch grafische interaktive Änderung von Formularen und Menüs durchaus in der Praxis vorkommen.

Eine weitgehende Partizipation setzt entsprechend qualifizierte Benutzer voraus. Häufig muss erst eine Qualifizierung hierfür erfolgen. Insbesondere Benutzer mit wenig Erfahrung in Rechneranwendungen können bei der Partizipation leicht überfordert werden. Auch auf Seiten der Entwickler ist oft eine Qualifizierung erforderlich, damit sie die Arbeitsabläufe überhaupt verstehen, die von der Anwendung unterstützt werden sollen. Verständnisschwierigkeiten auf beiden Seiten sind eines der häufigsten Probleme bei der Beteiligung der Benutzer. Ein weiteres Problem der Partizipation besteht darin, dass Benutzer bezüglich der zu entwickelnden Anwendung oft sehr eng an den bisherigen Arbeitsabläufen festhalten, wodurch innovative Lösungen verhindert werden können. In diesem Fall ist es Aufgabe der Entwickler, Alternativen in einer für die Betroffenen verstehbaren Form aufzuzeigen.

13.1.3.2 Geeignete Funktionsaufteilung zwischen Benutzer und Technik

Die Gestaltungsentscheidungen zur Funktionsaufteilung zwischen Benutzern und Technik bestimmen den Umfang, in dem eine bestimmte Arbeit, Aufgabe, Funktion oder Verantwortung automatisiert wird oder vom Menschen zu leisten ist. Bei der Zuordnung der Funktionen zu Mensch und Rechner müssen die Fähigkeiten und Grenzen des Menschen beachtet werden. Keinesfalls soll sich die Entscheidung, welche Funktionen dem Benutzer und welche dem Computer zugewiesen werden, lediglich daran orientieren, wie einfach oder wie schwierig eine bestimmte Funktion zu implementieren ist.

Die wesentlichen Überlegungen zu einer angemessenen Funktionsaufteilung haben wir bereits bei der Untersuchung der Organisationsschnittstelle in 12.2.1 angestellt. Die den Benutzern zugeordneten Funktionen sollten eine sinnvolle Folge von Aufgaben darstellen. Im Allgemeinen sollten bei den Entscheidungen zur Funktionsaufteilung die Benutzer beteiligt werden. Weitere Hinweise hierzu finden sich auch in den bereits genannten Normen [ISO9241-2] und [ISO10075].

13.1.3.3 Iteration von Gestaltungslösungen

Die Iteration von Gestaltungslösungen dient hauptsächlich dazu, Rückmeldungen von Benutzern in den Entwicklungsprozess einfließen zu lassen, steht also in engen Zusammenhang mit der Partizipation. Iteration in Kombination mit Benutzerbeteiligung verringert die Gefahr, dass ein System Benutzeranforderungen oder organisatorische Anforderungen nicht erfüllt, auch wenn diese Anforderungen schwer zu erkennen oder zu formulieren sind.

Die partizipative und iterative Durchführung eines Software-Projekts wird durch ein Vorgehensmodell erleichtert, mit dem sich eine kontinuierliche Zusammenarbeit zwischen Benutzern und Entwicklern organisieren lässt. Grundsätzlich erzwingt Iteration zwar kein bestimmtes software-technische Vorgehen. Selbst beim so genannten Wasserfall-Modell lässt sich eine Iteration zumindest jeweils innerhalb einer Phase durchführen. Besser lässt sich allerdings eine Beteiligung der Benutzer durch zyklische Vorgehensmodelle wie das Spiralmodell und geeignete Methoden wie etwa Prototyping unterstützen. Für Einzelheiten zu den Vorgehensmodellen sei auf Literatur zur Software-Technik verwiesen.

13.1.3.4 Multidisziplinäre Gestaltung

In 2.2.1 hatten wir bereits gesehen, dass Software-Ergonomie ein interdisziplinäres Thema ist. Eine benutzerorientierte Gestaltung erfordert Wissen und Fertigkeiten aus verschiedenen Fachgebieten. In der Regel sind mehrere Personen mit unterschiedlichem Fachwissen für die menschlichen Aspekte der Gestaltung erforderlich, so dass an einem benutzerorientierten Gestaltungsprozess multidisziplinäre Gruppen beteiligt sein sollten. Die Zusammensetzung einer solchen Gruppe, die meist nur für die Dauer des Projektes gebildet wird, sollte die Beziehung zwischen dem Entwickler und dem Kunden widerspiegeln. Dabei können in kleinen multidisziplinären Gruppen einzelne Mitglieder oft mehrere der folgenden in [ISO13407] genannten Rollen abdecken:

- Endbenutzer;
- Einkäufer, Führungskräfte;
- Vertreter der Fachseite, Organisatoren;
- Systemanalytiker, Systemdesigner, Programmierer;
- Marketing- und Verkaufspersonal;
- Gestalter von Benutzungsschnittstellen, Grafikdesigner;
- Fachperson für Arbeitswissenschaft und Ergonomie, Fachperson für Mensch-Maschine-Interaktion;
- technischer Autor, Ausbilder und Wartungspersonal.

13.2 Organisation des Gestaltungsprozesses

13.2.1 Planen des Gestaltungsprozesses

Für die benutzerorientierten Bestandteile des Entwicklungsprozesses sollte ein *Plan* aufgestellt werden, der festlegt, wie sich diese in den gesamten Prozess der Systementwicklung integrieren und der nach [ISO13407] folgende Informationen enthalten sollte:

- die in 13.2.2 beschriebenen Aktivitäten der benutzerorientierten Gestaltung;
- die Einordnung dieser Aktivitäten in die weiteren Aktivitäten der Systementwicklung wie Analyse, Gestaltung oder Prüfung;
- die für die benutzerorientierten Aktivitäten verantwortlichen Personen oder Organisationen sowie deren Fertigkeiten und deren Rollen im multidisziplinären Team nach 13.1.3.4;
- effektive Verfahren zur Durchführung einer Rückmeldung und zum Informationsaustausch über benutzerorientierte Gestaltungsaktivitäten, soweit sie andere Gestaltungsaktivitäten beeinflussen;
- Verfahren zur Dokumentation der vorgenannten Aktivitäten;
- geeignete Meilensteine für benutzerorientierte Aktivitäten, die in den gesamten Entwicklungsprozess integriert wurden;

- angemessene Zeitvorgaben, damit Rückmeldungen und daraus resultierende Gestaltungsänderungen im Zeitplan des Projekts berücksichtigt werden können.

Der Plan des benutzerorientierten Gestaltungsprozesses sollte ein Teil des gesamten Projektplans der Systementwicklung sein und den gleichen Regelungen z.B. in Bezug auf Verantwortlichkeiten, Änderungsverfahren und dergleichen unterliegen.

Die Projektplanung sollte von vornherein so angelegt sein, dass die Berücksichtigung von Benutzerrückmeldungen und die Iteration möglich sind. Hierzu muss die Zeit für einen entsprechenden Informationsaustausch und nötige Entscheidungsprozesse eingeplant werden. Ein entsprechend höherer Projektaufwand insbesondere im frühen Stadium des Projekts macht sich in der Regel dadurch bezahlt, dass zu späteren Zeitpunkten sehr viel kostenträchtigere Änderungen wegfallen.

13.2.2 Struktur des benutzerorientierten Gestaltungsprozesses

Der benutzerorientierte Gestaltungsprozess besteht nach [ISO13407] aus vier Gestaltungsaktivitäten:
- Verstehen und Festlegen des Nutzungskontexts;
- Festlegen von Benutzeranforderungen und organisatorischen Anforderungen;
- Entwerfen von Gestaltungslösungen;
- Beurteilen von Gestaltungslösungen gegenüber Anforderungen.

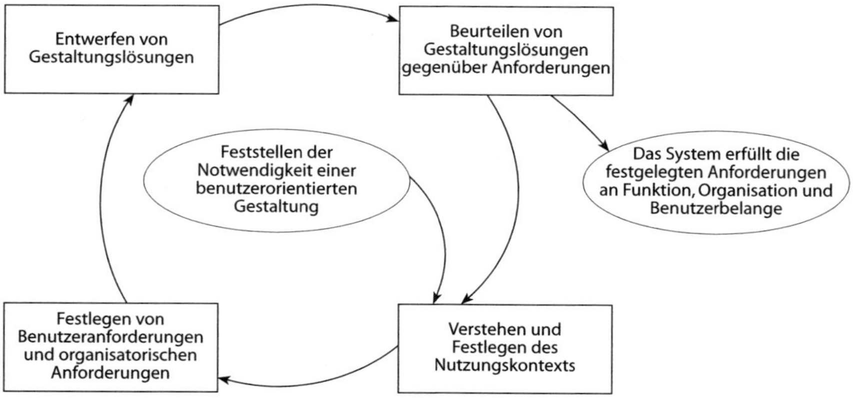

Bild 13.1 Benutzerorientierte Gestaltungsaktivitäten

Der Prozess sollte zum frühestmöglichen Zeitpunkt beginnen, also dann, wenn das Anfangskonzept für das zu entwickelnde System formuliert wird. Die Feststellung, dass eine benutzerorientierten Gestaltung nötig ist, ergibt sich in der Regel aus den Anforderungen an das zu entwickelnde System, etwa aus der vom Kunden geforderten oder vom Gesetzgeber vorgeschriebenen Gebrauchstauglichkeit. Die vier Aktivitäten werden dann zyklisch wiederholt durchlaufen, wie es in **Bild 13.1** dargestellt ist. Abweichend von der Darstellung in [ISO13407] wurde hier eine Anordnung gewählt, welche die Ähnlichkeit mit dem Spiralmodell der Software-Entwicklung [Boe88] deutlich macht. Die textliche Darstellung der Aktivitäten in 13.3 folgt in ihrer Gliederung in vier Teile der Norm [ISO13407], ergänzt aber deren Darstellung um weitere wichtige Überlegungen zum Gestaltungsprozess aus [Her94], [Zie94], [Rei94] und [Bal00].

Für jede Aktivität sollte bei der Planung festgelegt werden, welche Unteraufgaben dazu zu erledigen sind, welche Techniken zu ihrer Ausführung benutzt werden und wie die Ergebnisse dokumentiert werden. Die vier im Folgenden ausführlich dargestellten Aktivitäten gehören zu jedem benutzerorientierten Gestaltungsprozess. Welchen Umfang sie annehmen, hängt aber von der Art und Größe des Projekts ab. Bei einer großen Neuentwicklung eines stark interaktiven Systems wird der Aufwand sicherlich viel größer sein als bei der Anpassung eines Anwendungssystems mit einer wenig umfangreichen Benutzungsschnittstelle. Entsprechend wird man im ersten Fall ein komplettes multidisziplinäres Team brauchen, bei dem fast alle der in 13.1.3.4 genannten Rollen durch unterschiedliche Personen ausgefüllt werden und das alle im Folgenden beschriebenen Aktivitäten vollständig durchführt, während im zweiten Fall die Aktivitäten nur in einem begrenzten Umfang von einem kleinen Team durchgeführt werden, in dem die Mitglieder mehrere Rollen vertreten.

13.3 Benutzerorientierte Gestaltungsaktivitäten

13.3.1 Verstehen und Festlegen des Nutzungskontexts

13.3.1.1 Allgemeines zum Vorgehen

Der Nutzungskontext wird durch die Merkmale der Benutzer, der Aufgaben und der organisatorischen und physischen Umgebung bestimmt (vgl. 2.1.1.4). Die Einzelheiten des Nutzungskontexts sollten frühzeitig unter Beteiligung der Benutzer bestimmt werden, um eine Grundlage für Gestaltungsentscheidungen und deren Beurteilung zu erhalten. Besonders bei neuen Systemen ist die Ermittlung des Nutzungskontexts wichtig, aber auch bei der Überarbeitung vorhandener Systeme sollte überprüft werden, ob der ursprünglich angenommene Nutzungskontext noch stimmt. Hierzu sollten insbesondere gegebenenfalls vorhandene Rückmeldungen der Benutzer analysiert werden.

Um den Nutzungskontext zu verstehen ist eine Analyse der Benutzer, der Aufgaben und der organisatorischen und physischen Umgebung nötig. Als Ergebnis dieser Aktivitäten sollte eine Beschreibung der Benutzermerkmale, der Arbeitsaufgaben und der Umgebung entstehen, die darstellt, welche Aspekte einen wesentlichen Einfluss auf die Systemgestaltung haben. Ein Beispiel für einen solchen Bericht zum Nutzungskontext findet sich in

[ISO9241-11], in der auch der Begriff des Benutzungskontexts definiert ist (vgl. 2.1.1.4). Ein solcher Bericht wird in der Regel nicht einmalig erstellt, sondern im Laufe des Entwicklungsprozesses konkretisiert und überarbeitet. Er sollte detailliert genug sein, um die Gestaltungsaktivitäten unterstützen zu können. Wichtig ist, dass die Dokumentation vor Weitergabe an das Gestaltungsteam durch die Benutzer oder ihre Vertreter im Entwicklungsprozess bestätigt wird.

Wenn das zu entwickelnde System in einer Organisation eingesetzt wird, die auch die Aufgaben stellt und letztlich sogar bestimmt, wer das System benutzt, ist es sinnvoll, zunächst eine Analyse der Organisation durchzuführen und dann die Analyse der Benutzer und der Aufgaben.

13.3.1.2 Analyse der Organisation

Bei der Organisationsanalyse werden das Arbeitsumfeld, die Organisationsstruktur und die Arbeitsabläufe und Arbeitsinhalte bestimmter Einheiten der Organisation untersucht. Bei den betrachteten Einheiten handelt es sich oft um einzelne Arbeitsplätze. Die Informationen, die aus der Organisationsanalyse gewonnen werden, betreffen hauptsächlich die Gestaltung der Organisationsschnittstelle der Anwendung. Insbesondere bilden sie die Grundlage für Entscheidungen zur Arbeitsteilung und zur Kommunikation.

Bei einer Organisationsanalyse sind unter anderem die folgenden Fragen zu klären:

- Welche Struktur hat die Organisation, insbesondere in Bezug auf Organisationseinheiten und Hierarchien?
- Welche Funktionen oder Rollen haben die einzelnen Einheiten, und welche davon werden durch Rechner unterstützt oder sollen es in Zukunft werden?
- Welche Aufgaben werden an einem bestimmten Arbeitsplatz ausgeführt und welche Zusammenhänge bestehen dabei zu Aufgaben an anderen Arbeitsplätzen?
- Welcher Informationsbedarf besteht an einem Arbeitsplatz und von welcher Art sind die benötigten Informationen in Hinblick auf Medien und Inhalte?
- Welche Funktionen werden an einem Arbeitsplatz zur Verarbeitung der Information, zur Unterstützung der Arbeit und zur Kommunikation und Informationsweitergabe benötigt?
- Welche Hardware und Software wird an einem Arbeitsplatz verwendet? Welche anderen Materialien werden verwendet?

13.3.1.3 Analyse der Benutzer

Die Analyse der Benutzer ist wesentlich, um die Bedienbarkeit und Akzeptanz der Anwendung zu gewährleisten. Benutzer füllen die in der Organisationsanalyse festgestellten Rollen aus. Ihre Kenntnisse und Fähigkeiten bestimmen, welche Dialog- und Interaktionsmöglichkeiten in der Anwendung eingesetzt werden können.

Es kann sinnvoll sein, die Benutzer anhand der Erfahrung mit Rechneranwendungen, anhand ihrer Kenntnisse oder anhand anderer Kriterien wie Aufgabenanforderungen oder persönlicher Eigenschaften in Klassen einzuteilen. Dies kann die in 12.1.3.2 genannte Unterteilung in Anfänger, Fortgeschrittene und Experten sein. Es sind aber auch gröbere Einteilungen wie etwa in so genannte naive Benutzer gegenüber erfahrenen Benutzern oder feinere Unterteilungen denkbar.

In der Analyse sind unter anderem die folgenden Fragen bezüglich der Eigenschaften der Benutzer zu klären:

- Welches Wissen, welche Erfahrungen und welche Fertigkeiten besitzen die Benutzer in Bezug auf die zu erledigenden Aufgaben, auf die Anwendung, auf die Benutzung von Computern und allgemein?
- Welche Aufgabenbereiche haben die Benutzer?
- Welche Sichten auf die in der Anwendung enthaltene Information benötigen die Benutzer und welche Rechte zur Änderung und Erstellung der Information müssen sie bekommen?
- Welche Funktionen, welche Eigenschaften und welches Verhalten erwarten die Benutzer von der Anwendung?

13.3.1.4 Analyse der Arbeitsaufgaben

Im Mittelpunkt der Analyse steht die Untersuchung der Aufgaben.

> Eine *Aufgabe* ist eine Anforderung an eine Person, durch zielgerichtetes Verhalten einen Ist-Zustand in einen Soll-Zustand zu überführen.

Eine Aufgabe wird durch das Ziel, den Soll-Zustand, charakterisiert und durch die Operatoren und Methoden, mit denen die Arbeitsobjekte vom Ausgangszustand in den Zielzustand überführt werden. Meist schränken Aufgaben das mögliche Verhalten der Person, welche die Aufgabe ausführen soll, durch Randbedingungen ein. Diese Randbedingungen führen zu konkreten zielorientierten Verhaltensweisen. Die Aufgabe liefert die Vorgaben für die *Aktivitäten*, die tatsächlich ausgeführten Handlungen zur Erreichung des Ziels. Aufgaben lassen sich meist rekursiv untergliedern in Teilaufgaben mit Teilzielen, so dass eine Aufgabenhierarchie entsteht.

Wesentliche Aspekte von Aufgaben, die mit Hilfe einer Rechneranwendung bearbeitet werden sollen, sind die statische Struktur, die dynamische Struktur, die Informationsobjekte, die Ausführungsregeln und der Aufgabenkontext. Zu den einzelnen Aspekten lassen sich verschiedene Merkmale angeben, die für die Gestaltung des Systems von Bedeutung sind. Im Folgenden sind jeweils immer Beispiele von Merkmalen angegeben und für einige der angegebenen Merkmale diejenigen Elemente der Benutzungsschnittstelle, bei deren Gestaltung diese Aufgabenmerkmale berücksichtigt werden müssen.

Die *statische Aufgabenstruktur* enthält im Wesentlichen die Beziehungen der Aufgabe zu ihren Teilaufgaben und zu der übergeordneten Aufgabe, deren Teilaufgabe sie selbst ist, also die Einordnung der Aufgabe in die Aufgabenhierarchie. Als Merkmale der statischen Struktur lassen sich der Aufgabentyp, die Teilaufgaben, die übergeordneten Aufgaben, die Eingangsinformationen und die verwendeten Bezeichnungen nennen. Dabei sind beispielsweise die Bezeichnungen wichtig für die Festlegung von Menü- und Kommandonamen, die Eingangsinformationen für die Definition der Sichten, die sich in Masken, Fenstern und Formularen widerspiegeln oder die Teilaufgaben für die Gruppierung von Funktionen.

Die *dynamische Aufgabenstruktur* gibt die Abläufe an und bestimmt damit die Übergänge zwischen den Aufgaben. Diese Übergänge lassen sich durch Ereignisse und Bedingungen beschreiben. Da die Benutzer bei der Aufgabenbearbeitung so weit autonom sein sollen, dass sie die Reihenfolge und Geschwindigkeit der einzelnen Arbeitsschritte selbst festlegen können (vgl. 12.2.1), lassen sich die Übergänge zwischen den Teilaufgaben nur mit einer bestimmten Übergangswahrscheinlichkeit angeben. Merkmale der Ablaufstruktur sind die auslösenden Ereignisse, die Übergänge zu anderen Aufgaben, die Häufigkeit oder Wahrscheinlichkeit der Übergänge sowie eine etwa vorhandene Notwendigkeit zur parallelen Bearbeitung von Teilaufgaben. Übergänge und Übergangshäufigkeiten sind beispielsweise für die Festlegung der Navigationsstruktur von Bedeutung, auslösende Ereignisse für Überwachungs- und Übersichtsfunktionen.

Die *Informationsobjekte* stellen den eigentlichen Arbeitsgegenstand bei der Aufgabenbearbeitung am Rechner dar. In der Aufgabenanalyse müssen die eingehenden und ausgehenden Informationsobjekte der jeweiligen Aufgabe ermittelt werden. Sie lassen sich als Datenobjekte und als Beziehungen zwischen den Objekten beschreiben. Bei den Datenobjekten ist in Hinblick auf die Gestaltung der Benutzungsschnittstelle beispielsweise wichtig, wie sich komplexe Objekte strukturiert darstellen lassen, während die Objektbeziehungen unter anderem die Zugriffspfade im Dialog beeinflussen.

Die *Ausführungsregeln* beinhalten als Merkmale die Vor- und Nachbedingungen einer Aufgabe. Eine Aufgabenausführung kann nur begonnen werden, wenn die Vorbedingungen erfüllt sind, und sie liefert durch die Ergebnisse der Aufgabenbearbeitung Nachbedingungen, die wiederum für andere Aufgaben wichtig sein können. Die Vorbedingungen sind insofern wichtig für die Gestaltung, als dass ihre Erfüllung in der Anwendung meist überprüft werden muss, während die Nachbedingungen in der Regel zur Rückmeldung der Aufgabenbearbeitung visualisiert werden müssen.

Als *Aufgabenkontext* sind die Bedingungen zu betrachten, die sich aus der Einbettung der Aufgabe in den Arbeitsprozess ergeben. Als Kontextparameter lassen sich die Aufgabenhäufigkeit, die Wiederholrate oder die Priorität nennen. Die Häufigkeit bestimmt zum Beispiel, wie sorgfältig die Anwendung in Hinblick auf hohe Effizienz bei dieser Aufgabe gestaltet werden muss, während die Priorität bei der Anordnung von Menüoptionen berücksichtigt werden muss.

Bei der Aufgabenanalyse kommt es darauf an, gerade die Merkmale zu erfassen, die für die Gestaltung der Benutzungsschnittstelle bedeutsam sind. Der Schwerpunkt liegt dabei nicht so sehr auf der Frage, wie die Aufgaben zur Zeit beschaffen sind, sondern wie sie beim Einsatz der Anwendungssoftware beschaffen sein sollen. Zu klären sind beispielsweise folgende Fragen:

- Welches Ziel haben die Aufgaben?
- Wie häufig kommen die einzelnen Aufgaben vor?
- Wie lange dauern die einzelnen Aufgaben?
- Haben die Aufgaben Auswirkungen auf die Gesundheit und Sicherheit der Benutzer oder anderer Personen?
- Welche Abhängigkeiten bestehen zu anderen Aufgaben und bei den Aktivitäten innerhalb der einzelnen Aufgaben?

13.3.2 Festlegen von Benutzeranforderungen und organisatorischen Anforderungen

13.3.2.1 Modellierung der Aufgaben

Modellierungsverfahren dienen dazu, die analysierten Aufgaben zu beschreiben und zu validieren. Dies betrifft nicht nur die eigentlichen Arbeitsabläufe, sondern auch die mentalen Modelle der Benutzer über die Aufgabe und darüber, wie das Anwendungssystem die Aufgabe abbildet, weshalb auch von *kognitiver Modellierung* gesprochen wird. Aus den kognitiven Modelle lassen sich Aussagen über die Leistungen bei der Arbeit mit einer Anwendung, über deren Erlernbarkeit und über die Möglichkeit des Transfers von Wissen sowie über die Gedächtnisbelastung und über wahrscheinliche Fehler ableiten. Mit den gefundenen qualitativen und teils auch quantitativen Angaben lassen sich alternative Gestaltungen bewerten und verbessern.

Die Modellierung muss dabei so weit formalisiert sein, dass die erhaltenen Modelle eindeutig zu verstehen sind. Bei einer weitgehenden Formalisierung ist eine rechnerunterstützte Prüfung der Vollständigkeit und Korrektheit möglich oder sogar die Berechnung quantitativer Angaben beispielsweise über den Grad der Komplexität einer Aufgabe. Mit Hilfe formalisierter Modelle können bestimmte Größen des Benutzerverhaltens vorhergesagt werden, etwa wie viel Zeit ein Benutzer zur Bearbeitung der Aufgabe benötigt. Bekannte Verfahren der kognitiven Modellierung sind die GOMS-Modellierung, die daraus abgeleitete CCT-Modellierung und die TAG-Modellierung.

Bei der *GOMS-Modellierung* (Goals, Operators, Methods, Selections rules) werden Aufgaben durch eine Hierarchie von Zielen, Operatoren, Methoden und Regeln für die Auswahl der Methoden beschrieben. Als Operatoren werden dabei die elementaren Aktionen der Wahrnehmung, der Entscheidung und des Handelns bezeichnet. Methoden setzen sich aus Unterzielen und Operatoren zusammen. Die Auswahlregeln bestimmen, welche Methoden für welches Ziel verwendet werden. Insgesamt wird die Aufgabe so rekursiv in Methoden zerlegt bis auf die Ebene elementarer Teilziele und Operatoren. Da für bestimmte Operatoren wie Mausbewegungen und Tastendrücke der Zeitaufwand für die Ausführung bekannt ist, kann die Effizienz der Benutzungsschnittstelle für die modellierten Aufgaben durch Summierung dieser Zeiten abgeschätzt werden. Die verwendete Beschreibungsform ähnelt dem Formalismus prozeduraler Programmiersprachen.

Bei der *CCT-Modellierung* (Cognitive Complexity Theory) werden die prozeduralen Beschreibungen der GOMS-Modelle in Wenn-dann-Regeln eines Produktionssystems überführt. Die Aufgabenbearbeitung besteht dann aus so genannten Recognize-Act-Zyklen, die jeweils das Erkennen eines Wenn-Teils und die Ausführung eines Dann-Teils beinhalten. Zur Abschätzung der Ausführungszeit einer Aufgabe kann die benötigte Zahl der Recognize-Act-Zyklen benutzt werden, zur Abschätzung des Lernaufwands die Zahl der insgesamt zu beherrschenden Regeln. Auch die Frage, wie viel Wissen sich aus einer bereits gelernten Aufgabe auf eine andere übertragen lässt, kann beantwortet werden, indem die bei beiden Aufgaben gleichen Regeln ermittelt werden.

Die *TAG-Modellierung* (Task-Action-Grammars) erfolgt mittels spezieller formaler Sprachen, der Aufgabenbeschreibungssprachen. Diese sind Erweiterungen der Backus-Naur-Form, die für die Beschreibung der Syntax von Programmiersprachen verwendet wird. Ein TAG-Modell besteht dabei aus Aufgabenelementen (features) mit ihren Wertemengen, aus der Liste der Aufgaben mit den jeweiligen Aufgabenelementen und aus der Grammatik, also einer Menge von Ersetzungsregeln, nach denen die einzelnen Aktionen erzeugt werden. Als Aufgabenelemente treten dabei zum Beispiel Objekte auf, die bearbeitet werden, oder Zielzustände, die Objekte annehmen sollen. Aus der Anzahl der Ersetzungsregeln lässt sich auf die Komplexität der Interaktion in der Anwendung schließen. Je weniger Regeln vorhanden sind, um so konsistenter ist das System und um so leichter lässt es sich erlernen.

Den genannten kognitiven Modellierungsverfahren ist gemeinsam, dass sie nur bei sehr eng begrenzten Gestaltungsfragen mit vertretbarem Aufwand eingesetzt werden können. Wie hoch der Aufwand bereits bei recht einfachen Aufgaben ist, zeigen etwa die Beispiele im Anhang von [Her94]. Die Analyse und Modellierung kompletter Anwendungssysteme oder Systemkomponenten ist mit den genannten Methoden praktisch nicht möglich. Nur systemnahe Aufgaben, die bereits nach wenigen Rekursionsschritten auf elementare Interaktionshandlungen führen, lassen sich leicht darstellen und erlauben dann oft auch quantitative Vorhersagen. In der Praxis der Systementwicklung hat die kognitive Modellierung auch deswegen kaum Bedeutung, weil ihre Formalismen den Software-Entwicklern in der Regel nicht vertraut sind. Für den Systementwurf sind daher Verfahren bedeutsamer, die im Bereich der Software-Technik verbreitet sind.

In der Software-Technik wird normalerweise zwischen dem essentiellen Modell und dem Implementationsmodell unterschieden. Das *essentielle Modell* beschreibt die logischen Anforderungen an das System. Es legt fest, *was* das System leisten soll. Das *Implementationsmodell* berücksichtigt die Randbedingungen des Einsatzes und bestimmt, *wie* das System arbeitet. Für die Modellierung der Aufgaben stellt sich dabei das Problem, dass die in 13.3.1.4 beschriebenen Aufgabenmerkmale zum Teil das essentielle Modell und zum Teil das Implementationsmodell betreffen. Die Methoden der Software-Technik wie die Strukturierte Analyse, die Datenmodellierung mit Entity-Relationship-Diagrammen, die Objektorientierte Analyse oder die Ablaufmodellierung mit Netzen und Automaten haben zuerst die Entwicklung eines essentiellen Modells zum Inhalt. Auch bei der Aufgabenanalyse steht zunächst die Entwicklung des essentiellen Aufgabenmodells im Vordergrund, so dass Methoden der Software-Technik gut zu ihrer Modellierung geeignet sind. Da aber für die Gebrauchstauglichkeit der Benutzungsschnittstelle die Implementationsaspekte eine entscheidende Bedeutung haben, ist es sinnvoll, schon von Anfang an zusätzliche Informationen aufzunehmen, die für das essentielle Modell zunächst nicht erforderlich wären. Beispielsweise können bei der Strukturierten Analyse zu den einzelnen modellierten Prozessen Häufigkeiten und Prioritäten erfasst werden, die später für die Gestaltung des Dialoges wichtig sind.

13.3.2.2 Funktionelle Anforderungen und organisatorische Anforderungen

Die Festlegung der Anforderungen an das System sollte Ziele der Systemgestaltung definieren, die geeignete Kompromisse zwischen den funktionellen Anforderungen aus Sicht der Benutzer und den organisatorischen Anforderungen darstellen. Diese Ziele bestimmen dann die Funktionsaufteilung zwischen Mensch und Computer. Sie sollten so formuliert werden, dass getestet werden kann, ob sie vom System erfüllt werden. Im Sinne der Benutzerbeteiligung müssen diese Ziele von den Benutzern oder ihren Vertretern bestätigt werden. Im Sinne des iterativen Vorgehens können sie im Laufe des Projekts überarbeitet werden.

Um die Anforderungen zu bestimmen sollten nach [ISO13407] unter anderem die folgenden Aspekte berücksichtigt werden:

- die geforderte Leistung des System hinsichtlich der funktionalen und finanziellen Ziele,
- die gesetzlichen oder sonst vorgeschriebenen Anforderungen auch in Bezug auf Sicherheit und Gesundheit,
- die Zusammenarbeit und der Informationsaustausch zwischen Benutzern und übrigen relevanten Beteiligten,
- die Aufgaben der betroffenen Benutzer, die Ausführung dieser Aufgaben und die Arbeitsorganisation (vgl. 13.3.1.2 bis 13.3.1.4),
- die Einführung (einschließlich Schulung), der Betrieb und die Wartung,
- die Gestaltung der Mensch-Maschine-Schnittstelle und des Arbeitsplatzes.

Die Beschreibung der Anforderungen sollte angemessen dokumentiert werden und insbesondere

- eine klare Darstellung der benutzerorientierten Gestaltungsziele beinhalten,

- den Bereich der zu berücksichtigenden Benutzer und den des übrigen an der Gestaltung beteiligten Personals darstellen,
- alle gesetzlichen oder sonst vorgeschriebenen Anforderungen einschließen,
- Prioritäten für die verschiedenen Anforderungen nennen,
- Prüfkriterien für die Gestaltungslösungen liefern.

13.3.3 Entwerfen von Gestaltungslösungen

13.3.3.1 Vorgehen beim Systementwurf

Für einen benutzerorientierten Systementwurf sollte aus den Ergebnissen der Analyse zunächst ein essentielles Aufgabenmodell abgeleitet werden. Hieraus wird dann ein konzeptionelles Benutzungsmodell erstellt, das schließlich in die Gestaltung der Benutzungsschnittstelle mündet. **Bild 13.2** zeigt links die Vorgehensweise nach der Darstellung von [Zie94] und rechts eine Zuordnung zu den Aktivitäten der [ISO13407]. Hierbei wird deutlich, dass die Pfeile im linken Teil die logischen Zusammenhänge und nicht einen chronologischen Ablauf im Sinne eine Phasenmodells aufzeigen. Bei der benutzerorientierten Anwendung dieses Vorgehensmodells erfolgt die Iteration über alle Blöcke, wobei aber in der Regel die unteren beiden Blöcke häufiger durchlaufen werden.

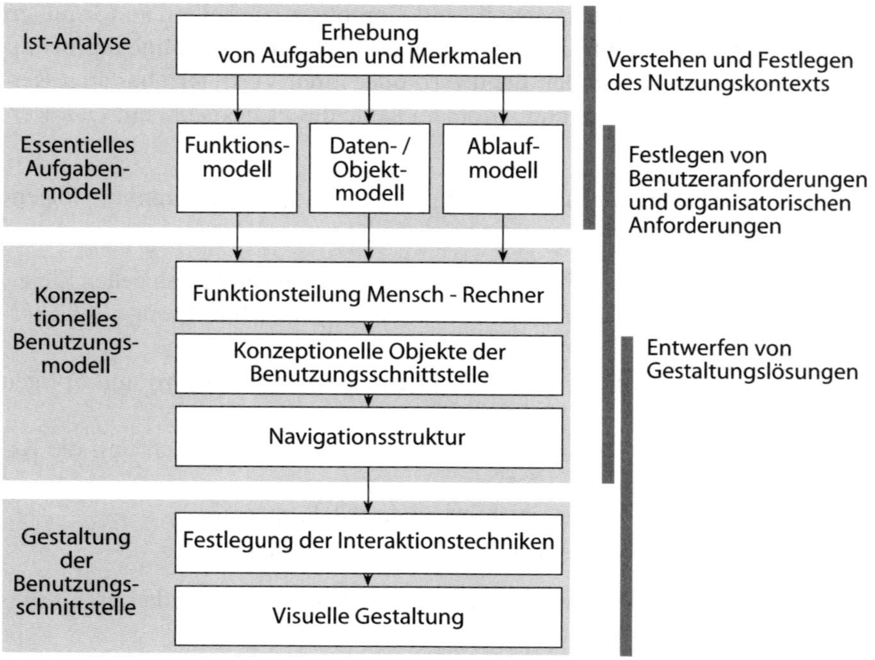

Bild 13.2 Vorgehensmodell

Für die Analyse werden verschiedene Verfahren wie Fragebögen, Interviews und Beobachtungen benutzt, um die in 13.3.1 dargestellten Fragen zur Organisation, zu den Benutzern und zu deren Aufgaben zu klären. Die Informationen aus der Analyse werden genutzt, um das essentielle Aufgabenmodell zu erstellen. Hierbei lassen sich gut die bekannten Verfahren der Software-Technik anwenden, um Funktionsmodell, Daten- oder Objektmodell und Ablaufmodell zu erhalten und zu beschreiben. Zu beachten ist dabei, dass die Werkzeuge für die Analyse und Modellierung oft einen starken Einfluss auf die spätere Realisierung der Benutzungsschnittstelle haben. So wird bei der Strukturierten Analyse eine hierarchische Zerlegung der Systemfunktionalität in einzelne Funktionen durchgeführt. Dies führt häufig zu einer funktionsorientierten Benutzungsschnittstelle (vgl. 8.1.1), bei der sich die Struktur der Analyse in einer hierarchischen Anordnung der Funktionen in Menüs widerspiegelt. Für eine objektorientierte Benutzungsschnittstelle (vgl. 8.1.2) sind daher Verfahren der objektorientierten Modellierung günstiger.

In der Strukturierten Analyse werden Datenflüsse, Schnittstellen und Prozesse zunächst unabhängig davon modelliert, ob sie menschliche oder maschinelle Verarbeitungen betreffen. Gleiches gilt für die Klassen und Methoden der Objektorientierten Analyse. Im essentiellen Aufgabenmodell wird also noch nicht festgelegt, wie die Funktionsteilung zwischen Mensch und System vorgenommen werden soll. Als erster Schritt zu einem konzeptionellen Modell der Benutzungsschnittstelle muss dann die Funktionsteilung zwischen Mensch und Rechner vorgenommen werden, die sich am Ziel der vollständigen rechnerunterstützten Tätigkeiten (vgl. 12.2.1) zu orientieren hat. Das eigentliche *konzeptionelle Benutzungsmodell* besteht aus den Objekten und Strukturen, die für die Benutzer sichtbar sind. Bei der Festlegung dieses Modells wird aber noch von den Details der Informationsdarstellung und der Interaktion abstrahiert. Als Objekte enthält das Modell solche, die zur Darstellung und Bearbeitung von Daten der Anwendung dienen und solche, welche die dafür nötigen Funktionen und Dialogelemente abbilden. Als Strukturen enthält es die Navigationsstruktur für den Zugriff auf diese Objekte und die Struktur der Sichten für die Darstellung der Objekte.

Als *Sichten* werden logische Zusammenfassungen von Daten und Operationen bezeichnet. Die Daten und Operationen, die zu einer Sicht gehören, werden gemeinsam sichtbar oder wieder unsichtbar gemacht. Dabei ist eine Sicht nicht zu verwechseln mit einer Bildschirmdarstellung. Zwar werden Sichten oft durch Fenster realisiert, aber innerhalb eines Fensters kann häufig nur ein Teil der Sicht gleichzeitig dargestellt werden, so dass beispielsweise Rollbalken erforderlich sind, um einen anderen Teil der gleichen Sicht darzustellen. Sichten bilden einen zentralen Punkt eines aufgabenangemessenen Entwurfs, weil sie die jeweils für eine bestimmte Aufgabe erforderlichen Daten und Funktionen zusammenfassen. Im Idealfall stehen so jeweils alle für eine Aufgabe benötigten Informationen gleichzeitig zur Verfügung, wodurch die Gedächtnisbelastungen reduziert, die Entscheidungsprozesse vereinfacht und die Anzahl der Interaktionen minimiert werden. Wenn aus technischen Gründen oder aufgrund der Wahrnehmungsfähigkeit des Menschen insbesondere bei großen Datenmengen eine solche Zusammenfassung in einer Sicht nicht möglich ist und daher für eine bestimmte Aufgabe mehrere Sichten benutzt werden müssen, entsteht zusätzlicher Interaktionsaufwand durch das Umschalten zwischen verschiedenen Sichten.

Sichten, die Zustände von Anwendungsobjekten darstellen, lassen sich in unterschiedliche Typen einteilen. *Einzelsichten* enthalten ein einzelnes Objekt der Anwendung oder sogar nur einen Teil davon. Ein Beispiel hierfür ist ein Formular, das die Daten eines einzelnen Vereinsmitgliedes anzeigt und deren Änderung erlaubt. *Container-Sichten* enthalten mehrere Objekte gleichen Typs. Beispiele für Container-Sichten sind Listen, etwa mit allen Mitgliedern des Vereins oder mit solchen, die ein bestimmtes Kriterium erfüllen wie etwa die Zugehörigkeit zu einer bestimmten Altersklasse. Container-Sichten stellen im Prinzip eine Sammlung von Einzelsichten mit einer bestimmten Struktur dar, etwa der einer Liste wie im genannten Beispiel oder der eines Baumes bei Dateiverzeichnissen. Piktogramme (Icons), die dazu dienen, ein Objekt als ganzes zu manipulieren, beispielsweise zu löschen oder durch Doppelklick zu öffnen, sind Vertreter eines dritten Typs der Sichten. Die Darstellungen dieses Typs werden als *Referenzsichten* bezeichnet, weil sie auf eine Einzelsicht oder eine Container-Sicht verweisen, die nach dem Öffnen erscheint.

Bei der Arbeit mit der Anwendung muss der Benutzer durch bestimmte Interaktionsschritte zunächst einmal die Sicht erreichen, in der die Objekte und Funktionen für die Ausführung der Aufgabe enthalten sind. Er muss also eine *Navigation* zwischen den Sichten ausführen. Demgegenüber bilden die zur Veränderung der Daten nötigen Interaktionen, zu denen neben der eigentlichen Eingabe auch die Auswahl von Komponenten wie etwa der Sprung zu einem bestimmten Interaktionselement gehören, den *Bearbeitungsdialog*. Die Navigationsstruktur soll so beschaffen sein, dass bei der Bearbeitung einer in sich geschlossenen Aufgabe möglichst wenig Navigationsaufwand betrieben werden muss. Wenn alle Objekte und Funktionen für diese Aufgabe in einer Sicht zusammengefasst werden können, muss nur einmal zu Anfang der Bearbeitung zu dieser Sicht navigiert werden. Lässt es sich nicht vermeiden, dass mehrere Sichten für die Ausführung einer Aufgabe nötig sind, soll der Wechsel zwischen ihnen mit wenigen einfachen Navigationsschritten möglich sein. Muss beispielsweise in einer Aufgabe von einer Container-Sicht, etwa der Liste der Mitglieder, in eine Einzelsicht gewechselt werden, um ein einzelnes Objekt, hier also die Daten eines Mitglieds, zu bearbeiten, so ist der einfachste Weg der Navigation der Doppelklick auf das zu bearbeitende Einzelobjekt in der Container-Sicht.

13.3.3.2 Entwicklung von Gestaltungsvorschlägen

[ISO13407] gliedert die Aktivität des Entwerfens von Gestaltungslösungen in folgende Teilaktivitäten:

- Anwenden des vorhandenen Wissens, um Gestaltungsvorschläge mit multidisziplinärem Ansatz zu entwickeln;
- Konkretisieren der Gestaltungslösungen mit Hilfe von Simulationen, Modellen und dergleichen;

- Gestaltungslösungen den Benutzern vorstellen und sie probeweise Aufgaben ausführen oder simulieren lassen;
- Ändern der Gestaltungslösungen entsprechend der Benutzerrückmeldung und Iterieren dieser Vorgehensweise, bis die benutzerorientierten Gestaltungsziele erreicht sind;
- Steuern des Iterationsprozesses beim Gestalten.

Der erste Schritt betrifft zum Teil noch das konzeptionelle Modell, nämlich in Bezug auf die Objekte der Benutzungsschnittstelle und die Navigationsstruktur. Ausgehend von dem konzeptionellen Modell kann dann die eigentliche Gestaltung der Benutzungsschnittstelle erfolgen. Hierzu gehört die Anordnung und Gestaltung der Interaktionselemente der einzelnen Sichten für die Daten sowie die Ausgestaltung der Funktionsauswahl und Navigation durch Pull-down-Menüs, Pop-up-Menüs, generische Aktionen wie Doppelklicks und so fort. Dabei sind die Erkenntnisse der unterschiedlichen Disziplinen wie Ergonomie, Psychologie, Kognitionswissenschaften oder Design im Sinne eines multidisziplinären Ansatzes für die Entwicklung des Gestaltungsvorschlags heranzuziehen, wobei Normen und firmeninterne Style-Guides zu berücksichtigen sind.

13.3.3.3 Konkretisierung und Vorstellen der Gestaltungslösung vor Benutzern

Der zweite und der dritte Schritt des Ablaufs können zusammen betrachtet werden. Mit geeigneten Verfahren werden die Gestaltungslösungen so dargestellt, dass sowohl die Gestalter untereinander ihre Konzepte verdeutlichen und alternative Lösungen vergleichen können als auch die Benutzer Rückmeldungen zu den Lösungen geben können, so dass eine kontinuierliche Verbesserung möglich wird. Für die Beteiligung der Benutzer bei der Software-Entwicklung lassen sich verschiedene Methoden einsetzen. Solche Methoden sind vor allem Diskussionsmethoden, Simulationsmethoden, Prototyping-Methoden und Versionenmethoden [Rei94].

Diskussionsmethoden werden in der Praxis am häufigsten eingesetzt. Bei ihnen handelt es sich um verbale Kommunikationsprozesse, die zweckbestimmt strukturiert werden. Der Vorteil dieser Methoden besteht darin, dass sie einfach durchzuführen sind und ohne Formalismus auskommen. Nachteil rein verbaler Kommunikation ist die Tendenz zu Missverständnissen, die häufig erst sehr spät oder gar nicht entdeckt werden. In vielen Fällen muss eine gemeinsame Sprachbasis erst geschaffen werden. Sinnvoll ist die Unterstützung der verbalen Kommunikation durch visuelle Hilfsmittel wie etwa die Metaplantechnik. Mit Diskussionstechniken können zum Beispiel Szenarien entwickelt werden, die dann für die Gestaltung und Qualitätssicherung benutzt werden können (vgl. 8.4.1 und 10.2.2). Die Nutzung von Folien und Flipcharts nicht nur zur Aufzeichnung von Diskussionspunkten, sondern auch für Skizzen zur Systemgestaltung markiert den Übergang von den Diskussionsmethoden zu den Simulationsmethoden.

Simulationsmethoden umfassen Techniken, mit denen das Arbeitssystem in seiner vorhandenen oder geplanten Ausprägung visualisiert wird. Dies kann beispielsweise durch Skizzen zur Bildschirmgestaltung oder durch Entwürfe zu Bildschirmformularen geschehen. Ebenso ist der Einsatz formaler Beschreibungsverfahren möglich, der durch den Zwang zur Formalisierung häufig erst zu einer detaillierten Betrachtung anhält. Nachteilig beim Einsatz formaler Beschreibungsmittel ist der Aufwand für deren Erlernen seitens der Benutzer. Die reine Präsentation von Gestaltungsentwürfen für die Benutzungsschnittstelle auf dem Rechner gehört noch zu den Simulationsmethoden. Wenn diese Entwürfe auch bereits Interaktionen erlauben, befinden sie sich an der Grenze zwischen Simulation und Prototyping.

Methoden des *Prototyping* erzeugen am Rechner ausführbare Exemplare von Lösungsansätzen für das Software-Produkt zum Zweck der Veranschaulichung und der frühzeitigen Evaluation. Wenn dabei nur einzelne Komponenten des Anwendungssystems, diese aber weitgehend vollständig, implementiert werden, spricht man von *vertikalen Prototypen*. Wird dagegen das gesamte Anwendungssystem, dann aber nur bis zu einer geringen Tiefe, realisiert, handelt es sich um einen *horizontalen Prototyp*. Vertikale Prototypen eigenen sich besonders für die Klärung von Gestaltungsproblemen bei bestimmten kritischen Arbeitsaufgaben. Horizontale Prototypen vermitteln dagegen einen besseren Gesamteindruck der künftigen Anwendung. Vorteil der Prototyping-Methoden gegenüber den Simulationsmethoden ist, dass die Benutzer bereits konkrete Erfahrungen mit der Arbeit am System machen können. Dadurch werden Lern- und Kommunikationsprozesse vereinfacht. Andererseits kann die frühe Erstellung von Prototypen dazu führen, dass diese durch ihr bloßes Vorhandensein die Diskussion stark einschränken und nur noch an bestimmten Merkmalen des Prototyps diskutiert wird, ohne grundsätzlich andere mögliche Alternativen zu erwägen. Nachteilig ist auch der hohe Aufwand, der mit der Konzeption, Implementierung und Evaluation der Prototypen verbunden ist. Wegen dieses hohen Aufwandes wird in der Praxis oft versucht, den Prototyp kontinuierlich zum kompletten Anwendungssystem weiterzuentwickeln. Ein solches so genanntes *evolutionäres Prototyping* entspricht ab einem bestimmten Punkt der Vollständigkeit des Systems dem versionenbezogenen Vorgehen.

Versionenbezogene Methoden setzen voraus, dass der Software-Entwicklungsprozess entsprechend zyklisch organisiert ist. Die verwendeten Methoden der Analyse, Modellierung und Implementation müssen Änderbarkeit und Wiederverwendung von Komponenten unterstützen. Am besten leisten dies zur Zeit objektorientierte Methoden. Im Gegensatz zu einem Prototyp ist eine Version bereits eine einsatzfähige Anwendung für die zu unterstützenden Arbeitsprozesse. Bei der partizipativen Systementwicklung werden neue Versionen nicht primär mit dem Zweck der Erweiterung der Anwendung angefertigt, sondern unter dem Aspekt der Verbesserung der Aufgabenausführung. Allerdings haben versionenbezogene Methoden den Vorteil, dass bei komplexen Anwendungen von vornherein mehrere Versionen geplant werden können, um in überschaubarer Zeit bereits ein arbeitsfähiges System zu erhalten, das zunächst nicht alle Aufgaben abdeckt und später erweitert wird. Bei einem versionenbezogenen Vorgehen brauchen Benutzer nicht zu fürchten, dass Veränderungen in Arbeitsprozessen, die sich durch die Einführung eines Software-Produkts ergeben und ihnen während der Software-Entwicklung noch nicht deutlich waren, festgeschrieben werden, da sie ja in der nächsten Version wieder geändert werden können. Allerdings sollten solche Änderungen vorsichtig gehandhabt werden, da jede Änderung wieder neuen Lernaufwand erzeugt.

13.3.3.4 Gestaltungsänderungen und Iteration

Die Rückmeldungen der Benutzer werden verwendet, um die Gestaltungslösung zu optimieren. Abhängig von der Bedeutung, die einer solchen Optimierung beigemessen wird, sind mehr oder weniger Iterationsschritte erforderlich. Bei der Iteration können auch die in 13.3.3.3 vorgestellten Methoden nacheinander verwendet werden, indem ein erster Gestaltungsansatz zunächst mit Hilfe von Skizzen dargestellt und vermittelt wird. Aufgrund der Rückmeldungen wird dann eine einfache Simulation bestimmter Elemente der Benutzungsschnittstelle implementiert, die aufgrund weiterer Rückmeldungen zum Prototyp weiterentwickelt wird und schließlich in die erste Version des vollständigen Systems mündet. Andererseits können die Rückmeldungen auch dazu führen, dass aus der „kleinen Iteration“ innerhalb des Entwurfs der Gestaltungslösung eine „große Iteration“ der Gestaltungsaktivitäten wird, weil sich zeigt, das der Nutzungskontext oder die Anforderungen nicht zutreffend oder nicht vollständig ermittelt wurden.

Zur Steuerung der Iteration bei der Entwicklung der Gestaltungslösung sollten die Ergebnisse der einzelnen Schritte geeignet aufgezeichnet werden. Dies kann durch eine reine Dokumentation geschehen oder den Gestaltungsgegenstand selbst mit einschließen, etwa indem die nacheinander entwickelten Prototypen gesichert werden. Die Aufzeichnungen sollten die verwendeten Wissensquellen und deren Anwendung darstellen beziehungsweise angeben, warum bestimmte Quellen wie beispielsweise Normen nicht verwendet wurden. Sie sollten alle Schritte dokumentieren, die unternommen wurden um sicherzustellen, dass die entwickelte Lösung die Hauptanforderungen erfüllt und den Stand der Technik einhält. Ebenso sollten die durch die Benutzerbeteiligung ermittelten Probleme und die darauf vorgenommenen Gestaltungsänderungen aufgezeichnet werden.

13.3.4 Beurteilung von Gestaltungslösungen gegenüber Anforderungen

Eine Beurteilung sollte in jedem Stadium des Lebenszyklus eines Systems stattfinden, um Rückmeldungen zu geben, die zur Verbesserung der Gestaltungslösung benutzt werden können, um zu beurteilen, ob die Ziele der Benutzer und der Organisation erreicht wurden und um die Langzeitnutzung des Systems zu beobachten. Es ist wichtig, dass mit der Beurteilung so früh wie möglich begonnen wird, weil Änderungen am Beginn des Gestaltungsprozesses mit geringeren Aufwand möglich sind als bei einer weit fortgeschrittenen Entwicklung. Allerdings lässt sich die Erfüllung der Benutzeranforderungen und der organisatorischen Anforderungen erst dann beurteilen, wenn zumindest ein Prototyp mit einem gewissen Funktionsumfang vorliegt.

Für die Beurteilung im Laufe des Entwicklungsprozesses sollte ein Plan aufgestellt werden, der folgende Punkte behandelt:

- die benutzerorientierten Gestaltungsziele;
- wer für die Beurteilung verantwortlich ist;
- welche Teile des Systems zu beurteilen sind und wie sie zu beurteilen sind (z.B. Verwendung von Prüfszenarien, Modellen, Prototypen);
- Verfahren für die Durchführung der Prüfungen;
- Quellen, die für die Beurteilung erforderlich sind;
- Zeitplan für die Beurteilungsaktivitäten im Rahmen des Projektzeitplans;
- Verfahren zur Rückmeldung und Verwendung von Ergebnissen in weiteren Gestaltungsaktivitäten.

Für die Beurteilung gibt es verschiedene Verfahren, von denen die wichtigsten in 13.4 kurz dargestellt werden. Eine Beurteilung durch Fachleute ist oft schneller und kostengünstiger als eine Beurteilung durch die Benutzer. Sie kann dazu benutzt werden, größere Probleme rasch zu erkennen, ist aber nicht ausreichend, um ein im Nutzungskontext gebrauchstaugliches System zu garantieren.

Beurteilung sollte während des Gestaltungsprozesses, als Feldprüfung des fertigen Systems und als Langzeitbeobachtung beim Einsatz erfolgen. Die Ergebnisse der Beurteilung müssen systematisch aufgezeichnet werden, um in den iterativen Gestaltungsprozess einfließen zu können und um zu zeigen, dass die Anforderungen der Norm erfüllt wurden. Insbesondere sollte nachgewiesen werden, dass

- eine ausreichende Zahl repräsentativer Benutzer an der Prüfung des Systems teilgenommen hat,
- die wesentlichen benutzerorientierten Ziele geprüft wurden,
- gültige Prüf- und Datenerfassungsverfahren benutzt wurden,
- die Prüfbedingungen geeignet waren und
- die Prüfergebnisse sinnvoll genutzt wurden.

Ein Beispiel für den Aufbau eines solchen Berichts zur Beurteilung der Gebrauchstauglichkeit findet sich im Anhang der Norm [ISO13407]. Dort wird auch angegeben, wie die Durchführung eines benutzerorientierten Entwicklungsprozesses nachgewiesen werden kann.

13.4 Evaluation interaktiver Software

13.4.1 Evaluationsbereiche

Die Bewertung von Software-Anwendungen in Bezug auf die Frage, ob ihre Benutzungsschnittstellen ergonomisch gestaltet sind, ist nicht nur innerhalb eines benutzerorientierten

Gestaltungsprozesses wichtig. Auch die Beurteilung interaktiver Systeme, deren Entwicklung schon abgeschlossen ist, hat einen hohen Stellenwert aufgrund der Anforderungen der Bildschirmarbeitsverordnung und wegen möglicher Wettbewerbsvorteile. Für die Evaluation gibt es verschiedene Methoden, die für die einzelnen Evaluationsbereiche unterschiedlich gut geeignet sind. Die folgende kurze Übersicht folgt im Wesentlichen der Darstellung von [Opp94].

Bei der Evaluation einer Anwendung sollte die eigentliche Benutzungsschnittstelle (vgl. **Bild 2.2**) nicht isoliert betrachtet werden, da sie lediglich die Beziehung zwischen Benutzer und Computer umfasst. Ebenso wichtig sind die Beziehungen zwischen Aufgabe und Computeranwendung sowie zwischen Aufgabe und Benutzer. Die Bewertung geht dabei in gleicher Richtung vor, wie es auch die Gestaltung tun sollte, nämlich wie in **Bild 2.2** dargestellt von außen nach innen. Zuerst ist der organisatorische Bereich zu bewerten anhand der Prinzipien der Aufgabengestaltung, wie sie in 12.2.3 skizziert wurden. Dann folgt die eigentliche Benutzungsschnittstelle, bei der insbesondere die Kriterien der Dialoggestaltung (vgl. 8.3.1) und der Informationsdarstellung (vgl. 7.1.1) zu untersuchen sind.

Aufgabenbewältigung

Die Gestaltung der Beziehung zwischen Benutzer und Aufgabe bestimmt, ob die mit dem Rechner arbeitende Person die ihr gestellte Aufgabe überhaupt erfüllen kann und ob sie diese Aufgabe dann auch als menschengerecht empfindet. Die menschengerechte Gestaltung der Aufgaben kann als Voraussetzung für die ergonomische Qualität einer Anwendung angesehen werden.

Bei der Bewertung der Anwendung kommt es dann vor allem darauf an, ob und wie weit die Aufgabenbewältigung durch die Anwendung unterstützt wird oder ob im Gegenteil die Anwendung die Aufgabenbewältigung eher behindert. Eine solche Behinderung tritt auf, wenn die Sekundäraufgabe der Systembedienung aufgrund ihres Schwierigkeitsgrades die Primäraufgabe der Aufgabenbewältigung in den Hintergrund drängt. Die Berücksichtigung der Aufgabenbewältigung bei der Evaluation ist wichtig. Wenn sie unterbleibt und nur die Benutzungsschnittstelle der Anwendung betrachtet wird, besteht die Gefahr der bloßen „Schnittstellenkosmetik".

Benutzung

Die Gestaltung der Interaktion zwischen dem Benutzer und der Anwendung bestimmt den Interaktionsaufwand, der mit der Bedienung des Systems verbunden ist. Der Interaktionsaufwand kann unter verschiedenen Gesichtspunkten beurteilt werden, zum Beispiel wie viel Aufwand zum Erlernen der Interaktion nötig ist, welche Möglichkeiten der individuellen Anpassung an die Arbeitsweise des Benutzers bestehen und wie diese benutzt werden können und so fort. Die Beurteilung der ergonomischen Qualität der Benutzung steht im Zentrum der Evaluation.

Funktionalität

Die Funktionalität einer Anwendung bestimmt, wie weit die Aufgaben durch das System unterstützt werden und damit, ob es aufgabenangemessen ist. Dazu muss die Anwendung die Arbeitsaufgaben hinreichend genau abbilden und darf sie nicht entstellen oder verkomplizieren. *Kompliziertheit* entsteht bei einer über die vorgegebene Komplexität hinausgehenden Überfrachtung des Systems mit zusätzlichen, aber unnötigen Eigenschaften. Die *Komplexität* ist eine Eigenschaft des Anwendungsbereichs, die auf dessen Umfang, dessen Struktur und der Funktionalität seiner Arbeitsobjekte und Arbeitsaufgaben beruht. Bei der software-ergonomischen Evaluation ist darauf zu achten, inwieweit fehlende nötige Funktionalität oder vorhandene überflüssige Funktionalität die Qualität der Benutzung beeinflusst.

13.4.2 Evaluationsmethoden

13.4.2.1 Objektive Methoden

Für die Evaluation von Benutzungsschnittstellen gibt es verschiedene Methoden, von denen die einzelnen Evaluationsbereiche unterschiedlich weit abgedeckt werden. Bei der Aufgabenbewältigung und der Funktionalität stehen eher objektiv bewertbare Fragen der Effektivität und Effizienz im Vordergrund. Schwerpunkt der objektiven Methoden ist die Beobachtung der tatsächlichen Benutzung der Anwendung. Eine solche Beobachtung kann technisch vom System unterstützt werden, indem es alle Interaktionsschritte des Benutzers aufzeichnet. Dieses Vorgehen wird als *Logfilerecording* bezeichnet. Man erfasst damit allerdings nur diejenigen Aktionen des Benutzers, die sich unmittelbar als Bedienhandlungen an den vorhandenen Eingabegeräten darstellen. Aktionen, die keine Eingaben darstellen, aber mit zur Benutzung gehören, wie beispielsweise das Nutzen von Handbüchern oder die Kommunikation mit anderen Personen, lassen sich durch die automatische Protokollierung ebenso wenig erfassen wie Gesten oder Mimik oder bei wechselnden Benutzern Alter und Geschlecht. Als Ergänzung des Logfilerecordings ist daher eine *Videoaufzeichnung* sinnvoll. Für die Auswertung der Aufzeichnungen ist es wichtig, dass die Videoaufnahmen den im Protokoll aufgezeichneten Interaktionen zeitlich genau zugeordnet werden können. Aufgrund der meist großen Datenmengen ist eine technische Unterstützung der Auswertung zum Beispiel mit Hilfe einer Datenbank sinnvoll.

Logfilerecording erfordert in der Regel, dass die Anwendung für eine solche Protokollierung vorbereitet ist oder dass die Routinen des Betriebssystems für Eingaben ersetzt beziehungsweise um die Protokollierung ergänzt werden. Da dies nicht immer mit vertretbarem Aufwand möglich ist, wird oft auch eine *Beobachtung* ohne unmittelbare technische Unterstützung durchgeführt. Dabei zeichnet ein Beobachter die Aktionen der zu beobachtenden Person auf. Meist lassen sich nicht alle Aktionen protokollieren, sondern es werden nur die als wichtig betrachteten Ereignisse in ein Beobachtungsprotokoll eingetragen, das vorgibt, worauf zu achten ist. Neben der reinen Protokollierung, bei welcher der Beobachter sich passiv verhält und die Interaktion nicht beeinflusst, gibt es auch das *Beobachtungsinterview*, bei dem nach bestimmten Aktionen der zu beobachtenden Person Nachfragen zur Klärung erfolgen. Solche Beobachtungsinterviews werden oft auch im Rahmen der Arbeits- oder Aufgabenanalyse angewendet.

Objektive Methoden erlauben präzise Angaben beispielsweise über Bearbeitungszeiten und Fehlerzahlen (so genannte *harte Daten*). Mit objektiven Methoden können auch Interaktionen evaluiert werden, die den Benutzern nicht bewusst sind oder die diese nicht verbalisieren können. Subjektive Einflüsse werden insbesondere bei den technisch unterstützten Verfahren ausgeschlossen, so dass sich die erhaltenen Ergebnisse in der Regel leicht verallgemeinern lassen. Der Aufwand für objektive Methoden ist relativ hoch, sieht man einmal vom reinen Logfilerecording ab, das einfach durchzuführen ist, wenn die Anwendung entsprechend vorbereitet ist und ein Datenbankprogramm zur Auswertung existiert. Alle Beobachtungen, insbesondere aber das Logfilerecording, beschränken sich auf die Erfassung des Benutzerverhaltens. Welche Überlegungen des Benutzers zu dem aufgezeichneten Verhalten geführt haben und welche Vorstellungen der Benutzer von der jeweiligen Anwendung hat, lässt sich mit diesen Verfahren nicht ermitteln.

13.4.2.2 Subjektive Methoden

Bei subjektiven Methoden steht die Bewertung des Anwendungssystems durch die Benutzer im Vordergrund. Subjektive Methoden ermitteln so genannte *weiche Daten*, beispielsweise ob die Benutzung des Systems einfach, angenehm und verständlich ist. Hauptsächlich werden hierzu Befragungen der Benutzer durchgeführt. Meist werden den Benutzern Fragen zu bestimmten Systemeigenschaften gestellt, die diese anhand ihrer Erfahrungen beantworten. Die Fragen zum System können ergänzt werden durch Fragen zu Eigenschaften der Person wie zum Beispiel Erfahrungen mit Rechneranwendungen und Einstellungen gegenüber der verwendeten Anwendung sowie Fragen zur Arbeitszufriedenheit. Die Befragungen können schriftlich per *Fragebogen* oder mündlich als *Interview* erfolgen.

Während Fragebögen und Interviews meist nach Nutzung des Systems eingesetzt werden, wird die Methode des „lauten Denkens“ direkt bei der Aufgabenausführung angewendet. Der Benutzer formuliert dabei laut seine Überlegungen, auf denen die tatsächlich ausgeführten Interaktionen beruhen. Auf diese Weise lassen sich Informationen über das mentale Modell sammeln, nach dem der Benutzer mit der Anwendung arbeitet. Da das laute Denken den Benutzern häufig unnatürlich erscheint, wird diese Methode gerne zu einem so genannten *Partnergespräch* abgewandelt, bei dem zwei Personen die Aufgabe gemeinsam bearbeiten und sich dabei gegenseitig ihre Einschätzungen, Probleme und Zielvorstellungen mitteilen.

Subjektive Methoden lassen sich mit verhältnismäßig geringem Aufwand durchführen. Allerdings kann die Auswertung einen hohen Arbeitsaufwand erfordern, wenn viele Fragen gestellt werden und insbesondere, wenn diese Fragen frei formulierte Antworten zulassen und nicht nur vorgegebene Bewertungsstufen. Mit subjektiven Methoden lässt sich die Akzeptanz einer Anwendung feststellen. Es können auch Probleme ermittelt werden, die bei einem strukturierten Vorgehen eventuell nicht direkt angesprochen werden würden. Andererseits können bei subjektiven Methoden leicht Übertreibungen und Gefälligkeitsurteile auftreten. In Fragebögen können meist nur einige wenige einfache Fragen gestellt werden, wenn eine vertretbare Rücklaufquote erreicht werden soll. Durch die Art der Fragestellung kann unter Umständen die Bewertung beeinflusst werden.

13.4.2.3 Experimentelle Methoden

Experimentelle Methoden werden hauptsächlich mit zwei Zielrichtungen eingesetzt, nämlich zur Überprüfung theoretischer Annahmen und zum Vergleich verschiedener Systeme. In beiden Fällen wird in der Regel eine Aufgabe von einer Gruppe von Benutzern unter bestimmten Bedingungen durchgeführt. Diese vorgegebenen Bedingungen sind die unabhängigen Variablen des Experiments. Sie charakterisieren unter anderem die verwendete Hard- und Software, die Aufgabe, die Arbeitsumgebung und die Vorerfahrungen der Benutzer. Als abhängige Variablen werden dann die feststellbaren Resultate und Auswirkungen der Aufgabenbearbeitung bezeichnet, beispielsweise die Bearbeitungszeit, die Fehlerzahl, die körperlichen Auswirkungen oder auch die erfragte Akzeptanz.

Der Einsatz experimenteller Methoden zur Überprüfung und Weiterentwicklung theoretischer Annahmen über die Mensch-Computer-Interaktion ist problematisch, weil es immer eine sehr große Zahl von unabhängigen Variablen gibt, von denen bei einem Experiment nur ganz wenige gesondert betrachtet und variiert werden können. Der Einfluss der übrigen ist häufig schwer abzuschätzen. Auch aus der großen Zahl der abhängigen Variablen können immer einige wenige untersucht werden, so dass nicht immer klar ist, wie weit sich das Ergebnis eines Experiments verallgemeinern lässt. Für den Vergleich verschiedener Systeme werden so genannte *Benchmark-Tests* eingesetzt, bei denen die gleiche Aufgabe unter gleichen Bedingungen mit verschiedenen Anwendungssystemen bearbeitet wird. Hierbei werden also bis auf das verwendete System möglichst alle unabhängigen Variablen konstant gehalten und als abhängige Variable beispielsweise Ausführungszeit, Fehlerhäufigkeit und Belastung der Benutzer gemessen. Damit lassen sich relative Aussagen über die ergonomische Gestaltung von Anwendungen erhalten. Wenn allerdings in einem solchen Versuch ein Anwendungssystem besser als ein anderes ist, heißt dies noch nicht, dass dies auch bei einer Veränderung der unabhängigen Variablen, also beispielsweise bei einer anderen Aufgabe oder bei Benutzern mit andere Vorerfahrung gilt.

Experimentelle Methoden sind sehr aufwendig und können meist nur in speziellen Untersuchungslabors durchgeführt werden. Ihre Anwendung ist daher weitgehend auf die Forschung beschränkt. Dort können sie bei sorgfältiger Planung und Durchführung wichtige Beiträge zu theoretischen Grundlagen der Mensch-Computer-Interaktion liefern.

13.4.2.4 Leitfadenorientierte Methoden

Leitfadenorientierte Methoden kombinieren Merkmale der objektiven und der subjektiven Methoden. Hierbei beurteilt meist ein Experte anhand eines Prüfleitfadens die ergonomische Qualität eines Anwendungssystems. Diese Bewertung hat einerseits subjektiven Charakter, weil der Prüfer sie auf der Basis des eigenen Wissens nach der eigenen Einschätzung vornimmt. Andererseits soll sie objektiv nachvollziehbar sein, indem Prüfkriterien durch den Leitfaden vorgegeben sind. Wenn neben den Prüfkriterien auch die anzuwendenden Methoden für die Prüfung vorgegeben sind, bezeichnet man dieses Vorgehen als *methodengeleitetes Expertenurteil*. Das methodengeleitete Expertenurteil kann mit relativ geringem Aufwand durchgeführt werden und liefert dabei nachvollziehbare Ergebnisse, so dass Vorteile der subjektiven und der objektiven Methoden verbunden werden. Allerdings wird eine entsprechend qualifizierte Person als Evaluator benötigt.

Die Festlegung nachprüfbarer Kriterien ist häufig nicht einfach, besonders dann, wenn sie für verschiedene Anwendungen gelten sollen (vgl. 8.4.1 und 10.2.2). Ein guter Leitfaden sollte möglichst präzise Fragestellungen und klare Angaben über den Nutzungskontext liefern. Außerdem sollte es nicht dem Prüfer überlassen bleiben, wie er zu der Antwort auf eine Prüffrage kommt. Eine Durchführungsvorschrift für die jeweilige Prüfung erhöht die Nachvollziehbarkeit der Bewertung.

13.4.2.5 Kombination verschiedener Methoden

Für eine ganzheitliche Evaluation ist es sinnvoll, die leitfadenorientierte Methode mit Anwendungen der subjektiven und der objektiven Methoden zu erweitern, insbesondere durch Befragungen und Beobachtungen, um neben Aussagen über die ergonomische Qualität der Anwendung auch solche über die Benutzer und über die Aufgabe und Organisation zu erhalten. Ein Beispiel eines solchen kombinierten Verfahrens ist das Evaluationsverfahren EVADIS II. Es besteht aus fünf Verfahrensschritten, die in einer Durchführungsvorschrift beschrieben sind:

- Installation und Exploration der zu evaluierenden Software,
- Exploration und Evaluation der Aufgaben sowie Auswahl von relevanten Prüffragen und Erstellung der Prüfaufgaben hierzu,
- Exploration der Eigenschaften der Benutzer,
- Evaluation der Software anhand der Prüfaufgaben,
- Interpretation der Ergebnisse und Schreiben des Prüfberichtes.

EVADIS II enthält verschiedene Komponenten, welche den Prüfer bei der Durchführung unterstützen, nämlich

- einen Fragebogen zur Evaluation der Arbeitsaufgaben,
- einen Leitfaden zur Erstellung von Prüfaufgaben,
- einen Fragebogen zur Erfassung von Benutzereigenschaften,
- eine Prüffragensammlung,

- eine Liste typischer Funktionen von Büro-Software,
- eine Sammlung von Beispielprüfaufgaben und
- Leitlinien für die Abfassung des Prüfberichtes.

Die Durchführung der Prüfung und insbesondere die Erstellung der Bewertung wird dabei von einer Software unterstützt, bei welcher der Prüfer die Einzelbewertungen eintragen und diese durch Begründungen und Notizen ergänzen kann. Hieraus werden Durchschnittswerte ermittelt, Übersichten erstellt und die Erstellung des Prüfberichtes unterstützt.

Nachbereitung

13.5 Übungsaufgaben

Aufgabe 13.1 Partizipation Betroffener

Eine Hotelkette möchte eine Software zur Planung der Arbeitszeiten des Zimmerpersonals beschaffen. Die Planung soll weiterhin durch die Personen vorgenommen werden, die sie auch jetzt ohne Computer durchführen. In größeren Hotels ist dies üblicherweise die so genannte Hausdame, die den Einsatz des Zimmerpersonals plant und kontrolliert. Voruntersuchungen haben ergeben, dass eine Unterstützung durch Software einen effizienteren Personaleinsatz ermöglichen würde. Da ohnehin eine Beteiligung des Betriebsrats erforderlich ist, wird ein Gremium eingesetzt, das die Entwicklung und Einführung der Software begleiten soll.

- Wer ist von der Einführung der Software betroffen?
- Wie sollte sich das genannte Gremium zusammensetzen?
- Welche Personen sollten als eigentliche Benutzer bei einem partizipativen Vorgehen einbezogen werden?
- Wie sollte bei der Entwicklung der Software vorgegangen werden?

Aufgabe 13.2 Anonyme Benutzer

Betrachten Sie noch einmal das Beispiel aus Aufgabe 11.1. Bei einem solchen Kiosksystem gibt es keine klar abgegrenzte Gruppe von Benutzern. In Frage kommen alle möglichen Besucher des Museums. Gerade wegen der heterogenen Zusammensetzung dieser Gruppe und der Tatsache, dass keine bestimmten Computerkenntnisse vorausgesetzt werden können, kommt der ergonomischen Gestaltung der Benutzungsschnittstelle eine große Bedeutung zu.

- Welches Vorgehen wählen Sie zur Entwicklung eines solchen Kiosksystems?
- Wie können die Belange der Benutzer im Entwicklungsprozess berücksichtigt werden?

Aufgabe 13.3 Evaluation

Ein Museum hat ein multimediales Informationssystem erstellen lassen, mit dem die Besucher mit Hilfe eines Berührbildschirms zusätzliche Informationen zu einem Teil der Ausstellung abrufen können. Um eine Entscheidung über die Beschaffung weiterer solcher Kiosksysteme treffen zu können, benötigt die Museumsleitung eine Evaluation des vorhandenen Systems. Diese Evaluation soll möglichst kostengünstig erfolgen.

- Welche Fragen sollte aus Sicht der Museumsleitung eine solche Evaluation beantworten?
- Welche Qualitätsfaktoren stehen bei einer solchen Evaluation im Vordergrund?
- Welche Evaluationsmethoden lassen sich mit vertretbarem Aufwand einsetzen?
- Welche Fragen, die nicht direkt die Gebrauchstauglichkeit der Anwendung betreffen, für den Betreiber einer solchen Anwendung aber durchaus interessant sind, könnten bei einer Evaluation mit beantwortet werden?
- Gibt es allgemeine, nicht nur diese spezielle Anwendung betreffende ergonomische Fragen, die bei einer Evaluation mit untersucht werden könnten?

Lösungen

Literaturverzeichnis

[And83] *Anderson, J.*: The architecture of cognition. Harvard University Press, 1983.

[Bal00] *Balzert, H.*: Lehrbuch der Software-Technik; Band 1: Software-Entwicklung. Spektrum Akademischer Verlag, 2. Auflage, 2000.

[BGG02] Gesetz zur Gleichstellung behinderter Menschen (Behindertengleichstellungsgesetz – BGG). BGBl I 2002, 28.

[BGI650] *Verwaltungs-Berufsgenossenschaft (Hrsg.)*: Bildschirm- und Büroarbeitsplätze, Leitfaden für die Gestaltung. Verwaltungs-Berufsgenossenschaft, Schriftenreihe Prävention SP 2.1 (BGI 650), 2002-02.

[BGI774] *Verwaltungs-Berufsgenossenschaft (Hrsg.)*: Arbeitssystem Büro, Hilfen für das systematische Planen und Einrichten von Büros. Verwaltungs-Berufsgenossenschaft, Schriftenreihe Prävention SP 2.2 (BGI 774), 2003-03.

[BGI856] *Verwaltungs-Berufsgenossenschaft (Hrsg.)*: Beleuchtung im Büro, Hilfen für die Planung von Beleuchtungsanlagen von Räumen mit Bildschirm- und Büroarbeitsplätzen. Verwaltungs-Berufsgenossenschaft, Schriftenreihe Prävention SP 2.4 (BGI 856), 2003-06.

[BildscharbV96] Verordnung über Sicherheit und Gesundheitsschutz bei der Arbeit an Bildschirmgeräten (Bildschirmarbeitsverordnung – BildscharbV). BGBl I 1996, 1843.

[BITV02] Verordnung zur Schaffung barrierefreier Informationstechnik nach dem Behindertengleichstellungsgesetz (Barrierefreie Informationstechnik-Verordnung – BITV), BGBl I 2002, 49.

[Ble02] *Bleichert, A.*: Sehen und Bildschirmarbeit; Physiologische Grundlagen für Arbeitsmediziner und Betriebsärzte. Verwaltungs-Berufsgenossenschaft, Schriftenreihe Prävention SP 2.7/2, 2002-04.

[Boe88] *Boehm, B.*: A Spiral Model of Software Development and Enhancement. IEEE Computer 21, No. 5, 1988.

[Bro94] *Brodbeck, F.; Rupietta, W.*: Fehlermanagement und Hilfesysteme. In [Ebe94].

[Bus45] *Bush, V.*: As we may think. Atlantic Monthly 176, July 1945.

[Car83] *Card, S.; Moran, T.; Newell, A.*: The psychology of human-computer interaction. Lawrence Erlbaum Associates, 1983.

[Dit98] *Ditzinger, T.*: Illusionen des Sehens; eine Reise durch die fantastische Welt der optischen Wahrnehmung. Südwest, 2. Auflage, 1998.

[Dut94] *Dutke, S.*: Mentale Modelle, Konstrukte des Wissens und Verstehens. Verlag für Angewandte Psychologie, 1994.

[Dzi83] *Dzida, W.*: Das IFIP-Modell für Benutzerschnittstellen. Office Management, Sonderheft 31, 1983.

[Ebe94] *Eberleh, E.; Oberquelle, H.; Oppermann, R.*: Einführung in die Software-Ergonomie. Walter de Gruyter, 1994.

[Fre89] *Frese, M.; Brodbeck, F.*: Computer in Büro und Verwaltung, psychologisches Wissen für die Praxis. Springer, 1989.

[GI93] *Gesellschaft für Informatik e.V.*: Software-Ergonomie-Ausbildung in Informatik-Studiengängen an bundesdeutschen Universitäten. Gesellschaft für Informatik e.V., GI-Empfehlung, 1993.

[GI96] *Gesellschaft für Informatik e.V.*: Ergonomische Gestaltung der Benutzungsschnittstellen von CAD-Systemen. Gesellschaft für Informatik e.V., GI-Empfehlung, 1996.

[Gla94] *Glaser, W.*: Menschliche Informationsverarbeitung. In: [Ebe94]

[Hac86] *Hacker, W.*: Arbeitspsychologie. Huber, 1986.

[Hac94] *Hacker, W.*: Arbeits- und organisationspsychologische Grundlagen der Software-Ergonomie. In [Ebe94].

[Hei85] *Heinecke, A.*: Konzeption eines ergonomischen Prozeßleitsystems mit veränderlicher Mensch-Maschine-Schnittstelle. In: Bullinger, H.-J. (Hrsg.), Software-Ergonomie '85; Mensch-Computer-Interaktion. Teubner, 1985.

[Her94] *Herczeg, M.*: Software-Ergonomie; Grundlagen der Mensch-Computer-Kommunikation. Addison-Wesley, 1994.

[ISO6385] DIN EN ISO 6385 Entwurf: Grundsätze der Ergonomie für die Gestaltung von Arbeitssystemen. Beuth, 2002-03.

[ISO9241-1] DIN EN ISO 9241-1: Ergonomische Anforderungen für Bürotätigkeiten mit Bildschirmgeräten, Teil 1: Allgemeine Einführung. Beuth, 2002-02.

[ISO9241-2] DIN EN 29241 Teil 2: Ergonomische Anforderungen für Bürotätigkeiten mit Bildschirmgeräten, Teil 2: Anforderungen an die Arbeitsaufgaben – Leitsätze. Beuth, 1993-06.

[ISO9241-3] DIN EN 29241 Teil 3: Ergonomische Anforderungen für Bürotätigkeiten mit Bildschirmgeräten, Teil 3: Anforderungen an visuelle Anzeigen. Beuth, 1993-08.

[ISO9241-4] DIN EN ISO 9241-4: Ergonomische Anforderungen für Bürotätigkeiten mit Bildschirmgeräten, Teil 4: Anforderungen an die Tastatur. Beuth, 1999-01.

[ISO9241-5] DIN EN ISO 9241-5: Ergonomische Anforderungen für Bürotätigkeiten mit Bildschirmgeräten, Teil 5: Anforderungen an Arbeitsplatzgestaltung und Körperhaltung. Beuth, 1999-08.

[ISO9241-6] DIN EN ISO 9241-6: Ergonomische Anforderungen für Bürotätigkeiten mit Bildschirmgeräten, Teil 6: Leitsätze für die Arbeitsumgebung. Beuth, 1999-08.

[ISO9241-7] DIN EN ISO 9241-7: Ergonomische Anforderungen für Bürotätigkeiten mit Bildschirmgeräten, Teil 7: Anforderungen an visuelle Anzeigen bezüglich Reflexionen. Beuth, 1998-12.

[ISO9241-8] DIN EN ISO 9241-8: Ergonomische Anforderungen für Bürotätigkeiten mit Bildschirmgeräten, Teil 8: Anforderungen an Farbdarstellungen. Beuth, 1998-04.

[ISO9241-9] DIN EN ISO 9241-9: Ergonomische Anforderungen für Bürotätigkeiten mit Bildschirmgeräten, Teil 9: Anforderungen an Eingabemittel – ausgenommen Tastaturen. Beuth, 2002-03.

[ISO9241-10] DIN EN ISO 9241-10: Ergonomische Anforderungen für Bürotätigkeiten mit Bildschirmgeräten, Teil 10: Grundsätze der Dialoggestaltung. Beuth, 1996-07.

[ISO9241-11] DIN EN ISO 9241-11: Ergonomische Anforderungen für Bürotätigkeiten mit Bildschirmgeräten, Teil 11: Anforderungen an die Gebrauchstauglichkeit – Leitsätze. Beuth, 1999-01.

[ISO9241-12] DIN EN ISO 9241-12: Ergonomische Anforderungen für Bürotätigkeiten mit Bildschirmgeräten, Teil 12: Informationsdarstellung. Beuth, 2000-08.

[ISO9241-13] DIN EN ISO 9241-13: Ergonomische Anforderungen für Bürotätigkeiten mit Bildschirmgeräten, Teil 13: Benutzerführung. Beuth, 2000-08.

[ISO9241-14] DIN EN ISO 9241-14: Ergonomische Anforderungen für Bürotätigkeiten mit Bildschirmgeräten, Teil 14: Dialogführung mittels Menüs. Beuth, 2000-12.

[ISO9241-15] DIN EN ISO 9241-15: Ergonomische Anforderungen für Bürotätigkeiten mit Bildschirmgeräten, Teil 15: Dialogführung mittels Kommandosprachen. Beuth, 1999-08.

[ISO9241-16] DIN EN ISO 9241-16: Ergonomische Anforderungen für Bürotätigkeiten mit Bildschirmgeräten, Teil 16: Dialogführung mittels direkter Manipulation. Beuth, 2000-03.

[ISO9241-17] DIN EN ISO 9241-17: Ergonomische Anforderungen für Bürotätigkeiten mit Bildschirmgeräten, Teil 17: Dialogführung mittels Bildschirmformularen. Beuth, 2000-04.

[ISO9995] ISO/IEC 9995: Information technology – Keyboard layouts for text and office systems.

Part 1: General principles governing keyboard layouts. ISO, 1994-08.

Part 2: Alphanumeric Section. ISO, 2002-09.

Part 3: Complementary layouts of the alphanumeric zone of the alphanumeric section. ISO, 2002-09.

Part 4: Numeric section. ISO, 2002-09.

Part 5: Editing section. ISO, 1994-08.

Part 6: Function section. ISO, 1994-08.

Part 7: Symbols used to represent functions. ISO, 2002-12.

Part 8: Allocation of letters to the keys of a numeric keypad. ISO, 2002-12.

[ISO10075] DIN EN ISO 10075-1: Ergonomische Grundlagen bezüglich psychischer Arbeitsbelastung:

Teil 1: Allgemeines und Begriffe. Beuth, 2000-11.

Teil 2: Gestaltungsgrundsätze. Beuth, 2000-06.

Teil 3 Entwurf: Prinzipien und Anforderungen für die Messung und Erfassung psychischer Arbeitsbelastung. Beuth, 2003-02.

[ISO11581] ISO/IEC 11581: Information technology – User system interfaces and symbols – Icon symbols and functions.

Part 1: Icons - General. ISO, 2000-04.

Part 2: Object icons. ISO, 2000-04.

Part 3: Pointer icons. ISO, 2000-04.

Part 6: Action icons. ISO, 1999-02.

[ISO13407] DIN EN ISO 13407: Benutzer-orientierte Gestaltung interaktiver Systeme. Beuth, 2000-11.

[ISO14915-1] DIN EN ISO 14915-1: Software-Ergonomie für Multimedia-Benutzungsschnittstellen, Teil 1: Gestaltungsgrundsätze und Rahmenbedingungen. Beuth, 2003-04.

[ISO14915-2] DIN EN ISO 14915-2: Software-Ergonomie für Multimedia-Benutzungsschnittstellen, Teil 2: Multimedia-Navigation und Steuerung. Beuth, 2003-11.

[ISO14915-3] DIN EN ISO 14915-3: Software-Ergonomie für Multimedia-Benutzungsschnittstellen, Teil 3: Auswahl und Kombination von Medien. Beuth, 2003-04.

[ISO16071] ISO/TS 16071: Ergonomics of human-system interaction – Guidance on accessibility for human-computer interfaces. ISO, 2003-02.

[ISO18035] ISO/IEC 18035: Information technology – Icon symbols and functions for controlling multimedia software applications. ISO, 2003-02.

[Kuh91] *Kuhlen, R.*: Hypertext; ein nicht-lineares Medium zwischen Buch und Wissensbank. Edition SEL-Stiftung, Springer, 1991.

[Mic95] *Microsoft Corporation*: Die Windows-Oberfläche; Leitfaden zur Softwaregestaltung. Microsoft Press, 1995.

[Mil56] *Miller, G.*: The magical number seven, plus or minus two; Some limits on our capacity for processing information. Psychological Review 63, 1956.

[Mor83] *Moritz, H.*: Umsetzung wahrnehmungspsychologischer Erkenntnisse für die Informationsgestaltung am Bildschirm (Maskengestaltung). In: Balzert, H. (Hrsg.), Software-Ergonomie. Teubner, 1983.

[Nor86] *Norman, D.; Draper, S. (Eds.)*: User centered system design; New perspectives on human-computer interaction. Lawrence Erlbaum Associates, 1986.

[Nor88] *Norman, D.*: The psychology of everyday Things. Basic Books, 1988.

[Obe94] *Oberquelle, H.*: Formen der Mensch-Computer-Interaktion. In: [Ebe94].

[Opp92] *Oppermann, R.; Murchner, B.; Reiterer, H.; Koch, M.*: Software-ergonomische Evaluation; Der Leitfaden EVADIS II. Walter de Gruyter, 1992.

[Opp94] *Oppermann, R.; Reiterer, H.*: Software-ergonomische Evaluation. In [Ebe94].

[Pau94] *Paul, H.*: Exploratives Agieren. Europäische Hochschulschriften 41, Band 16; Peter Lang Europäischer Verlag der Wissenschaften, 1995.

[Pre99] *Preim, B.*: Entwicklung interaktiver Systeme; Grundlagen, Fallbeispiele und innovative Anwendungsfelder. Springer, 1999.

[Ras86] *Rasmussen, J.*: Information processing and human-machine interaction; an approach to cognitive engineering. North-Holland, 1986.

[Rei94] *Reisin, F.*: Software-Ergonomie braucht Partizipation. In [Ebe94].

[Roc85] *Rock, I.*: Wahrnehmung – Vom visuellen Reiz zum Sehen und Erkennen. Spektrum Wissenschaftlicher Verlag, 1985.

[San77] *Santa, J.*: Spatial Transformations of Words and Pictures. Journal of Experimental Psychology –Human Learning and Memory, Vol. 3, No. 4, 1977.

[Shi77] *Shiffrin, R.; Schneider, W.*: Controlled an automatic human information processing – II. Perceptual learning, automatic attending, and a general theory. Psychological Review 84, 1977.

[Shn89] *Shneiderman, B.; Kearsley, G.*: Hypertext Hands-On! Addison-Wesley, 1989.

[Smi86] *Smith, S.; Mosier, J.*: Guidelines for Designing User Interface Software. MITRE Corporation, 1986.

[Sta96] *Stary, C.*: Interaktive Systeme; Software-Entwicklung und Software-Ergonomie. Vieweg, 2. Auflage, 1996.

[VDI5005] VDI 5005: Bürokommunikation; Software-Ergonomie in der Bürokommunikation. Beuth, 1990-10.

[W3C99] *W3C*: Web Content Accessibility Guidelines 1.0, W3C Recommendation. W3C, 1999-05.

[W3C03] *W3C*: Web Content Accessibility Guidelines 2.0, W3C Working Draft. W3C, 2003-06.

[Wer23] *Wertheimer, M.*: Untersuchungen zur Lehre von der Gestalt. Psychologische Forschung Band 4, 1923.

[Wur02] *Wurster, C.*: Computers; eine illustrierte Geschichte. Taschen, 2002.

[Zap89] *Zapf,D.; Brodbeck, F.; Prümper, J.*: Handlungsorientierte Fehlertaxonomie in der Mensch-Computer-Interaktion; Theoretische Überlegungen und eine erste Überprüfung im Rahmen einer Expertenbefragung. Zeitschrift für Arbeits- und Organisationspsychologie 33, 1989.

[Zie94] *Ziegler, J.*: Aufgabenanalyse und Systementwurf. In [Ebe94].

[Zus93] *Zuse, K.*: Der Computer – Mein Lebenswerk. Springer, 3. Auflage, 1993.

Weitere Literatur

Sachwortverzeichnis